普通秘书学参考资料

董继超　选编

中央广播电视大学出版社

北　京

图书在版编目（CIP）数据

普通秘书学参考资料/董继超选编 .-北京：中央广播电视
大学出版社，1997.2

ISBN 978－7－304－01327－1

Ⅰ.普… Ⅱ.董… Ⅲ.秘书学-电视大学-教学参考资料
Ⅳ.C931.46

中国版本图书馆 CIP 数据核字（97）第 01793 号

普通秘书学参考资料

董继超 选编

出版·发行：中央广播电视大学出版社

电话：营销中心：010-58840200 总编室：010-68182524

网址：http://www.crtvup.com.cn

地址：北京市海淀区西四环中路 45 号

邮编：100039

经销：新华书店北京发行所

印刷：北京宏伟双华印刷有限公司　　印数：85001～90000

版本：1997 年 2 月第 1 版　　2010 年 6 月第 11 次印刷

开本：850×1168　1/32　　印张：16.25　字数：415 千字

书号：ISBN 978－7－304－01327－1

定价：21.10 元

前　　言

　　为配合广播电视大学"普通秘书学"课程的教学，特选编这本参考资料，供广大学员自学时参考。本书对于党政机关、企事业单位和社会团体的秘书工作者和机关工作人员，也具有较高的参考价值。

　　本书收入领导人的讲话和文章，有关的法律、法规和法规性文件以及关于秘书活动的论文共 109 篇，均除少数篇目外，转自公开出版物。其编排顺序除第一部分外，大体上以教材章次为准，以便于学员自学。

　　本书在编选过程中，曾得到中央广播电视大学张继缅先生的关心和指导，在此谨表谢意。

　　由于时间短促，加之资料来源和入选篇幅的限制，漏选和入选不当的问题在所难免，恳请读者批评指正。

编　者

1996 年 9 月 10 日

目 录

第一部分 领导人的讲话和文章

第二部分 有关的法律、法规和法规性文件

第一部分

领导人的讲话和文章

中央领导同志
在省区市党委秘书长座谈会上的讲话(摘要)

(1990 年 1 月 10 日)

江泽民同志的讲话

党中央对这次会议很重视,寄予很大的期望。今天在京的常委都来参加座谈。在你们会上,家宝同志作了一个很好的发言,我完全同意。这次会的开会时机很好,是九十年代的第一个春天。新年伊始召开这个会议,要求各级党委办公厅切实改进作风,进一步做好工作,开了一个好头。

下面,我讲几个问题:

一、办公厅工作十分重要,党对办公厅工作有很高的要求

办公厅是党委的左右手,或者叫工作机构。我们各级党委办公厅都是直接为党委办事的。中央办公厅是党中央的一个工作部门,各省、自治区、直辖市党委办公厅是各省、自治区、直辖市党委的一个工作部门。办公厅处在承上启下的地位,在党的工作部门中具有特殊的地位和作用,它工作好不好对党委乃至全党的工作影响很大。办公厅至少有这样一些任务:一是为领导提供情况;二是领导决策以后参加贯彻实施;三是对党委决策前后出现的一些矛盾进行协调,还要做好文件把关;四是承担处理领导机关的一些日常事务。我看起码有这么几条。由此可见,党委要实施领导,没有办公厅的服务是不行的。这是第一点。

第二,办公厅是上情下达、下情上达的枢纽。下情上达,就是要把下面的情况全面地、准确地、实事求是地向上反映，既不能报喜不报忧，也不能报忧不报喜；既不能粉饰太平，又不能听风就是雨，虚张声势。这是对办公厅的一个重要要求。当然，基层单位也有个向领导机关报告真实情况的问题。反映真实情况是一门学问，就像化学中要有定量的分析和定性的分析一样，要讲科学性。从办公厅的工作来讲，要尽可能全面、准确地反映情况；就领导上来讲，则要尽可能地听取多方面的意见，兼听则明嘛。总之，反映情况要如实，要全面，要准确，不要一叶障目，不要以偏概全，不要报喜不报忧，也不要报忧不报喜。"人非圣贤，孰能无过"，要求反映情况时一点问题没有恐怕难以完全办到，但要尽可能全面，尽可能准确，并要进行定量定性分析。我从两方面谈这个问题，你们就好工作了。因为有时候很难要求反映每一件事情都很全面，有的只是素材，提供给领导参考。作领导工作的同志在衡量下面上报的情况时，自己要有分析，不能出了问题全部责怪下面，不然秘书长、办公厅主任就太难当了。

第三，办公厅的重要性还在于它是一个要害部门，是一个核心要害部门。它在领导身边工作，机密知道的比较多。所以，办公厅工作人员要有政治上的警惕性，要注意保密，遵守保密纪律。因为你们在领导身边，会有很多人围着你们打听消息，你们一定要守口如瓶。

既然办公厅工作这么重要，那么，对同志们就有很高的要求。首先，办公厅的工作人员在政治上要过得硬，要同党中央保持一致，办公厅发表意见要跟党委一个调，不能两个调。即便有不同意见，也要下级服从上级，个人服从组织，因为这不是学术理论研究。中央办公厅要跟党中央保持一致，各省、自治区、直辖市党委办公厅同样要跟党中央保持一致，并且还要跟省、自治区、直辖市党委保持一致，这是党的政治纪律。当然，在服从并无条件地执行党的决定的前提下，允许在内部有不同意见，不同意见可以向上级反映，这是民主的表现。我这里说政治上要过得硬，最重要的是和党中央保持一致。第二，要培养一个好的作风，其中最重要的是群众路线和实事求是。要深入实际，密切联系群众；要兢兢业业，勤勤恳恳；要讲求效率，讲求质量。这个问题家宝同志发言中讲了很多，我不多讲了。第三，办公厅工作人员对自己要严格要求。在廉政问题上，办公厅要以身作则，并且不给领导帮倒忙。办公厅联系的面很广，省委办公厅和各个地、市有联系，中央办公厅和各省、自治区、直辖市都有联系。办公厅各级领导对工作人员要严格要求，办公厅每一个同志都要自觉严格要求自己。在办公厅工作，大家要有光荣感、责任感，但不能有特殊感、优越感。第四，办公厅要不断提高业务素质。办公厅承担许多方面的任务，没有很强的业务素质是难以很好地完成党委交给的这些任务的。比如，现在全国办公厅系统已经形成了一个传递迅速的信息网络，这在前几年是不可思议的。从某种意义上说，这是电子技术发展的结果。所以，同志们还要懂点现代化技术。当然，我不是说你们要成为电子专家，但是信息传递的知识应该有一点。讲业务素质，包括多方面的内容，如调查研究、综合分析、文字水平、办事能力等，其中最重要的是要有很高的政策水平。

二、各级党委要用好办公厅，办公厅也要积极主动地发挥作用

首先，各级党委包括党中央，都要放手使用办公厅。既然办公厅是左右手，要让它办事，就应该放手让办公厅发挥作用。许多事，党委不要都抓在手里，有的可以规定个原则，提出个要求，让办公厅去办。因为办公厅是我们职能部门中的一个重要部门，是个不管部，许多交不到具体部门承办的事情，都可以交给办公厅去办。

其次，各级党委要善于使用办公厅。用人是一门很深的学问，用人要用到点子上。办公厅是一个综合性的部门，是个中间环节，聚集了一批政策水平比较高的同志，而且同各方面的联系也比较广。这是它一个很大的优势。各级党委要发挥这个优势，信任办公厅，放手并善于使用办公厅，让它更好地发挥作用。我这个意见，你们回去可以向省、自治区、直辖市党委传达。

同时，从办公厅本身来讲，要积极主动地为党委工作，更好地发挥作用。依我看，当前要特别强调办公厅要发挥好这样几个作用：一是参谋助手作用。领导要决策，希望了解全面、准确的情况，办公厅要根据领导的这种要求，做好调查研究，迅速地向领导提供情况，提供信息，提供预案。比如，常委会一个阶段要研究些什么工作，办公厅应该围绕这些工作了解情况，收集情况，提供预案，以便领导决策时参考。二是督促检查作用。我们各级领导机关长期以来存在的一个比较薄弱的环节，就是布置多，检查少，或者说得更严重一点，就是有布置无检查。我们应该下决心改变这种状况，做到布置一项工作就要把它落到实处，抓一件是一件。我看办公厅应该发挥这样的督促检查作用。如果这样，我们机关的效率就会高得多。三是协调综合作用。我刚才讲重要性时已经讲了这方面的问题，一个重大决策从制定到实施，要做大量的协调工作。

三、各级党委要关心办公厅，办公厅也要继承和发扬自己的优良传统

关于党委要关心办公厅，你们可能不好说这个话。各级党委要关心办公厅，包括我们的中央办公厅，我们也要关心。我在这里要作一点自我批评，我讲是这么讲，但有时事情一忙起来，往往就关心不够。包括过去在上海工作的时候也有这种情况，对办公厅要求得多，但关心不够。要关心办公厅这个队伍，关心办公厅人员的思想、生活，一句话，要关心办公厅队伍的成长。这一点是很重要的。刚才家宝同志讲到，现在办公厅的干部队伍不够稳定，要想调人调不进，好的干部留不住。这个情况要引起我们各级党委的重视。各级党委要在政策允许的范围之内，帮助办公厅解决一些实际问题。我还要说，秘书长、办公厅主任这个角色

不好当，像做文章一样，要启承转合，承上启下，复杂得很。一个省有好几位书记，虽然现在中央组织部对副书记人数有规定，但有时未能做到。我当上海市长的时候，副市长有六七个。当秘书长的要把这六七位都照顾到，是很不容易的。我想，当领导的要体谅秘书长、办公厅主任的苦衷。当然，秘书长也要尽可能为领导服务好。这里，我讲一点体会，虽然党委的领导那么多，但一把手如何发挥秘书长的作用是很重要的。如果一把手充分发挥秘书长的作用，信任他，放手让他工作，你就可以腾出手来抓更大的事。秘书长要更多地发挥作用，各级党委也要对他们的难处有所谅解，这也是我要为你们说的话。

再一个，就是我们办公厅本身要发扬党的优良传统。我们再三讲，要发扬党的优良传统和作风，各级办公厅要带这个头。办公厅工作人员一定要勤勤恳恳，兢兢业业，不计名利，不讲价钱，无私奉献，甘当无名英雄。办公厅有这个传统，这是相当难能可贵的。这可以说是办公厅的一个政治优势，是一个巨大的精神财富。只有保持和发扬这个优良传统，我们才能把工作做得更好。

李鹏同志的讲话

秘书长工作、办公厅工作很重要，承上启下，协调左右。秘书长主持省委机关的工作，在政府系统就是主持各级人民政府机关的工作。这个工作有事务服务部分，也有政务服务部分，既要搞好机关的政治思想工作，团结机关的全体同志，把机关建设成为一个坚强的指挥部，又要做大量的政务服务工作，包括为领导制定方针政策提供情况，督促检查方针政策的贯彻执行。我想，省委、省政府的领导同志对办公厅和秘书长是非常信任、非常重视的，因为你们是他的左右手嘛。怎么才能当好左右手，我讲两点意见：

第一，对领导一定要服务好，给他们创造一个好的工作条件，不是讲生活条件，主要是工作条件。如提供迅速的信息，办好一些琐碎的事情，服好务。另外，不要给领导帮倒忙，要抓好廉政建设，处处要考虑到党的形象、政府的形象和领导同志的形象，使领导不要脱离群众。这一点，我们的秘书长、办公厅主任绝大多数是做得好的，但历史上和现在也有这方面的一些教训，帮忙帮过头了，结果适得其反。

第二，了解民情很重要。我们党是代表工人阶级、广大人民群众包括农民、知识分子利益的党，我们的政府是为人民服务的政府，所以要联系群众，联系群众的渠道之一是通过各级办公厅。你们反映信息要全面，我们希望能经常了解比较准确的、能代表全面情况的信息，这种信息既不能报喜不报忧，把事情都说得好上加好，芝麻开花节节高，没有一点问题，又不能只反映个别的、不全面的一些问题，防止一种倾向掩盖另一种倾向。我举一个例子，就是我们召开人民代表大会进行选举前，简报反映的主要是对候选人的意见，中央就担心名单通不过，可是后来选举的结果，总的情况是好的。什么原因呢？因为简报只反映了问题的一面，对另外赞成的一面没有反映出来。我不是说这是现在的主要倾向，现在的主要倾向还是讲好的多，讲坏的少。所以我希望办公厅、秘书长的工作要提高质量，反映情况要全面。

乔石同志的讲话

这次秘书长会开得很好，时间不长，议题集中，大家提了很多很好的意见。这些意见不仅中央办公厅，而且各级办公厅都可以参考。会上也介绍了一些经验。同志们有一个意见，这样的会五年开一次，好像少了一点。可以考虑，以后虽然不一定每年开，也可以两年、三年开一次。通气多一点，这样对工作有利。

秘书长、办公厅主任的工作非常重要，几位常委都讲了，我都同意，不重复这些意见。要自觉地当好中央、各级党委领导核心的助手，积极主动，埋头苦干，把工作做好。四中全会以后，我跟家宝同志谈了一下，我说中央办公厅要为中央政治局服务，为政治局常委服务，首先要为总书记服务。服务有多方面的含义，比如说，日常各种琐碎的事情，秘书长、办公厅主任要根据领导研究的精神，及时加以处理，不能统统弄到主要领导同志那里去，否则会把领导同志搞得精疲力尽，而且把精力放到一些琐碎的事情上去，对提高领导水平、集中精力考虑一些国内国际的大事，是极为不利的。办公厅既要很慎重，又要大胆承担责任。这是一方面。另一方面，一些重大的问题，要力求及时、准确、全面地向领导同志反映。当然，都那么全面也做不到。还有一个问题，党委的秘书长、办公厅主任是党委的助手，首先是党委主要领导同志的助手，应该帮助党委领导同志把工作做好。政府秘书长则要帮助政府领导同志把工作做好。秘书长、办公厅主任终究不是一个饭店掌勺的大师傅，你爱吃四川菜，我给你多放点辣椒，你爱吃甜的，我给你多放点糖，这不行。如果发现一些不是很合适的事，最低限度应该反映，这也是对党、对领导同志负责，是政治上负责的态度。你不提，什么都顺从，甚至抬轿子、捧场，这就不好了，不符合党的原则，也难以协助领导同志做好工作。领导同志之间，在一些具体问题上有时会有不同的意见，秘书长、办公厅主任要加以协调，使它向着比较完满解决的方向发展。这个问题非常难。当然首先要领导同志自己去解决。秘书长、办公厅主任有时会碰到这样的情况，一个问题，这个领导同志这样说，那个领导同志那样说，你怎样使问题得到恰当的解决，这是很重要的。其他大量的日常工作我就不说了，刚才依林同志说，不要泡在文件堆里，我也有同样的体会。要防止文牍主义，尽可能抽出时间深入群众，调查研究。中央现在特别强调深入群众，调查研究，搞好廉政建设，办公厅要做好这方面的工作。

姚依林同志的讲话

我当中央办公厅主任时间不长，实际上不到一年。但搞这类工作的时间也不短了，在晋察冀当秘书长搞了七年多。我同意温家宝同志的讲话。从我自己的体会来看，办公厅的文件浩如烟海，很容易掉到文件堆里去。办公厅在什么地方最能够起作用呢？最能起作用的是到基层进行深入的调查研究。了解基层的真实情况，这是领导机关最难做到的事情。各部门也有人在基层调查，但各部门的基层调查有时带有部门的倾向性或片面性。办公厅的基层调查可以比较全面地反映情况，并且从党的政策上去分析衡量，这种基层调查往往对领导的帮助最大。所以在这一方面需要下力量。过去我们在战争中间，在土改中间，在扩军中间，在群众关心的事情上，对群众思想动态的真正了解，办公厅的基层调查起了很大的作用。因为领导同志往往不容易拿出那么多时间去搞这个事情，他也必须到基层去，但往往受到一些干扰。办公厅的调查研究干部，受到的干扰会少一点。此外，领导同志希望对情况能有一个迅速、全面的概括，布置了一项工作，希望能在短时间内迅速地、全面地作出一个情况概括，即使这种概括很粗糙，也是领导机关所需要的。所以，办公厅还要组织比较强的力量，能够在短时间内把情况概括起来，供领导机关及时分析形势。现在各地方送来的报告，许多都是经过推敲修饰，搞得天衣无缝，那种报告你从中看不出什么东西。

李瑞环同志的讲话

　　第一，秘书长、办公厅主任的工作是很困难、很辛苦的工作。我们许多人在地方工作过，都了解这是很苦的一个差事，可以说很难有功劳，一定有苦劳，不落埋怨、不捅漏子就不简单。就拿起草文稿来说，这个领导喜欢这样写，那个领导喜欢那样写，这个头懂点这个，那个头懂点那个，有时有错还不能明说，要慢慢渗透过去，很受罪。所以，不落埋怨、不捅漏子就是成绩。我说这话就证明我们理解你们，向你们表示感谢和慰问。

　　第二，秘书长、办公厅主任的工作又是非常重要的工作，这是很多人不愿干、一般人又干不了的活。实在地讲，没有一个省、地、市领导不重视秘书长、办公厅主任的人选问题的，因为他们是领导名副其实的左右手。上情下达，下情上达，左右疏通，许许多多的矛盾都在这里汇总，中央与地方之间、地方与地方之间、领导者之间的关系，不少要通过秘书长、办公厅主任协调。这个工作是桥梁，是纽带，也是参谋。当说的说，不当说的不能说，说晚了、说早了，说多了、说少了，都会出问题。做到恰如其分，很难哪。党委主要领导同志同秘书长见面，比同其他领导同志见面要多得多。这实实在在是非常重要的一个工作。

　　第三，秘书长、办公厅主任的工作，也是我们中央正确决策、指导工作的一个基础性环节。毛主席讲过，正确的部署来源于正确的决心，正确的决心来源于正确的判断，正确的判断来源于周到的和必要的侦察，和对于各种侦察材料的连贯起来的思索。中央决策的依据是地方、部门报来的材料，而你们地方报什么材料当然和省市委领导人有关系，同省市委各部门有关系。据我所知，最重要的是和你们秘书长有关系。报什么不报什么，好的报多少，坏的报多少，什么时候报，怎么个报法，许多都要秘书长定夺。所以，我们要求助于秘书长们支持，今后要及时准确地向中央报情况。所谓准确，一是要事实确凿，不能掺假；二是要全面，不能以偏概全。这是中央能够搞好决策的非常重要的一环。望大家体谅成全。

（原载《秘书之友》1990 年第 4 期）

秘书人员要忠于党的事业

（1986 年 1 月）

邓 颖 超

1985 年 1 月全国秘书长、办公厅主任座谈会提出加强秘书工作的参谋作用后，全国各系统秘书部门的同志都在注意研究改进自己的工作，以适应四个现代化建设的需要，这是非常必要的。秘书工作是领导工作的有力助手，处在十分重要的地位，做好了秘书工作，也就保证了领导工作的正常进行。中央办公厅秘书局的同志约我为《秘书工作》杂志写篇短文，向全国秘书工作同志说几句话。我谈三点意见：

第一点，我们党历来重视机关秘书工作。早在 1926 年 7 月，党中央就决定建立中央秘书处。已故的老一辈无产阶级革命家毛泽东、周恩来、任弼时、瞿秋白等同志和现在的邓小平同志，不仅对怎样做秘书工作作过一系列重要指示，而且还亲自做过秘书工作，是他们创建了我们党的秘书工作，为我们树立了榜样。我在白区、苏区和到陕北以后，很长一段时间也是在机关做秘书工作。因此，对秘书工作有切身体会。秘书人员，不管是在秘书处的，还是在领导人跟前的，工作都很辛苦。但他们有一个很好的传统，有一个很高尚的品质，这就是为党的工作埋头苦干、自我献身的精神。现在我们搞四化建设，对秘书人员的要求，不是低了，而是更高了。他们要政治上可靠，思想上敏锐，工作上勤奋，学习上刻苦，作风上严谨，还要有较高的政治和文化水平，才能做好为领导服务的各项秘书工作。但他们的工作却是既具体又繁忙，无论是管文件，组织会议，还是从事公文写作，常常需要加班加点，夜以继日地工作，而且很少能出头露面、留名得利。他们自觉地发扬这种埋头苦干、自我献身、甘当无名英雄的精神，正是秘书人员的高尚之处。当然，党和国家应当关怀他们，鼓励他们这种精神。

第二点，由于秘书人员接触和掌握大量核心机密，他们应当有坚强的保密观念，坚决保守机密不受损害。我们党的秘书工作向来有严格的保密纪律，秘书机要人员也养成了自觉的良好的保密习惯，真正做到了"守口如瓶"。他们为了保守党的机密和文件的安全，不惜牺牲个人。像我们大家所熟悉的电影《永不消逝的电波》中所写的原型李白同志，为了党的利益，最后献出自己的生命。这些同志是永远值得我们怀念的。目前我国实行对外开放，现代科学技术飞速发展，我们面临着许多新的复杂的情况，保密工作不仅不能放松，而且还要加强。现在，泄密的事时有发生，还有个别人出卖机密，犯了法，被判了刑。保守党和国家机密，要慎之又慎，千万不可粗心大意。我们的保密工作做好了，国家在政治、经济、军事、外交上就会更加主动，社会主义四化建设就能顺利进行。

第三点，领导秘书工作的机关和领导人，要经常了解秘书工作人员的工作、思想情况，不断地加强对他们的思想政治教育和业务教育，提高他们的思想水平与工作能力。

听说《秘书工作》杂志出版以后，很受秘书工作同志欢迎，印数一再增加，说明出版这个刊物很有必要。希望它在进行职业教育、交流工作经验方面起到更多、更好的作用。

（原载《秘书工作》1986 年第 1 期）

为做好秘书工作说几句话

习 仲 勋

中共中央办公厅秘书局创办的《秘书工作》出版了，这对广大秘书工作人员来说是一件值得庆贺的事。趁此机会，我想就如何做好秘书工作说几句话。

秘书工作是党政机关的一项重要的、不可缺少的工作，具有很强的政治性、机密性和专业性。它在机关中起着上承下达、联系协调、沟通信息、参谋咨询的作用。从事这项工作的同志，有广大的秘书工作人员，还有各级领导干部他们付出了辛勤的劳动和很多的心血。秘书工作的效能如何，对领导工作是有直接影响的。所以，我们必须充分重视，并且要积极认真、一丝不苟地把它做好。

党的十一届三中全会以来，我们国家实现了历史性的伟大转变，进入了社会主义现代化建设的新时期。秘书工作必须适应新时期的要求，紧紧围绕着党的十二大提出的总任务、总目标，围绕着四化建设这个大局，努力为领导工作服务，为同级和上下级领导机关服务，为基层服务，归根到底是为人民服务。这个指导思想，我们一定要十分明确，并贯彻到各项秘书业务工作中去。

秘书工作就其职责来说，主要应当办好三件事：一是做调查研究，向领导提供情况和建议，供领导作决策时参考；二是传达党和国家的方针、政策，检查其落实情况，作出信息反馈；三是做好领导同志批示的检查催办工作。做好这些，就可以更好地发挥秘书工作的参谋、助手作用。此外，还要做好日常的文件处理和会务工作，等等。这就是说，既要办好大事，又要办好小事，两者互相结合，互相促进，不可偏废。做好秘书工作，重要的一环就是要严格实行责任制，要提高效率、提高质量。有了责任制，有了高效率、高质量，工作才有生气，才会有所创新，有所前进。

从事秘书工作的同志是一支很大的队伍。这支队伍的素质如何是搞好秘书工作的决定因素。目前，各级党政机关的秘书工作人员正处于新老交替的状况，有许多新的、年轻的同志刚刚走上秘书工作的岗位，他们一缺业务知识，二缺实践经验。因此，通过培训或其他有效的方法，提高他们的政治、文化和业务素养，是一项刻不容缓的任务，必须统筹规划，抓紧进行。凡事预则立，如果稍有懈怠，就会贻误我们的工作。怎样才称得上是一个合格的秘书专业人才呢？我认为，他们应当具有坚强的党性，公正的品德，谦虚的态度，细致的作风；要肯于学习理论和文化，善于总结经验，勤于钻研业务，思想解放开朗，不因循守旧，不固步自封；要说实话，干实事，不尚空谈，不搞形式，有实事求是之意，无虚报浮夸之心；要有高度的组织纪律性，不该说的话不说，不该做的事不做，不图虚名，不谋私利；要有强烈的群众观点，办事情、处理问题，必须考虑周到，照顾群众利益，不能漠不关心、脱离群众。以上几点如能做到，我想也就符合邓小平同志提出的"有理想，有道德，有文化，有纪律"的要求了。广大的秘书工作人员是我们干部队伍里的无名英雄，他们为党和国家的事业默默无闻地、勤勤恳恳地工作，非常辛苦，做出了很大的成绩，是值得称赞的。我希望同志们要认清自己的光荣职责，热爱自己的工作，深入实际，联系群众，不断提高自己的政治水平和业务水平，努力做一个出色的秘书工作人员，在四化建设中，在为人民服务方面，做出应有的贡献。

我衷心祝愿《秘书工作》在各级领导和广大秘书工作人员的大力支持下，越办越好，并在传播知识，交流经验、培育人才等方面发挥积极的促进作用。

（原载《秘书工作》1985 年第 1 期）

充分发挥办公厅的参谋、助手作用

——1985 年 1 月在全国秘书长、办公厅主任座谈会上的讲话

王 兆 国

同志们：

这次秘书长、办公厅主任座谈会主要讨论如何充分发挥参谋、助手作用，进一步开创办公厅工作新局面的问题。这几天大家学习了中央领导同志有关的重要指示，听取了大会发言，进行了小组讨论。同志们的发言都很好，有许多新鲜经验给予我们很多启示，特别是习仲勋、宋任穷、杨尚昆、姚依林、胡启立、乔石、田纪云等中央领导同志接见了与会同志，仲勋同志、尚昆同志、启立同志作了重要讲话，这对我们在新形势下做好工作是很大的鼓舞。1981 年 3 月中央办公厅曾经开过一次秘书长座谈会，主要研究了调查研究和文书处理工作。那次会议以后，各地区、各部门办公厅改进了工作，做出了很大成绩。从那时到现在，全国政治、经济形势发生了很大变化，办公厅工作面临着许多新情况、新问题，必须适应新形势的要求有所发展和提高，进一步开创新局面。

下面我讲五个问题：

一、坚持正确的指导思想，充分发挥参谋、助手作用

各级办公厅是各级领导机关的办事机构，是直接为领导机关服务的，工作是否得力，直接关系着领导机关的指示能否顺利贯彻，指挥作用能否充分发挥，各项任务能否圆满完成。办公厅有秘书、警卫、

调研、电讯、档案、信访、交通、保健、保密和机关生活等等业务，要做好这些工作必须有共同的指导思想。过去胡启立同志、乔石同志曾经多次强调，中央办公厅工作的指导思想是围绕党的总目标、总任务，做好"三服务"，即为中央服务，为中央各部门和各省、自治区、直辖市服务，为人民群众服务。其中直接的主要的是为党中央领导工作服务。中央办公厅提出为各省、自治区、直辖市和中央各部门服务，是因为我们有这种责任和义务。但在"文革"中直到党的十一届三中全会以前，有人却把中央办公厅同各省、各部之间的关系搞得很不协调。强调坚持正确的指导思想以后，我们做得虽然还不够，但相互之间毕竟感到亲近了、协调了。提出为人民群众服务，因为全心全意为人民服务是我们党的宗旨，党中央确定的新时期的思想、政治、组织路线，各项方针政策，各级、各部门党委的工作，都是为了人民，依靠人民的，我们为党中央和各级党组织服务、为四化服务、为改革服务，就是为人民群众的根本利益服务，要有坚定的群众观念，我们的一些具体工作上，也直接体现在为人民群众着想上，比如警卫工作不搞神秘化，接待群众来访，办理人民来信，开放中南海、大会堂，改进毛主席纪念堂瞻仰办法等，都是直接为人民群众服务的。在这个总的指导思想下，各省、自治区、直辖市和中央各部门办公厅的指导思想具体如何提，由你们自己决定。我们考虑，在你们的指导思想中，为中央领导工作服务、为当地党委或各部委服务、为同级和下级机关服务以及为人民群众服务这几条是不可缺少的。

需要和同志们共同探讨的一个问题是：办公厅工作有正确的指导思想以后，怎样才能在不断发展的新形势下坚持和贯彻这一指导思想？为此，从办公厅的职能作用和所担负的工作来说，需要在哪些方面有所加强或改进？这个问题显然是十分重要的。长期以来，各级办公厅在工作实践中确实创造和积累了许多好经验、好方法，今天仍然应该继承和发扬。但是也要看到，在当前新形势下也确有一部分经验陈旧了，过时了，需要改变，需要创新。这个问题如果解决不好，也就是说，面对着新情况、新问题、新要求，我们各级办公厅在思想认识、精神状态、工作方式和工作方法等方面依旧是老样子、老套套、老章程、老办法，那么适应形势需要坚持正确的指导思想，就势必成为一句空话。因此，希望大家能够结合实际认真地想一想、议一议这个问题。就中办的情况来说，我们的体会是，要在新形势下真正坚持和贯彻中办工作指导思想，做好"三服务"工作，必须在做好日常各项服务工作的基础上，大力加强和充分挥参谋、助手作用。各地区、各部门办公厅的具体情况可能不同，但我们考虑，大力加强和充分发挥办公厅的参谋、助手作用，对于新形势下整个办公厅系统的工作是一个有共性的问题。

中央领导同志曾经指出，办公厅工作对领导机关和领导同志应当起到四种作用：一是参谋作用，二是助手作用，三是提供信息作用，四是协调作用。我们各级办公厅在这些方面究竟做得怎么样？需要有哪些改进和加强？这是需要认真考虑的。办公厅的参谋、助手作用体现在多方面，如协助领导同志安排好一个时期的工作布局；为领导出主意、想办法，做好信息工作；积极主动地办文办事，完成领导交给的任务；同各地、各部门保持联系，协调力量，共同为领导机关、领导同志服务。我下面讲到的几个问题都与发挥参谋、助手作用有密切关系。各级办公厅要当好参谋、助手，有四个条件是必需的：第一，要同中央在思想上和政治上保持一致，坚决地、主动地、创造性地贯彻中央现行路线、方针、政策。第二，要有灵敏的信息渠道和能深入实际的调研部门，能够为领导决策提供全面、及时、准确的信息。第三，要有精干高效的办事机构，规范化、制度化、科学化的工作程序，以及良好的工作作风。第四，要有得力的领导班子和能够不断开创新局面的干部队伍。

二、统一认识，实现四个转变，积极主动地开展工作

现在我们国家正处在本世纪"第三次腾飞"的时期。在这一伟大历史时期里，党中央正领导着全国人民致力于建设有中国特色的社会主义，在新的历史实践中创造性地继承，丰富、发展着马列主义、毛泽东思想。中央现行的路线、方针、政策正是来源于这一伟大实践，同时又指导和推动它不断向前发展。新时期全党、全国的各项工作都要服从于和服务于改革与四化的大局，坚定不移地贯彻执行中央现行的路线、方针、政策，同心同德、一心一意地为在本世纪末实现"翻两番"的战略目标，进而建设一个现代化的社会主义强国而努力奋斗。因此，我们一定要从思想上不断清"左"破旧，牢固地树立为党在现阶段的总目标、总任务服务的观念。要看到党的工作重心已经转移到经济建设上来，各级办公厅的工作重心和业务方针也一定要真正实现这一转移，紧紧围绕四化建设和经济改革的中心开展各项工作。要坚定地拥护和执行中央对内搞活、对外开放的各项决策，把我们的认识统一于党的现行路线、方针、政策上。在这方面，我们不能有任何动摇或偏离，因为各级办公厅是直接协助中央和地方各级领导工作的，各级办公厅的同志要争做执行中央现行政策的表率。如果办公厅在贯彻中央路线、方针、政策中出现偏差或走样，影响将会很大。当然，强调办公厅贯彻中央方针不能出现偏差或走样，不是说办公厅工作不存在发挥创造性、自觉性和主动精神的问题。思想上、政治上同中央保持一致与积极主动地、创造性地开展工作是统一的。当前，各级办公厅要更好地发挥参谋、助手作用，必须在发扬优良传统和总结、继承过去的好经验的基础上，以改革创新精神进一步改进工作，尽快实现办公厅工作方式和工作方法上的四个方面的转变：

第一，从偏重办文办事转变为既办文办事、又出谋献策。办文办事是办公厅重要的基础工作，一定要做好，要不断提高工作的思想性，为领导同志多出主意，多想办法。比如，对一个时期的重点工作、重要会议和活动等等，办公厅有责任拿出参考方案，协助领导同志做好安排。再如，在领导决策前，做好准备工作，收集决策所必需的信息，提出可供参考的建议和办法；在决策执行过程中，做好控制工作，根据情况变化，及时提出补充、调整性意见；在决策贯彻落实后，做好总结工作，根据执行结果，总结经验或提出完善化措施。总之，办公厅不仅要成为高效精干的办事机构，而且要发挥"智囊"的作用。为此办公厅同志要提倡"议大事、懂全局、管本行"，注意和研究各个时期、各个领域的动向性问题，学习党的各项现行政策。要思想活跃，议论风生，勤于思考。

第二，从收发传递信息转变为综合处理信息。办公厅是上下沟通的枢纽和桥梁，快速无误地传递信息无疑很重要。但是不能满足于收发传送工作，而应当在信息的收集、传递、加工处理和反馈等所有环节上积极开展工作，尽可能地为领导利用信息做好一切必要的准备。比如，对各种上报的正式文件、情况简报、动态资料等要加以筛选、分类、提要、分析、判断，进行去伪存真、去粗取精的初级处理，不要把各种原始信息材料统统直接送给领导同志。再如，在提出情况的同时，凡是需要批决办理的事情，还可以提出办理意见、参考方案供领导同志决断时参考。这不仅是办公厅秘书部门和领导同志秘书的责任，也是一切业务部门的责任。总之，信息的收集要充分，传递要迅速，处理要准确，反馈要及时。

第三，从单凭老经验办事转变为实行科学化管理，各级办公厅要高效率高质量地完成所担负的任务，需要改变单凭经验和惯例办事的做法，使内部运转方式和管理方法建立于科学的基础之上。对于过去长期积累下来的经验以及相沿成习的工作程序和方法，应当根据新形势和新任务的要求重新加以认识，一切同新形势、新情况、新任务不相适应的老观念、老办法、老框框，都要敢于破除；而一切同新形势、新情况、新任务相适应的好办法、好经验，都要敢于探索，采用和推广。要从实际出发，合理地调整、设置机构，确定分工职责，使每个部门都各司其职，各尽其责；要建立严格的岗位责任制，使每个人都任务明确，责任清楚；要形成规范化、制度化、科学化的工作程序和工作方法，保证每个环节和每项工作都有章可循；要完善信息系统，真正形成一个点面结合的信息网络和畅通的信息环流渠道；要改进工作的技术手段，逐步实现办公现代化。

第四，从被动服务转变为力争主动服务。办公厅工作大量是交办、应急性的，要使我们的工作力争主动，除了合理安排工作和配置力量以外，关键是不断提高工作的主动性、预见性。要克服那种以为办公厅就是完成交办任务，凡是领导没有直接交待的事就不去办、不想办的片面认识，充分发挥办公厅工作人员的积极性、创造性，根据领导意图和指示精神自觉地主动地开展工作。还要注意总结经验和摸索工作规律，比如，了解和掌握领导的工作与决策当中哪些是属于例行性和程序性的，对于程序性决策和例行性工作，要依据例行程序把服务工作做在前面。

实现上述四个转变，将使各级办公厅的工作在现有基础上提高一步，更好地发挥出参谋、助手作用。从大会发言和我们了解的情况看，有的地区在这方面已经做出成绩，取得了很好的效果，积累了较多经验。

三、建立健全信息体系，做好信息工作

信息是决策的基础，领导决策的前、中、后过程都需要信息。全面、准确、及时的信息是做出切合实际、正确无误的决策的依据。要把做好办公厅的信息工作提高到坚持党的实事求是的思想路线的高度切实重视起来。尤其在当前，我们国家处于大变革、大发展的过程中，新情况、新问题层出不穷、错综复杂，社会变化节奏快，知识更新速度快，无论哪一级决策都越来越不可能单靠以往经验，而必须凭借新的现实数据、材料和知识。对信息的依赖愈来愈强、要求愈来愈高，是现代化的科学的决策过程的重要特征。在现代社会中，信息是效率、是质量、是生命。我们各级办公厅理应成为各级领导机关和领导同志获取信息的一条非常重要的渠道，但是目前信息工作并不很理想。据我们了解，现在中央领导同志所获得的很多重要信息，往往是来自新闻报刊的内部材料等方面，相比之下办公厅系统本身来的同类信息常常既少又慢，甚至有只愿报喜、不愿报忧的现象。办公厅的信息工作同报刊信息有不同的特点，但现在这种状况与中央领导同志对我们提出的"眼观六路、耳听八方"的要求有很大差距，同办公厅理应发挥的职能作用极不相符。

中央领导同志指出，及时地做好向中央反映情况的工作，很重要。这是办公厅发挥参谋助手作用的一个不可忽视的方面，必须认真地坚持下去。向中央反映情况一定要实事求是，既要报喜，又要报忧；既要讲成功的经验，又要讲失败的教训，既要反映正面的意见，又要反映不同的意见。这样才能使领导同志全面了解情况，作出正确的决断。

为了改进和加强办公厅系统的信息工作，今后要在中央和各地区、各部门之间形成一个完整的信息体系。因此要注意研究和处理好以下几个方面的问题：1.信息系统的结构；2.信息、信息源以及与信息相关的因素；3.信息的处理；4.信息的传递；5.信息的反馈；6.信息的时间性；7.信息的数量与质量；8.信息收集、传递、处理、贮存的技术手段和设备条件。当前，首先要抓好互通情报的工作。我们中办今后要向各地区、各部门经常通报情况，采取发文件、登《综合与摘报》和电报电话通知等形式将中央领导同志的意图、指示、讲话精神以及各地各部门的经验及时通报大家。各省、自治区、直辖市和中央一级部门办公厅（室）也有权力有责任及时与我们通气，将重要的工作部署，主要负责同志的重要活动，贯彻中央重大决策的主要措施，政策性新规定，以及干部群众的呼声和反映、重要社会动态，等等，及时通报我们，以便上报中央领导同志。希望各地区、各部门的主要领导同志对此给予支持。总之，要加强中央办公厅和各地区、各部门办公厅的互通情报工作，这是我们之间工作上最大的相互支持和帮助。

其次，要随着社会发展和技术进步，对我们的信息传递手段和机关办公手段加以改进更新，摆脱传统的手工作业方式、逐步使信息工作手段现代化。这将极大地提高我们办公厅信息工作的效率。目前凡有条件的地方要抓好办公现代化工作，在通讯联络、信息传输、办理文件、检索资料等机关办公各个环节以及排字印刷、财务管理和行政指挥等方面，努力推广应用电脑技术和其他先进技术、设备。

再次，要加强办公厅内部的调研部门，配备充实调研力量。各级办公厅都应主动抓信息，深入实际，调查研究，直接掌握第一手材料。

最后，在积极地做好办公厅信息工作的同时，千万要注意严守党和国家的机密，坚决杜绝失密泄密现象。

四、改变工作作风，提高工作效率和质量

当前，机关工作中的主要问题一是效率低，二是质量差。效率低表现为办公节奏慢，办文办事拖拉，工作职责不清，秩序不顺，互相扯皮，内耗较大；质量差表现为工作不深入不具体，习惯于作表面文章，看来很忙，其实在制造"文山会海"，没有解决多少实际问题。可以说效率低和质量差已经成了当前机关工作的两大"公害"。一切部门都要了解和解决实际工作中存在和出现的问题，别再搞无用并有害的一般口号、规定。要努力提高工作效率，一个小时能开完的会，绝不要开一个半小时。看到有不良风气的苗头就要及时发通知、打电话予以纠正。当然，不搞"文山会海"不是不准发文件或不准开会。发文件、开会务必要切合实际、解决问题、讲究效果。当前要提倡少行文，行短文；少开会，开短会，拿出时间去深入基层，联系群众，研究新情况，解决新问题。消除机关工作效率低、质量差两大"公害"，需要各个部门、各级领导共同努力，办公厅和秘书部门更是责无旁贷、义不容辞。办公厅作为参谋和助手有重大责任做好"搬文山"、"填会海"的工作，使领导同志从文件、会议的羁绊中解脱出来。要向领导同志建议不发没有多少意义的文件，不开解决不了实际问题的会议。要下决心减少繁文缛节，简化办文办事程序，在总结、吸取过去的好经验和好做法的基础上，逐步使办公厅秘书工作规范化、制度化、科学化。

办公厅改变作风、提高工作效率和质量的另一项重要措施，就是加强"查办"工作。这项工作是1983年9月中央办公厅根据中央领导同志的指示开展起来的。要查办的事项，一部分是中央领导同志直接批的，一部分是中央办公厅发函或打电话通知的。各地各部门对中央领导同志批示查办和中办发函查办的问题，一般都很重视，能及时研究，及时组织查处。一年多来，通过查处解决了一大批实际问题。加上举一反三，连带解决的问题总计在几千个以上，从而有效地促进了领导作风的转变，推动了一些地区和单位的工作。做好查办工作，我们的初步体会是：一、领导要重视，要亲自抓。中央领导同志是重视

的，抓得很紧。我们中办几位主任当然更要重视和抓紧，并且有一位副主任分工管理，亲自主持。二、要有工作班子做具体工作，这个班子主要在秘书局综合处，并且有一位副局长主持。三、要加强催办，必要时要协同有关部门派人下去协助地方抓紧查处。有了结果要向领导同志随时或定期汇报。四、要抓重要的、突出的、有实际意义的问题查办落实。各地区各部门发生的问题很多，不要对所有的事情都查办，中央也不可能过问、处理所有的事情。实践证明，开展查办工作意义重大，既促进了中央政策的落实，又推动了地方或部门工作的进展；既解决了一批复杂的实际问题，又带动了各级领导转变作风。为了进一步做好查办工作，需要加强各级办公厅的职权，并希望各地区、各部门也要开展相应的工作。各地区各部门对中办发通知查办的案件要指定专人查处，并及时告知结果，即使情况不符或严重失实，也应有个交代。

各级办公厅还应当进一步加强办理群众来信、接待群众来访的工作。信访部门近年来已开过两次会议，研究改进工作。办公厅做好信访工作同开展查办工作有同样重要的作用，有助于各级领导直接了解和倾听群众的呼声、要求，促进党的各项政策的落实，推动各级干部转变作风，从而具体地体现我们党全心全意为人民服务的宗旨，进一步密切党群关系和干群关系。我们应当高度重视这项工作，切实把它做好。

五、抓好领导班子和队伍建设

各级党的领导机关的办公厅（室）及其秘书工作机构，合起来有一个庞大的干部队伍。这个队伍是好的，工作是很有成绩的，完成了保证各级领导工作正常运转的繁重任务。但是，就适应新形势下的高要求来说，也应该承认，我们这个队伍还有不足之处。主要是：年龄偏高，文化偏低，缺乏必要的业务训练。我对此讲几点意见：

第一，加强领导班子建设和队伍建设。办公厅干部队伍年龄偏大，文化偏低的现状是历史形成的。虽然通过整党和机构改革，各地区各部门都作了不同程度的调整，但从工作的要求来看，还不尽适应。

办公厅的干部应当政治上可靠、思想上敏锐、工作上勤奋、学习上刻苦、作风上严谨。搞秘书业务还需要有较高的政策水平，较多的文化知识，以及较好的体质。要下决心调进一批确实经过锻炼、政治素质较好、文化水准较高的干部，充实办公厅各部门领导班子和秘书队伍，同时，要进一步做好精兵简政工作，改变目前这种不适应形势要求的状况。

第二，要重视思想建设。办公厅工作人员，尤其是各级骨干，必须在思想上、政治上与党中央保持一致。对党的现行政策持反对态度当然是不允许的；认识不清、飘移不定，也做不好助手和参谋工作。这些同志应当通过学习转变认识、改变思想，如长期转变不了，就不适宜继续在办公厅各个关键岗位上工作。在新形势下，办公厅工作人员必须具备两种精神：一是创新精神，要锐意改革，勇于创新，改变旧的工作方法、工作作风、工作手段和靠老经验办事的习惯；二是实干精神，要埋头苦干，任劳任怨，严肃认真，积极负责，扎扎实实地工作。

第三，各地区、各部门办公厅对所属干部要采取适当的办法进行政治和业务培训，提高他们的素质。每年要有一定时间组织一部分干部到基层群众中去工作，这既有利于直接了解实际情况，又有利于干部的锻炼成长。有些地区和部门，开办训练班、业务讲座，讲授文书处理和其他秘书工作知识，交流工作经验；有的地区有大学或业余大学设了秘书专业，等等。这些都是应当肯定的培训方式。有些地区和部门向中办建议，开办办公厅和秘书部门领导干部的训练班。我们正在酝酿此事。

第四，对秘书工作人员要多加关心。秘书工作是一门机要工作，任务重，时间紧，要求工作人员昼夜值班，假日节日照常工作，十分辛苦。同志们这种勤勤恳恳、埋头苦干，不计较名利的献身精神是值得尊敬、应当表扬的。近年来，许多同志提出，现在还有很多秘书工作人员没有职称，物质待遇过低，要求适当解决。这是应当关心的，我们将积极地向有关部门反映，认真地、逐步地加以解决。各级领导同志应当从政治上、生活上关怀他们，解决他们的实际困难。

　　总之，在新形势下我们各级办公厅所面临的任务是光荣的，工作是繁重的，除了上面提到的以外，还要做好档案的保管利用工作、机关生活服务工作。中央和各级党委非常重视和关心办公厅的建设。只要我们办公厅的广大干部振奋精神，勇于创新，就一定能够进一步开创新局面。

　　　　　　　（选自《秘书工作》编辑部编《领导同志谈秘书工作》）

努力做好改革时期的秘书工作

——在中国高等院校秘书教学研究会
1986年年会上的讲话

安 成 信

这是一个很大的题目，我想得还很不清楚，很不具体，很不成熟。

一、改革时期秘书工作的主要特点

改革时期秘书工作的特点，在我看来，主要是：

（一）秘书工作面临的形势和过去不同了。

过去是以阶级斗争为纲的时期，接连不断地搞政治运动的时期。那时候，各级领导的主要精力在于所谓"与人奋斗"，秘书工作也不得不围绕阶级斗争这个纲来转。这种情况，在"文化大革命"中达到了登峰造极的程度。党的十一届三中全会以后，全党工作的重点转到经济建设上来了，我国开始了一个全面改革的历史新时期。目前，经济体制的改革正在深入发展，政治体制的改革也已经提上日程。改革的成败，决定着中国的命运和前途。邓小平同志在讲到这场改革的深刻意义时指出，改革是中国的第二次革命。各级领导的主要精力放到了改革上，全国人民也都投入到了改革之中。在改革的推动下，我们国家的面貌日新月异。新思想、新事物层出不穷，旧习惯、旧事物且战且退。整个社会生活充满生机，色彩格外绚丽。这就是现在的秘书工作所面临的新形势、新气候。秘书部门作为综合性的服务单位，在这样一个全面改革的新形势下，不能不紧紧地围绕改革做文章。换句话说，秘书工作者必须在改革中充分发挥参谋、助手作用。应当说，对我们这一代秘书工作者来说，这是一种莫大的幸运。

（二）秘书工作的地位和作用更重要了。

改革是一项巨大的、复杂的系统工程，又是一项没有现成方案可供采用的伟大事业。同时，在改革时期，情况复杂而多变。这种情况，意味着决策的难度比过去大了。各级领导作为不同层次的决策者，单凭个人的经验、才智，或者单凭抽象的理论条文，其决策的成功率是不可能高的。这就提出了一个决策科学化的任务。要使决策科学化，就得充分发挥参谋部门的作用，依靠大家的力量和智慧。秘书部门处在领导机关的中枢部位，一方面，秘书人员要准确而迅速地协助领导处理大量的日常事务，使领导能够集中精力于决策工作；另一方面，秘书人员又要利用自己更为了解上下左右情况的有利条件，协助领导进行决策，包括提供有关的信息，开展专题调研，协调各方面的不同意见，提出解决问题的方案，等等。秘书人员在需要决策的问题上，虽然无权点头、划圈，但是他们的工作，他们提供的情况和建议，都直接影响着领导如何点头划圈。改革愈是深入，社会愈是发展，秘书部门的地位和作用就愈是重要，领导就愈需要秘书人员成为得力的参谋助手。

（三）秘书部门遇到的矛盾更多，因而协调的任务更重了。

改革时期，实际生活中的矛盾错综复杂，暴露得相当充分。部门之间的矛盾，地方之间的矛盾，部门与地方之间的矛盾，通过各种渠道纷纷反映到领导机关来。这些矛盾往往都是一些难题。从本质上看，有些是属于新旧体制的矛盾，有些是属于权利方面的矛盾，有些是属于认识上的矛盾，有些是属于主观愿望与现实条件之间的矛盾，等等。这些矛盾来到领导机关，秘书部门不能简单地把它们交给领导，而必须弄清楚矛盾的来龙去脉，把有关部门或地方找来进行协调，寻找矛盾各方的共同点，集中各方意见的合理成分，然后从全局利益出发向领导提出解决矛盾的建议。可以说，秘书部门现在是天天处于各种矛盾的漩涡之中，协调的任务空前繁重。

（四）秘书部门需要处理的信息量更大了。

对决策机关来说，信息是个很重要、很宝贵的东西。特别是在改革时期，在发展商品经济的条件下，更是这样。如果没有正确的指导思想，当然不会有正确的决策，而如果没有足够的、准确的信息，同样不可能有正确的决策。改革本身的需要，科学技术的进步，政治生活的民主化，使得流入各级领导机关的信息量日益扩大起来。现在，国办秘书局每天收到的简报、资料达上百种、约几十万字之多，此外还有以电报、电话、传真、会议、信访等形式涌来的各种信息。应当说，这是一件好事，是社会进步的一种表现。但是，秘书部门不能简单地把所有信息一古脑儿堆到领导的办公桌上去，而应当经过研究、筛选、整理、加工后再送给领导。这方面的工作量，现在比过去是大得多了。

（五）秘书部门调查研究的任务，催办、查办的任务，也比过去更重了。

这也是改革时期决策和执行的需要。这个问题，我就不多讲了。

总而言之，处在改革时期的秘书工作，较之过去具有了很多新的特点。我这里讲的，只是几个主要的方面，还不知概括得对不对。

二、秘书人员要适应改革时期秘书工作的需要

认识了改革时期秘书工作的特点，就要研究如何才能做好改革时期的秘书工作。这个问题可以从不同的方面去探讨，例如可以从秘书机构的设置、秘书工作的方法、秘书队伍的建设等方面去探讨，但最根本的还是要全面提高秘书人员的素质。我认为，作为改革时期的秘书工作者，至少应当具备如下几个条件：

（一）要有改革精神。

处于改革时期的秘书部门，其主要的工作内容，诸如起草文件、报告，办理来文来电，进行调查研究，处理各种信息，组织各种会议，等等，这些大多与改革有着密切的关系。秘书人员既做改革之事，就须有改革之心。所谓要有改革精神，就是要深刻认识中国的现行体制

确实存在种种弊端，严重阻碍生产力的发展，必须加以改革。认识了这个道理，就要拓宽思路，开阔视野，创造性地思维，创造性地工作，善于从改革的角度去思考问题和处理问题。应当说，我们有一些同志，对新思想、新事物还不够敏感，还容易沿着传统的思路去考虑新的问题。改革每前进一步，领导每提出一项新的改革措施，他们往往要在思想认识上经历一个由被动转为主动的过程。看到改革中出现的某些新矛盾，他们往往不认识这些矛盾只有通过进一步改革才能解决，而是自觉或不自觉地倾向于去召唤老办法的亡灵。在秘书岗位上的同志，是不应当用这种精神去工作的。作为领导的参谋助手，秘书人员一定要在思想上摆脱大量的日常事务的纠缠，遇事一定要站得高些，看得远些，想得深些。只有这样，我们办文办事才会有思想性，才能符合改革的要求。秘书工作者首先应当是一个自觉的坚定的改革者。

（二）要有埋头苦干的精神。

秘书部门是真正的清水衙门，这里没有追名逐利者的位置。现在，改革的事业千头万绪，各级领导都十分繁忙，因而秘书部门的工作量也就特别大。工作量大，主要是会议多，文件多，再加一个信息多，我想这可能是改革时期特有的现象。在这种情况下，秘书部门的任务不能不格外繁重。因此，做秘书工作的同志，一定要有埋头苦干的献身精神。

（三）要有实事求是的态度。

秘书人员在工作中，不能惟上是听，也不能惟文是从，更不能照顾关系，而必须采取实事求是的态度。有时由于种种原因，领导对某个文件的批示不妥，秘书部门发现后，要有勇气向有关领导提出来，供其重新考虑。有时某个文件经领导审批后发出了，在执行中发现有不妥之处，秘书部门要如实地把情况反映给领导，并提出补救的具体建议。这样做，既是对工作负责，也是对领导负责。遇事首先考虑个人得失，盲目地不动脑筋地一切按上面的指示办，不是好的秘书工作者。当然，领导最后决定了的事，秘书部门应当坚决执行，而不能自以为是，固执己见，拖着不办。这是组织纪律问题。

（四）要有尽可能广博的知识。

毛泽东同志说过："不熟不懂，英雄无用武之地。"这句话是对文艺工作者说的，我认为同样适用于秘书工作者。秘书部门是一个综合部门，它贯通上下，联系左右，接触面极广，具体工作的变动性和差异性很大。以我们局来说，国务院有几十个部委，几十个直属局，还有几十个非常设机构，他们各有各的业务，都要向国务院请示报告工作。他们报送国务院的文件，首先要经秘书局审核把关。如果对各部门的业务一点也不懂，怎么能提出中肯的意见呢？怎么能去协调各有关方面的矛盾呢？又怎么能向领导提供建议呢？显然是不能的。因此，做秘书工作的同志，一定要努力扩大自己的知识面，要熟悉各方面的情况，懂得方针政策，并具有较为广博的自然科学和社会科学常识。当然，要求秘书人员什么都懂，那是不切实际的。但是要求秘书人员尽可能知道得多一些则是必要的，也是可以做到的。做秘书工作的同志，一定要善于学习，对各方面的知识要兼收并蓄，日积月累。厚积而薄发，平时注意学习、积累，处理问题时才能得心应手。

（五）要端正思想作风。

秘书部门一不管钱，二不管物，三没有指挥决策的权力，似乎不必强调端正思想作风。实际上这种想法是错误的、有害的，因为情况并非如此。秘书工作是一个特殊的岗位，特殊在哪里呢？一是接触机密多；二是接触领导多；三是用权渠道多。这都是其他部门的同志所不可比拟的。在这种情况下，秘书人员的思想作风如果不端正，很容易发生问题。尤其在搞活开放的条件下，不可避免地会产生一些坏风气，就可能利用自己的特殊岗位干出有损于党和人民利益的勾当来。上海的余铁民，就是前车之鉴。所以，秘书人员一定要端正思想作风，坚持按党的原则办事，严守纪律，谦虚谨慎，公道正派。

（六）要学会使用现代化办公手段。

改革时期，秘书部门的工作量极大，长期袭用的手工作业方式无论如何不行了。要提高工作效率，就需要把现代化办公设备引入我们的办公室。现在，许多秘书部门已经有一些这样的设备了，但是有的用得好，有的还没有用起来；有了而用不起来，主要是保守思想在作怪。这种状况应当改变。第一，希望各级领导支持秘书部门，舍得花钱为我们添置一些现代化办公设备；第二，秘书人员要克服保守思想，积极学习和使用现代化办公设备。我想，80 年代的秘书工作者，人人都应能够娴熟地使用新的办公手段，逐步丢掉老一套的手工作业方式。这应当作为秘书人员必须具备的一个条件。

（原载《秘书》1986 年第 5 期）

切实改进作风，进一步做好办公厅工作

——在全国省、区、市党委秘书长
座谈会上的发言

（1990 年 1 月 8 日）

温 家 宝

同志们：

这次省、自治区、直辖市党委秘书长座谈会的中心议题，是贯彻党的十三届四中全会和五中全会精神，落实中央领导同志对办公厅工作的指示，研究在新形势下改进作风，进一步做好办公厅工作的问题。我们讲改进作风，最重要和最根本的就是要坚持群众路线和实事求是。下面，我就这个问题讲几点意见，和同志们一起讨论。

一、充分认识办公厅改进作风的重要性

作风建设，是党的建设的重要方面，是贯彻执行党的路线、方针、政策的重要保证。1989 年，我们就办公厅改进作风，实现"三服务"、"四个转变"的问题，专门进行过讨论、研究。现在，为什么再次突出地提出改进作风的问题呢？简单地说，是新的形势和任务的要求，是党的全心全意为人民服务的宗旨的要求，是保持和发扬党的优良传统的要求。

新的形势和任务，对办公厅改进作风提出了更高更严的要求。

我们刚刚跨进了 90 年代，全党的工作面临着新的形势。过去的 10 年，我们在建设有中国特色的社会主义道路上迈出了坚实的步伐，

实现了发展战略的第一个目标。90年代将要实现第二个翻番，这是实现社会主义现代化宏伟目标关键的10年，是充满希望又伴随着困难的10年。我们党面临的任务更繁重、更艰巨。我们要继续坚持和完善社会主义制度，加强党的领导和政权建设，努力保持国内政治局势的长期稳定；要在治理整顿和深化改革的同时，推进经济建设的持续、稳定、协调发展；要继续坚持"一国两制"，推进和平统一祖国的大业。实现上述任务，我们有很多有利条件，也面临着不少困难和问题。在这种情况下，把我们党的工作搞好显得特别重要。当前，党的建设和党的工作中一个根本问题，就是一刻也不脱离群众，密切联系群众、依靠群众，把群众紧紧团结在自己的周围；同时，一切从实际出发，从自己的国情出发，从本地区、本部门的具体情况出发，从人民的根本利益出发，实事求是，脚踏实地，努力奋斗。这样，无论遇到什么困难，无论出现什么风浪，都不能动摇我们，也阻挡不了我们前进的步伐。

面对新的形势和繁重的任务，党中央对党的作风建设和党的工作提出了更高更严的要求。十三届四中全会以来，以江泽民同志为核心的第三代中央领导集体，牢牢把握党的基本路线，坚持四项基本原则，坚持改革开放。同时，针对这几年党内存在的某些腐败现象和脱离群众的倾向，提出要保持和发扬党的优良传统，坚持群众路线，改进领导作风。中央领导同志身体力行，认真听取地方和部门的意见，深入工厂、农村、革命老区、边疆地区和贫困地区，直接倾听基层干部和群众的意见。在调查研究的基础上，总结10年建设和改革的经验教训，在各项工作中作出了一系列重要决策和工作部署，这对于稳定全国局势，推进建设和改革，产生了重大的作用。所有这一切，充分体现了新的中央领导集体的新面貌和新作风。

新的形势和任务，要求全党在坚持群众路线、改进领导作风上有一个新的提高，要求党的各级工作机关要有新的面貌。我们办公厅作为各级党委的工作机关，必须迅速行动起来，切实改进工作作风和工作方法，以适应新的形势和任务的要求。

党的根本宗旨，要求办公厅不断改进作风。

党的根本宗旨是全心全意为人民服务，在长期的革命斗争中，我们党同人民群众建立了密切的联系，同时，形成了一套马克思主义的群众路线的理论和工作作风。历史经验证明，当我们党坚持群众路线，充分相信和依靠群众的时候，我们的事业就进行得比较顺利，各项工作就开展得比较好。反之，违背了群众路线，我们的事业必定遭受挫折甚至失败。革命战争时期是这样，社会主义建设和改革时期也是这样。这里说的群众路线，就是邓小平同志指出的，包含两层意义，一方面是必须密切联系群众和依靠群众，而不能脱离群众，每个党员必须养成为人民服务、向群众负责、遇事同群众商量、与群众同甘共苦的思想作风和工作作风；另一方面是要坚持党的正确领导，坚持"从群众中来，到群众中去"的工作路线。早在1943年，毛泽东同志对我党的群众路线的领导方法作了科学的概括。他说："在我党的一切实际工作中，凡属正确的领导，必须是从群众中来，到群众中去。这就是说，将群众的意见（分散的无系统的意见）集中起来（经过研究，化为集中的系统的意见），又到群众中去作宣传解释，化为群众的意见，使群众坚持下去，见之于行动，并在群众行动中考验这些意见是否正确。然后再从群众中集中起来，再到群众中坚持下去。"毛泽东同志这段话，包含着深刻的辩证法和认识论的哲学思想，我建议同志们都认真地学习和领会。今天，我们强调党的根本宗旨和群众路线，对于加强和改善党的领导，动员和团结广大人民群众，同心同德，克服困难，完成治理整顿、深化改革的各项任务，实现党所制定的宏伟战略目标，具有极为重要的意义。

各级办公厅和所有工作人员，都必须时刻牢记并且身体力行党的根本宗旨，都必须始终一贯地坚持党的群众路线。办公厅是各级党委联系群众的桥梁和纽带。基层的情况，群众的意见和呼声，要通过各级办公厅反映到党委；党委的决定，又要通过办公厅传达到基层和群众中去。各级领导把办公厅当作重要的信息渠道和工作中的参谋、助手。正因为办公厅处在承上启下的重要地位，又在领导身边工作，并经常办理领导交办的事项，广大干部和群众对办公厅的工作理所当然地要提出很高的要求和希望。在这种情况下，不断改进办公厅的工作作风，提高办公厅的服务水平，提高每个工作人员的政治素质和业务素质，就显得尤为重要。我们要充分认识自己所处的特殊地位和肩负的责任，充分认识我们的工作作风直接关系到党与群众的联系，关系到党的事业，从而自觉地坚持全心全意为人民服务的宗旨和实事求是、联系群众的工作作风。

保持和发扬党的优良传统，要求办公厅高度重视作风建设。

我们的党是用马克思列宁主义、毛泽东思想武装起来的党，是经过长期革命斗争锻炼和考验的党，是具有优良传统的党。我们党的优良传统，最根本的是实事求是，密切联系群众，紧紧依靠群众，始终同人民群众保持血肉的联系。中央办公厅和各级党委办公厅，长期在党中央和各级党委身边工作，直接受到党的关怀、教育和熏陶，在自己的工作中十分重视保持和发扬党的优良传统。最后几年来，我们根据新形势和新任务的要求，在这方面作了大量工作，作风方面的改进是明显的。主要表现在：信息调研工作大大加强，在全国党委系统建设起纵横交叉的信息网，成为各级领导机关了解实际情况必不可少的重要渠道；查办、催办工作进展比较快，全国网络已初步形成，基本做到了领导批办事项有人催，群众关注的事情有人办；参谋意识和协调功能逐步增强，为各级领导提供的办文、办会、办事的预案和建设的质量有所提高。这些情况表现，办公厅密切联系群众、自觉为领导机关服务和为人民群众服务的作风在新的历史条件下，正在不断形成和发展。各级党委对此是比较满意的，基层和群众的反映也是好的。

当然，我们也应当看到，办公厅在作风方面还存在着某些同新形势、同各级领导的要求不相适应的地方。就中央办公厅来说，存在的主要问题是：督促检查工作还比较薄弱；深入调查研究不够，有些信息的有效性不强；工作效率和质量需要进一步提高，等等。我们要继续努力，在新形势下保持和发扬党的优良传统，进一步改进作风。

二、当前改进作风的重点是加强督促检查和信息调研工作

最近，中央领导同志对中央办公厅改进作风，做好督促检查、情况汇总以及信息调研工作作了重要指示。中央领导同志指出：过去毛主席讲过一般号召与个别指导相结合，从群众中来到群众中去，集中起来坚持下去，调查研究等等，都值得我们在指导思想、群众观点、工作方法等方面引起注意。今后办公厅要在这些方面参谋、提醒。中央领导同志还明确要求：对中央决定的事项，中央有关部门应该有布置、有检查，中央办公厅要派人下去督促检查，要定期汇总贯彻执行情况，向中央作出报告。

中央领导同志的这些重要指示，重申了我们党一贯坚持的群众路线和实事求是的工作作风和工作方法，对于各级办公厅进一步明确指导思想、改进作风具有普遍的意义。遵照中央领导同志的指示，当前要特别下大力量抓好督促检查与信息调研这两个工作重点。

要加强督促检查工作。督促检查，从根本上说，是对各级领导工作作风的监督和检查。各级领导对党的方针政策贯彻执行的情况，对中央指示的落实情况，对群众的困难、意见和要求研究解决的情况，都反映他们的党性原则、群众观点和工作作风如何。经常地、认真地、实事求是地进行督促和检查，从而发现问题，堵塞漏洞，改进工作，这是对党和人民群众高度负责的表现。我们应当从党的作风的高度来认识和对待这项工作。

我们党历来重视督促检查工作，曾经制定过一系列的制度。毛泽东、周恩来等老一辈无产阶级革命家，对这方面要求十分严格，布置的工作要按时报告结果，重要事项的催办有时甚至不过夜。这样的工作作风，我们要保持和发扬。督促检查工作是办公厅的一项重要职责。近年来，各级办公厅在落实领导决定和批示的催办查办方面做了一些工作，但是工作的深度和广度远远不能适应形势和任务的需要，不仅需要开拓工作领域，而且需要从组织上、制度上抓紧完善，使这项工作尽快走上规范化、制度化的轨道。

如何开展这项工作呢？我们的初步想法是：

第一，督促检查工作要按照中央的要求，紧密围绕中央工作的中心进行。要坚持实事求是，全面准确地了解和反映真实情况，既报喜又报忧，力争做到有情况，有分析，有建议。这项工作一定扎扎实实地进行，绝不能流于形式。这是督促检查工作必须遵循的原则。

第二，督促检查工作的重点，是党的路线、方针、政策和中央重大决策、重要工作部署，包括中央领导同志批示、交办事项的贯彻落实情况。

第三，开展督促检查工作的具体方式，一是进行催报检查。在中央文件发布或工作部署后，要求各地区、各部门按期向中央报告贯彻落实的情况，中办负责督促。凡中央文件上已注明报告日期的，要按期催报；文件中未规定报告日期的，要根据情况确定时限予以催报。对催报事项，按问题分解立项，适时向各地区、各部门发出催报要点。二是加强日常催办。在中央决定事项和中央领导同志批示办理通知发出后的相应时间内，要向各承办部门了解办理情况，进行督促检查。对中央领导同志交办的事项，要督促承办部门抓紧落实，做到事事有着落，件件有回音。三是搞好信息反馈。充分利用分布全国的信息网络，及时收集和反馈中央决定贯彻落实的情况。对各地区、各部门报送中央的报告、简报、材料，进行汇总、整理、分析和综合，及时提出综合报告。四是深入下去了解情况。选派有一定政策水平和调研能力的同志到各地区、各部门实地了解情况。这是督促检查的一种重要方式。下去的同志，既要听取情况介绍，又要进行实地调查，掌握真实情况，并把全面了解和重点考察相结合。调查了解的情况，要向中央提出专题或综合报告。

这里，我要作两点说明。一是这些想法只是中央办公厅开展督促检查工作的初步打算。完成这项任务，要靠中办自己做好工作，同时希望地方和部门办公厅给予支持和配合。至于地方和部门办公厅如何开展督促检查工作，由各地和各部门办公厅根据实际情况和党委的要求作出安排。二是督促检查工作是中央办公厅根据中央和中央领导同志的指示进行的，是领导授权进行的工作，要严格工作制度和工作程序。比如，要健全分级责任制度，哪些事项由哪一部门、哪一级负责督促检查，要分清责任，既不能推诿扯皮、无人负责，也不要越权。中央办公厅要充分依靠和尊重地方和部门，涉及地方和部门的工作，首先要由有关地方和部门进行督促检查，中办要作好情况汇总。中央办公厅进行督促检查工作，以了解情况为主，不直接处理问题，不代替地方和部门的工作。

要加强信息调研工作。系统周密的调查是决定政策的基础；领导机关的基本任务就在于了解情况和掌握政策；在全党大力推行调查研究，是转变党的作风的基础一环。这些基本观点，在进行社会主义建设和改革开放的今天，依然具有重要的指导意义。只有对社会政治和经济的周密调查，并在调查的基础上进行正确的分析，才能制定出正确的方针和政策；只有对中国情况的深刻了解和认识，并坚持从实际出发，走有中国特色的社会主义道路，才能实现建设社会主义的战略目标。当前，政治上要保持安定，经济上要搞好治理整顿和深化改革，任务艰巨。这就更需要我们经常深入实际，进行调查，不断地研究新情况，解决新问题，总结新经验，和群众一道克服困难，努力奋斗。

我们党历来重视调查研究工作。毛泽东等老一辈无产阶级革命家在这方面给我们树立了榜样。他们关于调查研究的基本观点和基本做法，同样适用于今天我们办公厅的信息和调研工作。近几年来，各级办公厅努力从被动服务转变为主动服务，从收发传递信息转变为综合处理信息，在信息调研方面做了大量工作。不少办公厅调整了调研机构，充实了调研力量，为党委提供了一批有重要参考价值的调研成果，受到领导的重视。全国党委系统信息网络提供的大量信息，为各级领导掌握社会动态、实行科学决策起了很好的作用。但是，总的说来，信息调研工作还不适应形势和任务的需要，还不适应党的工作的要求，必须总结经验，采取措施，进一步做好。如何进一步做好信息调研工作呢？我们的初步想法是：

第一，根据领导的要求，围绕党的中心工作进行调查研究，提供有情况有分析的调研报告。调查研究是办公厅一项经常性的重要工作，要切实抓紧抓好。调研方式可以有以下几种。一种是领导同志出题目、交任务，办公厅派人对某一问题进行了解，经过分析研究，提出调研报告。一种是从大量的信息中发现问题，选择典型，直接调查，并采取点面结合的方法，将各方面情况进行综合、分析。还有一种是利用办公厅这个综合部门的优势，向各有关部门搜集调研成果，经过筛选提供领导参阅。不管采用哪种形式，都要提倡眼睛向下，深入实际，亲自动手，调查研究。

第二，加强信息工作，经常掌握情况。向中央和各级党委及时准确地提供信息，是办公厅一项重要的日常工作。这项工作要特别讲求实效。当前，信息工作要在现有的基础上，进一步拓宽内容，增加深度，提高质量。要巩固和完善信息网络，建立高效、灵敏的运行机制；要加强对信息的整体开发和综合处理，增加信息的有效性；要结合督促检查和调查研究工作，加强信息的系列反馈，搞好情况汇总。事实证明，信息工作既是领导同志经常掌握情况、进行决策和指挥工作不可缺少的一部分，也是领导机关联系实际，联系群众，改进作风的重要方面。

第三，建立联系基层的制度。中央办公厅同各地、各部门、各单位建立信息联系点，是机关联系基层的重要措施。这项工作要不断总结经验，不断丰富内容，使之更加完善。领导机关可以通过基层联系点了解情况和群众的反映；也可以派人到基层联系点蹲点调查，跟踪调查，"解剖麻雀"；基层联系点可以通过这个渠道了解中央和各级党委的有关精神和要求，对党的工作提出意见和建议，反映情况和问题。联系基层的制度，有利于上情下达、下情上达，是领导机关密切联系实际、联系群众的一种有效形式。

在这里，我还要特别提一下，办公厅的工作人员尤其是领导干部，要有一定的时间下基层。党中央要求，党的各级干部要走出机关，到工厂去，到农村去，到学校去，深入基层，深入群众，调查研究，做群众工作。各级办公厅要响应党中央的号召，以实际行动做出表率。无论是领导干部还是一般工作人员，都要坚持面向群众，面向实际，面向社会，做好工作。凡是条件允许的，都要经常深入基层，并形成制度，坚持不懈。下基层的工作内容、组织形式和时间安排，要结合工作统筹安排，有些可以同督促检查、调查研究结合起来进行。

除了督促检查、信息和调研工作以外，办公厅还有其他许多工作。这些工作都是党的工作必不可少的组成部分，都要坚持全心全意为人民服务的宗旨，坚持党的群众路线和实事求是，改进作风，做好工作。

三、改进作风首先要重视队伍的思想建设

作风问题归根结底是个思想问题。有什么样的思想，就有什么样的作风。所以，要改进作风，必须加强思想建设。从办公厅工作的性质和担负的任务看，我们讲思想建设，最重要的是要有坚定正确的政治方向、全心全意为人民服务的思想，同时要增强效率观念，发扬务实精神和保持廉洁的风尚。

坚持正确的政治方向。办公厅是党的要害部门，要特别强调坚持坚定正确的政治方向。这是思想建设的首要问题，也是改进作风的前提。办公厅的所有工作人员，必须在政治上、思想上和行动上坚决同党中央保持一致，坚持一个中心两个基本点，紧紧围绕党的路线、方针和政策进行工作；必须自觉维护党中央的权威，维护各级党委的权威，坚决贯彻党委的决定和工作部署。这个标准很高，每个同志都要朝着这个目标努力锻炼和要求自己。要组织干部、党员认真学习马克思列宁主义、毛泽东思想的基本理论，特别是学习马克思主义哲学；要进行坚持四项基本原则，

反对资产阶级自由化的教育，不断提高政治素质。在去年制止动乱、平息反革命暴乱中，从总体上看，全国党委办公厅系统广大工作人员政治立场是坚定的，对中央的决策是拥护并努力贯彻执行的。这支队伍所以能在关键时刻经受住考验，正是平时重视思想建设的结果。当然也有个别人偏离了正确的方向。对此我们要认真总结经验教训，进一步加强队伍的思想建设。

牢固树立服务的思想。这是对办公厅工作人员的一项根本要求，也是改进作风的思想基础。办公厅的业务工作很多，总的说都是为人民服务。只有牢固地树立服务观念，才能做好各项工作。服务要忠心耿耿，兢兢业业，埋头苦干，无私奉献。这是我们的优良传统，也是我们思想政治上的优势。过去，我们讲"三服务"，实际上具体地体现在对上服务和对下服务两个方面。对上服务就是为党中央和各级领导服务，自觉地维护党的团结，维护集体领导和民主集中制，维护党的领导的权威。对下服务就是为基层党组织服务，为党员和人民群众服务。因为我们的党是全心全意为人民服务的党，所以，无论对上服务还是对下服务，其最终目的都是为人民服务。我们应当自觉地把对上服务与对下服务统一起来，把对党负责和对人民负责统一起来，加强同各级党委的联系，加强同群众的联系。我们要努力增强服务观念，提高服务工作的自觉性和责任心，坚决克服脱离群众、脱离实际的倾向，把各级党委办公厅真正建设成为全心全意为人民服务的工作机关。

增强效率观念。高效率是对机关工作运转的基本要求。应当说，提高工作效率也是作风建设的一个重要方面，那种为政不勤、从业不务、办事拖拉的行为，是一种严重脱离群众的官僚主义作风，必须坚决克服。办公厅高效率、高质量的工作，就能保证领导机关高效运转，保证各项工作顺利进行。特别是在遇到重大突发事件时，这一点尤为重要。提高办公厅工作的整体运转效率，必须不断强化工作人员的效率意识，完善运转机制，优化工作方法，并尽可能地精简会议，控制行文。

发扬务实精神。务实是实事求是思想作风的重要组成部分。我们强调这一点，在办公厅非常必要。办公厅上连领导下连群众，处于中介环节，扎扎实实地干事，不搞花架子，不搞哗众取宠，是我们必须遵循的原则，必须坚持的作风。不论是办文、办事还是进行督促检查、信息调研，都要从实际出发，说实话，办实事。说假话、说大话，报喜不报忧或者报忧不报喜，都会妨碍领导对工作作出正确决策，甚至造成领导工作失误，损害党和国家的利益，这是党的纪律所不容许的。我们必须遵照实事求是的原则，真实、准确、全面地反映情况，进行各项工作。

保持廉洁的风尚。廉政建设是党风建设和改进机关作风的重要内容。办公厅处在领导身边，搞好廉政建设，对于维护党的形象关系极大。党中央采取切实措施狠抓廉政建设，制定了一系列规定。各级办公厅要带头模范地执行。任何人都不许借领导名义，利用手中权力，谋取私利。要发扬正气，提倡廉洁奉公、艰苦奋斗、谦虚谨慎的思想作风。各级党委办公厅应当根据各自的实际情况加强廉政制度建设，做廉政的模范。

总之，办公厅要改进作风，必须切实加强队伍的思想建设，简单地说，就是"方向、服务、效率、务实、廉政"五个方面。只要在这五个方面确实做出成效，我们就能养成良好的作风。这里，我还要强调一下保密问题。办公厅掌握着党的核心机密，强调保密具有特殊重要的现实意义。总起来说，各级党委对保密工作是重视的。但是在少数机关和工作人员中，保密观念不强，保密纪律不严，保密制度不健全，泄密现象还时有发生。这个问题要认真加以解决。要在办公厅的全体工作人员中，牢固树立敌情观念、纪律观念和法制观念，堵塞泄密漏洞，认真做好保密工作。这项工作任何时候都不能松懈。

最后，我还想就大家关心的两个问题讲点意见。

第一，办公厅的工作十分繁重，工作人员十分辛苦，要爱护这支队伍，保持这支队伍的稳定。长年辛劳在这一岗位上的办公厅工作人员，一向有着兢兢业业、埋头苦干、任劳任怨的奉献精神。这种精神要提倡和发扬。同时，希望各级领导要认真关心办公厅工作人员的工作进步和生活困难，保护他们工作的积极性，帮助他们解决工作和生活中的实际问题，解除后顾之忧。

第二，要加强办公厅队伍的业务建设和经验交流，以提高工作技能和服务水平。这项工作主要靠各地、各部门想方设法，采取多种形式来进行。中央办公厅将尽力创造条件，或者通过内部和公开刊物进行业务指导，或者分片召开专项工作座谈会，或者同中央党校合作开办高层次进修班，以及利用其他适当方式进行有效联系，沟通情况，交流经验。各地希望这次会议明确中央办公厅与地方党委办公厅的关系。应该说，中央办公厅与各地党委办公厅分别是党中央和地方党委的工作机构，互相之间没有领导和被领导的关系。但是，中办和各地党委办公厅的工作性质是相同的，地方党委办公厅在为地方党委服务的同时，也要为党中央服务。因此，中央办公厅和地方党委办公厅必然要建立密切的业务联系。由于工作需要，中办要根据中央的要求，在某些工作上向各地区、各部门办公厅提出要求和意见，以便共同为中央服务。这种关系实际上就是业已存在的业务指导关系，今后要继续加强。

同志们，我就讲这些意见和大家一起讨论，不妥之处，欢迎同志们批评指正。

（原载《秘书工作》1990 年第 2 期）

督促检查是办公厅（室）
工作的一项重要任务

徐 瑞 新

1990 年 1 月，中央办公厅召开了全国省、区、市党委秘书长座谈会。这次座谈会的中心议题，是研究在新形势下如何改进作风，进一步做好办公厅的工作。会议就如何落实中央领导同志关于加强督促检查和信息调研工作的指示进行了认真研究，并将这两项工作作为当前改进办公厅工作作风的重点。中央领导同志对这次会议很重视，会议期间，江泽民等在京的中央政治局常委接见了与会同志，并作了重要讲话。

一、督促检查工作是办公厅的一项重要职责

办公厅是领导机关和领导同志的办事机构和工作助手，确保领导机关业务的正常运转，直接承办领导同志交办的各项工作。督促检查是确保领导机关决策得以贯彻执行的重要措施，也是领导机关赋予办公厅的一项重要工作。中央领导同志多次明确指出："对中央决定的事项，中央有关部门应该有布置、有检查，中央办公厅要派人下去督促检查，要定期汇总贯彻执行情况，向中央作出报告。""我们各级领导机关长期以来存在一个比较薄弱的环节，就是布置多，检查少，或者说的更严重一点，就是有布置无检查。我们应该下决心改变这种状况，做到布置一项工作就要把它落到实处，抓一件是一件。我看办公厅应该发挥这样的督促检查作用。如果这样，我们机关的效率就会高得多。"根据中央领导同志指示精神，秘书长座谈会确定把督促检查和信息调研作为当前办公厅工作的重点，决定在原来工作的基础上，根据新

形势、新任务的需要，加强对党的重大决策和重要工作部署贯彻落实的督促检查，不断开拓新的工作领域。并且从组织上、制度上抓紧完善，使之尽快走上规范化、制度化的轨道。

目前，全国各省、区、市都在根据这次秘书长座谈会的精神，积极努力地开展督促检查工作并为其创造各种有利条件。大部分省、区、市已经成立或准备成立专司督促检查工作的机构，各地还调配了一批思想、业务素质好的同志充实督促检查工作。

总之，经常地、认真地、实事求是地进行督促和检查，从而发现问题、堵塞漏洞，改进工作，这是对党和人民群众高度负责的表现。我们应当从党的作风的高度来认识和对待这项工作。中央领导同志的讲话，为办公厅的工作提出了新的更高的要求。

二、中央机关开展督促检查工作的基本要求和做法

温家宝同志在全国秘书长座谈会上就中央机关开展督促检查工作的原则、重点、方式和应当注意的事项讲的比较清楚，我在这里向同志们简要地介绍一下。

第一，督促检查工作要按照中央的要求，紧密围绕中央工作的中心进行；要实事求是，全面准确地了解和反映真实情况，既报喜又报忧，力争做到有情况，有分析，有建议；这项工作一定要扎扎实实地进行，绝不能流于形式。这是督促检查工作必须遵循的重要原则。

第二，督促检查工作的重点，是党的路线、方针、政策和中央重大决策、重要工作部署，包括中央领导同志批示、交办事项的贯彻落实情况。

第三，开展督促检查工作的具体方式，一是进行催报检查。在中央文件发布后，要求各地区 各部门按期向中央报告贯彻落实的情况，中央办公厅负责督促。二是加强日常催办。在中央决定事项和中央领导同志批示办理通知发出后的相应时间内，要向各承办部门了解办理情况，进行督促检查。三是搞好信息反馈，及时收集和反馈中央决定贯彻落实的情况。四是深入下去了解情

况，向中央提出专题或综合报告。

第四，督促检查工作要严格工作制度和工作程序，中央办公厅要充分依靠和尊重地方和职能部门，涉及地方和职能部门的工作，首先要由有关地方和职能部门进行督促检查，要作好情况汇总。中央办公厅进行督促检查工作，以了解情况为主，不直接处理问题，不代替地方和职能部门的工作。

根据以上精神，最近，我们对中央在去年和今年发的八个中央文件的贯彻落实情况进行了督促检查，取得了较好的效果。同时，我们也抓紧了中央领导同志批示交办事项的催办查办工作。

中央办公厅的督促检查工作，主要是由秘书局承办。秘书局根据这次秘书长座谈会精神，加强了督促检查工作，经办公厅批准，成立了督促检查处，担任以上所说各项督促检查工作。

中央和国家机关各部委主管某一条战线、某一个方面的重要工作，对于推进党的路线、方针、政策和重大决策、重要部署的贯彻落实负有重要责任，理所当然地应该承担起督促检查的任务。中央办公厅在开展督促检查工作时，主要是依靠各部委，充分发挥各职能部门的作用。在中央文件下发或中央作了重大工作部署后，有关职能部门应当自觉地、主动地承担起督促检查的职责。首先，要根据中央的精神，认真进行研究，选择好督促检查的角度，设计好工作方案，有些问题还应分解立项，以便进行具体的检查。其次，有关职能部门在督促检查工作中发现好的典型，应当进行总结，并可在适当的范围内加以推广。发现问题和不落实的情况，应及时进行有力的督促。再次，凡是文件规定或中央通知中明确了报告落实情况时限的，应按期报告；凡未规定报告时限的，请各部委区别情况，一般每半年向中央报告一次。报告应当言之有物，不要简单地罗列现象，而要进行综合分析，力求做到有情况、有分析、有建议。中央办公厅要加强同各部委的联系，协商有关事项，了解有关工作的情况，以便汇总向中央报告。必要时，我们也可与有关部门配合，一起进行督促检查和情况汇总的工作。

三、督促检查要特别注意坚持群众路线和实事求是

党的根本宗旨和当前的新形势、新任务，都要求我们改进工作作风，而改进作风"最重要和最根本的就是要坚持群众路线和实事求是"。我们必须从坚持群众路线这个根本工作路线的高度，从坚持实事求是这个基本思想路线的高度，改进工作作风，做好督促检查工作。

开展督促检查工作，是为了促进党的各项决策的全面贯彻落实，这本身就是决策执行的一个重要环节，它充分体现了一切为了群众，一切依靠群众，从群众中来到群众中去的群众路线。同时，也表明了开展督促检查工作是贯彻群众路线的一个重要途径。因此《中共中央关于加强党同人民群众联系的决定》中指出："在决策执行中，要紧紧依靠群众并不断接受实践的检验，及时总结经验，补充完善，纠正偏差，防止酿成大错误。"这就是说，决策的执行必须走群众路线，督促检查的全部工作只能也必须贯彻群众路线的根本方针。

在督促检查工作中坚持群众路线，首要的是要深入了解和掌握真实情况。要采取全面了解和重点考察相结合的方法。要选派热心为群众服务而又有一定政策水平和调研能力的同志到基层去，到群众中去，进行实地调查，掌握真实情况，欢迎说真话、说实话，忧喜兼听，尊重事实，不能听而不闻、视而不见。为此，首先必须同群众打成一片，多在群众中交朋友，真正把督促检查工作融汇于群众工作之中。其次，要有眼睛向下的作风，要有放下臭架子，甘当小学生的精神，要怀着满腔的热忱、强烈的求知欲望，真正扎扎实实地深入到群众之中，体察民情，反映意见，使督促检查工作真正成为领导机关联系群众的桥梁。

督促检查工作要坚持实事求是的方针。毛泽东同志在给延安中央党校的校训中明确提出八个大字：实事求是，不尚空谈。实事求是，就是要反对主观主义、自以为是；不尚空谈，就是要脚

踏实地，苦干实干，不讲空话。督促检查工作的重要职能，就是要为领导机关的决策服务，保证决策的正确实施，落到实处，收到实效。这是督促检查工作的本质属性。这一属性，决定了督促检查工作必须尊重事实，务实求真，一切联系实际，一切从实际出发，抓住事物的本质，找出其固有的规律性。具体地说，就是要在了解情况、分析情况和反映情况上下功夫。

了解情况必须真实、全面、准确。真实、全面、准确的情况，对于领导机关进行正确有效的决策起着重要的作用。只有情况真实、全面、准确，才能做到方针正确。任何虚假、片面、歪曲的情况都不能反映事物的本来面目，都必然将决策导入歧途。要使领导机关决策正确，符合客观实际，首要的是使督促检查工作在了解情况的阶段就打下坚实的基础，为领导决策提供真实、全面、准确的信息。要做到这一点，需要大家有正确的指导思想，有实事求是的科学态度，有敢于暴露问题的勇敢精神，有善于观察、分析和思考问题的能力。督促检查部门了解情况的重点主要是决策下达后传达贯彻的好经验、好做法，执行效果和执行中存在的问题，以及改进的措施等等。这些内容都必须贯穿真实性、全面性和准确性的原则，方能为下一步决策提供有价值的参考材料。这是督促检查的首要条件，也是秘书工作的基本要求。

分析情况必须深入细致透彻，既有定性的分析，又有定量的研究，既要把握总体情况，又要塑造典型事例，督促检查工作切忌简单划一，切忌就事论事，当"收发室"不对，当传声筒不行。分析情况是了解情况的深化，必须经过头脑的思考、加工和制作，经过"去粗取精，去伪存真，由此及彼，由表及里"的过程，方能透过现象看本质，找出事物的内在联系，掌握事物的固有规律。分析情况一定要在掌握全面情况的基础上，抓住重点，抓住主要矛盾，在进行深入细致透彻的分析之后，作出正确的判断，提出切实解决问题的措施和办法。目前，全国的绝大多数地方和部门，对中央的政策都能够认真贯彻执行，创造性地开展工作，但也有的地方和部门则对中央精神认识肤浅，理解不深，照搬照抄，机械行事，甚至搞形式主义，不抓落实。这些情况必须进行深入分析，努力发现典型，找出带普遍性、根本性、政策性的问题，提出建议，供领导决策参考。这是我们督促检查工作的重要任务。分析情况同样必须实事求是。情况变了，"是"也会变，我们必须根据不断变化的情况，去求那个适合现在情况的"是"。这也是我们督促检查工作中应当遵循的重要工作原则。

反映情况同样离不开"真实、全面、准确"六个字。这六个字归结到一点，就是要坚持情况的可靠性原则。所谓可靠性，就是真实性。反映情况如果不真实、不全面、不准确，再好的情况，再好的分析也是没有用处的，更是有害无益的。反映情况需要加工，不加工不能出观点、出思想、出措施；但加工不能过于雕琢，过雕则虚，过雕则浮，过雕则假。现在有些报告，摆成绩长篇大论，说问题轻描淡写，抓典型"硬拽螃蟹"，谈经验添枝加叶，都是一种不好的作风。正像江泽民同志所说的，"要如实，要全面，要准确，不要一叶障目，不要以偏概全，不要报喜不报忧，也不要报忧不报喜"。"既不能粉饰太平，又不能听风就是雨，虚张声势。"搞督促检查，很重要的内容就是要检查那些对党的决定不认真执行，敷衍了事，甚至"你有政策，我有对策"，弄虚作假的问题。我们一定要以此为戒，绝不干那种违犯我们自己工作宗旨的事。否则，不仅文件满天飞，增加了毫无价值的工作量，更严重的是会由于我们的过失，造成领导决策的失误，贻误大事，损害党和国家的利益。

总之，督促检查工作必须走群众路线，实事求是，注重实效，把各项工作搞扎实、搞细致，落到实处，收获实效，切忌形式主义、文牍主义。在实际工作中，要鼓励那些了解客观情况较多较好的同志，批评那些只尚空谈不务实际的同志；鼓励那些脚踏实地又注意政策的同志，批评那些既搞形式主义又不注意政策的同志，使督促检查工作从一开始就有一个好的作风，有一个良好的开端。

　　督促检查工作是一项又老又新的工作，说它老，是因为我们党的历史上就有这方面的光荣传统，查办工作过去也搞了一段时间；说它新，是因为近年来，特别是在以江泽民同志为核心的党中央领导下，这项工作又注入了许多新的内容。现在，督促检查工作的方针、政策都有了，关键是我们做办公厅工作的同志怎么样抓紧落实。我们一定不要辜负中央领导同志对我们寄予的期望，努力做好督促检查工作，推动党的事业向前发展。当然，这项工作具体怎么做，目前还没有一整套成功的经验。我们中央办公厅的督促检查工作也还是个比较薄弱的环节，还处于边实践、边摸索、边完善、边提高的阶段。希望各部委办公厅的同志加强与我们秘书局督促检查处的工作联系和业务交流，随时向中央办公厅报送关于开展督促检查工作的信息。同时，结合本部门的实际情况，探索新路子，研究新方法，不断总结经验、教训，将督促检查工作推向前进。

（原载《秘书工作》1991 年第 1 期）

在全国党委秘书长、办公厅主任座谈会上的讲话

（1994 年 12 月 23 日）

温　家　宝

同志们：

　　这次全国党委秘书长、办公厅主任座谈会是中央批准召开的一次重要会议。刚才江泽民总书记同其他中央领导同志一起接见了大家。庆红同志在会上作了一个很好的报告。大家相互交流了经验，讨论了关于加强信息调研和督促检查工作的两个文件，会议开得是成功的。我相信，通过这次会议，办公厅的工作一定会出现新的局面。

　　党的十一届三中全会以来，特别是 1985 年全国党委秘书长、办公厅主任座谈会以来，经过各级党委办公厅同志们的积极探索和共同努力，办公厅工作的指导思想、工作任务和工作方法更加明确了，工作制度更加健全了，积累了比较成熟的经验。我们在实践中先后提出了"三服务"、"两个结合"、"三项重点工作"、"四项建设"等工作思路，使办公厅工作逐步走上制度化、规范化的路子。这些思路和做法贯串了一个基本精神，这就是：以邓小平同志建设有中国特色社会主义理论为指导，坚持党的基本路线，为党的中心任务服务；坚持民主集中制这一根本组织制度和组织原则，维护党的团结统一，维护中央的权威，保证中央的政令畅通；坚持党的全心全意为人民服务的根本宗旨和从群众中来到群众中去的群众路线，密切党与人民群众的联系。我们要在新

的历史条件下，继续把握好这一基本精神，解放思想，大胆探索，使办公厅的工作在已有的成绩和经验的基础上，不断有所发展，有所创新。

关于办公厅今后的工作，庆红同志已经讲得很系统、很全面了。这里我只提一点要求，就是办公厅的工作一定要在求实、务实、落实上狠下功夫，这在当前改革和建设任务十分繁重的情况下，显得尤为重要。

信息调研要求实

真实是信息的生命力所在。只有根据反映客观事物本来面貌的信息，才能作出正确、科学的决策。我们党领导的改革开放和现代化建设，是一项崭新的开创性事业，它既没有现成的答案，也没有固定的模式可循。在改革和建设的过程中，新情况、新问题层出不穷。我们国家大，各地经济文化发展不平衡，情况千差万别。我们的总目标，是在一个人口多、底子薄的大国实现社会主义现代化。首先，到本世纪末，要初步建立起社会主义市场经济体制，实现第二步战略目标，使人民生活达到小康。完成这些任务，不是简单的、容易的、轻而易举的。它全靠党的路线方针政策的正确和贯彻执行的坚决。正确的政策不是凭空产生的，它是在改革开放和现代化建设的实践中产生的。因此，我们需要时时进行实际调查，时时注意了解实际情况，用极大的精力不断地弄清实际情况。一定要高度重视情况的真实性。这里所说的情况，应该是真实的而不是虚假的，是客观的而不是主观的，是全面的而不是片面的，是本质的而不是表面的。这就要求我们，必须尊重客观事实，如实反映和认真研究实际情况，特别是要善于抓住那些带有方向性、苗头性的重要情况。要讲真话，报实情，决不能弄虚作假，主观臆造。现在有一种现象值得引起我们的重视和警觉，一些地区和单位反映本地区本单位的工作情况，与实际相差很远，有些统计数字水分很大。这些地区和单位的领导同志，或者工作不够深入，对情况了解的不够清楚，研究的不够透彻，反映情况不真实、不全面；或者愿意讲成绩，不愿讲缺点，报喜不报忧，甚至虚报浮夸、弄虚作假。这种作风害国害民，贻误党的事业。人民群众对此深恶痛绝，必须坚决纠正。信息调研是办公厅的一项重要的基础性工作，反映的情况一定要真实可靠。办公厅的同志要经常深入基层，深入群众，直接了解情况，直接听取群众的意见和要求，亲身从事社会经济政治文化的实际调查，不能单靠书面报告。要下苦功学会运用马克思主义的立场、观点和方法，对大量的情况进行分析研究，从中认识和掌握带有规律性的东西。要深切地了解一处地方或者一个问题，为领导提供实际的情况和正确的建议。

督促检查抓落实

督促检查是对贯彻落实党的路线方针政策情况的督促和检查，也是对各级党委和各级领导同志工作作风的督促和检查，这是督促检查工作的根本目的。现在，经过党的十四大和十四届三中、四中全会，我们进一步明确和重申了党的基本理论和基本路张，制定了建立社会主义市场经济体制的总体规划，作出了加强和改进党的建设的整体部署，确定了加强社会主义民主、法制建设和精神文明建设的各项任务。从中央到地方的各级党委，围绕贯彻这些大政方针，也都作出了一系列具体工作安排。当前的关键是抓好落实。制定规划和政策，只是做了事情的一半，更重要的一半在于实践，在于落实。我们开会，作报告，作决议，以及做任何工作，都为的是解决问题。我们说的、做的，究竟能不能解决问题，问题解决的是不是正确，关键在我们是否能够理论联系实际；是否能够在切实贯彻中央方针政策过程中善于从实际出发，创造性地开展工作，随时注意总结经验；是否能够把党的政策变为干部群众的实际行动。督促检查工作的重点在落实，就是说，不是看发了多少文、开了多少会，而是看政策措施真正落实了没有。目前，一些地方和部门，不同程度地存在着布置多，检查少；一般号召多，具体指导少；浮在上面多，深入基层少的问题，这是不符合中央强调的狠抓落实工作的要求的。必须下大力克服这种现象。要通过切实的经常的有效的督促检查，使中央的方针政策和各级党委的具体工作部署真正落到实处。要注重了解和分析各项政策措施贯彻落实的关键性问题，提出解决问题的办法；要注意观察和研究新情况，提出对政策补充和完善的建议；要及时发现和总结经验，以推进工作。督促检查工作，要抓住关键，明确要求，严格责任，注重实效。

精兵简政在务实

精兵简政这里主要是指精简会议、精简文件、精简过多的事务性活动，为领导干部深入基层，深入群众，研究和解决重大问题创造条件。现在有一个问题，就是形式主义多。会议多，庆祝活动多，形形色色的办"节"多，应酬多，互相攀比，铺张浪费，劳民伤财。一些同志满足于热热闹闹，不善于或不愿意做经常的细致的艰苦的工作，不善于或不愿意下苦功研究和解决实际问题，也不善于或不愿意学习理论和谋大事。这种作风违背改革开放和现代化建设的要求，违背党的艰苦奋斗的优良传统，也为广大干部群众所反对，已经到了非下大力量解决不可的时候了。办公厅要带头改变这些倾向。要协调和安排好党委的日常工作，下决心精简会议、精简文件、精简活动，可以不开的会坚决不开，可以不发的文件坚决不发，可以不搞的活动坚决不搞。应该坚持这种明确的态度，并严格把关，该挡驾的要挡驾，不要怕得罪人。与此同时，要把该办的事办好，努力提高会议、文件的质量，提高工作效率。

总之，信息调研要真实，督促检查抓落实，精兵简政在务实。归结为一句话，就是要坚持实事求是。这是坚持党的基本理论和基本路线，推进建设有中国特色社会主义伟大事业的客观要求，也是当前贯彻十四届四中全会精神，促进改革、发展和稳定的迫切需要。我们要在改革开放和现代化建设的新形势下，继承和发扬党的实事求是、理论联系实际、密切联系群众、勤俭办一切事业等优良作风，力戒形式主义、官僚主义和铺张浪费等不良习气，不断改进工作，提高服务质量和服务水平。

同志们，我们党肩负着领导改革开放和现代化建设的历史重任。办公厅作为各级党委的左右手，责任重大。办公厅的工作任务很繁重，也很光荣。这几年，大家勤勤恳恳，兢兢业业，做了大量的工作，付出了艰苦的劳动，中央和各级党委对大家的工作是满意的。希望同志们振奋精神、再接再厉，继续刻苦学习，努力工作。各级党委要注意爱护和关心这支队伍，重视和加强思想政治工作，同时，切实解决他们在工作、生活上存在的一些实际问题，为做好办公厅工作创造必要的条件。让我们在以江泽民同志为核心的党中央的领导下，坚持邓小平同志建设有中国特色的社会主义理论和党的基本路线，认真贯彻党的十四大和十四届四中全会精神，适应党的领导工作和党的建设的新要求，把办公厅工作提高到一个新的水平。

（原载《秘书工作》1995 年第 1 期）

进一步加强和改进办公厅工作，
把办公厅工作提高到一个新的水平

——在全国党委秘书长、办公厅主任座谈会上的讲话

（1994 年 12 月 21 日）

曾 庆 红

同志们：

全国党委秘书长、办公厅主任座谈会是经中央批准召开的。这次座谈会的主题是，学习贯彻党的十四大和十四届四中全会精神，交流办公厅工作的经验，研究适应改革开放和现代化建设的新形势，适应党的领导工作和党的建设的新要求，进一步加强和改进办公厅的工作，把办公厅工作提高到一个新的水平。

党的十一届三中全会以来，随着全党工作重点的转移和改革开放的深入，党委办公厅工作不断发展。1985 年全国党委秘书长、办公厅主任座谈会关于"三服务"指导思想和"四个转变"要求的提出，标志着办公厅工作进入了一个新的发展时期。1990年党委秘书长座谈会上中央领导同志的讲话，特别是江泽民同志关于办公厅要发挥参谋助手、督促检查、协调综合"三个作用"的要求，以及温家宝同志在这次会上和 1991 年秘书长座谈会上提出的办公厅工作要突出信息调研、督促检查和精兵简政"三项

重点"，使办公厅工作的方针、原则、任务和要求更加明确，新时期办公厅工作的基本思路日益清晰，推动着办公厅工作不断迈向新的台阶。党的十四大以后，适应建立社会主义市场经济体制的要求，办公厅工作又有了新的发展。应该说，十一届三中全会以来的十多年，是办公厅工作继承传统、改革创新的十多年，是生机勃勃、充满活力的十多年，也是取得成绩、取得经验的十多年。十多年来，在党中央和各级党委的领导下，经过各级办公厅同志们的共同努力和勤奋探索，我们已经形成了从工作指导思想到工作内容、从工作方针到工作方法、从工作机制到机构设置的一套行之有效的经验，开创了新的历史时期办公厅工作的新局面。这是党的基本理论、基本路线的要求在办公厅工作中的体现，是办公厅工作适应党的工作要求的产物，也是目前正在办公厅岗位上工作的同志们和已经退出工作岗位的很多老同志辛勤劳动的结晶，是各级办公厅的共同财富。我们要十分珍惜这些基本经验，继续沿着这条路子走下去。

不久前召开的党的十四届四中全会，是一次具有全局意义和长远意义的重要会议。全会通过的《中共中央关于加强党的建设几个重大问题的决定》，在全面分析党的建设面临的形势、任务和党的现状的基础上，明确提出了党的建设的目标特别是组织建设的主要任务、指导思想、工作方针和重大措施，是加强和改进新时期党的建设的纲领性文件，也为新时期办公厅工作指明了方向，提出了新的更高的要求。

根据新的形势和任务的要求，我们认为，当前和今后一个时期党委办公厅工作的基本思路是，坚持以邓小平同志建设有中国特色社会主义理论和党的基本路线为指针，全面贯彻党的十四大和十四届四中全会精神，围绕"一个基本任务"，实行"两个结合"，突出"三项重点工作"，搞好"四项建设"，把办公厅工作提高到一个新水平。"一个基本任务"，就是以邓小平同志建设有中国特色社会主义理论和党的基本路线为指针，当好参谋助手，搞好"三服务"，即为本级党委服务，为各部门和各地区服务，为人民群众服务。"三服务"主要表现形式是为党委领导工作服务，实质则是为人民服务。"两个结合"，即"一般和个别相结合，领导和群众相结合"。1989 年 7 月 10 日，江泽民同志在给中央办公厅领导同志的一个批示中指出："过去毛主席讲过一般号召与个别指导相结合，从群众中来到群众中去，集中起来坚持下去，都值得我们在工作方法、指导思想、群众观点等方面引起注意。今后办公厅在这方面可帮助参谋提醒"。"两个结合"是毛泽东同志倡导的领导作风和工作方法，办公厅要"帮助参谋提醒"党委搞好"两个结合"，办公厅的信息调研、督促检查等工作也要注意深入群众，深入实际，抓好典型，以点带面，搞好"两个结合"。"三项重点工作"，就是信息调研、督促检查和保证日常工作正常运转。过去我们所讲的"精兵简政"，是日常运转的重要内容和要求。"四项建设"，即办公厅队伍的思想建设、组织建设、业务建设、作风建设。以上这些，包括了办公厅工作的指导思想、方针原则、主要内容和基本要求。抓好了这样几个方面，办公厅工作就能不断迈上新的台阶。

下面，讲几点具体意见：

一、认真贯彻党的十四届四中全会精神，不断提高为党委领导工作服务的质量

党的十四届四中全会集中讨论了党的建设问题，并对此作出了具体部署。党委办公厅作为党委的办事机构，当前和今后一个时期的重要任务，就是要抓好十四届四中全会精神的贯彻落实。办公厅就其性质和职能来讲，特别要把保证和推动民主集中制的贯彻执行作为重要任务，切实地履行起责任。

四中全会把在新的形势下坚持和健全民主集中制郑重地提到全党面前，这对于维护党的团结和统一，提高党的领导水平和执政水平，保持党的核心领导层的稳定和党的路线的连续性，保证国家的长治久安，具有十分重大而深远的意义。在保证和推动民主集中制的贯彻执行方面，办公厅负有其他党委工作部门不可替代的责任。不仅在制定和完善民主集中制的各项具体制度和配套制度方面，而且在保证民主集中制及其各项具体制度的贯彻执行方面，都要发挥应有的作用。办公厅的各项工作，如会议安排、文件校核、公文处理、领导同志公务活动安排、领导同志的安全警卫、后勤服务等等，都要严格按制度办事，按规定办事。通过办公厅卓有成效的工作，保证和促进党的活动和党的领导工作的制度化、规范化和程序化。

发展党内民主，实现决策民主化、科学化，是坚持和健全民主集中制的一个重要内容。在推进党内民主，实现党委决策民主化、科学化的进程中，办公厅要更好地发挥参谋助手、督促检查和协调综合作用。要经常地把基层党组织和广大党员的意见和呼声，把下级党组织和领导干部的要求和主张，及时反映给党委，使党委决策尽可能地体现党内大多数人的意志、愿望和要求。党委决策制定前，要适时地向党委提供信息，提供预案，提供党委决策所需的必要材料。党委进行决策时，要做好各项组织协调工作，协助党委完善民主科学决策程序。党委决策作出后，要抓好决策贯彻落实的督促检查和情况反馈，倾听和及时反映各方面的意见，以便党委完善决策并把决策落实引向深入。

维护中央权威，保证中央政令畅通，是坚持和健全民主集中制的又一重要内容。办公厅必须模范遵守，带头执行。对党的基本路线和中央确定的总方针、总政策、总目标以及中央作出的各项重大决策，办公厅都要积极拥护，坚决贯彻，毫不含糊地与党中央保持高度的一致。对各级党委按照中央的总方针、总政策制定的各项具体方针、政策和措施，办公厅也要切实履行职责，身体力行，积极参与抓好贯彻落实。办公厅的各项工作，都必须贯彻中央精神，有利于中央政令畅通，有利于中央精神的落实。在这一点上，要头脑清醒，态度坚决，行动自觉。办公厅工作千头万绪，其最终目的是保证中央政令畅通和保证各级党委根据中央精神制定的各项决策的有效实施。

坚持和完善集体领导和个人分工负责相结合的制度，是坚持和健全民主集中制的一个重要方面。办公厅的一切工作，都要维护党委的集体领导，有利于党委的集体领导。对党委集体研究决定重大问题，要提供有力的服务。要带头维护党委的团结，多做有利于党委团结的事，一切有损于党委集体领导和团结的言行坚决不说、不做。在认真为党委集体服务的同时，要协助党委成员做好分管工作。要坚决执行党的纪律，带头贯彻党委的意图、决定，做执行党的路线、方针、政策的模范。

正确而有效地实行党内监督，既是民主集中制的重要内容，又是这一制度得以顺利贯彻执行的保证措施。要进一步加强和改进办公厅的信访工作，充分发挥信访工作作为党联系群众的桥梁的作用。要及时准确地向党委转达广大党员和群众反映的重要意见和问题，会同或配合有关职能部门促进问题的及时处理和解决。认真抓好机关基层党组织建设，督促领导干部过好双重组织生活。

二、进一步做好信息调研工作，为党委决策提供更多更有用的情况和依据

我们今天所处的时代是一个信息时代。信息是当今经济发展、社会进步的重要资源和条件，是蕴藏着巨大财富和力量的源泉。面对复杂多变的国际形势、繁重艰巨的国内改革开放和现代化建设任务，党委工作更加离不开信息，更加需要信息。这种对信息的需求主要体现在三个方面：一是有足够的数量。只有在掌握了大量的、反映事物方方面面运行状态的信息的基础上，党委才能通过量化分析，进行正确的决策。二是有较高的质量。真实、可靠、对路、适用和高层次的信息，才有助于党委发现带全局性的问题，或者发现典型经验，用以指导全局工作。三是有极强的时效。内容新，传递快，信息的价值才能得到充分的体现。

准确、及时、全面地向本级和上级党委提供信息，是各级党委办公厅的重要职责，也是办公厅发挥参谋助手作用的重要体现。党委需要的信息来自方方面面，党委办公厅系统是一条主渠道。过去，我们党有下级党委向上级党委定期报告工作的制度，实践证明这是上级党委了解情况、指导下级党委工作的一项行之有效的制度。1989年，江泽民同志批示同意的中央办公厅向中央的一个报告中曾提出："在中央文件发布和工作部署后，要求各地区、各部门都要按期如实地向中央作贯彻落实情况的报告。省、部的重要工作情况，每半年要向中央书面汇报一次。省委书记亦应注意向中央报告工作。"对这项规定，各地区、各部门办公厅要协助党委（党组）进行落实。办公厅在主要为本级党委提供信息的同时，还要积极向上级党委提供信息。这也是办公厅的一项重要职责，要把它作为一项制度长期坚持。不能把向上级党委报送信息看做是可有可无的事情，少报甚至有时不报。还有，一些重要信息，特别是突发事件和反映当地工作中突出问题的信息，党委办公厅都应及时向上级党委乃至向中央如实报告。

信息的价值首先在于它的真实性，只有反映了客观实际和基层本来面貌的真实信息，对党委正确决策才有较高的参考价值。由于客观实际处在不断发展变化的过程之中，党委决策的落实也是在发现和解决矛盾中向前推进的，因此，丰富多彩的客观实际表现为瑕瑜互见、喜忧并存。这就要求报信息必须全面，既报成绩，又报问题，既报事物发展的有利方面，又报事物发展过程中的矛盾和问题。全面，当然要有基本的数量和质量的概括，有基本面的大体情况，不是一叶障目，以偏概全。全面，又不是事无巨细，要有重点，重点就是党委中心工作所需要的信息。当前，要突出改革、开放、发展和稳定中的大事，尤其要抓好党的路线、方针、政策贯彻落实的信息反馈，及时反映改革开放和经济建设中出现的新情况、新问题、新矛盾。凡上报的信息特别是重要信息，都要经过核实，经得起历史和实践的检验。

现在，信息量在不断增加，大量的原始信息源源不断地传递到办公厅，办公厅作为信息处理的枢纽，要对信息进行筛选、归类、加工、处理和报送。这种"加工厂"的作用发挥得越好，"产品"的质量和价值就越高。因此，必须高度重视信息的整体开发和综合利用，搞好信息的加工处理。有些信息，经过初加工就可以使用，大量的信息还要进行深加工，在此基础上向党委提供有较高参考价值的信息。在对大量信息进行分析加工之后，还应向党委提出改进工作的意见和建议，这是提高信息服务质量的必然要求。

信息的价值很重要的体现在它的时效性。建立快速、灵敏、顺畅的信息传输和反馈系统，是信息工作深入开展的客观要求。目前，中央办公厅已与各省、自治区、直辖市党委办公厅实现了计算机联网，也与中央和国家机关有关部门实现了联网，这是我们向信息传输、处理自动化迈出的可喜的一步。我们要管好、用好这个网络，不断提高网络的灵敏度。中央办公厅在全国各地建立的 233 个信息联系点，几年来在直接向中央提供大量反映基层真实情况的信息方面发挥了特殊的作用，成为中央办公厅的重要信息源。我们对信息点同志们辛勤的工作表示感谢。同时也希望各个信息联系点要充分发挥自己的优势和特点，多反映基层情况和群众意见，多反映来自第一线的呼声。

信息和调研是统一体，信息为调研提供了题目，调研又进一步开发了信息。在掌握大量信息的基础上，有目的、有针对性地开展调研，是深化信息、使信息不断增值的一种基本的工作方式。调研要紧密围绕党委的中心工作，抓住中央和地方党委需要决策的问题和关注点，有计划、有目的、有组织地进行，为党委提供有情况、有分析、有建议的调研报告。调研要注意捕捉社会生活、经济生活方面的热点和敏感问题，深入基层，深入群众，掌握第一手材料，准确地反映客观真实情况。调研要发挥办公厅的优势，坚持"短、平、快"，多出成果，快出成果，出好成果。

全国党委办公厅系统从 80 年代初向党委提供信息以来，信息工作发展很快，党委办公厅系统已成为党中央和各级党委掌握和了解信息的主渠道。信息工作积累了不少经验，新的形势和任务又要求把信息工作提高到一个新的水平。几年前，我们着手起草《中共中央办公厅关于进一步加强信息工作的意见》。其间，多次听取了各地区、各部门的意见。提交这次会议讨论的《意见》稿，明确规定了报送信息是各级党委办公厅（室）的重要职责，信息工作要围绕党委的中心工作进行，要坚持准确、及时、全面的原则，搞好信息的整体开发和综合利用，加强信息网络建设，以及党委加强对信息工作的领导等基本要求。希望大家对这个《意见》稿提出意见。经过讨论修改，报经中央同意后，由中央办公厅正式下发执行。

三、加大督促检查工作的力度，不断推进党委决策的落实

今年五六月，江泽民、温家宝同志在中央办公厅关于开展督查工作的报告上作了重要批示。泽民同志指出："决策的制定和实施方案的部署，事情还只是进行了一半，还有更重要的一半就是要确保决策和部署的贯彻落实。为此，督促检查工作十分必要。开展督促检查是一个重要的领导环节和领导方法，此事切不可放松。中办这几年对这项工作已经抓出了成效，望在巩固现有成效的基础上继续锲而不舍地抓下去，必将积累更多的经验。"家宝同志指出："中办近几年开展督促检查工作，取得了明显的成效，也积累了许多经验。我同意这份报告。希望中办按照江泽民总书记的要求，发扬成绩，坚持下去，不断完善，把督促检查工作做得更好。"泽民、家宝同志的批示，既是对办公厅开展督促检查工作的肯定，又是对我们提出的新的更高的要求。现在，中央的路线、方针、政策已定，改革开放和现代化建设的总体布局和总体部署已安排就绪。摆在我们面前的重要任务，就是要使中央和各级党委的决策和具体工作部署落到实处。为此，督促检查工作要加大力度，提高质量，注重实效，锲而不舍，努力达到新的层次和水平，在推动党的各项重大决策的贯彻落实中发挥更

大的作用。

办公厅的督促检查，要紧密围绕中央和各级党委的重大决策进行。中央的重大决策关系党的工作全局，只有使这些重大决策按照中央的要求得到贯彻落实，才能保证中央的政令畅通，推动全国的工作开展。中央和各级党委的每一项重大决策作出后，办公厅都要及时制定督查方案，积极有效地开展督促检查。按照党委的要求，可以派人下去了解情况，也可以督促各地区、各部门及时反馈落实进展情况。要协调党委和政府有关部门一起围绕党委的中心工作开展督促检查，以形成合力，从各方面推动决策落实。对于决策实施的进展情况和出现的问题偏差，要及时向党委反馈。要把督促检查贯穿于决策实施的全过程，渗透到决策实施的方方面面。

督促检查工作的出发点和落脚点是推动决策落实。作为贯穿于决策落实全过程的督促检查工作，必须实实在在，讲求实效。如果华而不实，作表面文章，不仅不能推动决策落实，反而会给决策落实造成障碍。因此，督促检查工作一定要扎扎实实，不走过场，真正起到协助主体坚决按照中央和上级党委的决策去抓落实的作用。

督促检查工作的主体是各级党委和党委领导同志。近几年来，中央和地方各级领导转变作风，身体力行，纷纷深入基层，直接抓决策落实。办公厅要努力做好为党委领导同志直接进行督促检查的各项服务工作。这种服务应该是全方位、全过程的。全方位体现在方方面面，如提出督查预案、组织督查力量、确定督查方式、汇总督查结果等。全过程就是在领导同志督查前、督查中、督查后提供全过程的服务。督查前，要为领导同志提供有关信息，拟制督查预案，协调组织督查力量，做好各项准备；督查中，要协助领导同志及时做好各项督查工作，并解决和反映遇到的各种问题；督查暂告一段落后，要协助领导同志总结经验，解决问题，推动决策落实的进一步深入。

查办工作是督促检查工作的重要组成部分。凡是领导同志批示或交办的查办事项，都要按领导同志的要求及时办理。对上级办公厅提出的查办事项，也要予以高度重视。中央办公厅曾规定，对中央领导同志的批办件和中央办公厅的查办件，各地区、各部门应在两个月内办完并报结果；如不能按时办结的，要报告查处进展情况。这一规定今后要继续执行。对部分涉及经济建设、改革开放、党风廉政建设的重要查办事项，办结后还要注意举一反三，促进同类问题的解决。

办公厅系统的督促检查工作在中央和各级党委的高度重视和具体指导下发展很快，对推动中央和各级党委重大决策和重要工作部署的贯彻落实起到了积极的作用。督促检查工作各项制度在实践中渐趋成熟，并摸索和积累了一些行之有效的方式方法。1990年全国党委秘书长座谈会上，我们曾提出过一个《关于开展督促检查工作的意见》稿，征求大家意见。会后，随着工作实践的深入和认识的深化，我们又多次与各省同志一起修改补充。今年9月将修改稿拿到在武汉召开的有29个省、区、市参加的督查工作座谈会上听取意见，又一次作了大的修改。现在提交会议讨论的《中共中央办公厅关于进一步加强督促检查工作的意见》稿，规定了督查工作是党委办公厅（室）的重要职责，督查工作要紧密围绕党的中心工作进行，要注重实效，采取多种形式，搞好领导同志批示、交办事项的查办落实，为领导同志督促检查提供全程服务，搞好督查中的组织协调等。经过大家讨论修改，报经中央同意后，由中央办公厅正式下发执行。

四、组织好日常工作的正常运转，保证党委工作的顺利进行

各级党委和办公厅的工作千头万绪，涉及方方面面，日常运转是其中又一项很重要的工作。保持办公厅日常运转的灵敏、高效和优质，是党委工作得以顺利进行的保障。办公厅好比一部机器，文稿起草、文件校核、公文处理、会议安排、密码通信、机要交通、安全警卫、档案、信访、保密、接待、后勤等各项工作都是这部机器上的零部件。这部机器各个零部件的正常运转，是整个机器正常运转的基础；而整个机器只有正常运转，才能保证党委工作的顺利进行。我们必须使办公厅这部机器上的所有零部件始终处于良好状态，以保证整个机器的最佳运转。

从这一目标出发，办公厅的各项工作都要高质量、高效率。文字工作，包括党委文件的起草、校核，党委领导同志工作文稿的起草以及党委日常运转文件的代拟，要站在党委工作的高度，体现党委意图，准确表达党委的精神。党委的会议工作和党委领导同志公务活动的安排，要从有利于党委工作、提高效率出发，周密科学安排，严谨细致落实，使党委日常工作有条不紊地进行。办文工作要遵照党委的要求，按照公文处理程序和规定，做到及时准确。还有安全警卫、机要、机要交通、档案管理、信访、保密等工作，都是党委开展工作必不可少的重要方面，都要加强责任心，注重效率，避免差错。行政管理和后勤保障同样关系到党委工作的顺利进行，务必细致认真，为党委和领导同志提供和创造良好的工作环境和条件。

日常运转既要分工明确，又要注意发挥整体功能。办公厅的每一项具体工作都关系到办公厅工作整体功能的发挥和整体效率的实现。我们的工作实践说明，办公厅工作无小事，每一件事情都要努力做好，确保万无一失。对每个电话、每个文件、每个会议，都要按照时限要求和规定程序，争分夺秒，抓紧办理，切忌推诿扯皮，拖拉延误。办公厅的每个岗位、每个工作人员，都要各司其职，各负其责，恪尽职守，一丝不苟，把自己份内的事情做好。同时，在做每一项具体工作时，又要从办公厅工作的全局出发，顾全大局，照顾各方，以保证办公厅的整体效益。

办公厅的日常工作涉及面非常宽泛，在组织日常工作的运转中，有大量的工作要沟通协调。这些协调工作，要想在前，做在先；要周密细致，妥善合理；要加强和部门之间、地方之间的合作共事，搞好团结协同；既要善于按职能分工分解任务交各方去办，又要善于集中不同意见，在大的原则上取得共识。这需要高度党性原则和高超领导艺术的有机结合，办公厅要努力在这方面锤炼提高。协调工作做好了，各项工作就能够有序高效的进行。

过去我们提出的"精兵简政"，即精简文件、精简会议、精简领导同志不必要的事务性活动，仍然是日常运转中要继续抓好的重要问题。对党委和领导同志已经明确要发的文件，办公厅要认真校核，从法律上、政策上、内容上、文字上、格式上切实把好关。安排会议要加强预见性、计划性，压缩数量，提高质量。要精心做好会议的各项准备工作，搞好会场管理，保证会议开得紧凑有效，解决问题。为领导同志安排内事活动，要坚持少而精的原则。对有利于加强与人民群众的联系、有利于对全局工作起示范作用的活动，要积极安排；坚决把那些没有实际意义的应酬和形式主义的活动减下来。这是中央一贯的精神，办公厅必须认真执行，有不可推卸的责任。

这里，我就与"精兵简政"密切相关的领导同志题词、题字问题，向大家通报一点情况。12月17日，中央书记处办公会议要求，请中央领导同志题词要从严掌握，严格控制宣传报道。并重申：（1）中央领导仍坚持不题词和少题词的原则。如确实需要，由中央办公厅（指定中办秘书局会议处）按照从严掌握的原则提出意见，报有关领导同志；不宜题写的，报批后予以婉拒。（2）凡是请中央领导题词的，均请所在省、区、市党委和中央、国家机关部委把关，并经主管部门同意后提出意见，报送中央办公厅。未经省、部级单位批准的，不予办理。（3）对中央领导同志题词要专门使用，不得随意挪用、拼用，更不允许打着领导题词旗号立项、集资、要钱要物及出版书刊和音像制品等。对违反者，应严肃处理。（4）中央领导题词原则上不得公开宣传报道。不准在报刊、电台、电视台发消息、发手迹，不准公开展览和悬挂领导题词题字，不准在画册和其他物品、宣传品上印制（包括雕刻）中央领导同志题词。如确有必要，须报中央批准。各地、各部门一律不得为领导同志题词而召开各种类型的发布会、座谈会、庆祝会。对各地、各部门领导同志的题字、题词等，建议也参照中央的要求执行。

办公厅日常工作的运转，要着眼于党的中心任务的完成，着眼于党委领导工作的有效进行，着眼于工作质量和效率的提高。要从此出发，合理确定办公厅内部的机构设置、人员配备、工作投向、力量使用和工作布局。要建立一套科学的管理方式和工作手段，既要大胆管理，又要善于管理，不断提高服务的科学化水平。要合理、科学地确定内部工作分工、任务衔接和业务联系，理顺工作关系，完善运行机制。要缩短办事流程，简化中间环节，加快工作节奏，提高整体功能和效率。

我还想专门谈一下档案工作，因为中央和地方党委办公厅都分管这方面的工作。档案工作是维护党和国家历史真实面貌的重要事业，是党和国家各项事业必不可少的重要环节，也是保证党委正确决策、提高工作水平和工作质量、事关工作全局的基础工作。要进一步加强档案工作，在机构设置、职能配置、人员编制、经费投入等方面给予支持，使档案工作更好地为党和国家的工作服务，为改革开放和现代化建设服务。

改革的深入和社会主义市场经济体制的建立，改变着人们的思维方式，也冲击着传统的工作方式。办公厅要适应新的形势，适应建立社会主义市场经济体制的要求，探索新的工作机制和工作方式。社会主义市场经济体制下的办公厅工作机制和方式必须充满生机和活力，必须优质、高效、有序。应该说，在这方面我们正在起步，需要继续努力，不断适应新的要求。

五、搞好"四项建设"，建设一支适应党的工作需要的办公厅工作队伍

建设一支适应党的工作需要的办公厅工作队伍，是形势和任务的需要，是党的领导工作的需要，也是办公厅当前现状的需要。办公厅工作要上一个新的台阶，提高到一个新的水平，关键是建设一支好的队伍。这些年来，从中央到地方的各级办公厅，为党委做了大量的服务工作。我国改革开放和现代化建设取得了举世瞩目的巨大成就，是全国人民在党的领导下共同奋斗的结果，其中也凝聚着我们办公厅系统工作人员的辛勤汗水。总的看，我们这支队伍的素质是好的。政治上，坚定不移地坚持党的基本理论和基本路线，自觉与党中央保持一致，坚决贯彻执行各级党委的指示；组织上，纪律性较强，经得起各种风浪的考验；思想作风上，保持和发扬了党的优良传统作风，谦虚谨慎，艰苦奋斗，清正廉洁，无私奉献；业务工作上，热爱本职，刻苦钻研，勇于创新，较好地完成了各项任务。应该说，办公厅的队伍是一支值得我们党信赖的有战斗力的队伍。但是，我们也不能不看到，国际国内形势的不断发展，我国社会主义市场经济体制的建立，各种利益格局的调整，客观上给办公厅的队伍建设提出了新的更高的要求。面对新的形势，我们办公厅队伍的建设，还有许多不适应的地方，还存在着这样那样的问题，队伍也不够稳定。这些都迫切要求我们按照党的十四届四中全会《决定》的要求，切实加强办公厅队伍的思想、组织、业务和作风建设，把办公厅建设成为党委信得过、精干高效、团结战斗的坚强集体。

思想建设是第一位的。办公厅是党中央和地方各级党委的办事机构，是党的工作的中枢系统，办公厅的每一项工作都连着大事，政治性很强。这就要求我们必须不断加强思想建设，善于从政治上观察问题、处理问题。思想建设最根本的是要用邓小平同志建设有中国特色社会主义理论武装我们的头脑。邓小平同志建设有中国特色社会主义理论，是我们进行改革开放和现代化建设丰富经验的理论总结，是引导我们继续胜利前进的科学指南和精神支柱。我们要系统地学习这一理论，掌握它的精神实质，不断提高执行党的基本路线的自觉性，在政治上、思想上、行动上与党中央保持高度的一致。通过学习，还要树立正确的世界观和人生观，坚定走建设有中国特色社会主义道路的信念，理论联系实际，立足本职，增强事业心和责任感，发挥党员和党的机关工作者的先锋模范作用。

组织建设重点是改善结构，提高素质，充满新生力量，培养后备队伍。这直接关系到办公厅整体战斗力的提高和办公厅所担负职责任务的完成。我们要认真贯彻十四届四中全会精神和前不久召开的全国组织工作会议精神，下大力抓好组织建设。中央办公厅在四中全会之后，召开了组织人事工作会议，专门研究按照四中全会精神，贯彻民主集中制，加强干部队伍建设，加强领导班子建设，培养后备干部的问题。当前，办公厅业务骨干普遍缺乏，特别是做文字工作和信息调研、督促检查工作的力量薄弱，后备力量不足。解决这个问题，刻不容缓。我们要从党的事业和党委工作的需要出发，抓紧培养和选拔优秀的年轻干部，形成梯次的干部队伍结构，努力造就能够跨世纪担当重任的人才。要广开进贤之路，不拘一格选拔人才。对政治信念坚定、实绩突出、精通业务、有所作为、具有开拓精神的优秀干部，要大胆提拔，放到重要岗位上锻炼。对有发展前途的干部，要加强培养，早压担子。对缺乏基层工作经历的干部，要放下去任职锻炼。对干部，既要着眼于用人，又要重视育人，切实抓好教育培养。抓好干部的在职培训，全面提高干部的素质。加强干部交流，既在内部交流，也可以与外部交流，从经济工作部门或其他实际工作部门选调一些懂经济、懂管理、政策水平和文字水平比较高的同志充实办公厅队伍。

业务建设十分迫切。当前，改革开放和建立社会主义市场经济体制的新形势使办公厅工作面临许多新情况、新问题，有很多东西需要我们去熟悉、去研究。党委对办公厅的要求也越来越高，办公厅人员成分也较新。基于这些情况，非常有必要把加强学习的任务提到全体工作人员面前，要造成努力学习新知识、刻苦钻研业务的良好风气。当前，特别要抓紧学习邓小平同志建设有中国特色的社会主义理论，学习党的路线、方针、政策，学习党史和中国近代史，学习社会主义市场经济知识、法律知识，学习现代科学技术知识。同时，要结合各自工作岗位和工作任务，学习本职业务，加强岗位训练，并不断使之制度化、规范化。还要搞好脱产集中培训和下基层锻炼，组织调查研究深入实践学习，努力成为本职工作的行家里手。通过多种形式、有针对性的学习培训，全面提高干部的业务素质。

作风建设主要是培养和形成党委工作所需要的良好的工作作风。这对党委办公厅来讲是很重要的。它不仅是办公厅工作人员政治、业务素质的综合体现，也是秘书长和办公厅领导集体是否坚强有力的重要标志。办公厅系统的作风，除了坚持党的"三大作风"外，还要弘扬办公厅优良的传统作风。我们把中央办公厅几十年来，包括战争年代、社会主义建设时期逐渐形成的传统作风，概括成六句话：热爱党中央、全心全意为人民服务的政治觉悟；不计名利、任劳任怨、无私奉献的革命精神；默默无闻、埋头苦干的思想情操；忠于职守、严肃认真、团结协作的工作作风；艰苦奋斗、勤俭办事、清正廉洁的优秀品质；严守机密、自我约束的组织纪律。这六句话概括得不一定十分准确，但基本上反映了我们作风建设的主要方面。我们要不断地按照这些传统要求自己、教育大家，并在新的历史条件下不断发扬光大。

加强办公厅队伍建设是一项长期的、艰巨的任务。从根本上解决这个问题，需要做很多工作，其中有两方面的工作是必须做好的。一是做好深入细致的思想政治工作。这是我们的政治优势。人是要有一点精神的。江泽民同志多次讲到沂蒙山区农民王廷江的例子。王廷江三年自然灾害时期要过饭，改革开放后赚了几百万元钱，他全部交给了集体。有的同志问他是怎么想的，他讲，一个人赤条条来，赤条条去，生不带来，死不带去，对于金钱要淡化一点。这位农民同志的精神境界是值得称道的。如果光讲物质待遇，不讲精神追求，一个单位就没有凝聚力，一个人就没有灵魂。办公厅的性质和地位，决定了我们在物质待遇上不可能同某些行业和单位相比，也不应当追求这样的待遇。要理直气壮地向全体工作人员进行办公厅优良传统教育，增强在办公厅工作的光荣感和责任感，在整个办公厅系统营造高尚精神追求的环境氛围。二是实实在在地关心爱护干部，为大家创造必要的工作和生活条件。要向党委特别是党委主要负责同志经常汇报工作、反映情况，取得党委的支持。在政策允许的范围内，千方百计解决办公厅工作人员的生活、职级待遇等实际问题。就中央办公厅来说，我们注意经常地向中央和国务院领导反映情况，使一些具体困难和问题逐步得到解决。最近在贯彻落实十四届四中全会精神过程中，就稳定中办干部职工队伍问题，我们初步议定，除了加强思想教育外，要采取一些措施：关心人、理解人，想方设法改善干部的福利待遇，解决一部分低收入、困难户干部职工的生活问题；从中央工作的需要出发，合理确定干部的职级待遇和非领导职务的设置，重要岗位干部的职级设置适当倾斜，特殊岗位特殊对待；干部非领导职务的晋升制度化、经常化；经常开展有益于身心健康的丰富多彩的文体活动，在办公厅内形成一种健康向上的工作氛围。我们也希望各位党委秘书长、办公厅主任将本机关干部的实际情况向党委汇报，取得党委的指示和理解支持，把办公厅队伍建设好。

最近几年，各地一再呼吁加强党委办公厅系统的工作联系，要求中央办公厅更多地对全国党委办公厅工作进行业务指导。我们认为，随着社会主义市场经济体制的建立，办公厅之间的联系应该不断增多。这不仅是因为我们的工作性质、任务是一致的，而且为本级党委和为上级、下级党委服务的一致性使我们之间的联系已经密不可分。在这种情况下，不仅信息、督查、档案、机要、机交、信访等工作应继续保持紧密联系，而且文稿起草、文件校核、办文、办会、调研等方面的联系也应不断增加。近几年出现的信息、督查、机要、机交、档案等某一项工作的交流研讨活动，省际、市际、区际之间的业务联系活动，为推动办公厅工作起到了积极作用。除此之外，中央办公厅将尽可能地在业务交流方面做好协调、服务工作。可以相信，只要我们共同努力，整个党委办公厅系统的工作一定会搞得更好。

同志们！我们国家的发展，正处在一个重要的历史时期。党的十四届四中全会作出了加强和改进党的建设的整体部署。实现这一新的伟大工程，必然会大大增强党的凝聚力和战斗力，提高党的领导水平和执政水平，更好地领导全国人民进行改革开放和现代化建设，我们国家就会在国际竞争中处于更加主动的地位，在未来世界格局中占据更加有利的位置，我们中华民族就会赢得更加灿烂辉煌的未来。各级办公厅在实现这一新的伟大工程中肩负着重要的责任。我们要站得高一些，看得远一些，以高度的责任心和使命感，进一步加强和改进办公厅工作，把办公厅工作提高到一个新的水平。让我们更加紧密地团结在以江泽民同志为核心的党中央周围，坚持用邓小平同志建设有中国特色社会主义理论武装头脑，不断提高坚持党的基本路线的自觉性，为推进建设有中国特色社会主义的伟大事业而努力奋斗！

（原载《秘书工作》1995 年第 1 期）

首长秘书工作纵横谈

（1988 年 8 月 27 日）

伍　绍　祖

今天，我想借着在我这儿工作的新老秘书交接的机会，以个人的身份邀请一些同志，座谈一下如何当好首长秘书这个问题。我觉得，在当今现实环境下，领导者（在军队来讲就是首长）地位是很重要的，而秘书（以下都特指首长秘书）则是首长最亲近的助手，因此，秘书的地位也显得很重要。在有些人的眼里，秘书就是首长的代表。如何当好秘书？我觉得很值得研究。这也可以是一个研究课题。

秘书工作的重要性，可以从这几个方面来看：第一，首长能不能办好一件事，很重要的一个因素就是他的助手怎么样。当然，机关人员、参谋干事都是助手，而秘书则是一个最亲密的助手。秘书工作做得好不好，直接影响着首长的工作水平。在某种程度上可以说，首长的水平反映了秘书的水平。第二，秘书一般级别都比较低，但他所处的岗位又很重要，在这重要的岗位上，发挥好的作用，就可以为党为人民做更好的好事；反之也可以做危害党和人民的坏事，甚至在特殊情况下还可以干大坏事。由于人们常把秘书看成是首长的代表，所以也可以说，在某种程度上，秘书的形象（所作所为）也就反映了首长的形象。比如说某首长秘书很廉洁，下面则反映这个首长很廉洁；如果首长的秘书到处要东西，人家则说这个首长如何如何。第三，秘书岗位是一个非常难得的学习场所。当秘书的一般年纪比较轻，能够有这样一个机会，参与一些按其级别原来根本不可能参与的重要活动，可以学到很多一般情况下学不到的宝贵东西。能不能抓住这一学习机会，这也是很重要的。所以我觉得很有必要重视研究、探讨秘书工作。我自己当过三年多秘书，用了六年多秘书，我想就从自己当秘书和用秘书的角度谈点体会。今天请来的同志都与秘书有关，而且大多数同志都当过秘书，我们一起探讨这一课题，目的就是研究如何当好秘书，怎样搞好秘书工作。

我从1972年4月到1975年6月在王老那儿当过三年多秘书；我自己感到三年的秘书工作犹如是上了三年社会大学。我是学物理的，后来做些群众工作，政治上可以说是一窍不通，我的一些政治方面的素质，基本上是这三年当秘书培养起来的。我当秘书那三年正是中国政治风浪比较特殊的时期，在王老那儿使我学到不少珍贵的东西。

1982年7月底，我开始使用秘书。到现在为止，共有四位同志先后担任过我的秘书。对于用秘书，我有这样几点看法：第一，秘书与领导不是个人依附关系，应由组织上来调配。对于秘书的调换，我不干涉，只提原则要求，不提具体意见，你们办公厅认为怎样合适就怎样定。现代化的管理就应职责分明，各级负各级的责任。第二，用秘书与培养秘书、培养干部应结合起来，不能光顾自己用得合适而不对秘书负责，要关心他们的成长。首长用秘书，一方面要得心应手，另一方面也要关心秘书的思想品德、政治水平、业务能力的提高，要用自己的原则性的言行来影响秘书。党内的原则空气、政治生活，应当在首长和秘书之间得到最生动的体现。我在王老那儿当秘书就是这样，完全按党的原则办。第三，秘书不宜任期太长。当秘书的确是个很难得的学习机会，但毕竟是辅助性的，他没有办法自己去实践自己的政治理想。干了一段时间之后，应当让他去做些实际工作，如果他真有才能，就能发挥出来。

下面，我想就秘书的职责、秘书与首长的关系、秘书的素质及秘书应注意些什么等问题谈谈自己的看法。

第一，秘书的职责。

毛主席曾经讲过，秘书就是收发文件。这话从狭义上讲是对的，而且是针对当时有不少夫人当秘书的情况，为了防止"夫人干政"而讲的；但从广义上讲，这话又不完全。我想秘书应当做如下十方面的工作：

一是管理文件。要做到文件不丢失、不混乱、不积压、不损坏，这是秘书的基本工作。特别是我们委一级的秘书，文件量非常大，要做到这一点就不容易。要管好文件，首先就要看文件。过去我在王老那儿每天看文件就要花三个小时。当秘书不看文件不行。看完后把重要的挑出来，供首长参阅，这是一种沙里淘金的工作。所以我说，管理文件并不是一件简单的事情，不要小看它。现在我们有不少现代化的办公设备，应当充分发挥它的作用，把文件管理得更好。

二是安排活动。安排活动有这么几个层次：首先是日常的活动；其次是一些特殊的活动，如开会、约谈、会见等；再次是安排出差，如行程路线、食宿等等。安排首长活动也是有学问的，要安排得科学巧妙，既能提高首长的工作效率，又能使首长有尽可能多的机会掌握各种情况、接触各级干部和群众，还要考虑到劳逸结合，不要使首长疲于奔命。

三是联络感情。因为首长不可能事必亲躬，很多事都要靠秘书去联络。比如说首长与首长之间，首长与参谋之间，首长与机关之间，首长与本系统内、外各单位之间，都应当有广泛的联系，需要广交朋友，不能做孤家寡人。那么广交朋友靠什么？当然，自己去跑是一个途径，但更多的则需要秘书做桥梁。广交朋友，就需要热心、诚心、真心，同时又不能搞得非常庸俗，拉拉扯扯，丧失原则。

四是了解情况。秘书应当是首长的情况采集器。了解情况有这么几个渠道：看文件、听会、听汇报，或者是收集各种消息，另外就是搞调查。总之，秘书应当是首长一个极重要、极可靠、极准确、极及时的信息源。我当秘书时跟王老出差，每到一地都有一个任务：逛自由市场，看看行情、价格。这就是说，有很多东西听汇报是听不来的，需要多渠道的调查、了解。

五是起草文稿。一般来讲，首长讲话应当自己来写稿，但秘书也不是无事可做。比如，讲话前在一起研究讨论，酝酿思想，这就是很重要的事；形成思想后，有的比较正式的讲话，要形成文字；还有，就是首长讲完之后整理成文，或者对别人整理的东西进行加工核准，形成一个比较准确的材料。起草文稿实际是发表一些意见，秘书在思想上，在技术上都有很多事情可做。

六是参谋咨询。前面我讲过，秘书官不大，但知道的事很多，除个别的绝密亲启件外，首长知道的，秘书都知道，所以说秘书有条件参加一些意见，发挥参谋咨询作用，但要把握好分寸，不要把自己的观点强加给首长。作为首长来讲，要注意听秘书的意见；但也不是言听计从，变成秘书的传声筒——这种情况并非没有。

七是拾遗补缺。在工作中，首长往往抓一些大的方面，小的方面就要秘书来拾遗补缺。比如有时情况比较紧急，首长批评人批评得过头了，秘书就要起缓冲、安慰作用；首长讲话讲得不全或者不准确，秘书就要把它补齐补全补准。总之就是要把事情做得尽可能完美。

八是把关堵漏。秘书应对首长负政治责任、法律责任。这也是爱护首长。我刚要调到王老那儿当秘书时，团中央一个当过首长秘书的同志告诉我：你若真正爱护首长，就要为首长把关，尤其是涉及一些大的政治问题的时候。这一点是非常重要的。当然，现在不像"文革"时那么复杂，但为首长把关还是要的，比如首长讲话时有什么应该讲的没有讲到，不应该在某一场合讲的却讲了，或者没有讲准，都要提醒一下，必要时还要更正一下。在法律方面也有这个问题，比如首长的言论与法律、法令相左，就应及时提醒。

九是处理事务。秘书有很多事务性的事要做。比如来了客人、书信以及领东西、首长看病等杂七杂八的事都要秘书去处理。在某种程度上，秘书有些大管家的味道。这些事情很辛苦，也很费时间，但很能锻炼自己处理事务的能力。

十是管理随员。从行政关系上讲，首长的随员不属秘书管，属管理局管，但在首长的小圈子里，如司机、公务员及家里的一些人，他们的很多事又需要秘书来管。这是一个治事和管人的矩阵结构，是一种现代化管理的观念。首长出差时的随员，秘书也要组织协调。

概而言之，我觉得秘书是个枢纽性的人物，除了管理好文件以外，还是大有事情可做的。我现在想到这十件，可能还不止。由此看来，秘书工作是任务很重、责任很大的。所以，我们应该重视秘书工作。

第二，秘书与首长的关系。

一是上下级关系。上下级关系就是一种服从的关系，首长是上级、是领导者。秘书是下级、是被领导者。秘书要服从首长、尊敬首长。当然上级也要爱护下级。要做到尊上爱下，这样才能职责分明，关系融洽，便于更好地工作。这也是一个纪律问题，首长交给的任务如果秘书不愿意干，就是违反纪律；当然，有意见可以保留，也可以提出来，但不能不服从。在工作上首长和秘书不是一种平行并列的关系，秘书的责任是辅助首长工作，要围绕着首长转，而不是首长围绕秘书转。这一点要明确，不能颠倒过来，没大没小。

二是同志关系。秘书和首长在这一点上是平等的，无论是在党内还是在人格上。大家都要按党员的标准和党的原则来要求，不能搞非组织的、非原则的活动。秘书不能和首长结成死党，不能搞小派别。所谓按原则办，就是三条原则：首先是思想原则，即实践是检验真理的唯一标准；其次是政治原则，即是否有利于人民大众，是否有利于发展生产力；其三是组织原则，即民主集中制，四个服从。要和党中央保持一致，不能党中央说了什么事，首长说反对，秘书也跟着说反对。

三是朋友关系。秘书和首长要有感情，不能冷若冰霜，要做到真诚交心，开诚布公，直言不讳，有什么意见都摆在桌面上。还要做到彼此信任，像朋友一样，不会一有风吹草动就心惊肉跳，苟且偷生，随便给一个同志造谣、诬陷。当然，我这里讲的朋友关系是革命的朋友关系，不是庸俗的酒肉朋友。

四是师生关系。一般说来，首长的年龄比秘书要大、经验比秘书丰富，比秘书阅历广，在这种情况下，如果我们注意虚心学习，就会学到很多东西。当然，作为首长，我是例外，但是作为秘书，我感到王老既是我的首长、长辈，又是我的良师。王老德高望重，见多识广，坚持原则，经验丰富，对党的事业无限忠诚，对革命同志十分热情，善于抓住工作中的要害，我就从他那儿学到很多东西，至今受益匪浅。所以我们要充分利用这种机会。

以上是从正面讲的四种关系。从反面讲也要注意防止四种关系：

一是依附关系，或者说是主仆关系，这是一种封建关系，应当把它扔到历史的垃圾堆里去。

二是庸俗关系，或者说是帮派关系，这是与我们党的原则性背道而驰的。吹吹拍拍，拉拉扯扯，其实质就是想为自己捞取好处。

三是萍水关系，或者说是油水关系，这是一种毫无生气和活力的关系，冷若冰霜，"公事公办"，达不到互相的默契，工作也不会搞好。

四是对立关系，或者说是敌对关系，这是不应存在的关系，但在"文革"中就出现过这种情况，有些人为了保自己，"卖主求荣"，也有"首长"陷害秘书的，这都是非常可悲的。

第三，秘书的素质。

概括地说，有六个方面：

一是思想素质要好。思想素质对秘书来说是非常重要的，思想品质不好的人，决不可能成为一个好的秘书。秘书绝不能利用首长的地位牟取私利，要经得起名、利、财、色的引诱，不要追求超级别的享受，不要伸手要名要利。听说现在有的秘书伸手要东西，如果真是这样，就很不好。我自己当秘书的时候，在这方面就特别注意，王老的要求也很严，从来不以权谋私。在这些问题上，我们今天仍要保持清醒的头脑。尤其是第一秘书处的同志要特别注意，因为一秘的同志都是首长的秘书，而首长的秘书如果要利用首长的地位谋取私利是非常容易的。从这里我们也可以看出秘书的思想素质多么重要。

二是理论基础要牢。秘书实质是领导的助手，我们领导靠什么呢？就是靠马列主义毛泽东思想。所以秘书要很好地学习马列主义毛泽东思想，要做到尊重唯物论，学习辩证法，坚持实事求是这样一个基本的思想原则。当然，也要注意了解其他理论流派，还要注意马克思主义的发展。要发展马克思主义，首长就要弄通马克思主义，《共产党宣言》我不知看了多少遍，可前几天我看了马克思1872年写的序言，发现马克思在《共产党宣言》发表才25年之时就讲了马克思主义要发展，讲了五条理由，讲得非常清楚。这以前我们的许多同志都不太清楚，看来我们确有必要在弄通马克思主义上再下点苦功。总之只有有了理论上的坚定，才能有政治上的坚定；只有真正弄通了马克思主义，才能坚定不移地支持和投身我们今天的伟大改革事业，这一点非常重要。

三是知识面要宽，基础知识和专业知识都要扎实，不要到处出洋相。数、理、化、文、史、哲、体、艺、美，都要懂一点，要一专多能，全面发展。我们科工委的秘书还要对国防科研、生产、试验以及武器装备、飞机大炮、卫星火箭的基本常识有所了解。

四是文字水平要高。文字水平实质上是思维能力、表达能力和写作能力的综合反映，因此，秘书的思维和表达能力要强，不能思路不清，逻辑混乱，词汇贫乏。我以前讲过，写好一篇文章关键有三点：首先是观点鲜明正确，主张什么反对什么要弄清楚；其次是逻辑清楚，把你的观点清楚地按照合理的顺序表达出来；再次是文字通顺、准确、生动、活泼、鲜明、富有特色和感染力。

五是公关能力要强。要会与人打交道、交朋友，办事和组织能力要强。处理问题要善于和别人协商，不要下命令，很多地方很多事情不是秘书能下命令的，要学会尊重别人。公关能力强，工作中就能左右逢源，得心应手；反之，则难免前后碰壁，处处作蜡。这一点现在越来越被人们所重视了。

六是身体要健康。要注意自我保重，因为秘书的工作是很辛苦很劳累的，生活极不规律，有的时候甚至没白天没黑夜没假日，没有强健的体魄不行。

总之，我们做秘书的同志要刻苦学习，勤奋工作，自觉改造，科学锻炼。

第四，做秘书要注意些什么。

一是要心明、手巧、腿勤、眼尖、脑灵、耳聪、口紧。尤其要注意口紧，这里有三层意思：（1）要注意保密。因为秘书知道的东西很多，机密性很强，不能随便乱说；（2）不要讲闲话，更不要搬弄是非，东家长西家短；（3）不要夸夸其谈，不要对领导同志评头论足。当秘书嘛，还不是大谈你的政见的时候。

二是待人接物要礼貌、真诚、谦虚、谨慎、和气，不要口大气粗。前面讲过，从某种意义上讲，秘书的形象就是首长的形象。我们机关一定不要让人感到门难进、脸难看、话难听。在这方面，也有一些反映，希望同志们认真注意。

三是要注意品德的修养，不贪、不懒、不馋。千万不要到处伸手，这既是个人的修养问题，也直接影响到首长的威望。在这方面过去是很严的，记得在西柏坡时，我父亲的警卫员因为私领了几条飞马香烟，就被撤职了；现在似乎处理比较松了，但我们自己千万不能放松，最近中央反复强调为政清廉，应当引起我们的高度重视。

四是要注意尽可能多尽可能快地掌握一个生疏环境的情况，及时地提供给首长。因为首长事情很多，不可能什么情况都亲自去了解，秘书就应当及时地为首长搜集、提供这些情况。比如，每到一地就要及时地了解当地领导的姓名，当地的历史、现状、必要的电话号码和值得注意的问题等情况，记在本子上或心上，必要时送给首长，供首长参考，不要坐到那儿等，要主动去了解。

五是要抓紧一切机会学习知识。大的知识要学习，小的知识如对联、传说、笑话等也要注意。一句话，就是不要拒绝学习任何知识。知识主要靠平时积累，积腋成裘，就能博学多艺，融会贯通。不学无术在任何情况下都是无济于事的，要尽可能多地用知识武装自己的头脑。

六是要注意不拒绝做任何小事，大的事情，如出谋划策当然要做；但小的事情也要做，有些事务性、重复性的工作也不要拒绝，要有积极的工作和精神状态。秘书的地位是很高的，但又是很低的，不能摆架子，不能挑肥拣瘦，要有热心肠。

七是要跟得上、跑在前、想在先。不能跟不上，老让首长等你或者首长找不见你，要在首长的鞍前马后不停地奔跑。事事都要想在前、有预见。这样做比较辛苦，我自己是有体会的，但一定要做好，否则就无法更好地为首长服务。

八是要注意与首长的密切配合。要了解首长的思维和工作方法以及生活习惯，做到相互默契，心有灵犀一点通。要做到这一点很不容易，需要慢慢摸索，慢慢总结。

　　今天，我借这次秘书交接之际就说这些，但愿我们的秘书工作能够做得更好一些。

（原载《秘书工作》1989 年第 6 期）

必须大力加强领导秘书
的思想作风建设

王 茂 林

一、领导秘书肩负着重要的职责

领导的秘书是领导同志的工作助手和参谋，是贴近领导、直接为领导同志的工作服务的。领导秘书虽然不参与决策，但要为领导同志决策提供背景材料和建议，协助领导决策；虽无权决定问题，但经常在领导直接授权下处理问题。在参与政务的同时，还须包揽领导的事务性工作。所以说，领导秘书是一个极其重要的特殊工作岗位，肩负着重要的职责。

就领导秘书的日常工作来说，大致有这么几个方面：一是根据领导意图，妥善安排领导同志的工作日程，对需要领导出席的会议、社会公务活动，提前做好所需文件材料及其他准备工作；二是按照领导同志授意，参与和协助起草领导同志的讲话稿和署名文章；三是妥善做好领导同志的各种文电材料的筛选和注办工作，及时转出领导同志批办的文电、材料和信件，并负责催办，及时向领导同志报告办理结果；四是负责做好上传下达和领导同志对外联络的工作，及时传达领导同志的工作意图，并将有关方面的意见、建议适时反馈给领导同志；五是协助领导同志处理有关问题，做好来访人员的接待和群众来信的处理工作。

我认为，领导秘书在履行上述职责时最重要的是要把好"两关"，即简政"关"和廉洁"关"。"简政"效果如何与秘书把关力度大不大有直接的关系。在改革开放和建立社会主义市场经济体制的新形势下，人们的思想观念大变化，利益格局大调整，新情况、新问题层出不穷，作为领导秘书要耳目灵、脑子勤、出手快，寓综合、协调、参谋、服务于办会、办文、办事的全过程，要不断提高应变能力和办事能力，敢于把关，善于挡驾代劳，努力使领导同志从繁杂琐碎的日常事务和社会应酬活动中摆脱出来，保证领导同志有足够的时间下基层调查研究，保证领导同志集中精力想大事、议大事、抓大事、办实事。廉洁奉公，全心全意为人民服务是共产党人的本色，领导秘书有责任、有义务用自己的一言一行维护党和政府的形象，维护领导同志的声誉，在任何时候都要保持清醒的头脑，充分认识秘书岗位的重要性和社会敏感性，增强岗位的光荣感和责任感，固守防线，矢志不渝，为党的事业的大局，严格地管好自己。同时，要切实协助领导把好廉洁关，绝不为领导同志谋取和接受分外的利益。

二、在新的历史条件下必须大力加强领导秘书的思想作风建设

当前，湖南各方面的形势很好，改革不断深化，经济持续协调发展，社会政治稳定。新一届省委领导高举邓小平同志建设有中国特色社会主义的伟大旗帜，坚持党的基本路线，以身作则，廉洁自律，深入基层，深入群众，深入实际，注重察实情，出实招，办实事，取得了湖南人民的高度信任，初步树立了一个勤政廉政的形象。所有这些都是与领导秘书竭尽全力协助领导工作，积极主动为领导同志当参谋、出主意分不开的。作为一个群体来说，领导秘书大都能够珍惜自己的政治荣誉，任劳任怨，刻苦实干，谨言慎行，严于律己，以自己的实际行动维护领导机关和领导同志的威信。但是，毋庸讳言，由于种种原因，也确有少数秘书对自己要求还不够严格，服务标准还不够高。特别是个别人利用自己的特殊位置，变着法子为自己和亲朋好友谋取私利，尽管人数极少，但影响很大、很坏，严重损害了领导机关和领导同志的形象，这必须引起我们的高度警觉和重视。

市场经济的负面效应对我们的干部队伍造成了一定的冲击，

领导秘书不是生活在真空之中，当然也不例外。特别是一些不法分子，历来看重领导同志身边工作人员这种"特殊"身份，他们总是千方百计寻找机会，请客送礼，甚至不惜送重礼，企图从领导秘书人员中打开缺口，为其从事非法勾当寻求庇护和方便。陈希同、王宝森的身边一些工作人员与一些社会渣滓相互勾结，相互利用，为非作歹就是很好的证明。我认为，加强领导秘书思想作风建设要着力抓好以下工作。

（一）注重领导秘书的道德修养。领导秘书在众人仰止的领导核心部门工作，整日在领导同志身边办事，直接为领导同志服务，这就决定了秘书人员必须具有良好的职业道德。一是具有无限忠诚党的事业的政治觉悟。秘书人员要有很强的服从意识，在政治上、思想上、行动上始终与党中央保持高度一致，自觉维护党中央的权威，维护省委的权威。要坚持坚定正确的政治方向，在任何情况下都要经得起组织的考验，决不允许有同中央和省委相悖的言行。如果在政治上做"骑墙派"，风吹两边倒，那就失去了做领导秘书的起码资格。二是具有埋头苦干的献身精神。世上三百六十行，行行不一样，很多行业可以"有名有利"，赫然于世间，显荣于人前。惟独秘书这个行当，只能当无名英雄，这是党的事业的需要，也是社会分工的需要。所以领导秘书一定要有敬业爱业、为事业献身的精神，要淡泊名利，耐得艰辛，甘于寂寞。要以服务为天职，满腔热情，全心全意，竭尽全力地为领导做好各项服务工作。绝不可三心二意，计较个人得失。三是坚持严格按领导意图办事的原则。领导秘书开展工作，是围绕领导管理职能需要，按照领导授权进行的。因此，未经请示报告，领导秘书不得擅自答复和处理问题。先斩后奏是作秘书工作的大忌。传达领导同志意图，务必准确、及时，不得夹杂个人意见。经领导同志授意起草的文稿或对文件、信函的批示意见，必须经领导同志本人审定。不得假借领导名义写条子，发号施令；任何情况下都不允许仿照领导笔迹书写批示。

（二）培养领导秘书良好的工作作风。为领导服务的工作，虽然琐碎，但是没有小事，任何一件事情，不按要求办好，都可能影响领导同志的正常工作，甚至影响党委的工作大局。所以领导秘书要有良好的工作作风。一是要有高度的工作责任感和严谨、务实的工作态度，要以临深履薄的心态，兢兢业业做好每一项工作，来不得一丝一毫的懈怠和懒散。二是在工作中要坚持实事求是，客观、准确地反映情况，敢讲真话，决不可只看领导脸色行事，违心的表态；处理问题要出以公心，不出"馊主意"，不进谗言。三是时时处处要谦虚谨慎，"自知而不自见，自爱而不自贵"，密切联系群众，决不可自以为是，盛气凌人。要多为基层着想，多体谅部门、基层同志的难处，多为干部和群众服务。接洽公务，态度要热情，服务要周到，帮助解决问题要尽心尽力，不能让人家坐冷板凳。对下级请示的事项，要记录在案，放在心上，做到件件有着落，事事有回音，绝不可敷衍塞责，一推了之。四是要有强烈的时间观念和效率观念，对领导交办的事情要雷厉风行抓落实，做到手勤、嘴勤、脚勤、脑子勤，办文、办会、办事都要尽可能加快工作节奏，缩短办事程序，急事急办，条件许可的要"马上就办"。要提倡当日事当日毕，能处理完的事不要过夜，使服务工作紧张、高效、有序。领导秘书还要心细如发，遇事多问几个为什么，甚至来点逆向思维，注意拾遗补缺，主动做好"补台"工作。

（三）突出抓好领导秘书的廉洁自律。在一定意义上说，领导秘书是领导的影子，领导秘书的形象在一定程度上反映或折射出领导的形象。由于特殊的工作环境，秘书天天与领导打交道，知道的情况多，往往深得领导信任，这样，就容易滋长优越感和特权心理。特别是社会上一些人钻我们新旧体制转换和法制不健全的空子，总是通过各种途径和手段与领导秘书拉关系，套近乎，希望在"关键"的时刻通过秘书这个环节谋取私利。秘书人员如果放松世界观的改造，放松警惕，免疫力不强，就有可能被拉下水，被这些人所利用，甚至走向违法犯罪的道路。这不是危言耸听，现实生活中是有过这样的教训的。所以领导秘书务必警钟长鸣，自省、自励，在思想上筑起拒腐防变的钢铁长城，在任何情况下都能洁身自好，一以贯之。秘书一定要恪守本分，自觉地模范地遵守中央、中央纪委和省委、省纪委的有关规定，一切按制度办事，决不能利用接触面广和在领导同志身边工作的有利条件，为一己之利去编织个人的关系网，搞投机钻营。这里我要强调一下交朋友的问题。领导秘书也是社会的一员，当然有亲朋戚友，但是在交友当中一定要把握好一条原则，就是择友一定要慎重，不可滥交，注意交友的层次，只能建立正常的友谊，不能交"酒肉"朋友，建立"哥们"关系。特别是与商界的朋友打交道，一定要自重自爱，决不能贪恋人家的钱财和好处。秘书人员是清苦一点，但在人格上应该是高尚的。要牢记"富贵不能淫，贫贱不能移"的古训。俗话说，拿了人家的手短，吃了人家的嘴软。如果一个秘书人员与社会上一些不三不四的人搅在一起，你中有我，我中有你，那清正廉洁还从何谈起？

领导秘书廉洁自律，除了组织和群众的监督以外，需要领导干部本人以身作则，言传身教，对工作人员从严要求，同时要靠秘书自身的自我约束和自我防范。根据当前的实际，强调以下几条很有必要：不得私自以领导名义为自己和亲朋好友办私事；不得私自以领导名义联系各项涉及违法违纪的公务活动；不得打领导旗号为个人拉关系、托人情；不以自己的特殊身份为个人捞取好处，不干预地方、部门和单位的人事问题；不得为个人在所属单位谋取特权；为领导同志处理私事、家事，必须报告领导同志并严格按领导同志的本意去办；在公务活动中，不得违背领导旨意代收礼品礼金。领导秘书和身边工作人员在关心照顾领导同志的生活方面应该尽职尽责，但必须严格按有关规定办事，不能搞分外服务，不能为领导谋算分外的事情。否则就会为领导增添不必要的麻烦和无谓的烦恼，没事找事，给领导帮倒忙。这几条，每一个领导秘书必须自觉遵守，其所在单位的党支部、党小组要定期检查落实情况，对坚持得好的，要大力表扬，做得不好的，要严肃批评教育。

另外，由于领导秘书接触和掌握大量的重要核心机密，因而保密的责任极其重大，特别是在对外开放、对内搞活的新形势下，保密工作面临着更为激烈、复杂的斗争局面，领导秘书一定要谨小慎微，守口如瓶。

三、领导要关心秘书的健康成长

领导同志的言行对秘书人员起着潜移默化的示范和身教作用。古人云："蓬生麻中，不扶自直；白沙在涅，与之俱黑。"领导同志一方面要以身作则，以自己勤政廉政的高尚情操去教育秘书，另一方面又要主动地过问秘书的思想和工作、生活情况，督促、鼓励他们高标准地做好各项服务工作。也就是说，领导同志对秘书人员不但有要求，也应有给予；不但要放手使用，也要关心和爱护他们，帮助他们健康成长。

首先，要从政治上严格要求。要鼓励秘书认真学习邓小平同志建设有中国特色的社会主义理论，学习党的路线、方针、政策，注重从思想上引导，见微知著，不断提高他们的理论水平和政策水平，提高他们的政治敏感性和辨别是非的能力，使他们成为政治过硬、思想敏锐、业务精通的得力助手。

其次，要多给秘书交任务、压担子，为他们提供更多的学习锻炼机会。人们常说，挑担子的人总比徒手走路的人走得快，也就是说，没有压力就没有动力。领导要放手大胆地让秘书工作，及时给予指导，充分发挥秘书的主动性、积极性和创造性，有意识地多给秘书交调研任务，多和他们探讨问题，多听取他们的参谋意见，不断丰富他们的工作经验，提高他们的工作本领，为秘书日后独挡一面地开展工作创造条件。

再次，合理地解决秘书的待遇。领导秘书工作非常紧张、也非常清苦，加班加点是家常便饭，自己和家庭的事很少能顾及到。作为秘书的直接服务对象的领导同志，应该说最了解秘书，所以也不能"灯下黑"，一定要提请有关组织关心秘书人员。对那些政治业务素质好、扎扎实实干实事、成绩显著的秘书，该提拔的要提拔，该重用的要重用。唯才是举，不能因为是身边工作人员就"内举"避"亲"，有意压着。在制度和条件允许的情况下，领导同志还要尽可能帮助秘书人员解决生活方面的实际困难，解除秘书的后顾之忧，使秘书能够轻松愉快、全身心地投入到为领导同志服务的各项工作中去。

（原载《当代秘书》1996 年第 1 期）

为领导当秘书要做到"十要十不"

王 全 书

当前，我们正处在建立社会主义市场经济体制的重大历史转折关头，改革开放已经发展到了整体推进和重点突破相结合的新阶段。新的形势，新的任务，对我们领导同志的秘书及在领导同志身边工作的人员从各方面提出了更高、更严的要求。对如何做一名称职的领导同志的专职秘书和领导身边的工作人员，我反复考虑，是否可以概括为"十要十不"。

一要政治坚定，不左右摇摆

领导的秘书是领导同志的工作助手，是直接为领导同志的工作服务的。领导秘书虽不参与决策，但要为领导同志提供信息和资料，协助领导决策；虽无权决定问题，但要协助领导同志处理问题。领导同志的秘书所处岗位及工作的特殊性，决定了领导同志的秘书必须要有坚定正确的政治方向，要无限忠于党的事业，要在任何情况下保证在政治上不出问题。这就要求每一位领导同志的秘书和身边工作人员，都要把坚持正确的政治方向，作为加强思想作风建设、不断提高政治素质的首要任务。正确的政治方向，来源于正确的人生观、世界观。因此，领导同志的秘书要妥善处理工作与学习的关系，自觉地刻苦学习马列主义、毛泽东思想的基本原理，学习邓小平同志建设有中国特色社会主义的理论，能够运用辩证唯物主义和历史唯物主义的观点去认识世界，认识事物，分析问题，树立全心全意为人民服务的思想。每一位领导同志的秘书及身边工作人员，就更加需要坚定社会主义信念，坚定不移地贯彻执行党的基本路线，坚持四项基本原则，坚决拥护党的改革开放政策，在政治上、思想上、行动上坚定不移地同党中央保持一致，自觉地维护党中央的权威，维护各级党委的权威，在任何情况下都不允许有同中央及各级党委相悖的言行。在具体工作中，要坚决贯彻党委的决定和工作部署，始终保持坚定正确的政治方向，经得起任何政治风浪的冲击而不左右摇摆。在大事大非面前立场坚定、旗帜鲜明，为党的事业忠心耿耿，在关键时刻经受得住党组织的严峻考验。

二要摆正位置，不越权越位

秘书机构和秘书工作的本质属性是服务，即主要为领导服务，同时也为基层服务，为人民群众服务。服务活动是秘书职业的基本规律和基本特征。秘书工作人员的价值也只有在服务中才能够充分体现出来，离开了服务，秘书机构及秘书人员也就失去了存在的意义。严格的上下级关系、领导与被领导的关系、民主与集中的关系，决定了秘书机构和秘书人员只有忠实地做好为领导工作服务的义务，而没有擅自作主代领导行使职责的权利。由于领导同志的秘书处于领导机关的核心部位，如果不能正确地认识自己所处的地位和作用，甚至越俎代庖，对于一些本应由领导同志处理的问题而擅自作主，就会出现秘书人员越权越位的问题。越权即是擅权，越位即是犯规，其结果必然会给党和人民的事业造成不应有的损失。要防止和避免这种越权越位现象的发生，除了各级领导机关要对广大秘书人员经常进行秘书职业道德教育，以达到找准位置、摆正自我外，作为秘书人员来讲，则要注意强化三个意识。一是强化轴心意识。秘书工作是以领导工作为轴心而展开的，所以作为领导同志的秘书要有强烈的轴心意识，要紧紧围绕这个轴心去工作，否则所做的工作就会偏离这个轴心，游离这个主题，从而自觉或不自觉地出现越权越位现象。二是强化服从意识。服从不仅是秘书的职业要求，是广大秘书人员组织性、纪律性、党性原则的客观要求，而且也是秘书人员价值观的重要体现。广大秘书人员要努力从思想上真正把服从作为对党和人民的事业高度负责的具体行为，作为高度的组织纪律性和坚定的政治立场的具体体现来对待。有了这种服从意识，才能以配角为荣，在领导与被领导的关系上才能甘当配角，从而科学把握秘书角色，做好秘书工作。三是强化请示报告意识。多请示、多汇报，是防止秘书人员在工作中越权越位的重要手段。领导同志公务繁忙，许多事务性工作往往交给秘书去办。对于领导交办的工作或需要传达的指示、意见，作为秘书，要认真听、记，以保证处理问题符合领导意图。事情处理完毕后，要将情况、结果及时向领导同志汇报。对于下级的重要和紧急请示、报告，无论是口头的还是书面的，秘书都要及时向领导同志报告；领导同志不在或领导同志还没有作出明确答复、提出明确意见时，作为秘书决不能自以为是、自作主张、擅自答复或处理。否则就是越权越位行为，是作秘书工作的大忌。

三要洁身端行，不以权谋私

建立社会主义市场经济体制，是我们党总结社会主义建设正反两方面的经验之后作出的正确选择。改革的过程也是新旧体制转换的过程，难免有不完善的地方，因而不可避免地会有一些人趁改革措施出台之机，钻法规制度、监督管理一时还不健全、不完善的空子，违法乱纪，谋取私利。在这一新形势下，我们秘书工作队伍也面临着严峻的考验。秘书人员在领导机关工作，受领导委托办事，使用权力比较方便，如果廉洁自律的意识不强，就很容易发生以权谋私、收受贿赂等行为，甚至堕落成为腐败分子。秘书人员身处领导机关，不管是否打着领导机关的牌子，还是凭借领导的权力和影响去谋取私利，都将直接损害领导机关和领导者的形象，破坏党和政府在人民群众中的声誉。因此秘书人员要按照党和国家对各级工作人员提出的为政清廉、不谋私利的基本要求，自觉做到洁身自好，廉洁奉公，坚决杜绝腐败现象，切实搞好廉政建设。一是要牢记党的根本宗旨，自觉抵制各种不正之风的侵蚀。要恪守"宁公而贫，不私而富"的古训，要严格执行《关于党内政治生活的若干准则》，要时时、处处、事事牢记全心全意为人民服务的宗旨，当下属阿谀奉承、腐蚀拉拢时，自觉做到谨言慎行，固守防线，不为所惑，不为所动。二是要做到不凭借领导人的名义办私事，为个人捞好处，不打领导机关的旗号向下伸手索利谋私。三是不得假借领导同志的名义或利用自己工作的便利条件，徇私舞弊、乱拉关系；不得随意要求领导同志批条子为个人办私事。要从小事上做起，严于律己，一身正气，两袖清风，以实际行动做清正廉洁的模范。

四要增光补台，不抹黑添乱

秘书人员的个人行为，往往会对领导同志的形象、威信造成直接的影响。作为领导同志的秘书，在看似寻常的行为中弄得不好，就会给领导同志帮倒忙，抹黑添乱。比如，秘书或领导同志身边的工作人员，对领导同志的生活关心照顾得尽可能周到一些是可以的，但是不能过分、出格，否则会造成很不好的影响。要做一个忠于党和人民的秘书工作者，就必须自觉地维护领导同志的廉洁形象。如何既要搞好服务，又不给领导同志抹黑添乱？从实践经验来看，要遵循以下几条原则：一是要严格按规定办事，不要搞份外服务。为了加强各级领导同志的思想作风建设，党中央、国务院和各级党委、政府对领导同志的工作、生活、公务活动等方面都作出了明确规定。作为领导同志的秘书在协助领导同志贯彻落实这些规定时，要严格执行而不能走样。否则，看上去是为领导同志着想，实际则是给领导同志帮了倒忙。二是不要为领导同志接收分外的利益，给领导同志添乱；不要为领导同志谋算分外的事情，给领导同志脸上抹黑。有的单位和群众因切身利益问题得到了解决，出于对领导的感激之情，请秘书代向领导同志表示他们的一点"心意"，在这种情况下，秘书要把好关口，多作说服解释工作，请他们尊重领导、理解领导、爱护领导，这样做的结果才是给领导同志增了光、补了台。三是凡是为领导同志处理私事、家事，必须报告领导同志并严格按领导同志的本意去办。四是在公务活动中，不得违背领导旨意代收礼品礼金。五是跟随领导同志下基层，不得为改善领导同志的物质文化生活，给基层的干部群众出题目或提过高的条件和要求。

五要诚实可靠，不投机取巧

诚实，正直、本分，说老实话、办老实事、做老实人，既是做人的立身之本，更是做领导同志秘书所必须具备的品德、遵循的原则。所谓诚实，就是秘书在为领导同志服务和为基层服务时，要做到诚心诚意、实实在在，绝不能弄虚作假、华而不实。所谓正直，就是敢于坚持实事求是的原则，有一说一，有二说二，有喜报喜，有忧报忧，敢于讲真话，不隐瞒自己的观点，不隐瞒事实真相，不见风使舵，投领导所好，看脸色行事。所谓本分，就是要严格遵守纪律，严格按规定办事，并具有"淡泊名利"和"慎独"精神。在实际工作中，不因接触面广、人多及在领导同志身边工作的有利条件搞拉拉扯扯，为了个人私利去编织个人的关系网，搞投机钻营。当然这些要求都比较高，但对于一个忠于党、忠于人民的秘书工作者来讲，则是应该做到的，也是必须做到的。

六要忠于职守，不懈怠失职

秘书工作的基本职责，是认真为领导服务，直接为领导负责。给领导当秘书，岗位重要，责任重大，来不得丝毫懈怠、懒惰、草率、疏忽，更不能失职、渎职。秘书的一点闪失，往往会给工作造成严重的危害和无法估量的损失。为领导当秘书，要力避三种不正常的心理状态：一是权力欲。不要以为在领导身边工作，容易受到领导的重视和青睐，便于提拔和重用，因而身在秘书岗位，心念领导职务。有了权力欲，是做不好以服务为特征的秘书工作的。二是利益欲。随着市场经济的发展，领导秘书的物质利益与社会上一些行业和一些人的差距拉大。同时，领导秘书也容易受到来自各个方面、各种形式的物质利益的诱惑。在这种情况下，秘书人员一定要"富贵不能淫，贫贱不能移"，当物质利益得不到满足时，不要发牢骚、有怨气、工作消极；当受到诱惑时，不要头脑发热、甘当俘虏。三是自卑感。不要藐视和低估秘书工作的价值，不要因为工作任务主要是服务就缺乏主动性和创造性。秘书人员一定要有敬业精神，，忠于职守、兢兢业业地履行自己的职责，殚精竭虑地做好本职工作。要有高度的责任感，对于领导交办的事情，要尽力办好，并且件件有回音，让领导放心；对于领导下达的指示，要原原本本地传达和执行，不能打任何折扣。要细致踏实，办文办事办会，都要小心谨慎，一丝不苟，力求避免出现差错，不能使工作受损失。要积极主动，学会从被动中求主动，围绕领导的活动，开动脑筋，大胆工作，帮助领导把各项工作抓出成效。要勤奋，既要手勤、嘴勤、腿勤，更要勤于动脑筋想问题。工作作风上要雷厉风行，不拖拖拉拉，做到"今日事，今日毕"。

七要谨慎检点，不盛气凌人

秘书的职责是直接为领导服务的，但秘书在很多方面、很多时候，也要直接为人民群众服务。问题在于秘书天天工作在领导身边，往往深得领导的信任。如果不谨慎、不检点，很容易显得盛气凌人。如果对自己所处的位置再缺乏正确的认识，就容易自觉不自觉地以势压人。就会遭到群众的反感、厌恶，把自己孤立起来，甚至有损于领导机关及领导同志的形象。领导秘书要夹着尾巴做人。"吾日三省吾身"。待人接物，要和蔼谦逊、态度诚恳，对待下属单位特别是来访群众要热情耐心、讲究礼貌；对待和自己平级的同事要平等相处、亲密协作，不贬低他人，抬高自己；对待对自己有误解甚至有积怨的人，不要伺机报复、打小报告，而要宽宏大度，消除隔阂，互相谅解。不允许随意在领导面前议论张家长李家短，拨弄是非；领导若问及，则要客观公正、实事求是地反映情况，切不可夹带个人偏见，或溢美夸耀，或蓄意贬低。处理问题，既要出以公心，敢于坚持原则，又要耐心细致，尊重对方。要善于商量办理，领导对某件事情提出了处理意见，要求哪个部门办理，可能认识有不一致的地方，或者有不同意见，在催办过程中，一定要耐心倾听对方的意见，诚心诚意地商量着办，切不可以权势压人，强人所难。对于登门求见领导的人，秘书要热情接待，区别情况，或决定安排会见，或说服挡驾。挡驾要讲究艺术，态度要冷静，谦和、诚挚。

八要乐于奉献，不追求名利

给领导当秘书，一方面非常光荣，另一方面也非常紧张，相当辛苦。秘书工作任务繁重、庞杂，要经常加班加点，几乎没有节假日，不分上下班，能够自由支配的时间少，家庭的事情顾不上。临时性、突击性任务多，大脑神经长期处于高度紧张状态。工作任务完成得好很少有人表扬，出了一点纰漏便会遭受来自各方面的责难，有时出力吃苦也不一定落好。秘书的这些苦处、难处，一般人是很少知晓的，而领导同志和机关的负责同志，则应心中有数，充分理解。面对这些苦处、难处，秘书自己怎么办？应该像江泽民总书记讲的那样："勤勤恳恳，兢兢业业，不计名利，不讲价钱，无私奉献，甘当无名英雄。"秘书工作是党的工作不可缺少的一个重要部分，能够在这个岗位上工作，是组织的高度信任和器重。既然受组织委托担当了秘书这个角色，就要不为名，不为利，埋头苦干；就要"淡泊明志，宁静致远"，自觉抵制官场、市场那些不健康成分的诱惑和侵蚀；就要经得起各种误解、委屈和挫折，包容得酸甜苦辣；就要甘为绿叶扶红花。当然，领导秘书也不是不食人间烟火的"仙人"，和普通人一样有家庭、有长幼、有亲朋，有思想、有烦恼、有喜乐，有困难、有私事、有愿望。作为组织，作为领导同志，对秘书一定要体谅、爱护，生活上给以关心，政治上给以关怀，思想上给以帮助，工作上给以指导，切实为他们解决一些实际困难，为秘书人员干好本职工作创造良好的条件。

九要严守机密，不违纪违法

领导秘书贴近领导，接触和掌握的重要核心机密多，保密的责任特别重大，稍有疏忽发生纰漏，就会酿成大错，有时甚至会造成全局性的影响。有些领导正在研究的事，说出去了，最后决定又不是那么回事，就会闹出许多误会，造成思想上的混乱。特别是在对外开放、对内搞活的新形势下，保密工作面临着更为激烈、错综复杂的斗争局面。就全国的情况看，国内外敌对势力和不法分子，用金钱和其它手段，腐蚀、拉拢我们的干部，包括秘书和其他党和国家工作人员，妄图窃取政治机密和经济情报的不乏其例。因此，领导秘书必须有很强的保密意识，在任何时候、任何情况下都不能掉以轻心。要遵守党纪政纪国法，严格按规章制度和保密守则办事，要养成高度自觉的保密观念和保密习惯，不该问的不问，不该听的不听，不该记的不记，不该说的不说。不在私人通信里或家属子女、亲朋好友面前谈论机密事情。当别人打听有关机密情况时，要守口如瓶。不要以知道机密要事为资本而自我炫耀。不能把机要文件带回家或带到公共场所。不经许可不能复印、复制机要文件或批件。不能把领导同志传阅文件的过程和领导同志批示的情况擅自向外透露。不得传播、泄漏领导同志讨论工作过程中的各种意见。要树立敌情观念和法制观念，警惕某些别有用心的人以金钱、美色为诱饵，窃取党和国家机密，更不能为了私利而有意泄密，违法犯罪。领导的秘书还要严格遵守组织纪律和工作纪律，不允许假借领导名义批文件，写条子，发号施令，答复问题；任何情况下都不能仿照领导笔迹书写批示。总之，领导秘书应成为保密的模范、守法的模范、遵纪的模范。

十要接受监督，不自恃特殊

为领导当秘书确实有其特殊性：身份特殊——与领导保持着一般同志所没有的密切关系；工作特殊——在领导直接授权下办公行事，而且能够为领导的决策当参谋；环境特殊——出入于众人仰止的领导核心部门。这种特殊性，取决于党的事业的需要，并不是为秘书个人设置的特权。秘书人员决不能倚仗这种特殊性而当特殊公民、特殊党员，拒绝接受监督。要过好组织生活，定期向党组织汇报自己的工作和思想情况，自觉征求党组织及同志们对自己的意见，接受党组织的帮助和监督。要勇于开展批评和自我批评，在受到批评时，要正确对待，虚心接受，克服缺点，修正错误。要严格执行中纪委提出的党政机关干部廉洁自律的有关规定，使自己的一言一行、一举一动都经得起党组织和群众的检验。

（原载《办公室业务》1995 年第 5 期）

第二部分

有关的法律、法规和法规性文件

政务院关于各级政府机关秘书长和不设秘书长的办公厅主任的工作任务和秘书工作机构的决定

（1951 年 7 月 26 日发布）

根据全国秘书长会议各地区、各部门代表的报告和发言，一年来全国省（市）以上各级人民政府的秘书工作机构和干部，已大体建立和配备起来，做了许多工作，获有相当成绩。但由于时间短、经验少，工作中还存在着许多缺点和问题。有些问题，因各个地区、各个部门工作情况和干部状况不同，尚难做出统一具体的决定。现在根据实际情况和秘书长会议讨论结果，将秘书长和不设秘书长的办公厅主任的工作任务和秘书工作机构等问题，作如下原则性的决定，希望各地区、各部门遵照试行。

一、工作任务

（一）协助首长综合情况，研究政策，推行工作；

（二）协助首长密切各方面的工作联系；

（三）协助首长掌管机关内部统一战线工作；

（四）协助首长掌管保密工作；

（五）掌握机要工作；

（六）主持日常行政事务（包括公文处理、会议组织、检查与督促政府决议的执行等事项）；

（七）掌握机关事务工作（包括机关财务、生活管理、学习、文化娱乐活动等事项；但不设秘书长的机关，如在办公厅之外专设机构管理机关事务工作者，此项工作可不由办公厅主任掌管）。

二、做好工作的几个基本问题

秘书长和办公厅主任工作的性质是既要参与政务又要掌管事务，在目前秘书工作基础一般还是薄弱的情况下，要做好这些重要而复杂的工作，就必须：

在不断努力学习和实践中，熟悉政策法令，创造和积累经验；建立与健全机关的工作制度，加强计划性和组织性，以争取工作上的主动；注意密切各级人民政府秘书部门间的联系，经常交流各地工作经验；大力培养新干部和提高老干部的政策、文化水平和工作能力；并克服与防止求成过急或缺乏信心的思想倾向。

经常注意掌握"抓住重点，照顾全盘"的工作方法。重点应该放在协助首长研究政策，处理政务方面；但同时要把日常行政工作和机关事务工作组织安排好，使之有条不紊地顺序推进。要学会既善于集中精力时间思考、钻研、处理重大问题，又善于抽出精力时间有重点地指导处理或亲自处理日常具体的工作。

贯彻执行"集中领导，分工负责"的原则。要根据实际工作需要，划分每个工作人员的职责，做到机关没有忙闲不均现象。正副职之间，应在副职协助正职的原则下，根据所属业务单位或各项具体工作，明确分工，在一定职责范围之内，放手工作，大胆处理问题。各级之间，应按照工作性质，加强分层负责，一般日常工作尽量放下去，由各处、科负责处理；不要事事集中到上面，把自己陷在事务主义的圈子里边。

经常注意领会并根据领导上的意图，主动地在自己职责范围内，认真处理问题，使首长减少事务纠缠，多考虑重大问题。并注意在实际工作中，体会与掌握办事规律，分清哪些问题可以自己处理，哪些问题可以处理后报告首长，哪些问题必须请示后再处理，避免遇事不敢负责现象，并防止越权行事的偏向。

经常注意了解各部门工作动向，本着"从整体出发，照顾具体情况"的精神，密切各部门工作的联系，使事无疏漏，达到步调协调、政令统一的目的。并应采取谦虚态度和商讨办事的方式，使各部门觉得对他们有帮助、有便利，而无增加麻烦和困难的感觉。

要求每个秘书工作部门的干部，认清自己的工作是政府工作中很重要的一部分。不仅在口头上，而且在实际行动中，把个人的工作兴趣、个人事业心完全结合于人民事业的整体利益中，坚守岗位，埋头苦干。要有"把每件事都能做到底，做到有实际的结果"，"善于成十次地修正，成十次地重做，但是无论如何，要达到自己的目的"（列宁论苏维埃机关人员应如何工作）的决心和毅力。要养成任劳任怨的工作态度和谦虚、谨慎、细密、切实的工作作风。

做好工作的另一个重要因素，就是首长必须切实负责，加强对秘书长和秘书工作干部的政策思想领导，经常有意识地把自己的意图和认识告诉他们，在实际工作中，尽量支持他们放手工作，帮助提高他们的政策思想和工作能力，养成正确的工作态度和工作方法。同时为避免将一切事务都集中在秘书长或主任身上，还要注意适当地为他们配备副职，分工负责，使他们能够有一定的时间研究政策，有机会参加和了解实际工作动态和业务状况，使政策研究能够和各项实际业务和各种群众运动密切结合进行。

三、组织机构

秘书工作机构，应根据精简原则，尽力减少层次。办公厅，一般可分设两层，最多不超过三层。为便利工作，可多设副职，分工领导。省（行署、市）人民政府的办公厅，尚未专设主任者，得由秘书长或副秘书长兼任，必要时另设专职的副主任。

适应业务分工，组织机构可适当向横的方面发展，逐渐改变过大过多的一揽子的组织形式。条件许可时，可把秘书业务、研究工作、机关事务管理工作划分开来，具体编制应依各地区各部门具体情况决定。

尽量减少事务人员，充实业务部门。在部分人员中（如收发、缮写等），可试行定额制。警卫勤杂人员的编制，亦应更合理规定，以达精简节约提高工作效能的目的。

大行政区和各省（行署、市）人民政府的政策研究机构，应视各地具体工作情况和干部条件建立。如干部条件困难，不能专设机构时，可设几个具有一定政策水平和实际工作经验的干部，并配备若干文化程度较高的知识分子干部，用带徒弟的方法，培养他们协助秘书长进行某些政策问题的研究，并应让他们参加巡视检查工作，这在目前是十分必要的。这些人员在编制上或列入参事室、秘书室或直归秘书长领导，可依据具体情形而定。

（选自国务院法制局编《中华人民共和国现行法规汇编》）

中共中央办公厅关于中央领导同志机要秘书工作的暂行规定（节录）

中办发〔1980〕40 号

1956 年 12 月 6 日，中共中央办公厅曾发出过《关于机要秘书工作暂行条例的规定》。这个规定的基本精神，现在仍然适用。为使中央领导同志的机要秘书在新的情况下做好工作，特制定本暂行规定。

第一条 中央领导同志的机要秘书，是领导同志的工作助手。所有机要秘书，必须努力学习马列主义、毛泽东思想和文化科学业务知识，坚决拥护党的路线、方针、政策，对党无限忠诚，严守党和国家机密，服从组织，遵纪守法，谦虚谨慎，艰苦朴素，作风正派，熟悉业务，有强烈的革命事业心和政治责任心，努力完成党交给自己的工作任务。

······

第五条 机要秘书的主要职责是：管理领导同志的文电材料，负责领导同志处的保密工作，做好领导同志交办的其他工作。

第六条 机要秘书在工作中应该做到：

（1）收发机密文电，应有必要的登记，以便手续清楚，责任分明，有据可查。

（2）凡收到的文电材料，应根据重要程度和缓急情况，按照领导同志的作息习惯，适时地呈送领导同志阅批。对较长的重要文电材料，可根据领导同志的要求作出摘要，再送阅批，以节省领导同志的时间和精力。

（3）领导同志阅批过的文电材料，应当及时处理，不要积压；领导同志批办的文电材料，应当及时送办，不要延误，并将办理情况向领导同志报告。

（4）中央领导同志处一般不要长期保存机密文电材料。中央政治局常委各同志的文件、电报，定期退中办秘书局。中央领导传阅文件，应当阅后即退。中央绝密文件、会议文件，可以向发文单位申明理由，适当延长存阅时间。其他文电材料，应按规定加以清理，退有关部门处理。

（5）有中央领导同志批示的文电材料，重要的文件原稿或修改稿，应在办完后，单独保管，及时或定期退有关单位归档。

（6）准确掌握并妥善安排领导同志每天需要参加的各种活动（如出席会议、接见来宾等），并提前准备好所需的文件材料，到时提醒，保证不误时，不误事。

第七条　机要秘书在保密工作中必须做到：

（1）自己管理的一切机密文电材料，必须严格管好，不得遗失，如有遗失，应及时追查补救，并向领导同志和有关单位报告。

（2）机密文电材料只能由机要秘书签收。机要秘书不在时，可以委托领导同志处别的工作人员代收，但不得启封。发文单位特别交代只能由机要秘书签收的文电材料，别人不得代收。

（3）机密文电材料均应存放在领导同志或机要秘书办公室的保险柜内。领导同志因病因事必须在医院或其他场所阅办机密文电材料时，在领导同志阅办后必须立即送回办公室。

（4）发给中央领导同志的机密文电材料，除因工作需要，经领导同志批准，可给有关同志看以外，不得给其他人（包括领导同志的家属子女）看。

（5）机要秘书跟随中央领导同志出国，非经批准，不得携带机密文电材料。

第八条 机要秘书必须遵守下列纪律：

（1）严格执行请示报告制度，不得随意答复和处理问题。

（2）不得假借领导同志的名义或利用自己工作的便利条件，徇私舞弊，搞特殊化，乱拉关系。

（3）中央领导同志之间和知名人士写的亲启件，非经领导同志授权，机要秘书不得启封。

（4）不准向自己的家属亲友泄露党和国家机密以及领导同志的行动。

（5）不准私自销毁机密文电材料。销毁文电材料，统一交中办秘书局或其他主管系统办公厅处理。

（6）不得擅自翻印、复制、抄录和摘记机密文电材料，不得擅自在公开发表的文章中引用机密文电材料。

第九条 机要秘书调动工作时，必须将自己保管的文电材料和有关的登记簿等，转交给接替工作的同志，并办清交换手续。

第十条 机要秘书调动工作时，有关单位应对其工作作妥善安排，并进行必要的保密教育。

第十一条 机要秘书均应自觉遵守本规定。对表现好的同志应给予表扬；对违反本规定的，要根据情节轻重，给予批评教育以至纪律处分。

（选自胡忠贵主编《办公室工作》）

国家计委领导秘书工作守则

（1995 年 6 月 28 日国家计委制定）

一、总则

为加强对委领导秘书的管理、检查和业务指导，使秘书工作科学化、规范化、制度化，根据有关工作制度和规定，特制定本守则。

委领导秘书是由组织委派，直接为委领导服务的机要工作人员，是委领导的工作参谋和助手。委领导秘书在工作中要体现对委领导和对组织负责的一致性。

委领导秘书工作质量的优劣和工作效率的高低，直接影响到委领导工作的效果和党的路线、方针、政策的贯彻执行。因此，委领导秘书在工作中必须做到准确、迅速、保密。

委领导秘书要有较高的政治素质，自觉、及时地学习、领会党的路线、方针、政策，并积极贯彻执行。要全面了解和正确掌握政策界限。不能因工作繁忙而疏于政治学习。

委领导秘书要有较高的业务水平。在做好日常工作的同时，要认真钻研业务，以提高解决问题、处理问题的准确性和主动性。同时，要努力掌握有关现代化的办公手段和技术，不断提高工作效率和工作质量。

委领导秘书要有较强的组织纪律性和法制观念、保密观念。要严格遵守国家的各项法律、法规，特别要遵守《保密法》及其实施细则，严格涉密文件的管理。

委领导秘书要具有严于律己、廉洁奉公的品质和任劳任怨的奉献精神。

办公厅是委领导秘书的直接管理部门。委领导秘书要自觉接受办公厅的统一管理、工作检查和业务指导。

二、工作纪律和保密

委领导秘书必须严格遵守工作纪律和有关保密法规、制度，保证工作的有序运转和秘密的绝对安全。

（一）工作纪律

1. 严格请示报告制度。对于下级单位的重要和紧急请示、报告，要及时向委领导报告；委领导临时不在或尚未作出明确答复、提出明确意见时，不得擅自答复或处理。

2. 不得假借委领导名义或利用工作之便，循私舞弊、乱拉关系。

3. 对外联系工作和参加公务活动，要谦虚谨慎、礼貌待人，不摆架子。

4. 不得私自翻印、复制、抄录、销毁秘密文电材料。所需销毁的秘密文电材料，应交秘书主管部门处理。

5. 调动工作时，必须将未办理完毕的工作事务和所保管的秘密文电材料及配备的办公设备等移交接替的同志，严格交接手续。其中必须清退的文电要逐一清退。

6. 委领导出差或出访，如未安排秘书随行，应坚持在机关工作。如确需离开机关办理一些公务或家务时，要向委主任办公室报告、请假。

（二）保密

1. 认真保管发给委领导的秘密文电材料。如有遗失，要向委领导和有关单位报告，并及时追查和采取补救措施。

2. 要严格将委领导的秘密文电保管在办公室。委领导因病、因事需在办公室以外的地方阅批秘密文电时，应在其阅办完毕后，及时将文电取回办公室妥善保管。

3. 不得让委领导家属和无关人员接触、阅览秘密文电，不得与其家属和无关人员谈论应由委领导知悉的秘密事项。

4．不得向家属、亲友和无关人员泄漏工作中的秘密，不得擅自在通信中和公开发表的文章、著作中引用秘密材料；不得向无关人员泄露委领导的电话、住址、车号、行踪、健康状况及家庭内部情况等。

5．因工作需要携带秘密文电外出，工作完毕必须及时送回办公室。秘密文电不得在外过夜，更不得交无关人员代管。跟随委领导出国访问、考察等，不得携带秘密文电材料。

三、工作职责

1．负责委领导的文件、电报、信函等处理和管理工作。

2．负责委领导日常活动的安排和具体联系、协调工作。

3．负责委领导召集的专题会议的组织、记录，以及决定事项的催办。

4．做好接待工作。

5．做好信息交流工作。

6．做好值班工作。

7．参与起草委领导讲话稿，起草有关信函、电报等，并做好有关资料的收集、整理工作。

8．汇集委领导活动备忘录。

9．完成其他交办事项。

四、工作程序

1．委领导的文件、电报、信函等的处理和管理。

接收文件、电报、信函等要履行签收手续，并登记、编号、分类，经筛选，分成批办件、参阅件、待阅件（也叫暂存件）和不送阅件四类。

批办件是秘书处理和管理文件的重点，每天应将其放在委领导办公桌上首层卷宗内，以便于领导最先处理。如有必要，可将缓急程度标注在文内或卷宗最明显处。特急件应随时处理，不得压误。参阅件是根据文件的行文机关、内容以及领导的业务分工和日常关心研究的问题等有关情况精选的必送委领导参阅的重要文件，办公厅秘书处分发的传阅文件要作为必阅件送阅。待阅件（暂存件）也是重要文件，但因无时间要求，因此宜在委领导工作余暇时呈阅。不送阅件可视内容情况向委领导作简要口述，或留存备查，或直接剔除销毁。

筛选文件时注意：一不要疏漏，该送呈的文件一定要选出来呈委领导阅批；二不要过多、过滥，某些质量不高、内容重复、不重要或无关的文件一定要剔除出去，以节省委领导的时间。

批办件及参阅件由委领导审批、阅示后，要将委领导的批示一一登记清楚，然后按批示要求和有关工作规则，尽快转请其他委领导阅处或转有关司局承办。涉及全委的大事、要事，委领导秘书要将委领导批示报委主任办公室备案，并随时将办理情况向委领导和委主任办公室报告。事情办理完毕后，要登记注明，并及时将有关文件存档。委内各单位呈报委领导的《签报》和《办文要报》，委领导秘书只分别对口委主任办公室和秘书处，均不直接接收。委领导阅批后的《签报》退委主任办公室传阅和办理，委领导秘书之间不得横传（参见《国家计委〈签报〉管理办法》）。

中办、国办发给我委的重要文件，要及时送呈委领导阅，并及时传出，最长不超过2天，特急件要随到随传阅，并及时传出。秘书之间可以自行传送的文件，要先依次送在京的委领导阅示，再及时补送出差（出访）返京的委领导，以缩减传阅时间。凡经委领导阅批的文电，委领导秘书都要及时登记清退，不得压误。密码电报要严格保密，不得复印，秘书之间不得直接传送，须交由机要室传送。

文件、电报等的转出要严格履行签收登记手续。要按照秘书处、档案处、保密办的有关规定，按时将全年文电分门别类加以整理，及时登记、清退、归档或销毁。

2. 委领导日常活动的安排和具体联系、协调。

委领导的活动主要指四个方面：参加会议、出席仪式、出差、出访。

参加会议。根据《国家计委会议制度》，每周一下午一般为委主任碰头会议时间；周三上午一般为委主任办公会议时间；周四上午一般为委党组会议时间。每周四下午为全委政治、业务学习时间，一般不安排其他会议。委领导秘书在安排委领导的内外事活动时，应事先询问委主任办公室和委党组秘书有无会议安排，尽量不占用上述例会时间。

出席仪式。出席剪彩、奠基、开幕、庆祝、签字等仪式，委领导秘书要根据委领导的时间、精力、业务分工和有关规定从严掌握。接到有关方面的邀请，要先将所了解到的情况（如时间、地点、出席人员及有关的背景材料等）报告委领导，待委领导批示后再行答复。若委领导陪同党中央、国务院领导同志出席此类活动，委领导秘书亦按有关要求办理。

出差。委领导出差的时间、地点、任务和目的明确后，要及时将具体的行程通知委值班室和接待单位，并落实委内陪同人员，与接待单位磋商活动日程。同时，准备好所需文件、资料和出差款项、物品等，落实往返机（车）票、休息室、住房。到达目的地后，要及时将住址及联系电话告委值班室，以便工作联系。出差返回前，要将返程时间、航班或车次及时告委值班室，以便接站。委领导出差期间，特别是陪同党中央、国务院领导同志出差，委领导秘书除做好日常工作外，要认真记录领导同志的讲话及决定事项。出差返回后，要整理出书面材料送办公厅刊印《每日情况》，或由委领导在办公会议上传达通报有关情况。决定事项交有关司局办理，同时报委主任办公室，以便催办。办理结果要及时向委领导和委主任办公室报告，并以适当方式向有关交办领导回复。办理完毕后要登记注明，并将有关文件资料归档备查。

委领导出差前，秘书要事前告知秘书处，并清理文件，及时将批办件、传阅件转出，不得压误。

出访。准备工作及有关要求参照出差进行。具体事宜商外事司办理。

除上述工作外，委领导秘书必须做到：

每天下午4时，将委领导第二天的活动安排报委值班室，由委值班室编入《委领导工作安排》。

每周四下午或周五上午，将委领导下周的会议安排报委主任办公室汇编《国家计委一周会议安排》。

每月末，将委领导下月活动的初步安排报委值班室汇编《委领导每月活动安排》。

每月末，将秘书处文件催办单填写清楚并及时退回。

每年初和年中，分别将委领导上半年和下半年的出访计划报委主任办公室备案。

3. 委领导召集的专题会议的组织、记录以及决定事项的催办。

专题会议，主要指委领导在业务分工范围内主持召开的会议。会议议题特别是涉及几个单位的议题确定后，会前要请有关单位会商，若意见分歧较大，应先进行协调，并落实会议文件。若在委内召开会议，需先向委主任办公室预定会议室，并将会议时间、地点、议题、主持人等通知与会人员。

一般情况下，委领导秘书要参加会议，负责签到、会议记录，参与起草会议纪要。会后要做好会议决定事项的催办工作，并及时将办理情况向委领导报告。涉及全委的重大事项，要同时向委主任办公室报告。

4. 接待工作。

省部级领导同志来委商谈工作，按《关于地方、部门领导同志来访接待工作的若干规定》执行。即除委领导直接安排的以外，其他省部级领导来访的安排统一由办公厅负责。

接待来访人员，既要主动热情，又要坚持原则，要认真听取对方意见，一些重要意见要认真作好记录，以书面或口头方式向委领导汇报。要求与委领导面谈的，要婉转告其与办公厅联系统筹安排。一定要与委领导面谈的，再报告委领导，经同意后即作具体安排并将情况通知委主任办公室。涉及其他单位的事情，就主动帮助与有关单位联系。

通过电话商谈工作的，要认真听取对方意见，回答问题要清楚、礼貌。重要事项要填写电话记录单，请示委领导或与有关司局联系后方可答复对方。

来访人员呈递的信件，按文电信函处理办法办理。其中属人大代表建议、政协委员提案和上访、信访等方面的信件，均要转由提案信访处统一处理；其他需答复的问题，商有关司局统一口径后，由职能部门给予答复。特殊情况和重要问题请示委领导后再办。

5. 信息交流工作。

及时沟通情况，是做好秘书工作的重要条件。委领导的一些要求和意见，委领导秘书要及时向委主任办公室和相关司局传达，以便贯彻落实。

委领导召集会议要及时通报委值班室，重要会议事先应向办公厅主任或主管副主任报告。

委领导出差、出访前要提醒领导亲自向国务院有关领导、委主任或负责常务工作的副主任请假，随后委领导秘书要向办公厅主任或主管副主任通报，以便掌握情况和衔接工作。

委领导参加党中央、国务院重要会议，或委领导陪同党中央、国务院领导同志出差（出访）期间的重要情况，以及需要使其他委领导周知的重要指示和对推动工作有指导意义的重要情况，委领导秘书要督促随行的司局长认真记录、整理，或根据委领导的笔记整理成书面材料送办公厅。若工作繁忙，有关文字材料也可交由委主任办公室协助整理。整理完毕后刊印《每日情况》，或存档备查。

6. 值班工作。

委领导秘书除做好日常工作外，夜间（节假日除外）要会同委主任办公室全体同志轮流在值班室值班。

值班时间从当日下班始到次日上班止；星期天夜间从下午六时始。值班除遵守《国家计委值班工作细则》外，要注意以下事项：

第一，不得随意将委领导的家庭住址、电话、车号等情况告知他人。如有查询，可告对方与委领导秘书联系；难以答复的问题，应先用电话向有关委领导请示，然后根据委领导指示精神答复查询者。用保密电话询问者，一般可告知对方。

第二，紧急事项要及时向办公厅主任或主管副主任报告，并根据请示处理；特急件随到随拆，并视内容请示主管委领导，以确定是否当晚送阅。密电、绝密件需请示时必须使用保密电话通话；如主管委领导家中无保密电话，须由机要交通专人专送，不得在普通电话中谈及，以防泄密。

第三，夜班办理的事项和接收到的文电及处理结果，要详细登记在《值班日记》上，以便向白班移交。

第四，坚守岗位，不得擅自找人替班。出差（出访）或有急事难以值班，要提前2天通知值班室调班或做其他安排。

7.有关文电起草与资料收集、整理。

委领导秘书要参与起草委领导参加活动的讲话稿，受委领导委托起草委领导的信函和电报。

根据委领导的分工和要求，及时收集有关方面的资料，送委领导参阅，重要资料要留存备查。

8.汇编委领导活动备忘录。

年末或每季末，将委领导每天的活动汇集一册，以便委领导回顾工作时参考。同时，为委主任办公室编写《国家计委大事记》提供资料。

9.完成委领导交办的其他事项。

（原载《秘书工作》1995年第10期）

中华人民共和国国务院组织法

（1982 年 12 月 10 日第五届全国人民代表大会第五次会议通过）

第一条 根据中华人民共和国宪法有关国务院的规定，制定本组织法。

第二条 国务院由总理、副总理、国务委员、各部部长、各委员会主任、审计长、秘书长组成。

国务院实行总理负责制。总理领导国务院的工作。副总理、国务委员协助总理工作。

第三条 国务院行使宪法第八十九条规定的职权。

第四条 国务院会议分为国务院全体会议和国务院常务会议。国务院全体会议由国务院全体成员组成。国务院常务会议由总理、副总理、国务委员、秘书长组成。总理召集和主持国务院全体会议和国务院常务会议。国务院工作中的重大问题，必须经国务院常务会议或者国务院全体会议讨论决定。

第五条 国务院发布的决定、命令和行政法规，向全国人民代表大会或者全国人民代表大会常务委员会提出的议案，任免人员，由总理签署。

第六条 国务委员受总理委托，负责某些方面的工作或者专项任务，并且可以代表国务院进行外事活动。

第七条 国务院秘书长在总理领导下，负责处理国务院的日常工作。

国务院设副秘书长若干人，协助秘书长工作。

国务院设立办公厅，由秘书长领导。

第八条 国务院各部、各委员会的设立、撤销或者合并，经总理提出，由全国人民代表大会决定；在全国人民代表大会闭会期间，由全国人民代表大会常务委员会决定。

第九条 各部设部长1人，副部长2至4人。各委员会设主任1人，副主任2至4人，委员5至10人。

各部、各委员会实行部长、主任负责制。各部部长、各委员会主任领导本部门的工作，召集和主持部务会议或者委员会会议、委务会议，签署上报国务院重要的请示、报告和下达的命令、指示。副部长、副主任协助部长、主任工作。

第十条 各部、各委员会工作中的方针、政策、计划和重大行政措施，应向国务院请示报告，由国务院决定。根据法律和国务院的决定，主管部、委员会可以在本部门的权限内发布命令、指示和规章。

第十一条 国务院可以根据工作需要和精简的原则，设立若干直属机构主管各项专门业务，设立若干办事机构协助总理办理专门事项。每个机构设负责人2至3人。

（选自法学教材编辑部资料室选辑的《法规汇编》）

中共中央办公厅
关于进一步加强督促检查工作的意见

(1995 年 4 月 21 日试行)

几年来，督促检查工作在党中央和各级党委的直接领导下，有了很大的发展，对贯彻党的路线、方针、政策，推动中央和各级党委重大决策、重要工作部署的落实起到了积极的作用。当前，我国已经进入加快建立社会主义市场经济体制，促进国民经济持续、快速、健康发展的新时期。全党的主要任务和大政方针已定，关键是抓好落实。中央一再强调，要锲而不舍地抓督促检查，保证决策的落实。不仅各级党委和领导同志要直接抓决策贯彻落实的督促检查，而且办公厅（室）要积极协助党委抓好督促检查。新的形势要求进一步加强党委办公厅（室）的督促检查工作，努力提高到新的层次和水平。为此，提出以下意见：

一、对党委决策的贯彻落实进行督促检查是党委办公厅（室）的重要职责

决策的制定和实施方案的部署，事情还只是进行了一半，还有更重要的一半就是要确保决策和部署的贯彻落实。为此，督促检查工作十分必要。开展督促检查是一个重要的领导环节和领导方法。抓好决策贯彻落实的督促检查，各级党委和领导同志负有第一位的责任。督促检查，从根本上说，是对各级党委和各级领导工作作风的监督和检查。各级党委要建立健全领导抓落实的工作责任制，对各项工作任务的落实直接进行督促检查。党委办公厅（室）作为党委的办事机构，担负着为党委制定和实施决策服务的任务，应该在督促检查工作中发挥应有的作用。督促检查是党委办公厅（室）的一项重要职责，是为党委服务的重要内容。各级党委办公厅（室）要强化督查意识，加大督查力度，采取有力措施，切实取得成效。

二、紧密围绕党的中心工作进行督促检查

党委办公厅（室）开展督促检查，要紧密围绕党的中心工作进行。要认真抓好党的路线、方针、政策贯彻落实的督促检查，抓好中央和各级党委重大决策、重要工作部署贯彻落实的督促检查；同时要抓好中央和各级党委领导同志批示、交办事项的查办落实。党委办公厅（室）要根据党委一个时期的中心任务，确定督促检查的重点。对重大决策贯彻落实的督促检查，要紧抓不放，务求落实。

党委办公厅（室）的督促检查，要严格按照党委意图进行，贯彻党委指示，符合党委要求；要坚持实事求是，一切从实际出发，全面、准确地了解和反映决策落实情况，敢于和善于发现和反映问题；要注重实效，力戒形式主义；要充分依靠各职能部门，搞好协调，形成合力，共同开展督促检查工作。

三、运用多种形式开展督促检查

促进决策落实是督促检查工作的出发点和落脚点，要把是否真正促进决策落实作为衡量督促检查工作成效的基本标准。各级党委办公厅（室）要从确保督查工作的实效出发，采取与督查内容相适应的行之有效的方式方法。

党委的重大决策和重要工作部署下达后，办公厅（室）要根据党委的意图，拟定督查方案，进行分解立项，报领导同志审批后，将工作任务落实到地区、部门，明确责任，提出要求。对重大决策贯彻落实所提出的责任目标，可以根据需要予以公布，接受群众监督和舆论监督。在决策贯彻落实中，党委办公厅（室）要及时掌握动态，进行跟踪督查。要把督促检查贯穿于决策实施的全过程，渗透到决策实施的方方面面。

要根据决策实施的进展情况，有目的地进行督查调研。必要

时，可由党委办公厅（室）与同级政府办公厅（室）及有关职能部门联合进行。督查调研可采取开座谈会、听情况介绍、深入基层暗访、抽查等多种形式，力求掌握真实、准确、详尽的第一手材料。在督查调研的基础上，向党委进行决策落实情况的综合反馈。

经常地、负责地向上级党委报告决策落实情况，是各级党委及其办公厅（室）的责任，也是督促检查工作的重要任务之一。中央决策下达后，各级党委办公厅（室）要认真督促各地区、各部门按期如实地报告贯彻落实情况。凡是文件和会议明确规定了报告时限的，要按照要求的内容和时限报告，办公厅（室）要及时催报；没有明确报告时限的，可根据内容提出报送要求并搞好催报。对催报事项，可按问题进行分解，适时向各地区、各部门发出催报通知。同时，办公厅（室）还应通过《督查专报》这种形式不定期地将决策实施过程中的情况、经验、问题、建议及时地向上级反馈。办公厅（室）对各个渠道报送的决策落实情况，要及时进行分析汇总，作出阶段性的评估，提出推动决策落实的建议，及时向党委反馈。要建立和完善督促检查工作通报制度。

四、认真搞好党委领导同志批办事项的查办落实

对中央和各级党委领导同志批示、交办事项进行专项查办，是督促检查工作的重要组成部分，是各级党委办公厅（室）的一项经常性工作。要认真做好领导同志批示、交办事项的查办落实工作。对本地区出现的那些严重影响党的路线、方针、政策和党委重大决策贯彻落实、群众反映强烈的问题，在报经领导批准后也要进行查办。各级党委办公厅（室）对查办事项，要加快查办速度，提高办结质量。查办件一般要在两个月内办结，向发出查办通知的上级机关报告查办结果；特殊情况需要延长查办时间的，应及时报告原因和进展情况。要认真审核承办单位的办结报告，对不符合要求的，应重新查报；对重要事项或久拖不决的问题在必要时可派人下去直接进行催办。重要查办事项办结后，要

举一反三，采取措施，促进同类问题的解决。

五、积极搞好党委领导同志进行督促检查的服务和组织协调

各级党委是对决策落实进行督促检查的主体。为党委领导同志进行督促检查提供服务，是党委办公厅（室）督促检查工作的一项重要任务。办公厅（室）要协助党委安排好日常工作，尽量减少事务性活动，保证领导同志有更多的时间和精力深入基层，进行督促检查。领导同志督查前，要根据党委一个时期的中心任务，及时提出督查建议，协助领导同志制定预案，搞好各项准备工作；督查中，要安排和组织好各项活动，协助领导同志收集整理各类情况；督查告一段落后，要协助领导同志搞好综合分析，解决带倾向性、普通性的问题，研究提出进一步抓好决策落实的措施，并为修正和完善决策提出意见和建议。

党委办公厅（室）要根据党委授权，搞好督促检查工作中的组织协调，协调和推动各职能部门和下级党委开展督促检查。要加强同各职能部门的联系，了解有关工作的进展情况，向党委汇总报告。对某项决策落实职责不清的，要及时向党委汇报，进一步明确和界定；对决策落实涉及几个职能部门的，要进行协调，分清职责，确定牵头或主办单位；当决策落实中出现推诿和扯皮现象时，要协助党委和各承办单位明确责任，使其各负其责，互相配合。在办公厅（室）协调出现困难时，可请示党委或请领导同志出面协调。

六、各级党委要加强对办公厅（室）督促检查工作的领导

各级党委要切实加强对办公厅（室）督促检查工作的领导，要把办公厅（室）的督促检查纳入党委督促检查的范围之内，把办公厅（室）作为党委实施督促检查的一支重要力量。要建立、健全督促检查工作机构，形成从上到下便捷、畅通、有效的督促检查网络。要让督查工作人员了解党委的决策意图、工作思路和部署，加强具体指导，提供工作条件，授予必要的组织、协调和联络的权力；要鼓励和支持督查工作人员积极主动、创造性地开展督促检查工作。要给督查工作人员交任务、压担子，调动和保护他们积极性，帮助他们解决实际问题。

督促检查工作人员要坚持正确的政治方向，认真学习马克思列宁主义、毛泽东思想，认真学习邓小平同志建设有中国特色社会主义的理论和党的路线、方针、政策，学习社会主义市场经济理论和现代科学技术基本知识，钻研督促检查工作业务，探索督促检查工作规律，不断提高自身素质。要坚持求实务实作风，保持廉洁风尚，发扬奉献精神，扎扎实实做好工作。

（原载《秘书工作》1995 年第 7 期）

中共中央办公厅
关于进一步加强信息工作的意见

（试行，1995 年 4 月 21 日）

党的十一届三中全会以来，特别是 1985 年全国党委秘书长、办公厅主任座谈会以来，在中央和各级党委的领导下，党委办公厅（室）的信息工作迅速发展，对党委及时了解情况、进行科学决策和推动各项工作落实发挥了积极作用，已经成为各级党委了解信息的主渠道。当前，我国已经进入加快建立社会主义市场经济体制，促进国民经济持续、快速、健康发展的新时期。新的形势和任务对信息工作提出了新的更高的要求，信息工作必须立足全局，在反映改革开放和社会主义物质文明、精神文明建设的新情况、新问题和新发展上不断取得进展。为了适应新形势下党委对信息的需求，推进信息工作的规范化、科学化，现就进一步加强信息工作提出以下意见：

一、向党委报送信息是各级办公厅（室）的重要职责

信息是决策的基础和依据。随着改革开放的不断深入和社会主义市场经济体制的逐步建立，信息的作用日益重要，成为影响党委制定和实施决策的重要因素。党委办公厅（室）担负着为党委制定和实施决策服务的任务，为党委提供信息，是进行服务的重要内容和方式，是一项基础性的工作。各级党委办公厅（室）要把向党委报送信息作为重要职责，恪尽职守，切实履行。

在向本级党委报送信息的同时，要积极负责地向上级党委报送信息，各省、自治区、直辖市党委办公厅、中央和国家机关各

部门、及中央办公厅各信息直报点都要向中央报送信息。这是维护党的集中统一领导，保证中央和各级党委统揽全局、指导工作、进行正确决策的需要。各级党委要支持办公厅（室）积极如实地向上级党委报送信息。办公厅（室）要努力增强上报信息的政治责任感和自觉性，把向上级党委报送信息作为义不容辞的责任。要建立健全上报信息制度和突发事件、其他重要紧急信息迟报、漏报检查制度。重要信息的迟报、漏报或不报都是不允许的。同时，还要向下级党委通报信息。

二、坚持及时、准确、全面提供信息的原则

及时、准确、全面提供信息是信息工作的基本原则，也是党委对信息的基本要求。

信息反映必须及时，重要信息要早发现、早收集、早报送。上级党委的重大决策出台后，要迅速报送下级党委的安排、部署和具体措施，每隔一段时间要报送决策实施的综合情况；各地重要工作的进展特别是经济工作的进展情况，至少每一季度要综合报送一次；重大突发事件发生后，应在 6 小时内报送有关情况，并续报事件处理进展情况。

准确，就是信息要真实，实事求是，尊重客观，符合实际，经得起历史和实践的检验。要加强对重要信息的分析、核实工作。提供部门要首先搞准确；信息部门收到重要信息发现有疑点时，要认真进行核实，务求内容确实、数字准确、情况清楚。有些信息还要进行横向和纵向的分析比较，并坚持追踪研究，以确认它的真实与准确。

强调全面，就是要坚持"两点论"，有喜报喜，有忧报忧。在报喜中要避免虚假情况，在报忧中要敢于反映真实情况。党委要支持办公厅（室）报忧。对敢于报忧的部门和人员，要给予表扬和鼓励，不能歧视和打击。

三、紧密围绕党的中心工作提供信息

党的中心工作需要的信息，是信息工作的重点。办公厅

（室）必须以党委决策为依据，根据党委的中心工作和为实现中心工作做出的阶段性部署，有针对性、有重点地开展信息工作，及时提供党委需要了解和需要党委了解的信息。党委重大决策制定前，要提供情况，反映各方面的意见和要求，反映有参考价值的预案和建议；党委决策作出后，要及时反馈下级党委的贯彻落实情况以及修正、完善决策的意见、建议。

要紧密围绕经济建设这个中心，及时反映社会主义市场经济体制建立过程中的成绩、经验和问题，反映党的建设、精神文明建设、民主法制建设和社会稳定等方面的重大情况，反映各地区、各部门开展工作的思路、进展和成效，反映重大的社会动态和重要的社情民意。中央和国家机关有关部门及有关地区还要向中央报送国际上政治、经济、军事和涉外等方面的重要信息以及港澳台重要动态。改革开放和经济建设方面的信息，要作为报送重点，经常不断地进行反映。

信息工作围绕党的中心工作进行，必须注重反映基层的真实情况和群众的意见情绪。各级党委办公厅（室）要及时了解和反馈基层在改革开放和经济建设中有价值的经验、做法以及存在的问题，反映群众的意见和呼声。要定期将基层的情况、群众的反映向上级党委反馈，各省、自治区、直辖市党委办公厅每个季度末要向中央办公厅报送一次社情民意的综合信息。

四、搞好信息的整体开发和综合利用

各级党委办公厅（室）要进一步重视信息的整体开发和综合利用，不断提高向党委报送信息的质量。

加强信息整体开发，要站在党委工作全局的高度，广泛收集党委工作需要的各种信息。在此基础上，对大量零碎、孤立的信息进行归纳整理、分析综合，从整体上开发它的深层价值，使之成为对党委决策有重要参考作用的高层次信息。党委办公厅（室）要成为信息的"加工厂"，不仅对信息进行初加工，而且要对大量信息进行深加工，在加工中使信息增值。

要加强信息的综合利用。一些重要信息除向党委提供外，还可供有关地区和部门使用，不少信息可以上下级共享。办公厅（室）要把为本级和为上下级的信息服务结合起来，在向本级和上级党委报送信息的同时，及时把一些对下级或部门有重要参考价值的信息转报或通报给下级或有关部门。

信息调研是从信息中发现问题、捕捉题目所进行的调研，是证实信息、扩充信息、挖掘和开发深层次信息的有效方式。各级党委办公厅（室）要加强对信息的分析研究，善于从信息中选择中央和地方党委各项工作中最为关注和需要解决的问题，进行信息调研，向党委提供有情况、有分析、有建议的信息调研报告。信息调研要加强针对性，突出"短、平、快"的特点，题目集中，目的性强，讲求时效。

五、进一步加强信息网络建设

网络是信息收集、传递和加工不可缺少的渠道，是信息源与信息需求者之间的媒介。网络建设是信息工作十分重要的基础建设。网络建设的重点是进一步完善、健全网络体系，建立快速灵敏的传递机制，加强对网络的维护、管理和指导，提高网络的整体功能和效率。健全网络体系，要保证信息源的全面性。综合经济部门应是网络中重要的组成部分，党委办公厅（室）要加强同综合经济部门的联系，为党委决策提供有价值的经济信息。

各级党委办公厅（室）要进一步重视信息网络的建设，通过网络加强对各级信息工作的指导，建立经常性的联系，及时传达党委的信息需求，反馈信息采用情况，提高报送信息的质量。要建立一整套科学的工作制度和程序，保证网络反应灵敏、采集准确、运行安全正常。加快信息自动化技术处理手段的研究、引入和运用，使信息传递更加快捷，效率不断提高。

各地的信息联系点是信息网络的重要组成部分。信息联系点要发挥自身的特点和优势，抓住领导的关注点和上级决策在基层的落实进展，及时反映基层的真实情况，不断提高报送信息的质量和适用性。

六、各级党委要加强对信息工作的领导

各级党委要充分认识信息工作的重要性，重视和利用好办公厅（室）报送的信息，发挥信息的作用。要切实加强对信息工作的领导，支持和指导办公厅（室）积极开展信息工作。要使办公厅（室）信息部门及时了解党委的意图、工作思路和工作部署，给他们提要求、交任务、出题目，充分发挥办公厅（室）报送信息的主渠道作用。各级党委办公厅（室）要加强对这项工作的具体领导和检查，工作上严格要求，提供各种便利条件。要保护信息工作人员的积极性，支持他们积极收集、如实反映情况和问题。要加强对信息点的指导，积极为他们提供工作条件。

要进一步加强信息工作的业务建设。研究信息理论，不断总结实践经验，提高工作水平。加强信息部门之间的横向、纵向联系，建立紧密广泛的联系渠道。逐步建立健全各项规章制度，实现信息工作的制度化。采取有力措施，不断提高信息刊物质量。上级信息部门要加强对下级信息部门的业务指导。

信息工作人员要努力学习马克思列宁主义、毛泽东思想，学习邓小平同志建设有中国特色社会主义的理论，学习党的路线、方针、政策，熟悉专业知识，不断提高政治和业务素质。要发扬勤奋工作、无私奉献的精神，经常深入实际，进行调查研究，收集反馈信息。要培养良好的工作作风，不断提高工作效率和质量。

（原载《秘书工作》1995 年第 7 期）

国家行政机关工作人员贪污
贿赂行政处分暂行规定

（1988 年 9 月 9 日国务院第二十一次常务会议通过，
1988 年 9 月 13 日中华人民共和国国务院令第 13 号发布）

第一条 为了严肃政纪，监督国家行政机关工作人员清正廉明、尽职尽责地工作，保障社会主义建设和改革开放的顺利进行，制定本规定。

第二条 国家行政机关工作人员利用职务上的便利，贪污公共财物、挪用公款、收受贿赂以及行贿或者介绍贿赂的，依照本规定给予行政处分。

行政处分分为警告、记过、记大过、降级、降职、撤职、开除留用察看、开除。

第三条 国家行政机关工作人员犯有贪污罪、挪用公款罪、贿赂罪，已经人民法院判处刑罚的，以及被依法免予起诉或者免予刑事处罚的，给予撤职直至开除处分。

第四条 国家行政机关工作人员贪污数额不满 2 000 元的，应当根据其个人所得数额及其他情节，给予下列行政处分：

（一）贪污数额不满 500 元的，给予警告直至降级处分；

（二）贪污数额在 500 元以上、不满 1 000 元的，给予记大过直至撤职处分；

（三）贪污数额在 1 000 元以上的，给予撤职直至开除处分。

多次贪污未经处理的，按照累计贪污数额处分。

二人以上共同贪污的，按照个人所得数额及其在实施贪污中起的作用，分别处分。

第五条 国家行政机关工作人员在对外交往中接受礼物，按照国家规定应当交公而不交公的，依照本规定第四条的规定处分。

第六条 国家行政机关工作人员利用职务上的便利，挪用公款的，应当根据其数额及其他情节，给予行政处分。

第七条 国家行政机关工作人员收受贿赂的，应当根据其个人所得数额及其他情节，依照本规定第四条的规定处分。

第八条 国家行政机关工作人员，在经济往来中，违反国家规定收受各种名义的回扣、手续费，归个人所有的，依照本规定第七条的规定处分。

第九条 国家行政机关工作人员为谋取不正当利益，行贿或者介绍贿赂的，应当根据其数额及其他情节，给予警告直至撤职处分；致使国家利益遭受较大损失的，给予撤职直至开除处分。

非国家行政机关工作人员向国家行政机关工作人员行贿或者介绍贿赂的，依照有关法律、法规处理。

第十条 国家行政机关为谋取不正当利益而行贿，或者违反国家规定，给予个人回扣、手续费，或者索取、收受他人财物，为他人谋取利益的，对其直接负责的主管人员和直接责任人员，根据情节，给予警告直至撤职处分。因行贿取得的违法所得或者索取、收受他人财物归个人所有的，依照本规定第九条、第七条的规定处分。

第十一条 有下列情形之一的，应当从重处分：

（一）共同贪污负有主要责任的；

（二）屡犯不改的；

（三）索贿或者在涉外活动中受贿的；

（四）贪污或者挪用救灾、抢险、防汛、优抚、救济、扶贫、防疫款物的；

（五）使国家利益遭受较大损失的；

（六）伪造、毁灭证据或者阻挠他人坦白的或者对检举人、控告人、证人、办案人打击报复的；

（七）有贪污、挪用公款、贿赂行为，同时又有其他违法行为的。

第十二条 有下列情形之一的，可以从轻、减轻或者免予处分：

（一）数额较小，情节明显轻微的；

（二）主动交代贪污、挪用公款、受贿行为，退还赃款赃物和违法所得的；

（三）行贿后，在被发现前主动交代的；

（四）揭发或者检举他人贪污、挪用公款、贿赂行为情况属实的。

第十三条 国家行政机关工作人员的财产或者支出明显超过合法收入、差额较大的，可以责令其说明来源。本人不能说明其来源是合法的，差额部分以非法所得论，由其所在单位或者上级主管机关给予行政处分，并没收其财产的差额部分。

国家行政机关工作人员在境外的存款，应当依照国家规定申报。隐瞒不报、数额不大、情节较轻的，由其所在单位或者上级主管机关酌情给予行政处分。

第十四条 依照本规定给予行政处分的，可以同时通报。免予行政处分的，应当给予批评教育。

第十五条 贪污、挪用的公共财物，一律追缴；贿赂财物及其他违法所得，一律没收。

追缴的财物退回原单位；依法不应退回原单位的，上缴国库。没收的财物，一律上缴国库。

第十六条 国家行政机关工作人员包庇贪污、贿赂行为的，根据情节轻重给予行政处分。

第十七条 对检举、揭发贪污、贿赂行为的有功人员，由行政监察机关或者其主管机关给予表彰或者奖励。

第十八条　国家行政机关对有贪污、挪用公款、贿赂行为的工作人员给予行政处分，必须重证据，重调查研究，严格按照国家行政机关工作人员行政处分程序的规定办理。行政监察机关认为必要时，可以直接对案件进行调查并作出处理。

第十九条　在查处贪污、挪用公款、贿赂行为时，行政监察机关有权决定对被审查对象采取下列措施：

（一）建议主管机关暂停其职务；

（二）查阅或者复制与贪污、挪用公款、贿赂有关的合同、发票、账册、单据、记录、业务函件和其他资料；

（三）经县级以上行政监察机关负责人批准，可以按照规定程序对其银行存款进行查核，并可以通知其开户银行暂停支付；

（四）经县级以上行政监察机关负责人批准，可以对其与贪污、挪用、贿赂有关的财物暂予扣留。

第二十条　被处分人员对主管机关作出的处分决定不服的，可以向同级行政监察机关申诉，并可以向上一级行政监察机关申请复核。

对行政监察机关直接作出的处分决定不服的，可以向作出处分决定的行政监察机关申诉，并可以向上一级行政监察机关申请复核。

在申诉或者复核期间不停止处分的执行。

第二十一条　行政监察机关对被处分人员的申诉或者复核请求，应当在3个月以内作出处理。不能在3个月以内作出处理的，应当将原因通知本人。

第二十二条　行政监察机关发现原处分决定不适当或者错误的，应当建议原处分机关作出变更处分的决定或者直接作出变更处分的决定。

第二十三条　行政监察机关在查处贪污、挪用公款、贿赂行为时，认为构成犯罪的，应当移送司法机关依法处理。

第二十四条　企业、事业单位中由国家行政机关任命的领导人员，依照本规定执行。

第二十五条 本规定由监察部负责解释；实施细则由监察部制定。

第二十六条 本规定自发布之日起施行。

（选自国务院法制局编《中华人民共和国新法规汇编》

1988 年第 2 辑）

国家行政机关及其工作人员在国内公务活动中不得赠送和接受礼品的规定

(1988 年 11 月 22 日国务院第 26 次常务会议通过
1988 年 12 月 1 日中华人民共和国国务院令第 20 号发布)

第一条 为了严肃政纪，保持国家行政机关及其工作人员廉洁，制定本规定。

第二条 国家行政机关及其工作人员在国内公务活动中，不得赠送和接受礼品。

第三条 国家行政机关及其工作人员不得假借名义或者以变相形式赠送和接受礼品：

（一）以鉴定会、评比会、业务会、订货会、展销会、招待会、茶话会、新闻发布会、座谈会、研讨会以及其他会议的形式；

（二）以祝贺春节、元旦、国庆节、中秋节和其他节假日的名义；

（三）以试用、借用、品尝、鉴定的名义；

（四）以祝寿、生日、婚丧嫁娶的名义；

（五）以其他形式和名义。

第四条 本规定所称的礼品，是指礼物、礼金、礼券以及以象征性低价收款的物品。

第五条 国家行政机关违反本规定第二、三条的规定，对负直接责任的机关有关领导人和直接责任者，根据数额多少，情节轻重，分别给予警告、记过、记大过、降级直至撤职处分。

第六条 国家行政机关工作人员，违反本规定第二、三条的规定，接受礼品的，根据数额多少、情节轻重，分别给予警告、记过、记大过、降级直至撤职处分。

国家行政机关工作人员，违反本规定第二、三条的规定，赠送礼品的，应当给予批评教育；影响很坏的，给予警告或者记过处分。

各级国家行政机关的领导人违反前两款规定的，从重处分。

第七条 国家行政机关及其工作人员违反本规定第二、三条的规定，数额较少、情节轻微，经批评教育表示悔改的，可以免予行政处分。

第八条 国家行政机关及其工作人员为谋取不正当利益而赠送、接受或者索取礼品的，按照国家有关惩治行贿、受贿的法律、法规处理。

第九条 对接收的礼品必须在一个月内交出并上交国库，所收礼品不按期交出的，按贪污论处。

第十条 对国家行政机关工作人员赠送和接受礼品的行政处分，依照国家行政机关工作人员的管理权限和行政处分程序的规定办理。

第十一条 本规定由各级国家行政机关执行，各级监察部门负责监督、检查。

第十二条 各省、自治区、直辖市人民政府可以根据本规定制定实施办法。

第十三条 本规定自发布之日起施行。

（选自国务院法制局编《中华人民共和国新法规汇编》
1988 年第 3 辑）

中共中央办公厅、国务院办公厅关于
在国内公务活动中严禁用公款宴请和
有关工作餐的规定

（1989 年 9 月 18 日发布）

根据《中共中央、国务院关于近期做几件群众关心的事的决定》的精神，经党中央、国务院批准，现就在国内公务活动中严禁用公款宴请和有关工作餐问题，作如下规定：

一、各级党和国家机关工作人员（含离休、退休人员，下同）在国内进行各种公务活动，包括上级到下级（含到企业、事业单位）检查指导工作、调查研究，同级之间、地区之间公务往来、参观学习以及干部工作调动等，严禁用公款搞任何形式的宴请。

二、党和国家机关工作人员到外地进行上述公务活动，在住所需要就餐时，应由就餐个人自购餐券就餐，自行交纳伙食费，回单位后按规定报销出差伙食补助费。

三、党和国家机关工作人员进行公务活动，在本埠不能回家或回单位，在外埠不能回住所吃饭的，可以在职工食堂就餐或由接待单位供应工作餐，工作餐采用分餐制，一般不得陪餐。

工作餐不准上价格昂贵的菜肴，不准用公款购买烟、酒。工作餐的金额标准由各省、自治区、直辖市根据本地实际情况确定，并报财政部备案。

用工作餐的人员需按当地规定标准交纳伙食费。

四、凡违反上述规定的，均属违纪行为。所动用的公款，必须由违纪单位负责向就餐者如数追还。对违反规定的单位和批准动用公款的责任人员，要按《国务院关于违反财政法规处罚的暂行规定》处理。是党员的，同时要按党的纪律进行处理。各省、自治区、直辖市党委、人民政府可根据本地情况制定具体办法，并报财政部、监察部和中纪委备案。

五、各地区、各部门、各单位和各级党的纪律检查机关、行政监察部门负责本规定的监督实施。如有违纪人或所在单位拒不执行党的纪检机关和行政监察部门处理决定，财务人员对用公款吃喝不抵制，对坚持原则抵制违纪行为的人员和举报人员进行打击报复，要给予单位负责人和直接负责人员以党纪、政纪处分。触犯刑律的，要依法处理。

对违反本规定人员需要给予党纪、政纪处分的，按照干部管理权限和处分程序进行处理。党的纪检机关和行政监察部门也可以直接处理。

六、各级党和国家机关召开的各种会议，按上述精神办理。

七、本规定适用于各级党的机关、国家机关和各人民团体、事业单位及兼有行政管理职能的公司。全民所有制和集体所有制企业也应参照本规定的精神办理。有对外事活动的宴请和用餐，仍按规定执行。

八、本规定自发布之日起施行。各省、自治区、直辖市党委和人民政府可根据本规定制定实施细则。过去有关规定凡与本规定不一致的，一律以本规定为准。

（选自国务院法制局编《中华人民共和国新法规汇编》

1989 年第 3 辑）

中央纪律检查委员会关于共产党员违反社会主义道德党纪处分的若干规定（试行）

（1989 年 12 月 28 日）

第一条 为严肃党纪，同败坏社会主义道德的行为作斗争，保持共产党员先锋模范作用，密切党群关系，促进社会主义精神文明建设，保证改革开放的顺利进行，根据《中国共产党章程》和国家有关的法律、法规，制定本规定。

第二条 共产党员必须全心全意为人民服务，坚持党和人民的利益高于一切，为了共产主义的理想和人民的利益，吃苦在前，享受在后，克己奉公，艰苦奋斗，忠于职守，勇于献身，发扬社会主义新风尚，模范地遵守社会主义道德。

共产党员违反社会主义道德依据本规定应予党纪处分的，必须按照本规定处理。

第三条 共产党员因严重违反社会主义道德，触犯刑律被依法判刑或按《劳动教养条例》被劳动教养的，给予开除党籍处分。

第四条 弄虚作假，骗取荣誉、职务、职称、待遇或其他利益的，给予警告或严重警告处分；情节较重的，给予撤销党内职务或留党察看处分；情节严重的，给予开除党籍处分。

所骗取的荣誉、职务、职称、待遇等由原批准单位予以取消。

第五条 利用职权，大办婚丧喜庆事宜的，给予警告或严重警告处分；情节严重的，给予撤销党内职务处分。

在大办婚丧喜庆事宜中，侵犯国家、集体、群众的经济利益或其他利益的，从重或加重处分，直至开除党籍。

第六条 不承担抚养教育未成年子女或不承担赡养父母义务，情节较重的，给予警告或严重警告处分；情节严重的，给予撤销党内职务处分。

虐待家庭成员情节较重或遗弃家庭成员的，给予撤销党内职务或留党察看处分；情节严重的，给予开除党籍处分。

第七条 侮辱、诽谤他人，破坏他人名誉，情节较重的，给予警告或严重警告处分；情节严重的，给予撤销党内职务、留党察看或开除党籍处分。

第八条 诬告陷害他人的，根据所诬陷的事实参照被诬陷者受到或可能受到的处分，给予相应的党纪处分；造成其他严重后果的，从重或加重处分。

错告或检举失实的，不适用前款规定。

第九条 遇到国家和人民生命财产受到严重威胁的，临危退缩，能救而不救，情节较重的，给予严重警告或撤销党内职务处分；情节严重的，给予留党察看或开除党籍处分。

第十条 猥亵、侮辱妇女或进行其他流氓活动的，给予严重警告或撤销党内职务处分；情节较重的，给予留党察看或开除党籍处分。

第十一条 犯通奸错误的，一般给予警告或严重警告处分；造成严重后果的，给予撤销党内职务、留党察看或开除党籍处分。

与现役军人配偶通奸的，从重或加重处分。

第十二条 利用职权、教养关系或诱骗等其他手段与他人发生性关系的，给予撤销党内职务处分；情节严重的，给予留党察看或开除党籍处分。

第十三条 与直系血亲发生性关系的，给予开除党籍处分。

第十四条 本规定由中央纪律检查委员会负责解释。

第十五条 本规定自下发之日起施行。

（选自王志峰等编著《公文处理与写作指导》）

中华人民共和国保守国家秘密法

(1988 年 9 月 5 日第七届全国人民代表大会常务委员会
第 3 次会议通过　1988 年 9 月 5 日中华人民共和国主席令
第 6 号公布　自 1989 年 5 月 1 日起施行)

第一章　总　　则

第一条　为保守国家秘密，维护国家的安全和利益，保障改革开放和社会主义建设事业的顺利进行，制定本法。

第二条　国家秘密是关系国家的安全和利益，依照法定程序确定，在一定时间内只限一定范围的人员知悉的事项。

第三条　一切国家机关、武装力量、政党、社会团体、企业事业单位和公民都有保守国家秘密的义务。

第四条　保守国家秘密的工作，实行积极防范、突出重点、既确保国家秘密又便利各项工作的方针。

第五条　国家保密工作部门主管全国保守国家秘密的工作。县级以上地方各级保密工作部门在其职权范围内，主管本行政区域保守国家秘密的工作。

中央国家机关在其职权范围内，主管或者指导本系统保守国家秘密的工作。

第六条　县级以上国家机关和涉及国家秘密的单位，根据实际情况设置保密工作机构或者指定人员，管理本机关和本单位保守国家秘密的日常工作。

第七条 在保守、保护国家秘密以及改进保密技术、措施等方面成绩显著的单位或个人，应当给予奖励。

第二章 国家秘密的范围和密级

第八条 国家秘密包括符合本法第二条规定的下列秘密事项：

（一）国家事务的重大决策中的秘密事项；

（二）国防建设和武装力量活动中的秘密事项；

（三）外交和外事活动中的秘密事项以及对外承担保密义务的事项；

（四）国民经济和社会发展中的秘密事项；

（五）科学技术中的秘密事项；

（六）维护国家安全活动和追查刑事犯罪中的秘密事项；

（七）其他经国家保密工作部门确定应当保守的国家秘密事项。

不符合本法第二条规定的，不属于国家秘密。

政党的秘密事项中符合本法第二条规定的，属于国家秘密。

第九条 国家秘密的密级分为"绝密"、"机密"、"秘密"三级。

"绝密"是最重要的国家秘密，泄露会使国家的安全和利益遭受特别严重的损害；"机密"是重要的国家秘密，泄露会使国家的安全和利益遭受严重的损害；"秘密"是一般的国家秘密，泄露会使国家的安全和利益遭受损害。

第十条 国家秘密及其密级的具体范围，由国家保密工作部门分别会同外交、公安、国家安全和其他中央有关机关规定。

国防方面的国家秘密及其密级的具体范围，由中央军事委员会规定。

关于国家秘密及其密级的具体范围的规定，应当在有关范围内公布。

第十一条 各级国家机关、单位对所产生的国家秘密事项,应当按照国家秘密及密级具体范围的规定确定密级。

对是否属于国家秘密和属于何种密级不明确的事项,由国家保密工作部门,省、自治区、直辖市的保密工作部门,省、自治区政府所在地的市和经国务院批准的较大的市的保密工作部门或者国家保密工作部门审定的机关确定。在确定密级前,产生该事项的机关、单位应当按照拟定的密级,先行采取保密措施。

第十二条 属于国家秘密的文件、资料,应当依照本法第九条、第十条、第十一条的规定标明密级。不属于国家秘密的,不应标为国家秘密文件、资料。

第十三条 对是否属于国家秘密和属于何种密级有争议的,由国家保密工作部门或者省、自治区、直辖市的保密工作部门确定。

第十四条 机关、单位对国家秘密事项确定密级时,应当根据情况确定保密期限。确定保密期限的具体办法由国家保密工作部门规定。

第十五条 国家秘密事项的密级和保密期限,应当根据情况变化及时变更。密级和保密期限的变更,由原确定密级和保密期限的机关、单位决定,也可以由其上级机关决定。

第十六条 国家秘密事项的保密期限届满的,自行解密;保密期限需要延长的,由原确定密级和保密期限的机关、单位或者其上级机关决定。

国家秘密事项在保密期限内不需要继续保密的,原确定密级和保密期限的机关、单位或者其上级机关应当及时解密。

第三章 保 密 制 度

第十七条 属于国家秘密的文件、资料和其他物品的制作、收发、传递、使用、复制、摘抄、保存和销毁，由国家保密工作部门制定保密办法。

采用电子信息等技术存取、处理、传递国家秘密的办法，由国家保密工作部门会同中央有关机关规定。

第十八条 对绝密级的国家秘密文件、资料和其他物品，必须采取以下保密措施：

（一）非经原确定密级的机关、单位或者其上级机关批准，不得复制和摘抄；

（二）收发、传递和外出携带，由指定人员担任，并采取必要的安全措施；

（三）在设备完善的保险装置中保存。

经批准复制、摘抄的绝密级的国家秘密文件、资料和其他物品，依照前款规定采取保密措施。

第十九条 属于国家秘密的设备或者产品的研制、生产、运输、使用、保存、维修和销毁，由国家保密工作部门会同中央有关机关制定保密办法。

第二十条 报刊、书籍、地图、图文资料、声像制品的出版和发行以及广播节目、电报节目、电影的制作和播放，应当遵守有关保密规定，不得泄露国家秘密。

第二十一条 在对外交往与合作中需要提供国家秘密事项的，应当按照规定的程序事先经过批准。

第二十二条 具有属于国家秘密内容的会议和其他活动，主办单位应当采取保密措施，并对参加人员进行保密教育，规定具体要求。

第二十三条 军事禁区和属于国家秘密不对外开放的其他场所、部位，应当采取保密措施，除依照国家有关规定经过批准外，不得擅自决定对外开放或者扩大开放范围。

第二十四条 不准在私人交往和通信中泄露国家秘密。

携带属于国家秘密的文件、资料和其他物品外出不得违反有关保密规定。

不准在公共场所谈论国家秘密。

第二十五条 在有线、无线通信中传递国家秘密的，必须采取保密措施。

不准使用明码或者未经中央有关机关审查批准的密码传递国家秘密。

不准通过普通邮政传递属于国家秘密的文件、资料和其他物品。

第二十六条 未经有关部门批准，禁止将属于国家秘密的文件、资料和其他物品携带、传递、寄运至境外。

第二十七条 国家秘密应当根据需要，限于一定范围的人员接触。绝密级的国家秘密，经过批准的人员才能接触。

第二十八条 任用经管国家秘密事项的专职人员，应当按照国家保密工作部门和人事主管部门的规定予以审查批准。

经管国家秘密事项的专职人员出境，应当经过批准任命的机关批准；国务院有关主管机关认为出境后将对国家安全造成危害或者对国家利益造成重大损失的，不得批准出境。

第二十九条 机关、单位应当对工作人员进行保密教育，定期检查保密工作。

第三十条 国家工作人员或者其他公民发现国家秘密已经泄露或者可能泄露时，应当立即采取补救措施并及时报告有关机关、单位；有关机关、单位接到报告后，应当立即作出处理。

第四章　法律责任

第三十一条 违反本法规定，故意或者过失泄露国家秘密，情节严重的，依照刑法第一百八十六条的规定追究刑事责任。

违反本法规定，泄露国家秘密，不够刑事处罚的，可以酌情给予行政处分。

第三十二条 为境外的机构、组织、人员窃取、刺探、收买、非法提供国家秘密的，依法追究刑事责任。

第五章 附 则

第三十三条 国家保密工作部门根据本法制定实施办法，报国务院批准后施行。

第三十四条 中央军事委员会根据本法制定中国人民解放军保密条例。

第三十五条 本法自 1989 年 5 月 1 日起施行。1951 年 6 月公布的《保守国家机密暂行条例》同时废止。

（选自国务院法制局编《中华人民共和国新法规汇编》
1988 年第 2 辑）

全国人民代表大会常务委员会
关于惩治泄露国家秘密犯罪的补充规定

（1988 年 9 月 5 日第七届全国人民代表大会常务委员会
第三次会议通过 1988 年 9 月 5 日中华人民共和国主席令
第 7 号公布自公布之日起施行）

第七届全国人民代表大会常务委员会第三次会议决定对刑法补充规定；为境外的机构、组织、人员窃取、刺探、收买、非法提供国家秘密的，处 5 年以上 10 年以下有期徒刑；情节较轻的，处 5 年以下有期徒刑、拘役或者剥夺政治权利；情节特别严重的，处 10 年以上有期徒刑、无期徒刑或者死刑，并处剥夺政治权利。

（选自国务院法制局编《中华人民共和国新法规汇编》
1989 第 2 辑）

中华人民共和国保守国家
秘密法实施办法

（1990 年 4 月 25 日国务院批准 1990 年 5 月 25 日
国家保密局令第 1 号发布）

第一章 总 则

第一条 根据《中华人民共和国保守国家秘密法》（以下简称《保密法》）的规定，制定本办法。

第二条 国家保密工作部门是国务院的职能机构，根据《保密法》和本办法主管全国的保密工作。

县以上地方各级政府的保密工作部门，在上级保密工作部门的指导下，依照保密法律、法规和规章管理本行政区域的保密工作。

第三条 中央国家机关在其职权范围内主管或者指导本系统的保密工作，组织和监督下级业务部门执行保密法律、法规和规章，可以根据实际情况单独或者会同有关部门制定主管业务方面的保密规章。

第四条 某一事项泄露后会造成下列后果之一的，应当列入国家秘密及其密级的具体范围（以下简称保密范围）：

（一）危害国家政权的巩固和防御能力；

（二）影响国家统一、民族团结和社会安定；

（三）损害国家在对外活动中的政治、经济利益；

（四）影响国家领导人、外国要员的安全；

（五）妨害国家重要的安全保卫工作；

（六）使保护国家秘密的措施可靠性降低或者失效；

（七）削弱国家的经济、科技实力；

（八）使国家机关依法行使职权失去保障。

第五条 保密范围应当根据情况变化适时修订，修订的程序依照《保密法》第十条的规定办理。

第六条 涉及国家秘密的机关、单位，应当进行经常性的保密教育和检查，落实各项保密措施，使所属人员知悉与其工作有关的保密范围和各项保密制度。

第二章　确定密级、变更密级和解密

第七条 各机关、单位依照规定确定密级、变更密级和解密，应当接受其上级机关和有关保密工作部门的指导和监督。

第八条 各机关、单位对所产生的国家秘密事项，应当依照保密范围的规定及时确定密级，最迟不得超过十日。

第九条 密级确定以后，确定密级的机关、单位发现不符合保密范围规定的，应当及时纠正；上级机关或者有关保密工作部门发现不符合保密范围规定的，应当及时通知确定密级的机关、单位纠正。

第十条 对是否属于国家秘密和属于何种密级不明确的事项，依照下列规定确定：

（一）绝密级由国家保密工作部门确定；

（二）机密级由省、自治区、直辖市的或者其上级的保密工作部门确定；

（三）秘密级由省、自治区政府所在地的市和国务院批准的较大的市的或者其上级的保密工作部门确定。

其他机关经国家保密工作部门审定，可以在其主管业务方面行使前款规定的确定密级权。

第十一条 对是否属于国家秘密和属于何种密级不明确的事项，产生该事项的机关、单位无相应确定密级权的，应当及时拟定密级，并在拟定密级后的十日内依照下列规定申请确定密级：

（一）属于主管业务方面的事项，逐级报至国家保密工作部门审定的有权确定该事项密级的上级机关；

（二）其他方面的事项，逐级报至有权确定该事项密级的保密工作部门。

接到申请的机关或者保密工作部门，应当在30日内作出批复。

第十二条 依照本办法第十条、第十一条的规定行使确定密级权的保密工作部门和其他机关，应当将其行使确定密级权的情况报至规定保密范围的部门。

第十三条 属于国家秘密的文件、资料和其他物品，由确定密级的机关、单位标明密级；依照本办法第十条、第十一条的规定确定密级的，由提出申请的机关、单位标明密级。

属于国家秘密的事项不能标明密级的，由产生该事项的机关、单位负责通知接触范围内的人员。

第十四条 国家秘密事项的密级，应当根据下列情形之一，由确定密级的机关、单位及时变更：

（一）该事项泄露后对国家的安全和利益的损害程度已发生明显变化的；

（二）因为工作需要，原接触范围需作很大改变的。

情况紧急时，可以由上级机关直接变更密级。

第十五条 对保密期限内的国家秘密事项，根据情况变化，有下列情形之一，由确定密级的机关、单位及时解密：

（一）该事项公开后无损于国家的安全和利益的；

（二）从全局衡量公开后对国家更为有利的。

情况紧急时，可以由上级机关直接解密。

第十六条 对于上级机关或者有关保密工作部门要求继续保密的事项，在所要求的期限内不得解密。

第十七条 各机关、单位确定密级、变更密级或者决定解密，应当由承办人员提出具体意见交本机关、单位的主管领导人审核批准；工作量较大的机关、单位可以由主管领导人授权本机关、单位的保密工作机构或者指定负责人员办理批准前的审核工作。

前款规定的执行情况应当有文字记载。

第十八条 国家秘密事项变更密级或者解密后，应当及时通知有关的机关、单位；因保密期限届满而解密的事项除外。

国家秘密事项变更密级或者解密后，应当及时在有关文件、资料和其他物品上标明；不能标明的，应当及时将变更密级或者解密的决定通知接触范围内的人员。

第十九条 确定密级的机关、单位被撤销或者合并，有关变更密级和解密的工作由承担其原职能的机关、单位负责；无相应的承担机关、单位的，由有关的上级机关或者保密工作部门指定的机关负责。

第三章 保密制度

第二十条 接触国家秘密事项的人员或者机关、单位的范围，由确定密级的机关、单位限定。接触范围内的机关、单位，由其主管领导人限定本机关、单位内的具体接触范围。

工作需要时，上级机关、单位可以改变下级机关、单位限定的国家秘密的接触范围。

第二十一条 复制属于国家秘密的文件、资料和其他物品，或者摘录、引用、汇编其属于国家秘密的内容，不得擅自改变原件的密级。

第二十二条 在对外交往与合作中，对方以正当理由和途径要求提供国家秘密时，应当根据平等互利的原则，按照国家主管部门的规定呈报有相应权限的机关批准，并通过一定形式要求对方承担保密义务。

对外提供国家秘密涉及多部门的，可以由有关的保密工作部门进行组织、协调工作。

对外提供涉及经济、科技和社会发展方面的国家秘密，批准机关应当向同级政府的保密工作部门通报有关情况。

第二十三条 具有属于国家秘密内容的会议，主办单位应当采取下列保密措施：

（一）选择具备保密条件的会议场所；

（二）根据工作需要，限定参加会议人员的范围，对参加涉及绝密级事项会议的人员予以指定；

（三）依照保密规定使用会议设备和管理会议文件、资料；

（四）确定会议内容是否传达及传达范围。

第二十四条 涉及国家秘密的重要活动，主办单位可以制定专项保密方案并组织实施；必要时，有关保密工作部门应当会同主办单位工作。

第二十五条 属于国家秘密不对外开放的场所、部位的保密措施，由有关机关、单位制定或者与保密工作部门共同商定。

第二十六条 发生泄密事件的机关、单位，应当迅速查明被泄露的国家秘密的内容和密级、造成或者可能造成危害的范围和严重程度、事件的主要情节和有关责任者，及时采取补救措施，并报告有关保密工作部门和上级机关。

第四章 奖 惩

第二十七条 凡有下列表现之一的个人或者集体，由其所在机关、单位、上级机关或者当地政府依照规定给予奖励：

（一）在危急情况下，保护国家秘密安全的；

（二）对泄露或者非法获取国家秘密的行为及时检举的；

（三）发现他人泄露或者可能泄露国家秘密，立即采取补救措施，避免或者减轻损害后果的；

（四）在涉及国家秘密的专项活动中，严守国家秘密，对维护国家的安全和利益作出重要贡献的；

（五）在国家保密技术的开发、研究中取得重大成果或者显著成绩的；

（六）一贯严守国家秘密或者长期从事保密工作的管理，事迹突出的；

（七）长期经管国家秘密的专职人员，一贯忠于职守，确保国家秘密安全的。

第二十八条 对于为保守国家秘密作出突出贡献的个人或者集体，各级保密工作部门和其他有关的保密工作机构，应当向有关机关、单位或者政府提出奖励的建议；需要时，也可以直接给予奖励。

第二十九条 凡泄露国家秘密尚不够刑事处罚的，有关机关、单位应当依照规定并根据被泄露事项的密级和行为的具体情节，给予行政处分。

第三十条 对泄露国家秘密尚不够刑事处罚，有下列情节之一的，应当从重给予行政处分；

（一）泄露国家秘密已造成损害后果的；

（二）以谋取私利为目的泄露国家秘密的；

（三）泄露国家秘密危害不大但次数较多或者数量较大的；

（四）利用职权强制他人违反保密规定的。

第三十一条 泄露国家秘密已经人民法院判处刑罚的以及被依法免予起诉或者免予刑事处罚的，应当从重给予行政处分。

第三十二条 泄露秘密级国家秘密，情节轻微的，可以酌情免予或者从轻给予行政处分；泄露机密级国家秘密，情节轻微的，可以酌情从轻给予行政处分，也可以免予行政处分；泄露绝密级国家秘密，情节特别轻微的，可以酌情从轻给予行政处分。

第三十三条 各级保密工作部门和其他有关的保密工作机构，可以要求有关机关、单位对泄密责任者给予行政处分或者处罚；对行政处分或者处罚决定持有异议时，可以要求对作出的行政处分或者处罚进行复议。

第三十四条 因泄露国家秘密所获取的非法收入，应当予以没收并上交国库。

第五章 附 则

第三十五条 《保密法》和本办法规定中的"泄露国家秘密"是指违反保密法律、法规和规章的下列行为之一：

（一）使国家秘密被不应知悉者知悉的；

（二）使国家秘密超出了限定的接触范围，而不能证明未被不应知悉者知悉的。

第三十六条 《保密法》和本办法规定中的"是否属于国家秘密和属于何种密级不明确的事项"，是指在有关的保密范围中未作明确规定，而符合本办法第四条规定的事项。

第三十七条 不属于国家秘密的其他秘密或者机关、单位的内部事项，不适用《保密法》和本办法。

第三十八条 《保密法》施行前所确定的各项国家秘书文件、资料和其他物品，应当依照《保密法》和本办理进行清理，重新确定密级和保密期限或者解密。

尚未进行清理的，仍应当按照原定密级管理；发生、发现泄露行为时，应当依照《保密法》和本办法的有关规定，对所涉及的事项是否属于国家秘密和属于何种密级重新加以确认。

第三十九条 中央国家机关和各省、自治区、直辖市政府，可以根据本系统、本地区的实际情况，根据《保密法》和本办法制定实施细则。

第四十条 本办法由国家保密工作部门负责解释。

第四十一条 本办法自发布之日起施行。

（选自国务院法制局编《中华人民共和国新法规汇编》1990 第 2 辑）

中共中央关于各级领导干部
要亲自动手起草重要文件，不要
一切由秘书代劳的指示

（1981 年 5 月 7 日）

党的十一届三中全会以来，为了加强和改善党的领导，中央已经采取或正在采取一系列重要的措施，如废除领导干部职务实际上存在的终身制，吸收坚定执行党的路线、具有独立工作能力而又年富力强的同志参加各级领导工作，实行党政分工，恢复和健全集体领导和个人分工负责相结合的制度，在决定重大问题时注意听取有学问的专家、学者的意见，加强思想政治工作的领导，等等。毫无疑问，为了进一步改善党的领导制度，还要逐步采取许多必要的措施。各级领导干部要亲自动手起草重要文件，不要一切由秘书代劳，就是其中重要的一项。

领导干部必须亲自动手准备自己的重要讲话、报告，亲自指导、主持自己领导范围内的重要文件的起草，否则他对自己所领导的主要工作就不能担负政治责任。这是一个重大原则问题，中央和毛泽东同志从 30 年代起曾经作过多次指示。现在，中央常委的绝大多数同志是这样的，各级领导干部中有很多同志也是这样的。有些领导干部，工作肯用脑筋，有办法，有经验，苦于文化水平低，亲自动手写文件有困难，需要别人帮助（但对文件的主要内容仍必须经过自己的思考加以审定）。但是目前也有一些领导干部，工作不用脑筋，整天忙于批条子，应付门面，他们不仅在准备自己领导范围内的重要文件时，不动手，并且连自己的

· 157 ·

讲话、报告以及日常工作的指示，也不动脑，不动手，不提出基本的思想内容，一切由秘书或别的人代劳。他们这样做，实际上是放弃了自己的领导责任，严重地损害了党的领导作用和领导威信。这种做法，是腐朽的官僚主义恶习在我们党的领导工作上的一种反映，是某些同志革命意志衰退、缺乏政治责任心、工作上失职或无能的一种表现，也是我们许多地方、部门和单位的领导工作一般化，使中央的指示得不到正确有效执行的一个重要原因。

有鉴于此，中央规定：今后，领导者（指各级党委的第一书记、分工负责某一方面的书记，国务机关的部长、省长、市长，其他各部门、各单位类推）个人的重要讲话、报告，一律要亲自动手起草。领导机关的重要文件，一律由领导者（或指定一位负责同志，或由若干人合作，一人负主责）亲自动手，亲自领导、主持起草工作。所谓亲自动手，主要是指领导者必须开动脑筋，提出文件的基本思想，包括主要的观点、意见、办法。文件的初稿产生以后，要在适当的范围内征求更多同志的意见，民主讨论，集思广益。在此基础上，领导者再亲自精心斟酌文件的内容和文字，并最后亲自负责修改定稿。文字的加工整理，可以由秘书或其他适当人员协助，但不得把起草工作全部推给他们。分管某一方面工作的领导者，对于自己领导范围内的重要文件，要亲自动手，亲自主持、参加起草工作，在自己主管的会议上的主要发言和会议结论，也都要自己准备。不要造成这样一种局面，即一切工作都集中在第一书记身上，一切文件都要第一书记负责，以致第一书记的工作无法深入。

各级领导干部亲自动手起草重要文件，这不是技术性的问题，而是领导工作中的原则性的问题。现在重申这一原则，是在新的历史条件下提高党的各级领导干部的认识能力和领导能力，改善和加强党对社会主义现代化建设各项事业领导的一项重要措施。

一般说来，中央的指示是面向全国的，是带有普遍意义的。其中，有的属于原则性的指示，只有和各地区、各部门、各单位的具体实际相结合，使之具体化，才能真正解决那里的问题；有的属于对某项工作的具体的指示、规定，也要由各地区、各部门、各单位提出实施的具体办法，才能有效地贯彻执行。因此，各级领导干部的重要职责，就是要善于把中央或上级的指示和本地区、本部门、本单位的实际结合起来，提出贯彻执行这些指示的具体意见和办法，并组织实施。他们的报告、讲话以及其他文件，都应当体现这种结合。今后，在中央做出原则性的指示以后，中央或国家机关的主管部门，应对负责执行的单位作出准确的解释，并提出相应的实施意见和办法。各地区在接到中央或上级部门的这些指示以后，要从当时当地的实际情况出发，提出本地区执行这些指示的意见和办法。只有这样，而不得照抄照转，我们党和国家的机器的各个环节才能正常地、协调地运转起来，充分发挥各自应有的作用。

领导干部的讲话、报告，作为精神产品，应是他们的大脑这个加工厂制作出来的。它的原材料或半成品归根到底来自广大群众的实践。对周围的社会环境和工作状况作系统的周密的调查研究，用心体察下级和社会各阶层的情绪、呼声和要求，及时了解实际生活中出现的新情况、新问题，这是创造性地执行中央或上级的指示，提高领导工作质量和提高文件质量的必不可少的基础性工作。一个领导者，起草一个文件，或者讲一篇带有指导性的话，总应该提出问题，分析问题，解决问题。这就要求领导者亲自去了解在有关问题上，中央或上级有什么指示，自己这里有哪些实际情况、经验和问题。在准备过程中，可能会遇到一些理论问题，需要请教别人，需要读一点书，需要由一些既有理论知识又有实践经验的同志提出一种或几种经过认真论证的结论或方案，以供讨论比较，或者有一些实际情况不大清楚，需要再到下面跑一跑，看一看，作一点调查。然后，把这些得来的原材料或半成品，经过自己的认真思索和领导机构的集体研究，化为系统的、条理性的意见，这就是文件或讲话的初稿的产生。为了使文件或讲话更加符合客观实际，还需要再找一些直接执行的同志，尽量把这些意见在付诸实施过程中可能出现的各种复杂的情况考虑进去。以上是说事关重大的文件或讲话，每天处理的普通事务性文件或讲话当然不能都这么办。总之，领导者自己动手起草重要文件准备讲话的过程，是一种不能假手别人的艰苦的创造性活动。如果没有这个过程，虽然写出了文件或讲话，作了报告，但思想、观点和语言都是别人的，对所论述的事物缺乏规律性的认识，对所说的意见、办法，是否正确，是否行得通，心中还是无数，那么，在执行中央或上级指示过程中，其行动也必然带有某种盲目性或摇摆不定，也就难以做好工作。如果有了这种调查、加工、思索、提炼的过程，情况就会截然不同，不仅能够避免讲话、报告一般化，而且对于所论述的问题有了比较清醒和深刻的认识，对自己提出的意见、办法的正确性、可行性心中有数，比较有把握，那么，在执行中央或上级指示的过程中，其行动就会是自觉的、坚定的。也只有在这种情况下，才能真正地担负起领导的责任，做好工作。

中央认为，当前各级领导机关的文件、简报数量过多，必须加以整顿、精简。毫无疑问，各级领导干部不应该把过多的精力用于准备各种文件，他们的主要精力始终应当放在调查研究、解决各种实际问题上。中央殷切希望各级领导干部，振奋革命精神，刻苦学习，努力增强自己的认识能力和领导能力，以适应日益发展的现代化经济建设、政治建设、文化建设、军事建设的需要和日益增多的国际交往的需要。特别是那些文化水平较低而年纪又较轻的同志，需要下决心拿出一年、两年甚至更多一点的时间先补习文化，后学习理论，在此基础上加强自己动手起草文件的锻炼，以不断提高自己的思想水平和领导水平。中央相信，经过长期反复的努力，在我们的领导干部队伍中，一定会有更多的同志成为"文武双全"的、适应现代化建设需要的优秀领导人才。

（选自松世勤编《文书学参考资料》）

中国共产党机关公文处理条例

（经中共中央批准　中共中央办公厅 1996 年 5 月 3 日印发）

第一章　总　　则

第一条　为适应中国共产党机关（以下简称党的机关）工作的需要，实现党的机关公文处理工作的科学化、制度化、规范化，制定本条例。

第二条　党的机关的公文，是党的机关实施领导、处理公务的具有特定效力和规范格式的文书，是传达贯彻党的路线、方针、政策，指导、布置和商洽工作，请示和答复问题，报告和交流情况的工具。

第三条　公文处理是包括公文拟制、办理、管理、立卷归档在内的一系列衔接有序的工作。

第四条　公文处理应当坚持实事求是、按照行文机关要求和公文处理规定进行的原则，做到准确、及时、安全、保密。

第五条　党的机关的办公厅（室）主管本机关的公文处理工作，并对下级机关的公文处理工作进行业务指导。

第六条　党的机关的办公厅（室）应当设立秘书部门或者配备秘书人员具体负责公文处理工作，并逐步改善办公手段，努力提高工作效率和质量。秘书人员应当具有较高的政治和业务素质，工作积极，作风严谨，遵守纪律，恪尽职守。

第二章 公文种类

第七条 党的机关公文种类主要有：

（一）决议 用于经会议讨论通过的重要决策事项。

（二）决定 用于对重要事项作出决策和安排。

（三）指示 用于对下级机关布置工作，提出开展工作的原则和要求。

（四）意见 用于对重要问题提出见解和处理办法。

（五）通知 用于发布党内法规、任免干部、传达上级机关的指示、转发上级机关和不相隶属机关的公文、批转下级机关的公文、发布要求下级机关办理和有关单位共同执行或者周知的事项。

（六）通报 用于表彰先进、批评错误、传达重要精神、交流重要情况。

（七）公报 用于公开发布重要决定或者重大事件。

（八）报告 用于向上级机关汇报工作、反映情况、提出建议，答复上级机关的询问。

（九）请示 用于向上级机关请求指示、批准。

（十）批复 用于答复下级机关的请示。

（十一）条例 用于党的中央组织制定规范党组织的工作、活动和党员行为的规章制度。

（十二）规定 用于对特定范围内的工作和事务制定具有约束力的行为规范。

（十三）函 用于机关之间商洽工作、询问和答复问题，向无隶属关系的有关主管部门请求批准等。

（十四）会议纪要 用于记载会议主要精神和议定事项。

第三章　公　文　格　式

第八条　党的机关公文由版头、份号、密级、紧急程度、发文字号、签发人、标题、主送机关、正文、附件、发文机关署名、成文日期、印章、印发传达范围、主题词、抄送机关、印制版记组成。

（一）版头　由发文机关全称或者规范化简称加"文件"二字或者加括号标明文种组成，用套红大字居中印在公文首页上部。联合行文，版头可以用主办机关名称，也可以并用联署机关名称。在民族自治地方，发文机关名称可以并用自治民族的文字和汉字印制。

（二）份号　公文印制份数的顺序号，标注于公文首页左上角。秘密公文应当标明份号。

（三）密级　公文的秘密等级，标注于份号下方。

（四）紧急程度　对公文送达和办理的时间要求。紧急文件应当分别标明"特急"、"加急"，紧急电报应当分别标明"特提"、"特急"、"加急"、"平急"。

（五）发文字号　由发文机关代字、发文年度和发文顺序号组成，标注于版头下方居中或者左下方。联合行文，一般只标明主办机关的发文字号。

（六）签发人　上报公文应当在发文字号右侧标注"签发人"，"签发人"后面标注签发人姓名。

（七）标题　由发文机关名称、公文主题和文种组成，位于发文字号下方。

（八）主送机关　主要受理公文的机关。主送机关名称应当用全称或者规范化简称或者同类型机关的统称，位于正文上方，顶格排印。

（九）正文　公文的主体，用来表述公文的内容，位于标题或者主送机关下方。

（十）附件 公文附件，应当置于主件之后，与主件装订在一起，并在正文之后、发文机关署名之前注明附件的名称。

（十一）发文机关署名 应当用全称或者规范化简称，位于正文的右下方。

（十二）成文日期 一般署会议通过或者领导人签发日期；联合行文，署最后签发机关领导人的签发日期；特殊情况署印发日期。成文日期应当写明年、月、日，位于发文机关署名右下方。决议、决定、条例、规定等不标明主送机关的公文，成文日期加括号标注于标题下方居中位置。

（十三）印章 除会议纪要和印制的有特定版头的普发性公文外，公文应当加盖发文机关印章。

（十四）印发传达范围 加括号标注于成文日期左下方。

（十五）主题词 按上级机关的要求和《公文主题词表》标注，位于抄送机关上方。

（十六）抄送机关 指除主送机关以外的其他需要告知公文内容的上级、下级和不相隶属机关。抄送机关名称标注于印制版记上方。

（十七）印制版记 由公文印发机关名称、印发日期和份数组成，位于公文末页下端。

第九条 公文的汉字从左至右横排；少数民族文字按其书写习惯排印。公文用纸幅面规格可采用 16 开型（长 260 毫米，宽 184 毫米），也可采用国际标准 A4 型（长 297 毫米，宽 210 毫米）。左侧装订。

第十条 党的机关公文版头的主要形式及适用范围：

（一）《中共××文件》 用于各级党委发布、传达贯彻党的方针、政策，作出重要工作部署，转发上级机关的文件，批转下级机关的重要报告、请示。

（二）《中国共产党××委员会（××）》 用于各级党委通

知重要事项、任免干部、批复下级机关的请示，向上级机关报告、请示工作。

（三）《中共××办公厅（室）文件》、《中共××办公厅（室）（××）》 用于各级党委办公厅（室）根据授权，传达党委的指示，答复下级党委的请示，转发上级机关的文件，批转下级机关的报告、请示，发布有关事项，向上级机关报告、请示工作。

（四）《中共××部文件》、《中共××部（××）》 用于除办公厅（室）以外的党委各部门发布本部门职权范围内的事项，向上级机关报告、请求工作。

第四章　行　文　规　则

第十一条　行文应当确有需要，注重实效，坚持少而精。可发可不发的公文不发，可长可短的公文要短。

第十二条　党的机关的行文关系，根据各自的隶属关系和职权范围确定。

（一）向上级机关行文，应当主送一个上级机关；如需其他相关的上级机关阅知，可以抄送。不得越级向上级机关行文，尤其不得越级请示问题；因特殊情况必须越级行文时，应当同时抄送被越过的上级机关。

（二）向下级机关的重要行文，应当同时抄送发文机关的直接上级机关。

（三）党委各部门在各自职权范围内可以向下级党委的相关部门行文。党委办公厅（室）根据党委授权，可以向下级党委行文；党委的其他部门，不得对下级党委发布指示性公文。部门之间对有关问题未经协商一致，不得各自向下行文。

（四）同级党的机关、党的机关与其他同级机关之间必要时可以联合行文。

（五）不相隶属机关之间一般用函行文。

第十三条 受双重领导的机关向上级机关行文，应当写明主送机关和抄送机关，由主送机关负责答复其请示事项。上级机关向受双重领导的下级机关行文，应当抄送其另一上级机关。

第十四条 向上级机关请示问题，应当一文一事，不应当在非请示公文中夹带请示事项。

请示事项涉及其他部门业务范围时，应当经过协商并取得一致意见后上报；经过协商未能取得一致意见时，应当在请示中写明。除特殊情况外，请示应当送上级机关的办公厅（室）按规定程序处理，不应直接送领导者个人。

党委各部门应当向本级党委请示问题。未经本级党委同意或授权，不得越过本级党委向上级党委主管部门请示重大问题。

第十五条 对不符合行文规则的上报公文，上级机关的秘书部门可退回下级呈报机关。

第五章 公文起草

第十六条 起草公文应当做到：

（一）符合党的路线、方针、政策和国家的法律、法规及上级机关的指示，完整、准确地体现发文机关的意图，并同现行有关公文相衔接。

（二）全面、准确地反映客观实际情况，提出的政策、措施切实可行。

（三）观点明确，条理清晰，内容充实，结构严谨，表述准确。

（四）开门见山，文字精练，用语准确，篇幅简短，文风端正。

（五）人名、地名、时间、数字、引文准确。公文中汉字和标点符号的用法符合国家发布的标准方案，计量单位和数字用法符合国家主管部门的规定。

（六）文种、格式使用正确。

（七）杜绝形式主义和繁琐哲学。

第十七条 起草重要公文应当由领导人亲自动手或亲自主持、指导，进行调查研究和充分论证，征求有关部门意见。

第六章 公文校核

第十八条 公文文稿送领导人审批之前，应当由办公厅（室）进行校核。公文校核的基本任务是协助机关领导人保证公文的质量。公文校核的内容是：

（一）报批程序是否符合规定；

（二）是否确需行文；

（三）内容是否符合党的路线、方针、政策和国家的法律、法规及上级机关的指示精神，是否完整、准确地体现发文机关的意图，并同现行有关公文相衔接；

（四）涉及有关部门业务的事项是否经过协调并取得一致意见；

（五）所提措施和办法是否切实可行；

（六）人名、地名、时间、数字、引文和文字表述、密级、印发传达范围、主题词是否准确、恰当，汉字、标点符号、计量单位、数字的用法及文种使用、公文格式是否符合本条例的规定。

第十九条 文稿如需作较大修改，应当与原起草部门协商或请其修改。

第二十条 已经领导人审批过的文稿，在印发之前应再作校核。校核的内容同第十八条（六）款。经校核如需作涉及内容的实质性修改，须报原审批领导人复审。

第七章　公文签发

第二十一条　公文须经本机关领导人审批签发。重要公文应当由机关主要领导人签发。联合发文，须经所有联署机关的领导人会签。党委办公厅（室）根据党委授权发布的公文，由被授权者签发或者按照有关规定签发。领导人签发公文，应当明确签署意见，并写上姓名和时间。若圈阅，则视为同意。

第八章　公文办理和传递

第二十二条　公文办理分为收文办理和发文办理。收文办理包括公文的签收、登记、拟办、请办、分发、传阅、承办和催办等程序。公文经起草、校核和领导审批签发后转入发文办理，发文办理包括公文的核发、登记、印制和分发等程序。

（一）签收　收到有关公文并以签字或盖章的方式给发文方以凭据。签收公文应当逐件清点，如发现问题，应当及时向发文机关查询，并采取相应的处理措施。急件应当注明签收的具体时间。

（二）登记　公文办理过程中就公文的特征和办理情况进行记载。登记应当将公文标题、密级、发文字号、发文机关、成文日期、主送机关、份数、收发文日期及办理情况逐项填写清楚。

（三）拟办　秘书部门对需要办理的公文提出办理意见，并提供必要的背景材料，送领导人批示。

（四）请办　办公厅（室）根据授权或有关规定将需要办理的公文注请主管领导人批示或者主管部门研办。对需要两个以上部门办理的，应当指明主办部门。

（五）分发　秘书部门根据有关规定或者领导人批示将公文分送有关领导人和部门。

（六）传阅　秘书部门根据领导人批示或者授权，按照一定的程序将公文送有关领导人阅知或者批示。办理公文传阅应当随时掌握公文去向，避免漏传、误传和延误。

（七）承办　主管部门对需要办理的公文进行办理。凡属承办部门职权范围内可以答复的事项，承办部门应当直接答复呈文机关；凡涉及其他部门业务范围的事项，承办部门应当主动与有关部门协商办理；凡须报请上级机关审批的事项，承办部门应当提出处理意见并代拟文稿，一并送请上级机关审批。

（八）催办　秘书部门对公文的承办情况进行督促检查。催办贯穿于公文处理的各个环节。对紧急或者重要公文应当及时催办，对一般公文应当定期催办，并随时或者定期向领导人反馈办理情况。

（九）核发　秘书部门在公文正式印发前，对公文的审批手续、文种、格式等进行复核，确定发文字号、分送单位和印制份数。

（十）印制　应当做到准确、及时、规范、安全、保密。秘密公文应当由机要印刷厂（或一般印刷厂的保密车间）印制。

第二十三条　公文处理过程中，应当使用符合存档要求的书写材料。需要送请领导人阅批的传真件，应当复制后办理。

第二十四条　秘密公文应当通过机要交通（或机要通信）传递、密电传输或者计算机网络加密传输，不得密电明传、明电密电混用。

第九章　公文管理

第二十五条　党的机关公文应当发给组织，由秘书部门统一管理，一般不发给个人。秘书部门应当切实做好公文的管理工作，既发挥公文效用，又有利于公文保密。

第二十六条　党的机关秘密公文的印发传达范围应当按照发

文机关的要求执行，下级机关、不相隶属机关如需变更，须经发文机关批准。

第二十七条 公开发布党的机关公文，须经发文机关批准。经批准公开发布的公文，同发文机关正式印发的公文具有同等效力。

第二十八条 复制上级党的机关的秘密公文，须经发文机关批准或者授权。翻印件应当注明翻印机关名称、翻印日期和份数；复印件应当加盖复印机关戳记。复制的公文应当与正式印发的公文同样管理。

第二十九条 汇编上级党的机关的秘密公文，须经发文机关批准或者授权。公文汇编本的密级按照编入公文的最高密级标注并进行管理。

第三十条 绝密级公文应当由秘书部门指定专人管理，并采取严格的保密措施。

第三十一条 秘书部门应当按照规定对秘密公文进行清理、清退和销毁，并向主管机关报告公文管理情况。

销毁秘密公文，必须严格履行登记手续，经主管领导人批准后，由二人监销，保证不丢失、不漏销。个人不得擅自销毁公文。

第三十二条 机关合并时，全部公文应当随之合并管理。机关撤销时，需要归档的公文立卷后按照有关规定移交档案部门，其他公文按照有关规定登记销毁。工作人员调离工作岗位时，应当将本人保管、借用的公文按照有关规定移交、清退。

第十章　公文立卷归档

第三十三条 公文办理完毕后，秘书部门应当按照有关规定将公文的定稿、正本和有关材料收集齐全，进行立卷归档。个人不得保存应当归档的公文。

第三十四条 两个以上机关联合办理的公文，原件由主办机关立卷归档，相关机关保存复制件。机关领导人兼任其他机关职务的，在履行其所兼职务过程中形成的公文，由其兼职的机关立卷归档。

第十一章 公文保密

第三十五条 公文处理必须严格遵守《中华人民共和国保守国家秘密法》及有关保密法规，遵守党的保密纪律，确保党和国家秘密的安全。

凡泄露或出卖党和国家秘密公文的，依照有关法律、法规的规定进行处理。

第三十六条 党内秘密公文的密级按其内容及如泄露可能对党和国家利益造成危害的程度划分为"绝密"、"机密"、"秘密"。不公开发表又未标注密级的公文，按内部公文管理。

第三十七条 发文机关在拟制公文时，应当根据公文的内容和工作需要，严格划分密与非密的界限；对于需要保密的公文，要准确标注其密级。公文密级的变更和解除由发文机关或其上级机关决定。

第十二章 附 则

第三十八条 本条例适用于中国共产党各级机关。

第三十九条 本条例由中共中央办公厅负责解释。

第四十条 本条例自发布之日起施行。

（原载《秘书工作》1997 年第 1 期）

国家行政机关公文处理办法

(国务院办公厅 1987 年 2 月 18 日发布
1993 年 11 月 21 日修订)

第一章　总　　则

第一条　为使国家行政机关(以下简称行政机关)的公文处理工作规范化、制度化、科学化,提高公文处理工作的效率和公文质量,制定本办法。

第二条　行政机关的公文(包括电报,下同),是行政机关在行政管理过程中所形成的具有法定效力和规范体式的公务文书,是传达贯彻党和国家的方针、政策,发布行政法规和规章、施行行政措施,请示和答复问题,指导、布置和商洽工作,报告情况,交流经验的重要工具。

第三条　各级行政机关的办公厅(室)是公文处理的管理机构,主管本机关并负责指导下级机关的公文处理工作。

第四条　各级行政机关的办公厅(室)应当设立文秘部门或者配备专职人员负责公文处理工作。文秘人员应当忠于职守、廉洁正派,具备有关专业知识。

第五条　各级行政机关要发扬深入实际、联系群众、调查研究、实事求是和认真负责的工作作风,克服官僚主义、形式主义和文牍主义,逐步改善办公手段,努力提高公文处理工作的效率和质量。行文要少而精、注重效用。

第六条　公文处理必须做到及时、准确、安全。公文由秘书部门统一收发、分办、传递、用印、立卷、归档和销毁。

第七条 各级行政机关的公文处理工作，应贯彻"党政分开"的原则。

第八条 在公文处理工作中，必须严格执行国家保密法律、法规和有关保密规定，确保国家秘密安全。

第二章 公文种类

第九条 行政机关的公文种类主要包括：

（一）命令（令）

适用于依照有关法律规定发布行政法规和规章；宣布施行强制性行政措施；奖惩有关人员；撤销下级机关不适当的决定。

（二）议案

适用于各级人民政府按照法律程序向同级人民代表大会或人代表大会常务委员会提请审议事项。

（三）决定

适用于对重要事项或者重大行动做出安排。

（四）指示

适用于对下级机关布置工作，阐明工作活动的指导原则。

（五）公告、通告

"公告"适用于向国内外宣布重要事项或者法定事项。

"通告"适用于在一定范围内公布应当遵守或者周知的事项。

（六）通知

适用于批转下级机关的公文，转发上级机关和不相隶属机关的公文；发布规章；传达要求下级机关办理和有关单位需要共同执行的事项；任免和聘用干部。

（七）通报

适用于表彰先进，批评错误，传达重要精神或者情况。

（八）报告

适用于向上级机关汇报工作，反映情况，提出意见或者建议，答复上级机关的询问。

（九）请示

适用于向上级机关请求指示、批准。

（十）批复

适用于答复下级机关请示事项。

（十一）函

适用于不相隶属机关之间相互商洽工作、询问和答复问题；向有关主管部门请求批准等。

（十二）会议纪要

适用于记载和传达会议情况和议定事项。

第三章　公文格式

第十条　公文一般由发文机关、秘密等级、紧急程度、发文字号、签发人、标题、主送机关、正文、附件、印章、成文时间、附注、主题词、抄送机关、印发机关和时间等部分组成。

（一）发文机关应当写全称或者规范化简称；联合行文，主办机关应当排列在前。

（二）秘密公文应当分别标明"绝密"、"机密"、"秘密"。"绝密"、"机密"公文应当标明份数序号。

（三）紧急文件应当分别标明"特急"、"急件"；紧急电报应当分别标明"特急"、"加急"、"平急"。

（四）发文字号，包括机关代字、年份、序号。联合行文，只标明主办机关发文字号。

（五）上报的公文，应当在首页注明签发人姓名。

（六）公文标题，应当准确简要地概括公文的主要内容，一般应当标明发文机关，并准确标明公文种类。标题中除法规规章名称加书名号外，一般不用标点符号。

（七）公文如有附件，应当在正文之后、成文时间之前加附件顺序和名称。

（八）公文除会议纪要外，应当加盖印章。联合上报的法规性文件，由主办机关加盖印章。联合下发的公文，联合发文机关都应当加盖印章。

（九）成文时间，以领导人签发的日期为准；联合行文的最后签发机关领导人的签发日期为准。电报，以发出日期为准。

（十）文件应当标注主题词；上报的文件，应当按照上级有关的要求标注主题词。

（十一）文字从左至右横写、横排。少数民族文字按其习惯书写、排版。在民族自治地方，可并用汉字和通用的少数民族文字。

第十一条　公文用纸一般为 16 开型（长 260 毫米、宽 100 毫米）；也可以采用国际标准 A₄ 型（长 297 毫米、宽 210 毫米）右侧装订。张贴的公文用纸大小，根据实际需要确定。

第四章　行文规则

第十二条　各级行政机关的行文关系，应当根据各自的隶属关系和职权范围确定。

第十三条　政府各部门在本部门职权范围内，可以互相行文，可以向下一级政府的有关业务部门行文，也可以根据本级政府授权和职权规定，向下一级政府行文。

第十四条　向下级机关的重要行文，应当同时抄送直接隶属机关。

第十五条　部门之间对有关问题未经协商一致，不得各自行文。如擅自行文，上级机关有权责令纠正或撤销。

第十六条　同级政府、同级政府各部门、上级政府部门同一级政府可以联合行文；政府及其部门与同级党委、军队机关及其部门可以联合行文；政府部门与同级人民团体和行使行政职能的事业单位也可以联合行文。

联合行文应当确有必要，单位不宜过多。

第十七条 各级行政机关一般不得越级请示。因特殊情况必须越级请示时，应当抄送被越过的上级机关。

第十八条 "请示"应当一文一事；一般只写一个主送机关，如需同时送其他机关，应当用抄送形式，但不得同时抄送下级机关，除领导直接交办的事项外，"请示"不得直接送领导者个人。

第十九条 "报告"中不得夹带请示事项。

第二十条 受双重领导的机关向上级机关请示，应当写明主送机关和抄送机关，由主送机关负责答复。上级机关向受双重领导的下级机关行文，必要时应当抄送其另一上级机关。

第二十一条 经批准在报刊上全文发布的行政法规和规章，应当视为正式公文依照执行，可不再行文。同时，由发文机关印制少量文本，供存档备查。

第五章　公文办理

第二十二条 公文办理分为收文和发文。收文办理一般包括传递、签收、登记、分发、拟办、批办、承办、催办、查办、立卷、归档、销毁等程序；发文办理一般包括拟稿、审核、签发、缮印、校对、用印、登记、分发、立卷、归档、销毁等程序。

第二十三条 需要办理的公文，文秘部门应当及时提出拟办意见送领导人批示，或者交有关部门办理。紧急公文，应当提出办理时限。

第二十四条 承办单位应当抓紧办理，不得延误，推诿。对不属于本单位职权范围或者不适宜由本单位办理的，应当迅速退回交办的文秘部门并说明理由。

第二十五条　凡涉及其他部门或者地区的问题，主办机关应当主动与有关部门或者地区协商、会签。上报的公文，如有关方面意见不一致，应当如实反映。

第二十六条　属于部门职权范围的事项，应当由部门自行发文或者几个部门联合发文。须经政府审批的事项，经政府同意后，也可以由部门发文，文中可以注明经政府同意。属于要求解决的具体问题，应当按照部门职权范围直接报送有关主管部门处理。

第二十七条　送领导人批示或者交有关部门办理的公文，文秘部门要负责催办、查办，做到紧急公文跟踪催办、查办，重要公文重点催办、查办，一般公文定期催办、查办。对下发的重要公文，应当及时了解和反馈执行情况。

第二十八条　草拟公文应当做到：

（一）符合国家的法律、法规和方针、政策及有关规定。如提出新的政策规定，要切实可行，并加以说明。

（二）情况确实，观点明确，条理清楚，文字精炼，书写工整，标点准确，篇幅力求简短。

（三）人名、地名、数字、引文准确。引用公文应当先引标题，后引发文字号。日期应当写具体的年、月、日。

（四）结构层次序数，第一层为"一"，第二层为"（一）"，第三层为"1."，第四层为"（1）"。

（五）必须使用国家法定计量单位。

（六）用词用字准确、规范。文内使用简称，一般应当先用全称，并注明简称。

第二十九条　公文中的数字，除成文时间、部分结构层次序数和词、词组、惯用语、缩略语、具有修辞色彩语句中作为词素的数字必须使用汉字外，应当使用阿拉伯数码。

第三十条　公文由本机关领导人签发。重要的或涉及面广的，必须由正职或者主持日常工作的副职领导人签发；经授权，有的公文可由秘书长或办公厅（室）主任签发。

第三十一条 审批公文，主批人应当明确签署意见，并写上姓名和审批时间。其他审批人圈阅，应当视为同意。

第三十二条 草拟、修改和签批公文，用笔用墨必须符合存档要求。不得在文稿装订线外书写。

第三十三条 公文送领导人签发之前，应当由办公厅（室）进行审核。审核的重点是：是否需要行文，是否符合国家的法律、法规和方针、政策及有关规定，是否与有关部门、地区协商、会签，文字表述、文种使用、公文格式等是否符合本办法的有关规定。

第三十四条 上报的公文，如不符合本办法第十七条、第十八条、第二十五条和第二十八条第一项的规定，上级机关的文秘部门可退回呈报单位。

第三十五条 上级行政机关的秘密公文，除绝密和注明不准翻印的以外，经下一级机关负责人或者办公厅（室）主任批准，可以翻印。翻印时，应当注明翻印的机关、时间、份数的印发范围。密码电报不得翻印、复制，不得密电明复、明电密电混用。

第三十六条 传递秘密公文，必须采取保密措施，确保安全。利用计算机、传真机等传输秘密公文，必须采用加密装置。绝密级公文不得利用计算机、传真机传输。

第六章　公文立卷、归档和销毁

第三十七条 公文办完后，应当根据《中华人民共和国档案法》和有关规定，及时将公文定稿、正本和有关材料整理立卷。电报随同文件一起立卷。

第三十八条 公文档案，应当根据其相互联系、特征和保存价值分类整理立卷，要保证档案的齐全、完整，能正确反映本机关的主要工作情况，以便于保管和利用。

第三十九条 联合办理的公文，原件由主办单位立卷，其他单位保存复制件。

第四十条 公文复制件作为正式文件使用时，应当加盖复制机关证明章，视同正式文件妥善保管。

第四十一条 案卷应当确定保管期限，按照有关规定定期向档案部门移交。个人不得保存应当归档的公文。

第四十二条 没有归档和存查价值的公文，经过鉴别和主管领导人批准，可以定期销毁。销毁秘密公文，应当进行登记，由二人监销，保证不丢失、不漏销。

第七章 附 则

第四十三条 行政法规、规章方面的公文，依照有关行政法律处理。外事方面的公文处理办法，由外交部依照本办法另行制定。

第四十四条 本办法由国务院办公厅负责解释。

第四十五条 本办法自 1994 年 1 月 1 日起施行，其他有关行政机关公文处理的规定，凡与本办法不一致的，以本办法为准。

（选自国务院法制局编《中华人民共和国新法规汇编》
1993 年第 2 辑）

行政法规制定程序暂行条例

（1987 年 4 月 21 日国务院批准，
1987 年 4 月 21 日国务院办公厅公布）

第一章 总 则

第一条 为使制定行政法规的程序科学化、规范化，提高工作效率，保证法规质量，根据《中华人民共和国宪法》和《中华人民共和国国务院组织法》的有关规定，制定本条例。

第二条 行政法规是国务院为领导和管理国家各项行政工作，根据宪法和法律，并且按照本条例的规定制定的政治、经济、教育、科技、文化、外事等各类法规的总称。

第三条 行政法规的名称为条例、规定和办法。对某一方面的行政工作作比较全面、系统的规定，称"条例"；对某一方面的行政工作作部分的规定，称"规定"；对某一项行政工作作比较具体的规定，称"办法"。

国务院各部门和地方人民政府制定的规章不得称"条例"。

第四条 制定行政法规应当遵循下列原则：

（一）坚持四项基本原则，为改革、开放、搞活和社会主义现代化建设服务。

（二）符合宪法和法律，符合党和国家的路线、方针、政策。

（三）从实际出发，实事求是。

（四）贯彻民主集中制，充分发扬民主。

第二章　规划和起草

第五条　国务院法制局根据国民经济和社会发展五年计划所规定的各项基本任务，编制指导性的制定行政法规五年规划和年度计划，报国务院审定。

编制五年规划和年度计划，可先由国务院各主管部门分别提出建议，经国务院法制局通盘研究，综合协调，拟订草案、上报国务院。

五年规划和年度计划由国务院法制局负责组织实施和监督执行。在执行过程中，国务院法制局可以根据形势发展的需要，对规划和计划作适当的调整。

第六条　列入五年规划和年度计划需要制定的行政法规，由国务院各主管部门分别负责起草。起草重要的行政法规，其主要内容与几个主管部门的业务有密切关系的，由国务院法制局或者主要的部门负责，组成有各有关部门参加的起草小组进行工作。

起草的行政法规需要由国务院主管部门制定实施细则的，行政法规及其实施细则的起草工作，应当统一考虑，同时进行。

第七条　行政法规一般应当对制定目的、适用范围、主管部门、具体规范、奖惩办法、施行日期等作出规定。

第八条　行政法规的内容用条文表达，每条可以分为款、项、目，款不冠数字，项和目冠数字。法规条文较多的，可以分章，章还可以分节。整个法规应当结构严谨、条理清楚、用词准确、文字简明。

第九条　起草行政法规，应当征求有关部门的意见。对于涉及其他主管部门的业务或者与其他部门关系密切的规定，应当与有关的部门协商一致；经过充分协商不能取得一致意见的，应当在上报行政法规草案时专门提出并说明情况和理由。

第十条　起草行政法规，应当注意与有关行政法规的衔接和协调。对同一事项，如果作出与别的行政法规不相一致的规定，应当在上报行政法规草案时专门提出并说明情况和理由。

第十一条 起草行政法规，应当对现行内容相同的行政法规进行清理。如果现行的法规将被起草的法规所代替，必须在草案中写明予以废止。

第三章 审定和发布

第十二条 行政法规的起草工作完成后，由起草部门将行政法规草案报送国务院审批。

向国务院报送行政法规草案，由起草部门主要负责人签署，并附送该行政法规草案的说明和有关材料。法规草案规定由主管部门制定实施细则的，还应当附送实施细则草案。

第十三条 报送国务院的行政法规草案，由国务院法制局负责审核，并向国阵院提出审查报告。

第十四条 行政法规草案由国务院常务会议审议，或者由国务院总理审批。

第十五条 经国务院常务会议审议通过或者经国务院总理审定的行政法规，由国务院发布，或者由国务院批准、国务院主管部门发布。

第四章 附 则

第十六条 行政法规发布后，一律刊登《中华人民共和国国务院公报》。行政法规的外文正式译本，由国务院法制局审定。

第十七条 行政法规规定由主管部门制定实施细则的，实施细则应当在行政法规发布的同时或稍后即行发布，其施行日期应当与行政法规的施行日期相同。

第十八条 修改行政法规的程序，参照本条例的规定办理。

第十九条　拟订国务院提请全国人民代表大会或者全国人民代表大会常务委员会审议的法律草案的程序，参照本条例的有关规定办理。

　　第二十条　本条例由国务院法制局负责解释。

　　第二十一条　本条例自发布之日起施行。

　　（选自《中华人民共和国国务院公报》1987 年第 13 号）

关于国务院常务会议和全体会议
秘书工作事项的规定

（国办发〔1980 年〕2 号）

一、会议通知

国务院常务会议和全体会议每次开会，由国务院办公厅用书面或电话通知出席和列席会议的人员。

二、会议参加人的范围

（一）出席人员：常务会议为总理、副总理、国务委员、秘书长；全体会议为总理、副总理、国务委员、秘书长、各部部长、各委员会主任。

（二）列席人员：常务会议为与议题有关的国务院部委、直属机构的负责人和国务院副秘书长、秘书长助理；全体会议为国务院各部委、各直属机构的负责人和国务院副秘书长、秘书长助理。

（三）工作人员：常务会议为国务院办公厅秘书局担任记录、会务工作的同志；全体会议为国务院办公厅秘书局担任记录、会务工作的同志。

三、会议议题和文件的印发

根据总理或常务副总理的决定，由国务院办公厅拟出会议议题，印成《国务院待议文件》，在会前发给参加会议的人员。绝密的或需要会后收回的文件，编号发出，及时收回。

四、会后要办的事项

（一）每次常务会议、全体会议的讨论情况，由国务院办公厅写成会议纪要，经国务院秘书长审定后，印发给中央政治局在京各同志、书记处各同志和总理、副总理、秘书长。必要时增发有关部部长、委员会主任。

另外，每次常务会议和全体会议的讨论情况，要整理成会议记录要点，经秘书局主管负责同志审阅后存档。一般不印发。

（二）每次常务会议决定的事项，如果需要通知有关部门知道或办理的，由国务院办公厅秘书局通知有关部门并负责催办，催办情况及时向总理、副总理、秘书长报告。

（三）每次常务会议讨论的文件，如果需要报中央审批的，由国务院办公厅或有关部门草拟报告，附上文件，由国务院秘书长签名报送中央；如果需要报中央备案的，由国务院办公厅行文给中央办公厅。

（四）每次常务会议和全体会议的纪要、记录要点，连同会议议题和文件（包括参考文件），一并存档。每一次会议立一个卷。

五、文件的公布下达和提请人大常委会审议的事项

（一）常务会议通过的文件，需要下达时，在文件标题下注明："××××年×月×日国务院常务会议通过"；全体会议通过的文件，公布下达时，在文件标题下注明："××××年×月×日国务院全体会议第×次会议通过"，经国务院秘书长核批后，以《国务院文件》形式发给有关部门和地区。

（二）常务会议和全体会议通过的法规、任免名单和增设、撤销机构等需要提请人大常委会审议的，由国务院办公厅秘书局草拟议案稿，经国务院秘书长核批后，以总理名义送人大常委会。

（注：内容略有修改）

（选自胡忠贵主编《办公室工作》）

国务院关于严格控制召开
全国性会议的通知

(1988 年 7 月 21 日)

中央曾三令五申要求精减会议，但是各部门召开的各类会议仍有增无减。有些可开可不开的会议开了；有些可以三五天解决问题的会议一开就是十天半月；有些可以来少数人的会议却来的人很多；等等。在一些同志的观念中，似乎解决问题只有靠开会，不开会就无事可干了。许多同志一年到头不知要参加多少会议，而没有时间深入实际调查研究。会议多，开会时间长，给下级单位带来沉重的负担，加剧了交通运输、城市供应和住宿的紧张状况，造成人力、物力、财力的很大浪费，人民群众对此十分不满。从根本上解决这个问题，要深化改革，更新观念，转变机关职能和领导作风、领导方法。当前，有必要通过加强审批把关和控制会议经费等措施，首先把全国性会议精减下来。为此，特作如下通知：

一、对国务院各部委、各直属机构以及国务院各直属事业单位（以下简称各部门、各单位）召开的，要求各省、自治区、直辖市或本系统在各地的机构来人参加的各种全国性的工作会议、专业会议、座谈会、表彰会等，实行严格的审批制度和经费预算制度。

二、各部门、各单位在编制年度预算时，应列明会议经费。凡拟在下一年召开全国性工作会议的，应于 11 月底前将会议的内容、时间、地点、人数、所需经费等，行文经国务院机关事务管理局（事业单位经财政部）会签后，送国务院办公厅审批，国务院办公厅在年底前作出答复。由于特殊情况需要临时召开全国性工作会议的，须经国务院批准。

三、会议各项具体经费开支标准，由财政部和国务院机关事务管理局共同制定，各部门、各单位必须严格执行，不得突破，并不得挤占其他经费，不得摊派、转嫁负担。举办单位要求与会人员自理食宿费用的会议，出席单位可以拒绝派人参加。任何会议均不得以任何名义分发物品。

四、召开会议要本着精简、高效的原则，尽量压缩出席人员和工作人员。会前要做好充分准备，力求减少会议天数，全国性的工作会议一般不超过3天，最多不超过5天。

五、凡可以利用电话、电视、广播等现代化宣传、通讯手段办到的事情，如布置工作、表彰先进单位和先进人物等，不要召开会议。邮电部门、广播影视部门以及其他有关单位要积极予以支持，提供方便。凡拟召开全国性表彰会议的，须报国务院批准。

六、在旅游旺季，不得到旅游热点城市开会。所有会议都应尽量利用机关内部招待所、礼堂，不准租用高级豪华宾馆、饭店，也不准在会议期间或会议结束后用公款组织游览活动。

七、各部门、各单位召开全国性会议，一律不邀请国务院领导同志出席、讲话、接见、照相。确需邀请的，应经国务院办公厅呈请国务院领导同志决定。工作会议讨论的问题需要国务院决策时，可以通过国务院办公厅报告国务院领导同志安排时间听取会议汇报。

八、各部门、各单位要建立、健全会议审批和经费预算制度。各部门、各单位对下属司、局召开全国性会议（包括地区性会议）要从严掌握，由部门领导办公会议审批。各类学会、协会召开全国性会议（包括地区性会议），也要从严控制，由其所挂靠的部门领导办公会议审批。由部门批准召开的专业会、座谈会等，凡出席人员超过一百人或会期超过五天的，须报国务院办公厅审批。

九、在此之前所发文件与本通知不一致的，以本通知为准。各省、自治区、直辖市人民政府可参照本通知精神，对本地区如何精减会议，作出相应规定。

（《中华人民共和国国务院公报》1988 年第 17 号）

国务院关于认真办理全国人民
代表大会代表提案的通知

(1982 年 3 月 16 日)

全国人民代表大会代表的提案，很多是有关社会主义现代化建设的重要建议，反映了人民群众的意见和要求。认真处理好提案，对于进一步发扬民主，加强政府与人民群众的联系，改进政府工作，具有重要作用。全国人民代表大会代表的提案，是经过大会审查并作出决议，交国务院研究办理的。对提案进行认真研究，并作出负责的答复，是国务院的责任，也是国务院各部门和各省、市、自治区人民政府的责任。因此，必须充分重视，严肃对待，决不能采取官僚主义的态度。从过去办理提案的情况来看，总的来说，多数部门和地区是认真负责的、实事求是的。但是，也有些提案办理得不够认真，存在着敷衍塞责的现象；对一些提案的处理，抓得不紧，答复不及时；有些问题确实没有条件解决的，也未解释清楚。对此，有关部门和地区一定要认真纠正。为了进一步办好提案，现作如下通知：

（一）要切实加强领导，把办理提案的工作摆到议事日程，落实到计划和工作安排上。各部门、各地区要指定一位领导同志分管提案工作，抓好提案的交办和处理。办公厅要有一位副主任负责提案的研究、催办、答复等具体工作。要讲求工作效率，对所承办的提案，要抓紧办理，及时上报，不要拖延。

（二）对提案的处理，要认真负责，积极主动，实事求是。凡是应该而又有条件解决的，就要集中力量迅速解决；因条件所限一时不能解决的，要订出规划，创造条件，逐步解决；确实不可行的，要实事求是地说明情由，解释清楚；牵涉到几个部门或地区的，要积极主动地会同有关单位协商解决。有些问题情况不明，不要凭想当然答复，应当组织力量深入调查研究，弄清情况，从实际出发进行处理。有些问题还可以主动与提案人联系，共同商量处理办法。这样作，即使有的问题确实解决不了，通过商谈，使提案人明白困难所在，也能取得谅解。

（三）提案办理情况要及时写出报告，对提案所提意见、要求，要逐条明确回答，交代清楚。对内容相同或基本相同的提案，可以写出并案办理情况报告。提案办理情况报告，要以部、委、直属机构，省、市、自治区人民政府的名义，由领导同志审阅签发；与有关单位会办的提案办理情况报告，要以主办单位和会办单位的名义联署，然后报送国务院，转报全国人大常委会。

（四）在机构改革的过程中，合并或撤销单位所承办的提案，各有关部门要做好交换工作，防止因机构和人员的变动而发生无人负责的现象。

（五）对政协全国委员会委员的提案，也要参照上述精神认真处理。各部门、各地区将处理结果直接答复政协全国委员会，并抄送国务院办公厅。

（选自国务院法制局编《中华人民共和国现行法规汇编》）

政务院关于处理人民来信和
接见人民工作的决定

（1951 年 6 月 7 日发布）

各级人民政府是人民自己的政府，各级人民政府的工作人员是人民的勤务员。各级人民政府应该密切地联系人民群众，全心全意地为人民服务；并应鼓励人民群众监督自己的政府和工作人员。因此，各级人民政府对于人民的来信或要求见面谈话，均应热情接待，负责处理。过去有些地方，对于这一工作很重视，认真负责地处理了人民所提出的问题，满足了人民的要求，获得人民群众的称赞。但也有很多地方，对于这一工作不够重视，有的甚至采取了敷衍应付或马虎拖延的态度，因而引起人民群众不满，疏远了人民政府与人民群众之间的关系。这种不正确的思想作风，必须严格纠正。为此，特作如下决定，要求各级人民政府切实执行：

（一）县（市）以上各级人民政府，均须责成一定部门，在原编制内指定专人，负责处理人民群众来信，并设立问事处或接待室，接见人民群众；领导人并应经常地进行检查和指导。

（二）对人民所提出的意见和问题，凡本机关能办理的，必须及时办理。需要转交下级机关或其他有关部门办理的，应及时转送，并检查催办。如系上级机关交办者，应及时办理，并于办理后将结果回报；若有特殊情况不能及时处理，亦应告知来信本人及原交机关。但对于反动分子借人民名义向政府提出的带有挑拨性或试探性的问题，则不要答复。

对于人民所提问题的处理结果，应及时通知本人。对于有教育意义的典型事件于处理后，可在当地报纸上发表或在适当的会议上宣布。

（三）凡属控告机关或工作人员的事件，应交人民监察机关处理。严禁被控机关或人员采取报复行为；如有报复者，应予以处分，情节严重者并应送司法机关依法惩处。

（四）对报纸刊物所载人民群众的批评或意见，各有关机关或工作人员须认真研究处理，并应在该报刊上作公开的答复或检讨。

（五）对于处理人民来信和接见人民的工作，应建立登记、研究、转办、检查、催办、存档等各项制度，并定期总结。

（六）各级人民政府及政府各部门对处理人民来信和接见人民的工作，应经常检查总结，定期向上级报告。各大行政区人民政府（军政委员会）和中央直属省市人民政府，应每半年向政务院作一次关于处理此项工作的总结报告。

（选自国务院法制局编《中华人民共和国现行法规汇编》）

国务院关于维护信访工作
秩序的几项规定

（1980 年 8 月 22 日发布）

为了加强人民来信来访工作，保障接待来访群众工作的顺利进行，特作如下规定。

一、信访工作是党政机关联系群众的一个重要渠道。各级国家机关必须认真处理人民来信，热情接待群众来访，按照国家的政策和法令，恰当处理群众反映的问题。

二、来访人员应当自觉遵守国家的政策和法令，遵守信访部门制定的为保障接待上访群众工作顺利进行的有关规章制度。

三、对于来访人员中已经接待处理完毕、本人坚持不走、说服教育无效的，可以由信访部门出具公函、公安部门协助，送民政部门管理的收容遣送站收容送回。

四、对于来访人员中有伪造材料、冲击机关、强占接待室、拦截汽车、破坏公物、串连来访人员闹事和殴打工作人员等违法行为的，由公安部门依法处理。

五、对于来访人员中的麻风病患者，由信访部门通知卫生部门派人检查；其中有传染性的，由卫生部门负责处理，信访部门予以协助。

六、对于收容送回的来访人员，各地应根据具体情况，妥善处理。

（选自国务院法制局编《中华人民共和国现行法规汇编》）

信 访 条 例

第一章 总 则

第一条 为了保持各级人民政府同人民的密切联系，保护信访人的合法权益，维护信访秩序，制定本条例。

第二条 本条例所称信访，是指公民、法人和其他组织采用书信、电话、走访等形式，向各级人民政府、县级以上各级人民政府所属部门（以下简称各级行政机关）反映情况，提出意见、建议和要求，依法应当由有关行政机关处理的活动。

第三条 各级行政机关应当做好信访工作，认真处理来信、接待来访，倾听人民群众的意见、建议和要求，接受人民群众的监督，努力为人民服务。

第四条 信访工作应当在各级人民政府领导下，坚持分级负责、归口办理，谁主管、谁负责，及时、就地依法解决问题与思想疏导教育相结合的原则。

第五条 各级行政机关的负责人应当阅批重要来信、接待重要来访，研究解决信访工作中的问题，检查指导信访工作。

第六条 县级以上各级人民政府及其所属部门按照有利工作、方便信访人的原则，确定负责信访工作的机构（以下简称信访工作机构）或者人员，负责具体受理、办理信访事项。

第二章 信 访 人

第七条 信访人，是指采用书信、电话、走访等形式向各级行政机关反映情况，提出意见、建议和要求的公民、法人和其他组织。

第八条　信访人对下列信访事项，可以向有关行政机关提出：

（一）对行政机关及其工作人员的批评、建议和要求；

（二）检举、揭发行政机关工作人员的违法失职行为；

（三）控告侵害自己合法权益的行为；

（四）其他信访事项。

前款第（二）项、第（三）项信访事项，法律、行政法规对处理程序另有规定的，信访人应当依照有关法律、行政法规规定的程序提出。

第九条　信访人对各级人民代表大会以及县级以上各级人民代表大会常务委员会、人民法院、人民检察院职权范围内的信访事项，应当分别向有关的人民代表大会及其常务委员会、人民法院、人民检察院提出。

第十条　信访人的信访事项应当向依法有权作出处理决定的有关行政机关或者其上一级行政机关提出。

第十一条　信访人采用走访形式提出意见、建议和要求的，应当到有关行政机关设立或者指定的接待场所提出。

走访不得围堵、冲击国家机关，不得拦截公务车辆。

第十二条　多人反映共同意见、建议和要求的，一般应当采用书信、电话等形式提出；需要采用走访形式的，应当推选代表提出，代表人数不得超过5人。

第十三条　信访人应当如实反映情况，不得捏造、歪曲事实，不得诬告、陷害他人。

第十四条　信访人应当遵守信访秩序，不得影响国家机关工作秩序，不得损害接待场所的公私财物，不得纠缠、侮辱、殴打、威胁接待人员，不得携带危险品、爆炸品以及管制器械进入接待场所。

第三章 受　理

第十五条　各级行政机关在其职权范围内，受理信访人提出属于本条例第八条规定的信访事项。

第十六条　信访人提出属于本条例第九条规定的信访事项的，信访工作机构应当根据情况告知信访人分别向有关的人民代表大会及其常务委员会、人民法院、人民检察院提出。

对已经或者应当通过诉讼、行政复议、仲裁解决的信访事项，信访工作机构应当告知信访人依照有关法律、行政法规的规定办理。

第十七条　涉及两个或者两个以上行政机关的信访事项，由所涉及的行政机关协商受理；受理有争议的，由其共同的上一级行政机关协调决定受理机关。

第十八条　应当对信访事项作出处理的行政机关合并、撤销的，由继续行使其职权的行政机关受理。

第十九条　信访人未依照本条例第十条的规定而直接到上级行政机关走访的，信访工作机构应当告知其依照本条例第十条的规定提出；上级行政机关认为有必要直接受理的，可以直接受理。

第二十条　信访工作机构发现来访人员中有传染病人或者疑似传染病人的，应当通报所在地的卫生行政管理部门，由卫生行政管理部门按照国家有关规定处理。

第二十一条　信访工作机构发现来访人员中有精神病人的，应当通知精神病人所在地区、单位或者监护人将其接回。

对不能控制自己行为、妨碍信访秩序的精神病人，信访工作机构可以请求所在地的公安机关将其带离接待场所，并按照国家有关规定予以收容或者遣送，或者通知其所在地区、单位或者监护人将其带回。

第二十二条　信访人不遵守本条例第十一条、第十四条的规定，影响接待工作的，信访工作机构可以给予批评教育；批评教育无效的，信访工作机构可以请求所在地的公安机关将其带离接待场所，并按照国家有关规定予以收容、遣送或者通知其所在地区、单位或者监护人将其带回。

第二十三条　在接待场所携带危险品、爆炸品和管制器械的，公安机关或者信访工作机构应当依法予以收缴。

第二十四条　公民、法人和其他组织发现可能造成社会影响的重大、紧急信访事项和信访信息时，可以就近向有关行政机关报告。地方各级人民政府接到报告后，应当立即报告上一级人民政府；必要时，通报有关主管部门。县级以上地方各级人民政府所属部门接到报告后，应当立即报告本级人民政府和上一级主管部门；必要时，通报有关主管部门。国务院有关部门接到报告后，应当立即报告国务院；必要时，通报有关主管部门。

第二十五条　对于可能造成社会影响的重大、紧急信访事项和信访信息，有关行政机关应当在职权范围内依法采取措施，果断处理，防止不良影响的发生、扩大。

第四章　办　　理

第二十六条　各级行政机关根据职责权限和信访事项性质，按照下列方式办理信访事项：

（一）对本机关依法应当或者有权做出处理决定的信访事项，应当直接办理；

（二）对依法应当由上级行政机关做出处理决定的信访事项，应当及时报送上级行政机关；

（三）对依法应当由其他行政机关做出处理决定的信访事项，应当及时转送、转交其他行政机关办理。

第二十七条　各级行政机关及其工作人员办理信访事项，应当恪尽职守，秉公办事，查清事实，分清责任，正确疏导，及时、恰当、正确处理，不得推诿、敷衍、拖延。

第二十八条 办理信访的工作人员与信访事项或者信访人有直接利害关系的，应当回避。

第二十九条 行政机关及其工作人员在办理信访事项过程中，不得将检举、揭发、控告材料及有关情况透露或者转送给被检举、揭发、控告的人员和单位。

任何组织和个人不得压制、打击报复、迫害信访人。

第三十条 各级行政机关直接办理的信访事项应当在30日内办理完毕，并视情况将办理结果答复信访人；情况复杂的，时限可以适当延长。

第三十一条 各级行政机关对交办的信访事项，应当自收到之日起90日内办结，并将办理结果报告交办机关；不能按期办结的，应当向交办机关说明情况。

交办机关认为对交办的信访事项处理不当的，可以要求办理机关重新处理。

第三十二条 有关行政机关对转办的信访事项，应当自收到之日起90日内办结，并可以视情况向转办机关回复办理结果。

第三十三条 信访人和有关单位对行政机关做出的信访事项处理决定，应当遵守、执行；对处理决定不服的，除依照法律、行政法规的规定申请复议或者提起行政诉讼的外，可以自收到处理决定书之日起30日内请求原办理机关复查。原办理机关应当自收到复查请求之日起30日内提出复查意见，并予以答复。

第三十四条 对原办理机关的处理决定或者复查意见不服的，信访人可以自收到处理决定书或者复查意见书之日起30日内请求上一级行政机关复查，上一级行政机关应自收到复查请求之日起30日内提出复查意见。经复查，信访事项处理决定正确的，不再处理。

第三十五条 行政机关发现本机关对信访事项的处理、复查确有错误的，应当重新处理。

上级行政机关发现下级行政机关对信访事项的处理、复查确有错误的，有权直接处理或者责成下级行政机关重新处理。

第三十六条　各级行政机关应当及时分析信访事项反映的社会情况和人民群众的愿望，提出建议，改进工作。

第五章　　奖励与处罚

第三十七条　对在信访工作中做出优异成绩的单位或者个人，由有关行政机关给予奖励。

第三十八条　信访人提出的建议、意见或者对违法行为的检举、揭发，对国民经济和社会发展或者对改进国家机关工作以及保护社会公共利益有贡献的，由有关行政机关或者单位给予奖励。

第三十九条　行政机关在信访工作中不履行职责、推诿、敷衍、拖延的，上级行政机关可以通报批评，并视情节对有关责任人员依法给予行政处分。

第四十条　各级行政机关的工作人员，在信访工作中玩忽职守、徇私舞弊，给工作造成损失的，视情节轻重，给予批评教育或者依法给予行政处分；构成犯罪的，依法追究刑事责任。

第四十一条　信访人妨碍信访秩序的，信访工作机构可以给予批评教育，也可以建议其所在单位给予批评教育或者依法给予行政处分；违反治安管理的，由公安机关依照《中华人民共和国治安管理处罚条例》予以处罚；构成犯罪的，依法追究刑事责任。

第六章　　附　　则

第四十二条　社会团体、企业事业单位的信访工作参照本条例执行。

第四十三条 对外国人、无国籍人、外国组织信访事项的处理，参照本条例执行。

第四十四条 本条例自 1996 年 1 月 1 日起施行。

（选自《中华人民共和国国务院公报》1995 年第 26 号）

国务院关于国家行政机关
和企业、事业单位印章的规定

各省、自治区、直辖市人民政府，国务院各部委、各直属机构：

1979 年国务院颁发的《国务院关于国家行政机关和企业、事业单位印章的规定》（国发〔1979〕234 号），有些条文应作修订。现对国家行政机关和企业、事业单位印章的规格、制发和管理办法，重新统一规定如下：

一、印章的规格、式样和制发

（一）国家行政机关和企业、事业单位、社会团体的印章一律为圆形。

（二）国务院的印章，直径六厘米，中央刊国徽，国徽外刊机关名称，自左而右环行，由国务院自制。

（三）各省、自治区、直辖市人民政府和国务院各部委的印章，直径 5 厘米，中央刊国徽，国徽外刊机关名称，自左而右环行，由国务院制发。

（四）国务院各直属机构的印章，直径 4.5 厘米，中央刊国徽，国徽外刊机关名称，自左而右环行，由国务院制发。

（五）国务院办事机构的印章，直径 5 厘米，中央刊国徽，国徽外刊机关名称，自左而右环行，由国务院制发。

（六）国务院所属事业单位及国务院直接批准的全国性公司的印章，直径 4.5 厘米或 5 厘米，中央刊五角星，五角星外刊机关名称，自左而右环行，由国务院制发。个别国务院所属事业单位的印章，经国务院批准可刊国徽。

（七）国务院有关部委管理的国家局，其印章直径 4.5 厘米，中间刊国徽，国徽外刊机关名称，自左而右环行，由国务院制发。

（八）国务院有关部委外事司（局）的印章，直径4.2厘米，中央刊国徽，国徽外刊机关名称，自左而右环行，由国务院制发。

（九）国务院设置的议事机构、非常设机构的印章，直径5厘米，中央刊五角星，五角星外刊机关名称，自左而右环行，由国务院制发。

（十）自治州、县、自治县、市、市辖区人民政府的印章，直径4.5厘米，中央刊国徽，国徽外刊机关名称，自左而右环行，由省、自治区、直辖市人民政府制发。

（十一）行政公署的印章，直径4.5厘米，中央刊五角星，五角星外刊机关名称，自左而右环行，由省、自治区人民政府制发。

（十二）乡、镇人民政府的印章，直径4.2厘米，中央刊五角星，五角星外刊机关名称，自左而右环行，由县、自治县、市人民政府制发。

（十三）驻外国的大使馆、领事馆的印章，直径4.2厘米，中央刊国徽，国徽外刊机关名称，自左而右环行，由外交部制发。

（十四）国务院各部门和地方各级国家行政机关所属的单位，以及工厂、矿山、农场、商店、学校、医院等企业、事业单位、社会团体的印章，直径不得大于4.5厘米，中央一律刊五角星，五角星外刊单位名称，自左而右环行，或者名称的前段自左而右环行、后段自左而右横行，分别由国务院各部门和地方各级国家行政机关制发，或者由国务院各部门和地方各级国家行政机关另行规定制发办法。

二、印章的名称、文字、字体和质料

（一）印章所刊名称，应为本机关的法定名称。行政公署的印章，冠省（自治区）的名称。自治州、县、自治县、市人民政府的印章，不冠省（自治区、直辖市）的名称。市辖区、镇人民政府的印章和乡人民政府的印章，冠市或县（自治县）的名称。印章所刊名称字数过多、不易刻印清晰时，可以适当采用通用的简称。

（二）民族自治地方的人民政府印章，应当并刊汉文和相应的民族文字。

（三）印章的印文，使用宋体字和国务院公布实行的简化字。

（四）印章质料，由制发机关自定。

三、专用印章的制发

（一）国务院各部委、各直属机构和各省、自治区、直辖市人民政府印制文件时使用的套印印章、印模，规格、式样和正式印章等同，由国务院制发。

（二）国务院有关部委外事用的火漆印，直径4.2厘米，中央刊国徽，国徽外刊机关名称，自左而右环行，由国务院制发。

（三）钢印直径最大不得超过4.2厘米，最小不小于3.5厘米，中央刊五角星，五角星外刊机关名称，自左而右环行，经上级领导机关批准后自行刻制。地方外事办公室、驻外使领馆钢印的规格、式样由外交部制定、颁发。

（四）其他专用章，在名称、式样上应与正式印章有所区别，报上级领导机关批准后自行刻制。

四、印章的刻制、管理和缴销

（一）制发印章的机关，对印章的刻制和发送必须加强管理，严格手续。刻制印章的工厂或刻字社，必须取得用章单位的上级委托书和公安部门的准许，才能刻制。对伪造印章和使用伪造印章者，应当依法惩处。

（二）各单位对印章要严格管理，使用印章，必须经本单位领导人批准。对非法使用印章的，应当根据情节给予行政处分直至依法惩处。

（三）各单位的印章，如因机构变动停止使用时，应当将原印章缴回制发机关封存或销毁。

五、过去有关印章的规定，如与本规定不一致的，以本规定为准。

（选自国务院法制局编《中华人民共和国新法规汇编》，
1993 年第 2 辑）

第三部分

关于秘书活动的论文

也谈"秘书"的定义

张 家 仪

大凡一门学科刚兴起时,首先碰到的是该学科的定义问题,诸如要研究语言学,先要搞清"语言是什么",要研究社会学,先要搞清"社会是什么"。如果不首先了解被研究对象,或者了解得不全面、不深刻,这至少会给该学科以后的研究带来不利的影响。为此,要搞好秘书学的研究,我们首先就要搞清"秘书是什么"这个问题,换句话说,就是要给"秘书"下一个比较准确的定义。

就目前全国各高校使用的教材和研究资料来看,"秘书"的定义大致有三种:其一,秘书是指为政府、企业乃至私人服务的从事文字或行政工作的人员;其二,秘书是社会主义国家工作人员职务名称之一;其三,秘书是一种职务,也应当是一种职称。另外,《辞海》中说"秘书"是"职务名称之一,是领导的助手"。在英、俄文中,"秘书"的意思是"书记",即文字记录。《韦氏秘书手册》中把秘书工作看成是一种职业,而不是一种职务。那么,到底"秘书是什么"?本文就此略作刍议,以作引玉之砖。

为了搞清这个问题,我们必须站在逻辑学的角度,从社会性和科学性的要求出发,在对感性的材料作分析、综合和抽象概括的基础上,先将被定义对象所属的范围划出来,然后再把这一对象的特有(本质)属性揭示出来,这样,两者结合就能作出这一概念的定义。这种下定义方法叫做"种差加最邻近属"的方法。

所谓"种差",是指同一属概念下，两个并列的种概念各自具有的特有属性；所谓"最邻近属"，是指与下位的种概念最邻近的属概念。为此，我们可以联系秘书工作的实际，对"秘书"这一概念的"种差"和"最邻近属"作一番探讨。

首先我们看到的是，秘书是从事职业的人。就当前世界来看，秘书有两种，一种是在国家政府机关、企事业单位和社会团体中任职的。这种秘书的服务对象是集体，他的每一项工作都要对集体负责，即使其中有的秘书主要是跟随领导者，为领导者服务的，但领导者是代表集体的，是集体权力和职责的中心，所以秘书为领导者服务也就是为集体服务。其工资也是由国家或集体支付的。所以，这种"身处领导机构"的秘书，我们可以称之为公务秘书。另一种是指受个人聘用，跟随个人，为个人服务，并且其工资也是由个人支付的，这种秘书看上去对被服务者有着一种"附着"关系，所以，我们可以称之为私人秘书。公务秘书和私人秘书的区别主要看两个方面：一是服务对象；二是工资来源。而作为"秘书"的"类"，正是由"身处领导机构"的公务秘书和"附着个人"的私人秘书组合而成的。所以，"身处领导机构或附着个人"就为"秘书"确定了工作范围。

再从秘书的工作内容来看，其中一方面是：起草文件，收发文书，组织会议，收集信息等，这一系列工作的集束点只是一个：即辅助决策，为机构领导或主人提供决策依据，当好参谋，按国外对企业秘书的说法，就是要发挥"经理补偿功能"。在这些工作中，起草文件、收发文书又是经常的、繁重的、主要的，并且这两项工作集中地表现了秘书工作的特征，所以我们可以把这一方面工作称为辅助决策性的工作。这一方面的工作做得好坏，对领导或主人的决策有直接的关系。除此之外，秘书还有另一方面工作：接待来人，安排车辆，接听电话，购买物品等，这方面的工作是琐碎的、临时的，总的看来是日常事务性的。其主要目的是让领导或主人从繁多的日常事务中解脱出来，集中精力投入决策。"处理日常事务"看起来是"外围"工作，但也是间接为决策服务的。"很清楚，今天的秘书决不再是单纯的接待员兼打字员，因为越来越多的经理指望自己的秘书成为行政管理的助手，以便使自己有可能从繁琐的日常事务及专门工作中解脱出来。"（【美】《韦氏秘书手册》）所以，总的看来，秘书工作内容可分两大部分：一是辅助决策；二是处理日常事务。这两者之间，辅助决策是主要的，处理日常事务是次要的，而"辅助决策"的本身又是以"撰制掌管文书"为主要内容的。正因为如此，所以平时人们一谈到"秘书"就会与"文件"联系起来，并且偏颇地认为秘书就是单纯起草、收发文件的。其实，秘书工作"重点应该放在协助首长研究政策，处理政务方面；但同时要把日常行政工作和机关事务工作组织安排好，使之有条不紊地顺序推进。要学会既善于集中精力时间思考、钻研、处理重大问题，又善于抽出精力时间有重点地指导处理或亲自处理日常具体工作"（《政务院关于各级政府机关秘书长和不设秘书长的办公厅主任的工作任务和秘书工作机构的决定》）。这里虽然指的是行政机关的秘书，但其他公务秘书和私人秘书也应如此。所以，"撰制掌管文书，辅助决策，并处理日常事务"可以说是"秘书"工作内容的核心。这两者是互为依靠，互为补充的。将上面两点结合起来，就得出了"秘书"的特有（本质）属性："身处领导机构或附着个人，撰制掌管文书，辅助决策，并处理日常事务。"这就是"秘书"这一概念的"种差"。

在上面的论述当中，我们还可以看出秘书起的是参谋、助手和耳目的作用，不论将秘书（群体）叫做"智囊团"、"思想库"也好，或是叫做"领导的外脑"也好，其一切工作的最终目标，是为领导或主人的决策服务，为领导或主人服务是秘书的职责。"必须记住：许多秘书虽已被置于负责人的地位，但却没有赋予他们足够的权力去履行这些职责。"（【美】《韦氏秘书手册》）所以"秘书"又是包含在"服务人员"这个属概念下的种概念，它与"医生"（为病人服务）、"店员"（为旅客服务）是并列的种概念，并且，"服务人员"是"秘书'的"最邻近属"。

综上所述，我们可以给"秘书"下这样一个定义：秘书是身处领导机构或附着个人，撰制掌管文书，辅助决策，并处理日常事务的服务人员。而秘书从事的工作也就是秘书职业，秘书职业也是服务性的。所以，秘书决不是一种职务，而是一种职业名称。

（原载《秘书》1986 年第 2 期）

小议秘书的分类

张 家 仪

秘书如何分类，这也是秘书学研究的一个课题。秘书部门的工作面较宽，处理问题的范围较广，加之现代行政管理和经济管理工作的日趋科学化、效率化，秘书的种类也越分越细。

从各个不同的角度出发，秘书大致可分为以下几类：

一、以经济支取和服务对象来分，有公务秘书和私人秘书。公务秘书是指在国家行政部门、企事业单位或社会团体中从事公务的秘书，其工资由上述部门支付，服务的对象是集体。这种秘书的工作重点有两个方面：一是机关内部，二是领导者个人。私人秘书一般是指由个人出钱雇聘，专门为个人服务的秘书。但这里必须注意的是：为重要领导人或高级科研、教育人员配备的秘书，却不能列入"私人秘书"这个范畴。因为从服务对象来看，领导代表了集体，是集体的核心，领导的决策和意图，代表了集体的意愿，所以秘书为领导服务并不是为私人服务，而是为集体服务。同样，高级科研、教育人员也是为国家或集体工作的，为其配备专门的秘书也是为了让这些高级科研、教育人员能集中精力搞好科研、教育。这些秘书本质上也不是为个人服务，而是为国家或集体服务。另一方面，从这些秘书的经济支取来看，他们的工资并不是由被服务对象本人付给的，而是由国家或集体支付的，他们与被服务对象之间没有一个雇聘关系，所以，这种秘书，仅仅是公务秘书中的分工不同而已，而决不能把它看做是私人秘书。

目前，我国较多的是公务秘书，私人秘书极少，但随着社会的发展和经济体制的改革，私人秘书将会日益地增多。

二、以工作的内容来分，有行政秘书、机要秘书、事务秘书（或生活秘书）、外文秘书（或翻译秘书）、专业技术秘书等。这些秘书各自负责一个方面，平时以自己的工作内容为主，但遇到特殊情况或机关内部的重要活动，他们又互相协作，共同处理一些事务。所以他们的工作程式是既分又合，分合相兼。

三、以担任的职务来分，有秘书长、办公厅（室）主任、秘书科长、股长、科员、办事员等。这种分类仅仅标明的是秘书部门的领导层次，而不带有专业的性质。

四、以业务水平来分。在欧美国家，当公务员考取正式任职后，受用单位对其日常工作进行经常性的业务考核，随时督察，以视其勤惰优劣。他们以业务水平为依据，以薪俸为杠杆，将秘书分成各种类别。譬如，美国的企业内部的秘书就大致分为两类：一种是"见习秘书"。这种秘书主要是担负打字或接待工作，他们大多数工作是围绕着人际关系展开，如：和来访者打交道、处理电话、预定约会等，这种秘书必须经过不断的努力，以提高自己的业务水平，然后才能晋升为正式秘书。第二种是"正式秘书"。这种秘书工作几乎没有人监督管理，工作责任大，方面广，技术性高。工作的内容主要是打印信件，交往文书，制定旅行计划，拟定某部门的工资单及按一般规定处理小额现金，同时还要辅助经理处理许多耗时的琐碎事项和任务。如：为报告或篇幅较长的备忘录收集和组织材料，保管机密文件，传送与管理方针有关的情报，收集有关领导人讲话、指示的资料，拟写或笔录口授的信件，以及执行领导布置的其他任务。而英国却把行政秘书人员定为五级，它们分别是：速记打字级、书记级、文牍级、执行级、行政级，其中以"速记打字级"为最低，"行政级"为最高。

目前，在我国，第一种分类初露端倪；第二种分类不够明确；第三种分类比较普遍；第四种分类还未实行。

这里必须说明的是，以业务水平为依据的第四种分类法，对增强秘书人员素质，提高机关内部的工作效率，有着相当重要的作用。

（原载《秘书》1985 年第 6 期）

日本秘书的种类

王　　正　李景祥　编译

这里介绍的，是日本当今秘书工作的种类，大体分为公务秘书、外事秘书、事务秘书、企业秘书等四种。

一、公务秘书

公务秘书，指必须精通国会、政党或内阁等结构的公务员的秘书。官署里大臣的辅助工作人员是任命的科长级的秘书官。副大臣级官吏也有男性的负责秘书工作人员。在这样的秘书官下面，更有干辅助工作的女职员若干名。部局长和一部分科长也配备有作秘书工作的女职员。地方公共团体也是有领导人的秘书，部局长有做秘书工作的女职员。国会议员的秘书，保有国家公务员的特别职务和身份，是为议员完成职务提供便利而工作的。在官厅、地方公共机关和国会工作的秘书，要求能了解国会或政党、内阁的结构，并要求精选制定法律的手续和有关机关的详细程序。特别是国会议员的秘书，要把与自己所居之地进行联系的工作放在占重要比重的位置上。

二、外事秘书

外事秘书，指必须擅长外语的外资企业或大使馆的秘书。最近，外国企业在日本设立分支机构的多了，世界上在日本设有大使馆的国家已达 103 个。这样，在外资企业和大使馆中工作的秘书会外语，就成了必须条件。为了和外国的秘书们在一起进行工作，必须能像外国企业所实行的那样，能把领导和上级的话当场速记下来，然后还得能把它用打字机打出来。这就需要懂得速记法和打字。在这样工作岗位上工作的秘书，对日本人的素养也是一项重要要求。必须用优美、准确的日本话进行翻译的时候也多，还要能准确无误地用日语写出书信、文件，能为外国来客当向导，陪同观看歌舞等娱乐表演，也需要在一定程度上懂得茶道、花道以及其他日本的文化历史。

三、事务秘书

事务秘书，指在医师、律师等等专业场所工作的秘书。不仅大学和医院、研究所、法律事务所，最近个人开业的律师，持有日本政府执照的会计师，专门处理纳税工作的税理士以及作家等等自由职业者、专业工作者配备秘书的也多了起来。这样的秘书，都需要适应各自领导的工作性质和内容，也必须有相当程度的专业知识。协助医师工作的秘书，要配合医生个人对秘书工作的要求，做接受患者、社会保险等等与医疗事务有关的工作。跟随律师工作的秘书要把接待委托者的调查案例与法院联系等等纳入工作之中，有时还得代替忙得没有时间的律师预先和委托人谈话，整理问题。持有政府执照的会计师、专门处理纳税工作的税理士的秘书，簿记会计的知识就比什么都重要。帮助大学教授和研究所的专业工作者工作的秘书的工作就是以搜集、剪贴资料并整理立卷等等为主了。

四、企业秘书

企业秘书，指公司秘书。通常在公司里，懂事长和经理们有专门的秘书。专务董事、常务董事以及部长级工作人员也多数配备秘书。从数量上看，女秘书或做秘书工作的人，在这个范围内最多。

秘书的工作，有跟着个人的；有属于秘书室的；还有一个科的职员，既干科里的工作，又干部长或科长的秘书工作的。无论哪种场合，秘书特别重要的是需要有彻底的服务精神。只从接待、向导工作上，就能从秘书的身上查究到那个公司的风气和对成员教育的好坏。还有从电话中的音响，也能感觉到经营活动的活力。工作在第一线的秘书，要求有快活、和蔼、亲切、讲礼貌、爽快、富有机智等等精神。

（根据〔日〕木下雪江著《女秘书手册》编译，东京，创成社，1983 年版）

（原载《文秘》1988 年第 1 期）

秘书的纵向分层与秘书功能
的有效发挥

钱　世　荣

（一）

秘书的纵向分层，与秘书的横向分类一样，同是秘书类型的划分问题。因此，在秘书学研究开展之初即为大家所关注，但迄今尚未取得突破性进展。其主要原因：一是多年来我国秘书工作者作为国家干部的组成部分，在纵向上只有行政等级的差异，没有进行过明确而科学的分层。二是自开展秘书学研究以来，对秘书概念的理解一直存在着差异，这其中有"大秘书"与"小秘书"（即广义秘书与狭义秘书）的差异，也有"大""小"秘书各个相同的术语所涵盖的对象往往不尽相同的差异。这些差异，也妨碍了对秘书纵向层次的准确把握。

这种状况，已经给秘书学的理论研究和秘书工作实践都带来了不利的影响。

在秘书学理论研究方面，这种影响的突出表现，便是对秘书的基本职能之一——参谋作用看法不一。有的研究者非常强调秘书的辅助决策作用，认为在改革开放、发展市场经济的新时期，秘书应当强化参与意识，积极主动地介入领导的决策，而持异议者则认为，这种理论是脱离实际的误导。从而导致研究者们对秘书的主体特征、行为规律以及工作性质、特点等所作的理性归纳，大相径庭。其实，不恰当地过分强调或试图完全否定秘书在决策中的作用，都是一种以偏概全的认识；这种偏，首先就偏在研究者的目光过多地停留在了秘书的纵向层次中的某一层次而忽略了其他层次。缺少对秘书行为主体的纵向层次及其特殊规律的分析，是秘书学理论研究的一个缺陷。

在秘书工作实践方面的影响，还明显地表现在对秘书使用上的随心所欲。一个秘书在某个管理系统中的定位，往往不是依据其所处的岗位及其特定功能，而是依随人们的不同理解及对秘书的不同需要；因此，一个秘书在某个管理系统中能否充分发挥其应有的功能，往往并不取决于秘书的自身素质和努力程度，而取决于秘书所处的小环境，尤其是使用秘书者的主观意志。正是这种使用上的随心所欲，严重地影响了秘书功能的有效发挥。随着市场经济的发展和秘书的渐趋职业化，科学地揭示秘书的客观层次，并由此探讨如何确保秘书功能的有效发挥，是秘书学应予研究的一个重要课题。

（二）

科学地揭示秘书的客观层次，首先要解决界定秘书概念的外延，明确秘书所涵盖的对象。在解决这个问题时，既要防止外延过宽，不能像有些学者所论及的"泛秘书的行为主体"，如：副职、助理（或协理、襄理）、联络员、办事员、公关小姐（或先生）、干事、随员、译员以及司机、保镖等统统都视为秘书，也要防止外延过窄，把秘书仅仅视为某一社会组织或单位实体中具有秘书这一"官职"的人。实际上，我国近现代以来从事秘书工作的，既有秘书部门的首长，也有各级秘书部门中为数不少的人，这些人并不都具有秘书这一"官职"。尤其值得注意的是，随着秘书的渐趋职业化，有些公司企业的秘书从事的大多是较为单一的技术性操作工作，而从事较高层次秘书工作的人却又不冠以"秘书"之名。所以说，"官"不分大小，"职"（秘书职名）不在有无，服务对象不分集体个人，隶属关系可"公"可"私"，工作形态多种多样，是我国秘书工作者现阶段的客观组成状况。既然秘书学研究的是社会的秘书现象，探讨的是秘书性社会服务行为的规律，那么，作为这种行为的主体——上述所有直接从事秘书工作的人，为什么不可以全部纳入"秘书"这个视野呢？

照此观点，我国的秘书在纵向上至少存在着三个层次：

一是直接辅助层。这一层次的秘书与领导层最为贴近，辅助领导决策、实施综合管理是他们最主要的功能。他们手下一般都有大小不同或密集型或松散型的工作班子，并对其负有组织领导的责任；而他们的直接辅助作用往往依赖于这些工作班子的支持。他们大都有秘书工作的丰富经验，同时又具有一定的领导才能。我们通常称为"领导的智囊"、"领导的左右手"，指的就是这一层次的秘书。

二是行政执行层。这一层次的秘书在管理系统中处于直接辅助层的外层，一般从事、属于秘书工作范畴的事务管理等比较具体的工作。他们的工作指令，大多是直接来自秘书部门的主管或相当秘书部门主管的人。他们也要当参谋，但他们的辅助决策主要是间接的而不是直接的，而且主要是通过某项具体工作来体现的。可以说，办理具体事务、间接辅助领导，是这一层次秘书最主要的功能；较强的办事能力，则是这一层次秘书最显著的素质特征。

三是技术操作层。这一层次的秘书工作较为单纯而且具有明显的专业性或技术性，如文书收发管理、档案管理、各种办公机器的操作使用等。既然他们所从事的工作也是秘书工作，就没有理由把他们拒绝在"秘书"门外。从我国秘书的职业化发展来看，这一层次的秘书将会愈益稳定地存在。积极提供专项服务，保障领导工作、管理工作的正常运行，是这一层次秘书最主要的功能；而熟练的专业技术能力，则是这一层次秘书最显著的素质特征。

秘书的上述三个层次，构成了以领导层为中心的三个同心圆结构，与一般管理系统的三层结构也是吻合的。我国现阶段的秘书，就其个体而言，可能以某一层次为主兼有其他层次某些特征的现象；但就其整体来看，上述三个层次的区别是很明显的；而且，随着秘书工作管理的科学化、制度化、规范化，上述三个层次的区别将会更加明确。

（三）

秘书的纵向分层，为秘书的职位分类提供了可能，也为秘书功能的有效发挥提供了一条新的思路。

我们知道，职位分类的意义不只是在分类本身，而主要是通过分类明确各个职级的职责和任职资格，并进而制定出相关的人才录用、培训、使用、考核、奖惩、升降、退转等科学的管理办法。秘书的这种职位分类构想倘若能够实现，一种新的合乎科学的秘书管理制度就能得以建立，而这对秘书功能的有效发挥无疑是非常有益的：

首先，这种新的秘书管理制度有利于用人单位或个人正确地选拔、合理地使用秘书。我们现在选秘书，一是不容易选，总是时不时地陷入"好人不来，赖人不要"的窘境。二是习惯于按经验管理的模式选，一般的标准仍然是"德才兼备"；而所谓"才"，主要的也还是"文才"——能写。也有的甚至干脆以个人的好恶或需要来取舍。这样选来的秘书，有可能是"大才小用"、"小才大用"或"甲才乙用"这不能不影响秘书功能的有效发挥。而新的秘书管理制度的显著优势便在于：因岗择人，可以保证被选拔者的任职资格与将要履行的职责的基本对应；它强调人尽其才，可以保证被使用者在合理的岗位上被合理地使用，因而可以有效地避免上述弊端。

其次，这种新的秘书管理制度有利于秘书准确地把握自己在管理系统中的位置，积极主动地履行自己的职责。"不失职不越位"，这是秘书工作的一项准则，也是秘书工作是否卓有成效的一种标志。然而，在秘书的岗位职责不甚健全，某些领导者还习惯于随意使唤秘书的情况下，秘书要做到这一点谈何容易。有的秘书盲目地去"上管天文地理，下管鸡毛蒜皮"，结果，不该插手的事情插手了，弄得上下关系、左右关系都挺紧张；有些该做的事情却又没去做或没做好，仍然弄得上也失望下也埋怨。还有的人片面地理解秘书的"不管部"作用，把一些不该推给秘书的事情也往秘书身上垒，结果弄得秘书做也不是不做也不是。这些问题的症结，都在于不懂得：在一个管理系统中，秘书也处于特定的层级、有其特定的功能，秘书能够准确地定位、履行自己应尽的职责，其功能才能有效发挥出来。

再次，这种新的秘书管理制度有利于消除秘书与领导者之间不健康的依附被依附关系，从而激发秘书以新的精神面貌努力工作。社会主义条件下的秘书与领导者，不论隶属关系姓"公"姓"私"，都应该是一种健康的工作关系。由于缺少健全的法律保障和完善的管理制度，秘书不正常地依附于领导者的情况目前还是相当普遍的，如：秘书的工作绩效完全取决于领导者个人的评价，秘书的才干能否发挥完全取决于领导者个人是否赏识，秘书的"出路"也更多地由领导者个人所左右，等等。在新的秘书管理制度建立起来并以法律保证其有效实施后，上述不正常的情况便会最大限度地被扼止。

最后，这种新的秘书管理制度不仅有利于秘书工作的科学化、制度化、规范化，而且有利于秘书工作者的专业化。秘书们都不甘心当"万金油"，但在现行的管理体制下，大部分秘书又不得不当"万金油"，这实在是对宝贵人才的极大浪费。而以职位分类为基本出发点，以分类管理为基本原则的秘书管理制度，会在录用、培训、使用、考核、奖惩、升降、退转等管理的全过程中全力促成秘书向专业化方向发展。届时，秘书们将不再会为所谓"官位"、"职称"、"出路"等等问题所困扰；秘书们会充满自尊地说：作为一个有专业有技术的人，还有什么能比站在自己应该站立的位置上、发挥出自己能够发挥的全部能量更叫人神往的呢?!

（原载《秘书工作》1994 年第 10 期）

试论秘书工作的辅助性特征

杨 洪 庆

目前，国内秘书学界对秘书工作性质的阐述，大体上有这么几个"性"：政治性、从属性、被动性、服务性、事务性、机要性、综合性、辅助性。笔者认为，"辅助性"内涵较广。从一定意义上，它包含了"从属性"、"被动性"、"服务性"、"综合性"等特性，甚至可以说，这个"辅助性"的提出，已经到了揭示秘书工作本质的"入口处"。可惜，人们没有继续向前迈进一步，进行更为深层的剖析，而这恰恰是关键性的一步。

笔者认为，要揭示秘书工作的本质，应当全力找出秘书工作在"辅助性"上区别于其他部门工作的"特殊的矛盾性"。那么，什么是秘书工作"辅助性"上的"特殊的矛盾性"呢？笔者的回答是：

一是辅助的综合性

所谓综合性，不仅仅是指秘书工作内容的广泛，更本质的是指秘书工作人员对各种情况（意见、建议、方案、信息等）进行定量定性、由表及里、由此及彼、去粗取精的分析、研究、归纳，进而从个别到一般、从微观到宏观、从静态与动态的结合上找出规律性的东西。这种综合就是创造，也才是秘书工作"综合性"的真谛所在。一个秘书人员综合能力的强弱，在很大程度上直接影响着甚至决定其能否较好地发挥参谋作用。这就要求秘书人员不仅在工作的广度上，更要在工作的力度上，切实加强辅助的综合性。这也完全符合中央提出的秘书人员"既要办文办事，又要出谋献策"的要求。秘书工作这种辅助的综合性主要体现在根据领导意图所撰写的各种重要文稿、调查研究、重要信息的加工提炼以及各种矛盾的协调上。以党的十三大所通过的《沿着有中国特色的社会主义道路前进》为例，报告的形成，首先主要是党中央集体智慧以及全党智慧的结晶，这是毫无疑义的。但是，也不可否认，整个报告从提纲的拟制、初稿的撰写，直至反复修改成稿；从观点的提炼、结构布局以至文字表达，无不倾注了起草小组成员综合性创造劳动的心血。这种辅助的综合性是其他职能部门所不及的。秘书工作这种综合效能的发挥，既依赖于秘书人员充分利用自己所处的枢纽地位对于各种情况的掌握，更依赖于秘书人员的学识和综合思维能力的不断提高，这两者缺一不可。

二是辅助的直接性

这主要表现在三个方面：

其一，秘书工作机构在任何机关、单位或部门里，就办公室布局上，它总是紧挨着领导者的办公室，成为领导者指挥和管理控制全局的中心枢纽。秘书工作机构这种特殊地位，决定着它不仅为领导者所直接利用，而且它以多形式、多渠道直接地为领导者提供各种有效服务。而其他部门及其工作，在许多情况下，往往要经过秘书部门这个"中介"，才同领导者关联与沟通。

其二，秘书工作机构中的秘书人员与领导者的关系最为直接、更为亲近。工作的需要，使秘书和领导者在合作共事中逐步建立起一种和谐、融洽、友谊的亲密关系（这首先主要是一种工作关系）。所以，秘书人员对领导者的思想、作风、性格、工作方法、思维特点、兴趣爱好、人际交往以至工作经历、起居规律等等，是深有所知的。这种状况，使秘书人员可以随时随地对领导者施以某种直接的影响，是其他职能部门及其工作所不及的。在秘书工作实践中，我们常常看到这样的情形：出于方便和信任，有的领导者往往将应由有关职能部门处理的事项交给秘书部门或秘书人员（尽管这里头有它的不尽合理的一面），其原因也盖出于此吧。

其三，就领导的决策而言，从决策前情况（信息）的收集、分析与综合，决策与方案的拟制，决策的形成，直至决策的实施以及信息的反馈等等，都离不开秘书工作的直接辅助。这里应当指出，我们说秘书工作是领导工作系统的重要组成部分，是指秘书人员以辅助者姿态出现，处处忠实地体现领导者的意图、意见，决不是说秘书工作就是领导工作，更不等于秘书人员在工作中可以同领导者"平起平坐"。在整个工作中，领导者始终处于主导地位，而秘书工作部门及其秘书人员则也始终处于辅助位置。这一点，容不得半点含糊。

三是辅助的系统性（或者叫整体性）

这主要指秘书工作必须为领导者实行民主和科学的决策全过程，进行系统而准确的辅助：秘书工作的全部内容和所有环节，都要立足于保证领导工作系统每一决策在实施过程中畅通无阻，并实现预定目标。秘书工作这种辅助的系统性是领导工作正确实施决策的内在要求。为了服从领导工作实施决策的需要，必须十分注意做到秘书工作机构设置科学化和标准化，必须十分注意秘书人员智能结构的优化及其年龄的合理化，必须十分注意尽快实现秘书工作程序化、规范化、制度化；同时，积极创造条件，逐步实现秘书工作手段电脑化。

四是辅助的有效性

秘书工作辅助的有效性，是以上所述的秘书工作辅助的综合性、直接性和系统性的必然结果。从总体上来说，它一般要超过其他职能部门及其工作。这是因为：1. 秘书工作部门处于该机关的中枢位置，它所接收的信息要广泛一些、迅速一些、准确一些；2. 秘书人员处于领导者的近身，对领导者的意图接受得快一点、领会得准一点、体会得深一点，秘书人员这种同领导者关系上的亲近性，使秘书工作的辅助作用更为直接、更为有效；3.

秘书人员在工作实践中，比较充分注意利用各种有利条件，加上自身的努力，逐步形成了思想敏捷、善于思考、沉着干练、办事利索的特点等等。这是就秘书工作的实际而言。从秘书工作的基本职责来说，它要求秘书工作的各个环节都必须为领导者提供有效而上乘的服务，否则就难以发挥秘书工作部门作为领导的参谋助手作用。

总之，秘书工作之所以具有辅助的综合性、直接性、系统性和有效性的本质特点，是秘书工作机构在机关所处位置的枢纽性和秘书人员同领导者关系上的亲近性所决定的。

（原载《秘书》1988 年第 5 期）

论秘书工作的主动性

王 山 而

在秘书工作的理论研究中，我们常见到"秘书工作的被动性"特点之说。我们认为，"秘书工作的主动性"在秘书工作过程中，是客观存在的，肯定和研究它的存在，对于进一步调动秘书人员的主动性、积极性和创造性，肯定会有好处。下面仅就秘书工作过程中主动性形成发展的外因和内因，及其发挥作用的起点和归宿，谈点粗浅的看法。

一、客观要求是主动性形成发展的外因

秘书人员在工作过程中，做到怎样的地步才算有主动性呢？经验告诉我们：秘书工作适应和满足了领导工作的需要，就有了主动性。或者说，秘书认真履行和依期按质按量完成了领导赋予的职责和任务，就算有了主动性；如果提前优质超额完成了任务，主动性的程度就更高。这种情况，可以表示为：

$$秘书功效 \geqslant 秘书职能$$

秘书功效指秘书完成任务的实绩，秘书职能指领导赋予秘书的职责和任务。这就是秘书工作过程主动性的公式。反之，如果

$$秘书功效 < 秘书职能$$

那么，这就是秘书工作过程的被动性不等式了。

进入 80 年代以后，由于我国实行了改革开放的政策，社会经济得到空前的发展，领导工作及主要为领导工作服务的秘书工作也发生了变化，秘书工作所面临的任务更加艰巨复杂，领导赋予秘书的职能、数量越来越多，质量要求越来越高，运行速度越

来越快。如果秘书功效停留在过去的水平，就会出现"秘书功效＜秘书职能"的状况，秘书工作陷入被动局面。出现这种情况的原因是多方面的，但根本一条是秘书功效不适应，主要表现为：一是秘书人员对职能的转变缺乏全面深刻的认识，二是秘书功能**没有获得相应的提高**。1985 年中央办公厅召开了全国秘书长、办公厅主任座谈会，提出了秘书职能"四个转变"的要求，这不仅明确了新时期秘书职能转变，而且对广大秘书人员提高认识起到了极大的推动作用。对于秘书职能的"四个转变"，我们不应把它当作衡量过去秘书工作的标尺，从而得出"秘书工作有被动性"的结论；而应当把它看成是提高秘书功能和功效的目标，是引发秘书人员在工作中进一步发挥主动性、积极性和创造性的外因，是为秘书人员主动适应和满足领导工作需要所创造的外部条件。

二、自立意识是主动性形成发展的内因

改革开放形势的发展，充实和丰富了秘书职能。我们应当如何适应和满足秘书职能的要求呢？这不仅是个理论问题，而且是我们面临的具体实践。

从理论上说，当出现"秘书功效＜秘书职能"时，对待这个不等式的态度和方式不外有三种：一是任由这个不等式的存在，不准备作任何改动，这显然是一种消极态度，甘居被动落后的方式。二是"争取减轻"式子右边的数值，使其"转变"为等式，这虽然能改变被动的局面，但这也是消极的态度，倒退的方式。三是设法增强式子左边的数值，使其变为"秘书功效≥秘书职能"的公式，这才是积极的态度，前进的方式。

提高秘书功效至少也要解决好两个问题：一是功能要强化。秘书功能只有与秘书实践相结合，才能产生秘书功效，在一定的实践条件下，功能弱则功效小，功能强则功效大，一般为正比关系，因此提高秘书功效必须以强化秘书功能为前提。二是结构要合理。秘书结构优化合理，在实践中会产生优势互补的新质，收到"整体大于它的部分之和"的功效；如果结构不合理，就有可能出现劣势相加的内耗，劳动白费或无效，造成整体功效小于各功能之和的结果。

从实践上说，面临形势的发展，职责的加重，任务的增多，怎么办？实践中主要有三种解决的办法：一是增加秘书人员的编制，实行人海战术，以多取胜；二是引进办公自动化设施，实行"现代化操作"，以机代人；三是提高秘书人员的思想素质和专业水平，优化结构，发挥人的主动性、积极性和创造性。这三条只要符合本单位的实际，取其一条、两条、三条或者相互结合，都可能是解决问题的有效办法，但最根本的一条是提高人的素质和能力。从已有的实践看，要提高秘书人员的素质和能力，途径主要有两条：一是"脱产"进修，二是在实践中学。前者的实现要有条件和机会，一般只能分期分批进行；后者是边干边学，人人都能做到。无论何种途径，都需要秘书人员确立"自立"意识。所谓"自立"意识，是指人对于工作和学习有紧迫感，有主动进取的精神，有认识世界和改造世界并在改造客观世界的同时改造自己主观世界的决心、勇气和态度。秘书人员只有确立了自立意识，才能有效地提高自己的素质和能力，从而强化秘书功能，提高秘书功效，并在适应和满足领导工作需要中取得主动地位。由此可见，自立意识是秘书工作过程中获得主动性的内因或根源。

三、把握规律是主动性发挥作用的起点

秘书工作有没有规律性？目前有两种看法：一种看法认为，没完没了的事务性纠缠，是秘书工作无规律性的现象；意想不到的突击性任务，是秘书工作无规律性的本质。另一种看法认为，硬任务与软任务兼有，常规性工作与偶发性工作并存，是秘书工作基本内容的概括，并在秘书工作运行中构成了辩证关系，这种辩证关系似弹簧，你强它就弱，你弱它就强，这就是规律。我们不仅赞同第二种看法，并进一步认为，秘书人员只有把握了这种规律性，才能获得主动权。

联系实际来说，突击性任务、偶发性工作带来的冲击，的确会把安排得井然有序的常规性工作搅得乱七八糟，使工作陷入被动。产生这种情况的主观原因，是秘书人员对客观事态估计不足，往往把事态的发展变化看得过于简单化或"理想化"，只重视常规性的一面，对偶发性的一面缺乏甚至毫无思想准备，事到临头束手无策，当然被动。有的人喜观常规性工作，讨厌突击性任务。但是，突击性任务是一种客观存在，不管你喜欢不喜欢，它都要出现，积极的态度只能是首先接受它、顺应它，并努力认识它，分析它的原因和机会，然后再加以探讨，找到利用它、驾驭它的对策。常规性与偶发性的实质，如同必然性与偶然性一样，是相依并存的辩证关系，是会转化的。如果我们重视对偶发性工作的研究，预见到某项偶发性工作将会在怎样的情况下发生，事实又确实如此发生了，那么这项意料之中的偶发性工作便转化为常规性工作了。

对事物发展变化的预见性愈准确，控制得愈好，获得达到和超过目标的把握性就愈大。同理，对秘书工作规律性的认识和把握的程度愈高，秘书工作的主动性也就愈大。

四、优质服务是主动性发挥作用的归宿

按现代社会产业分类，秘书工作显然属于第三产业。第三产业普遍具有服务性的特征。所谓服务，是指服务者以自己的劳动适应和满足了服务对象的某种需要，这是服务的共性；不同的服务对象和不同的需要是服务的个性。秘书工作的服务对象，通常称"三服务"，即本单位的领导工作、上级机关、下级机关和人民群众三方面。

秘书工作服务对象需要的是什么？通常认为，服务对象需要的是参谋和助手，这是主要方面的需要。全面的说法我们赞成使用"四助"的概念，即：为之办事谓助手，为之出谋献策谓助脑，为之进行信息调研谓助耳、助目。"四助"之说，不仅全面，易于理解，而且同一体系，明确表达了"四助"的联系和差别。

服务与秘书工作的主动性有什么关系？我们认为，服务观与主动性有不容忽视的关系。当前，社会上有三种服务观：一是奴婢性服务观，把服务者与服务对象看成是主仆关系；二是雇佣性服务观，把服务者当作是出卖劳动力的，服务对象是用钱买劳动力从而享受服务的；三是社会性服务观，把服务看做是一种社会分工，每个社会成员都充当着一定的服务者，为社会需要提供服务，同时又充当着一定的服务对象，分享着社会提供的服务。所谓"我为人人，人人为我"，就是这个意思。从服务者这一边讲，第一、二种服务观，实际上是为自己的生存不得已而为之的，谈不上有什么主动性。只有第三种的社会性服务观，才有主动性可言。

　　在我国，秘书工作为领导工作提供的服务，决不是奴婢性、雇佣性的服务，只能是而且必须是为社会需要的为人民服务，是一种自觉性主动性很高的服务，这是由社会主义的性质所决定的。但是，怎样才能为领导工作提供优质的服务呢？我们是主观动机和客观效果统一论者，当然要从主客观的辩证关系来看问题。主观动机可分：完全主动、不够主动和盲目被动三种情况；客观反应可分：很满意、不够满意和不满意三种情况。组合起来，形成下表：

服务效果客观反应 主观动机	很满意	不够满意	不满意
完全主动	A	a_1	a_2
不够主动	b_1	B	b_2
盲目主动	c_2	c_1	C

表中：服务效果的 ABC 是正常情况，a_1a_2、b_1b_2、c_1c_2 是不正常现象。在正常情况的 ABC 中，只有 A 才是优质服务，也只有 A 才是秘书工作主动性发挥作用的最终的归宿。

（原载《广东秘书工作》1993 年第 3 期）

关于秘书学研究中的三个不等式

董 继 超

在秘书学界，有一种颇为流行的观点，即认为办公厅（室）就是秘书部门；办公厅（室）工作就是秘书工作；办公厅（室）人员就是秘书人员。

其实，它们之间关系是等同关系，尽管存在着紧密的联系。若能从理论和实践上区分其同与异，并概括出各自的涵义，对于做好实际工作，特别是秘书学的建设，无疑具有重要的意义。

办公室≠秘书部门

在我国高层领导机关，如省级及其以上的国家机关，一般设立办公厅；在中、基层领导机关，如省级以下国家机关、群众团体和企事业单位，一般设立办公室。虽然其称谓、级别、规模、层次和分工不尽相同，但其性质、地位、作用和任务大体一样。

办公室作为领导机关的综合办事部门，其主要任务是辅助领导者处理各种行政性事务。由于领导工作和机关工作的需要，办公室内设若干业务机构，承掌有关工作。

因我国的行政建制尚不规范，办公室的机构设置亦不统一。从总体上看，办公室不外两种组织形式：一是集中式，即所有秘书工作、机关档案工作、机关保卫工作、机关人事工作和机关行政事务管理工作，统一由办公室办理；二是分散式，即秘书工作、机关档案工作等，由办公室集中办理，其余工作由相应独立的部门分别办理。这两种组织形式各有其利弊，但从领导工作的效能出发，分散式较佳，集中式次之。

综观各类各级机关的办公部门，多为集中式的办公室。其内设机构一般有：秘书部门、机关档案部门、保卫部门、人事部门和机关行政事务管理部门。虽然秘书部门只是办公室的重要组成部门。认为办公室就是秘书部门，或者把两者相提并论，都不符合实际，也缺乏理论依据。

那么，秘书部门又指哪些机构呢？从广义上讲，它包括公文撰拟、文书办理、调查研究、信息沟通、综合协调、督促检查、信访处理、机要保密和值班等工作机构。其名称一般为秘书处（科）、文书处（科）、调研处（科）、信息处（科）、综合处（科）、信访处（科）、机要处（科）、保密办（室）、值班室等。

有的学者认为，广义上的秘书部门不仅是指办公室，而且还包括在组织上与办公室平行的政策研究室、档案局、保密局等在内。这同样是不切实际的，也是没有根据的。众所周知，政策研究室是决策咨询部门，属于智囊机构，而非秘书班子；档案局是档案行政管理部门，已成为政府的一个职能机构，并形成了独立的行政系统；保密局是保密工作部门，也成为政府的一个职能部门，并形成了独立的行政系统。

笔者认为，秘书部门确有广义与狭义之分。广义的秘书部门，是指具有参谋助手、沟通协调、督促检查等功能，直接为领导工作和机关工作服务的办事机构，如秘书、调研、信息、督查、信访、机要、值班等业务部门。狭义上的秘书部门，是指担负文牍性工作，并直接为领导工作服务的办事机构，如公文撰拟、文书处理和机要保密等业务部门。秘书学所要研究的秘书组织，应是广义的秘书部门，而不限于狭义的秘书部门。但是，切不可将广义秘书部门的涵义任意延伸，以至包罗万象。一个无所不包的概念，是没有科学价值的，也是难以经受实践检验的。

办公室工作≠秘书工作

办公室是办公室人员的工作场所，办公室工作是办公室的职能体现，办公室人员则是办公室工作的行为主体，三者缺一不可。

办公室工作，概括起来有三项基本任务，即辅助政务，处理事务，掌管总务，其宗旨是为领导工作和机关工作服务。以此为据，可把办公室工作分为三类：

一类是秘书工作，即辅助政务。宗旨是为领导工作服务，为领导者的领导与管理服务，以提高领导工作的效能。服务的重点是辅助决策、沟通信息、协调关系、督促检查等。其日常工作有：文字工作、文书工作、信息工作、协调工作、督查工作、信访工作、机要工作等。从本来意义上讲，这些工作均属于领导工作的一部分，但领导者不可能、也不应该事必躬亲，需由秘书部门承办之。

一类是秘书性工作，即处理事务（秘书事务），宗旨是为领导工作和机关工作服务，以保证领导工作和机关工作的同步运转。其日常工作有：会务工作、接待工作、通讯工作、提案工作、值班工作、机关内的保密工作等。这些工作既关系到领导工作，又关系到整个机关工作，具有双重性的意义。

一类是机关行政事务管理工作，即掌管总务（后勤事务），宗旨是为机关工作服务，以保障机关工作和机关人员有一个良好的工作与生活条件。其日常工作有：财务管理、物资设备管理、房产管理、基建管理、车辆管理、环境管理、生活管理等。这些工作在办公室工作中比重较大，且呈上升势头，已成为机关工作的重要内容之一。至于保卫工作、人事工作和机关档案工作，也是为机关工作服务的，皆属于一般机关管理工作。

不难看出，划分办公室工作的标准，主要是视其服务的对象为何者。服务对象主要是领导工作的，属于秘书工作，服务对象是领导工作和机关工作的，属于秘书性工作；服务对象主要是机关工作的，属于机关行政事务管理工作。据此，可以给秘书工作下这样的定义：广义的秘书工作，是指秘书人员为完成辅助领导工作和机关工作的任务而在一定业务范围内的劳动；狭义的秘书工作，是指秘书人员为完成辅助领导工作的任务而在一定业务范围内的劳动。

笔者认为，秘书学所研究的秘书工作，应是广义上的秘书工作，而不应是一般意义上的办公室工作。至于机关行政事务管理工作，包括机关人事工作和机关保卫工作，那是行政管理学的范围；而机关档案工作，则是档案管理学的范围。

有的学者提出，鉴于基层办公室不专设秘书机构，人员分工亦不明确，应把办公室工作当作秘书工作进行研究。有些秘书学与秘书工作专著，实际上也是这样论述的。其结果，势必超出了秘书学与秘书工作的范围，或者使秘书工作与办公室工作混为一谈，导致了秘书工作概念的逻辑混乱。退一步说，如果从培养基层秘书人才出发，也只能把秘书工作以外的办公室工作，当作秘书人员的"应知"部分予以关注；在知识建构上，也只能将其作为秘书学的"附录"予以对待；或者在秘书专业的课程体系中，另开设"办公室管理"课。否则，秘书学便成了行政管理学的又一门分支学科：狭义机关管理学。

办公室人员≠秘书人员

办公室人员是办公室工作的行为主体。其素质和结构如何，直接影响着办公室工作的质量和效率，也影响着领导工作和机关工作的运转。因此，办公室人员的配备与组合，是办公室管理的首要问题。

办公室人员同机关职能部门的人员一样，也是根据职责范围、机构设置和定额编制进行分工的。办公室人员一般分为秘书人员、档案人员、保卫人员、行政事务管理人员和专业技术人员。其中的秘书人员，由以下四部分人员组成：

一是秘书，即由人事或组织主管部门正式任命的、具有秘书职务的办公室人员，如秘书局局长（或局级秘书）、处长（或处级秘书）、科长（或科级秘书）、股长、科员和办事员等。我国的党政机关、群众团体及大型企业单位，一般实行秘书任命制。

二是秘书工作者，即虽无秘书职务，但实际上从事秘书工作和秘书性工作的办公室人员，如负责文书、调研、信息、协调、督查、信访、值班、会务、接待等工作的人员。这部分人员，习惯上也称作秘书。

三是机要人员，即按照国家保密工作部门和人事主管部门的规定予以审查批准的、经管国家秘密事项的专职人员，如机要部门的译电员、办报员和机务人员，以及机要交通员、机要保密员等。这部分人员经常与党和国家的秘密打交道，责任十分重大。

四是秘书首长，即拥有决策权和指挥权、又主管办公室工作的机关或部门负责人，如秘书长和不设秘书长的办公厅主任，以及不设秘书长和办公厅的办公室主任。这部分人员虽然身处领导层，但他们都与秘书工作密不可分，姑且并入秘书人员的范畴。

显而易见，秘书人员不包括保卫人员、行政事务管理人员和专业技术人员。这是因为：保卫人员虽由办公室代管（有些机关已经独立），但其工作性质仍属于行政事务管理，业务上又接受公安部门的指导，具有双重身份；行政事务管理人员（含人事干部）主要是为机关服务，不直接从事秘书工作和秘书性工作；专业技术人员是办公室的"硬件"管理人员，他们分属于不同的专业技术系列。

在秘书学的研究中，秘书的概念是一个长期争论而又尚未取得共识的理论问题。笔者认为，秘书也有广义和狭义两种解释：广义的秘书，是指在领导者身边或中枢机关工作，并以办文、办会和承办领导交办之事为主要任务的专门人员；狭义的秘书，是指掌管文书并直接辅助领导者全面处理事务的专门人员。广义的秘书包括上述四部分人员，统称为秘书人员；狭义的秘书，专指担任秘书职务的人员。秘书学所研究的秘书，应是广义上的秘书人员，以及在历史上担任过秘书职务，并在秘书界有所建树、有所影响的秘书人物。

有的学者提倡，秘书学应研究大秘书。所谓大秘书，就是办公室人员，乃至办公室以外的人员。笔者认为，这种观点有诸多问题：其一，给人事和组织部门带来困难，难以对秘书人员进行录用、考核和晋升；其二，给办公部门特别是秘书部门带来困难，难以对秘书人员进行管理和培训；其三，给学校和教育行政部门带来困难，难以对秘书人才进行教育和培养；其四，给即将推行的公务员制度带来困难，难以对秘书人员进行职位分类和人事管理；其五，给秘书学和秘书工作的研究带来困难，难以对秘书和秘书活动进行抽象与概括。因此，无限制地扩大秘书概念的外延，既不利于实际工作，又不利于理论探讨。

综上所述，我们可以看出：秘书部门是办公室的一部分，而不是它的整体；所有的秘书工作都是办公室工作，但并非所有的办公室工作都是秘书工作；秘书人员是办公室人员，但有的办公室人员不是秘书人员。还可以看出：三个不等式的前项，是行政学的研究内容；三个不等式的后项，是秘书学的研究内容。因此，不论从它们之间的关系上，还是从学科的研究范围上，把它们视为等同关系是不妥当的。

（原载《秘书工作》1992 年第 2 期）

改革政府秘书机构的思考

张守敬　　肖学亮

政府秘书部门，主要指各级人民政府的办公厅（室）（以下简称政府办）。政府办是一级政府的综合工作部门，是政府领导的参谋助手，是联系上下左右的纽带。其工作状况直接影响到政府机器的运行，影响到政府在人民群众中的威信。把政府秘书部门建成一个精干、高效的机构，显得尤其重要。然而，在目前的政府各部门、各系统中，政府办的机构设置最不规范，人员配置最不统一，工作职能最不清晰，上下左右关系最不顺畅。因此，有必要来一番改革，解决以下四个问题：

设置规范的办公机构

从全国情况来看，各级各地在政府办的设置上有诸多不统一之处：一是名称不一致。这主要表现在地市级政府办的名称上。有的称"办公厅"，大多数叫"办公室"。而划分厅、室的标准并不规范，不仅享受"较大的市"（副省级）待遇的政府设办公厅，而且一些不享受这种待遇的地市级政府同样设"办公厅"。二是内部处（科、室）的设置不统一。主要有三种模式，一种是以综合处为骨干处的模式；一种是以专业处为骨干处的模式；第三种则是将两者杂揉起来，"不薄综合爱专业"的模式，既设两、三个综合性处（科、室），又设工业、农业、财贸、城建、科教等专业处（科）。三是机构级别不一样。有的地市级政府办为副厅级（主要是一些不享受副省级待遇的省会城市）。大多数则为处级。内部处室的级别也同样有差距。四是政府办所辖单位、机构不相同。政府办究竟该辖哪些机构、单位，没有统一的规定。有的地方将政府系统内暂时没法归口的单位如驻外办事处、信访接待室、行政管理处、外事办公室等挂到政府办的账下；也有的地方则把政府办的许多职能分解开来，独立门户，另起炉灶。如设政府信访局、档案局、机关事务管理局（处）、政府外事办公室等。

政府办机构设置上的诸多不规范之处，很不利于上下交流，左右沟通。要使政府办高效运转，就必须按规范统一设置其机构。首先是统一名称，名不正则言不顺。对省、市一级政府设置厅、室应有明文规定，如享受"较大的市"以上待遇的市政府可设办公厅，其他地级市不得称"办公厅"；或者地市级以上统一叫办公厅，以下均称办公室等。其次，对政府办内部处（科、室）的设置应有原则规定。我们认为，政府办作为"三服务"的载体，应注意强调其综合功能，以综合处为骨干处的内部机构设置，易于发挥职能，不至于与其他委、办、局发生职能上的重复、工作上的扯皮、权力的下侵。第三，要明确各级政府办的级别。国务院以下的各级政府办，其级别应与政府相对应。第四，详加规定政府办的所辖机构。规定的原则主要看是否有利于发挥政府办的职能。作出上述规定的机关应是国务院办公厅或国家人事部等权威机关，以便在全国范围内形成一个上下对口、左右相联、高效精干的政府办系统。

配备精干的工作人员

首先，应设计和配备精干的领导层。目前，各级政府办的领导层很不统一。国务院办公厅不设主任，直属秘书长领导；县一级政府办不设秘书长，只设政府办主任；省及地市政府既设秘书长，又设办公厅（室）主任。这种"虎头蛇尾猪肚皮"的体制上下不对口，工作难协调，不利政府办工作。弊端主要出在省、地市两级政府既设置秘书长又配备政府办主任上。这种体制一般有这样几种工作模式：一是秘书长、主任处于同一"地平线"上，将他们拉在一起分工，各人负责一条线。很显然，这种模式有职级交叉、职责含混不清的毛病，使人们弄不清秘书长和主任的区别，以及设置两种职务序列的必要性在哪里。二是秘书长和主任形成同一级别上的两个层次。在这种模式中，秘书长虽然看上去比主任高了一个层次，但却处于悬空的位置，失去了落脚点，因为办公室是主任直接领导下的办公室，就一级管一级的原则而言，支配办公室人、财、物还必须征得办公室主任的同意，其他人就很难调度使用。从办公室正副主任这一头来说，在工作上也有诸多不便之处。他与正副秘书长平级，却要受到秘书长领导和节制，不利于发挥积极性和提高效率。根据我们的研究及体会，可采取"两统一"的办法解决这个问题，即县级以上政府统一设置"秘书长"一职，以便于政府办上下接轨，参与综合协调工作；统一取消政府办主任这个层次，政府办内务工作，可明确一名秘书长分工负责。

其次，明确规定政府办内的人员级别。第一，要规定领导层的级别。主要是省和地市级政府副秘书长的级别。现在，这两层职务一般分别规定为副厅级和副处级，但也有相当多的地方安排了正厅级和正处级。安排的形式有下列几种：一是有的地方按其传统规定，副秘书长就是正厅、处级；二是任职文件"带括号"提高其级别，即在任副秘书长后加括号：正厅（处）级；三是以兼职造成"历史事实"的办法来解决一些副秘书长的级别。如某省以安排一位分管财贸的副秘书长兼任商业厅长的办法，解决了他的正厅级待遇。而实际上这位副秘书长从未在商业厅上班，在其兼职后不到半年，又免去了商业厅长的职务。这样就造成了曾担任过正厅职的"历史事实"，按"就高不就低"享受正职待遇。

上述做法都不甚规范。因此，对这两个层次领导职级的规范是很有必要的。同样，对秘书职级也应有明确规定。现在，各地对秘书职级、名称很不统一，如地市级政府办中，有的地方秘书人员分科级秘书、副科级秘书；也有的地方分秘书、助理秘书；还有的地方合二为一，分科级秘书、副科级助理秘书。对此，只要作规范化处理，问题是很容易解决的。而职级的规范化，无疑是将要进行的公务员制度改革的必备前提。

再次，科学设定各级政府办的职数、编制。就目前而言，由于各地政府办的职能不一样，就使得同级别而不同地方的政府办职数、编制的差距甚大。据我们对苏、浙、闽三省沿海地区七个地级市、十数个县的调查，市与市、县与县之间政府办的职数、编制没有一家是相同的。一些级别相同、所辖行政区域相似、人口和主要经济指标都差不多的地方，其政府办之间人数相差在一倍以上者不足为奇。这种现象的背后，是工作效率的不确定性和不可比性。就是说，政府办工作效率的高低，没有标准去衡量，也没办法进行横向比较。而政府其他各部门职能差不多，人数比例也大体相当，其工作情况横向一比即知。我们认为，在规范政府办职能的基础上，应根据"大服务、小机构"的原则，对政府办职数、编制作出规范化规定，以便正确运用激励机制，提高工作人员的素质和办事效率。

明确统一的工作职责

无论是在理论上，还是在实践中，政府办的职责至今仍不十分明确。各级、各地政府办的职责不统一，影响了政府办的形象，制约了政府办效能的发挥。

第一，存在着"大秘书"和"小秘书"之分。在理论界，到目前为止，对"秘书"的定义还没有定说。有从广义上去理解秘书概念的，把调研信息、文学综合、公文处理、行政事务管理、信访接待、督促查办、左右协调等工作都纳入秘书范畴；秘书同时还被理解为一种职务。也有从狭义上去理解秘书工作的，不少人这样形象地解释秘书："秘书秘书，就是秘密为领导抄书。"这固然不能作为定义看待，但反映了一个观点，只把文字处理、随领导活动、参与少量协调工作看做是秘书工作的全部内涵。如果说前面的一种理解是"大秘书"概念的话，那么这种理解就是"小秘书"概念了。在实际工作中，也同样存在着"大、小秘书"之分：一些地方政府办的工作既多且杂，特别是县乡一级，成了"不管部"，大到重要决策，小到鸡毛蒜皮，凡没有专门部门过问的问题，政府办都得管起来。也有一些政府办比较超脱，除了为领导起草文稿、安排和跟随领导活动以及参与很少量的协调之外，其他一切杂务都交给了专门部门。这种政府就是行使了"小秘书"的职能。同样的机构，工作内容大相径庭，这显然不是设政府办这个部门的初衷。从实际出发，秘书的外延应比包罗万象的"大秘书"小，比过于单一的"小秘书"大，将两者结合起来，把秘书概念统一起来。

第二，存在着"有权协调"与"无权过问"的职责之分。这是指政府办在协调工作方面存在的差异。一些政府办在人、财、物诸方面被授予很大的权力，政府办处在领导层之下、部门层之上，成了领导与其他综合和专业部门之间的又一层次。部门需要领导出面协调工作，必须通过政府办这个层次；只有在政府办难以协调的情况下，政府领导才亲自去解决。也有一些地方的政府办与此相反，主要是被动地服从领导，为领导"打杂"，没有任何协调的实权。领导与部门之间直接相通，政府办成了"附着物"。我们认为，在对政府机构实行改革之后，许多政府专业部门改为经济实体，政府办应该成为填补部分权力真空的"有权协调"部门。这样，可以增加政府宏观调控的能力。

第三，存在着"不能参与"与"可以参与"的功能之分。在理论上，不少人十分强调秘书工作的被动性，主张秘书不参与领导的决策和其他工作；但在实际工作中，政府办不可避免地要参与政事，以调研、信息、起草文稿来为领导服务，虽然这种参与仍是有限的和间接的。有些政府办工作由于受"不可参与"理论的影响，形成了"服从执行"的工作机制，工作没有任何主动性，碌碌无为，无一点创造精神。相反，明确"可以参与"的政府办，既保障了领导决策的科学性和民主性，又调动了广大政府办工作人员的积极性、主动性、创造性。

第四，存在着"必经程序"与"非必经程序"的工作方法之分。目前，多数地方政府在行文、办理行政事务时都要求办公室先把关，但也有些地方政府领导处理问题是"一杆子插到底"，不经过政府办这个环节。这种工作方法有时能提高效率，但过多和不适当运用，容易导致工作上失误。因此，我们赞成办公室的工作在政府工作的若干环节中可作为必经程序。

加强纵向之间的密切联系

所谓纵向联系，系指政府办与上级政府办之间联系，与本级政府所属部门办公室或秘书科之间的联系，与下一级政府办之间的联系。政府办的上下联系越密切，工作也越易上轨出成效。首先，这是政府办基本任务决定的。现在，政府办的信息调研、督促检查、综合协调、后勤服务等项工作不断加强，而信息调研来源于上下左右，督促查办涉及到方方面面，综合协调关系到众多层次，后勤服务依靠左邻右舍，这些都离不开政府办之间的纵向联系。其次，是提高办事效率的需要。加强纵向联系，可以完善运行机制，减少周转环节，从而达到提高效率的目的。再次，是领导决策的需要。领导决策的民主化、科学化，必然要求政府办提供多方位、多层次的决策依据，政府办倘无联系网络，就不能满足这一要求。第四，这是政府办工作人员的强烈愿望。目前的各级政府办都处于独立作战，无所依傍的境地，像一叶飘浮在大海里的孤舟。身处这叶孤舟上的政府办工作人员，都希望能与上下左右建立正常的联系，以相互切磋技艺，提高工作水平。

长期以来，政府办纵向上除了信息、公文处理和办公自动化等几个方面有点联系外，其他各条线几乎没有任何联系。这种情形与政府系统其他各部门形成了鲜明的对比。各个部门自不必说，人、财、物都掌握在上一级机关手中；其他部门和行业中，也大都形成了上下一条线、左右一张网的联络关系，有呼必应，有求必援，使得他们在工作中能左右逢"援"，得心应手。政府办系统中，即使说有点联系的话，也是松散型的，上对下没有任何约束力。在各条线活动频繁、"会灾泛滥"的时候，政府办一条线几乎没有什么活动，出现了"会荒"现象。近几年来，虽然各级政府都认识到有必要加强联系，但联系的随意性很大。为此，有必要使上下联系制度化。首先要确定关系，即使不能建立起领导关系，也应建立起指导关系，建立起业务联系制度，包括业务培训制度、信息网络制度、交换材料制度、研讨座谈制度、交流经验制度等。第二步，可进一步建立起人事制度。包括任免政府办干部与上下通气制度，政府办干部之间的交流制度等。上下级对相互间的业务素质、工作水平都比较了解，建立通气制度有利于避免用人问题上的失误现象。

总之，完善和规范政府办工作机制，建立统一、规范、精干、高效的政府秘书机构，应该列入政府机构改革的议程之中，作为一项重要内容，从而充分发挥政府办公部门在加快改革和发展中的作用。

（原载《成都大学学报》1994 年第 2 期）

浅议秘书队伍的结构优化

陈　朝　银

在新的形势下，党委办公室能否提供优质服务，充分发挥好参谋助手作用，在很大程度上取决于秘书队伍的结构素质。因此，必须把优化办公室秘书队伍结构作为党委办公部门加强自身建设的重点，全面规划，合理布局，选拔、培养多层次、多行业、多类型的专门人才，使秘书队伍中参政、办事人员比例协调，文化知识门类比较齐全，年龄结构搭配适当，其他结构科学合理，以充分发挥整体功能。

一、过硬的政治思想素质结构

党政机关的秘书工作人员，一言一行，一举一动都直接关系到党的形象，关系到领导的形象，关系到机关的形象。因此，每个秘书工作人员首先必须具备过硬的政治思想素质和职业道德品质。在政治思想素质方面，要求坚持用邓小平建设有中国特色社会主义理论武装头脑，坚持党的"一个中心、两个基本点"的基本路线不动摇，自觉贯彻执行党的各项方针、政策，在思想上、政治上同党中央保持一致，同党委领导保持一致；对社会主义事业充满信心，对共产主义事业有必胜信念；保持清正廉洁，自觉抵制各种腐朽思想的侵袭；具有科学的世界观和方法论，能够运用马列主义的立场、观点和方法观察、分析和处理工作中所遇到的实际问题。在职业道德方面，要求树立集体主义的观念，具有不计较个人名利、个人前途、个人价值，默默奉献，甘当配角，甘当无名英雄的精神；具有勤奋刻苦，知难而进，知苦而上的精神；具有热爱本职，尽职尽责，踏实肯干，在平凡的岗位上闪光发热的精神；具有团结进取，勇于创新的开拓精神；具有务实、实干，说实话，办实事，实事求是的求实精神；以及严格遵守纪律，保守秘密等等。个体良好的思想素质，是保证秘书队伍群体思想素质结构优化的基础。

二、多元的知识结构

秘书人员是领导的参谋、助手，工作涉及面广，对其全面性、综合性的要求很高。秘书队伍的知识结构，必须是多元、互补型的立体结构，才能顺利开展工作，圆满完成领导交给的各项任务。因此，必须改变秘书队伍知识结构单一的状况，在调整充实人员时，要注意各种专业知识的补充搭配，使秘书人员既懂得"共同课目"，又具有自己的专长：有懂工业的，也有懂农业的；有懂商业的，又有懂科技、教育的；有懂政治教育的，也有懂经济管理的；有懂文、史、哲的，又有懂自然科学知识的；还要有会速记、外语、电子计算机应用、录音录像、传真电讯、复印打字等各种相关技能的等等。在纵向上也要形成多层次：既要有研究生，又要有本科生、大专生、中专生等。优化秘书队伍知识结构的主要途径和方法，除了在选配人员时严格把关外，对现职的秘书工作人员也要加强岗位培训：对那些未受过专业训练，文化基础偏低，热爱秘书工作，有培养前途的人员，要选送出去深造。同时要充分发挥骨干的以老带新作用，在实际工作中进行滚动培训。还可以定期举办各种类型的培训班，组织各类专业培训，为秘书人员更新知识、更新观念、增长才干提供学习的机会。

三、互补的智能结构

根据秘书工作的实际需求，秘书队伍要拥有各种不同类型的人才。既要有才高八斗、文思敏捷的"笔杆子"，又要有善于协调、能于组织的"活动家"；既要有见高识远、多谋善断的"诸葛亮"，又要有行动果断、办事精明的大能人；既要有勤于理事、善于管理的经理型的人才，又要有埋头苦干、任劳任怨的"黄牛"型人才；既要有熟识党委、善于思想政治工作的人，又要有知晓经济工作的人；同时，还要有兼备以上各种才干的"通才"。在秘书工作队伍这个集体中，只有各类人才齐备，相互搭配，才能保证整部机器有条不紊地运转，使整体功能得到最佳的发挥。当然，有了各类人才，还要按照专长和能力的差别进行科学的组合分工，使每个秘书人员在群体中，既善于做熟悉的工作，又乐于接受陌生的任务。从而做到人尽其才，才尽其用。

四、梯型的年龄结构

同知识、智能结构一样，秘书工作队伍的年龄结构也不能整齐划一，要由不同的年龄段搭配而成。老同志阅历丰富，办事沉着稳实，能够应付复杂局面，但往往观念更新慢，力不从心，难以适应办公室快节奏、高强度的工作；青年人思想敏锐，精力充沛，少保守，肯学习，易于接受新生事物，但缺乏经验，对一些政策性很强，情况较为复杂的问题难以把握；中年人则往往兼有二者的优点，而较少两者的缺点。三者合理搭配，老、中、青合理组合的秘书队伍结构，其办事效率就会得到很大的提高。因此，要增强秘书班子活力，提高办公室工作质量和工作效率，秘书工作队伍的年龄结构必须形成多区段、阶梯形；一般以中年同志居多数为宜。由于年龄的变化是不可抗拒的客观规律，因此要在相对稳定的前提下，不断进行新陈代谢的调整。特别要坚持未雨绸缪，不要"临渴掘井"，更要避免出现"断层"的现象。明智的做法是：不断选拔充实新秀，也要不断做好人员的输出。做到有进有出，合理流动，不搞"秘书终身制"，不搞"胡子兵"。形成链式传递的良性循环，使秘书队伍像一池活水，永远充满朝气和活力。

五、协调的性格结构

在秘书队伍这个群体中，个体性格搭配合理，多种性格协调相容，是决定工作质量和工作效率的一个重要因素。人的性格各异，有的外露，善于社会交往和处理各种人际关系；有的内向，为人处事谨慎冷静；有的明快，办事果断；有的含蓄，幽默诙谐；有的办事麻利，灵活敏捷，临事不乱；有的周密细致，工作踏实认真；有的谦逊、随和；有的耿直、倔犟等等。如果让近似性格的人相处在一起，就很难互相配合，反而容易造成互相抵制，甚至发生摩擦，导致内耗，但是，如果把相异性格的人合理地组织在一起，就会产生扬长避短、相益互补、相互包容的积极效应。

（原载《秘书工作》1995 年第 10 期）

试论秘书部门在领导决策
过程中的参谋作用

周 治 辅

秘书部门应当充分发挥在领导决策过程中的参谋作用。这个课题，涉及许多理论和实践方面的问题，这里就其中的几个问题试作探讨。

（一）秘书部门的首要责任就是为领导机关和领导者在正确决策并有效执行方面提供参谋服务。领导者的基本责任就是决策，领导活动即在于作出决策和组织实施决策。秘书部门为领导服务，首要的就在于为领导作出决策和执行决策服务。各级领导机关分成多个层次，层次越高的，决策的责任越重大，但任何层次的领导都有决策的责任。地方的党政机关，直至基层机关，主要是执行、落实中央和上级的决策，但在执行中必须"敢于和善于把中央路线、方针、政策同各地的具体情况相结合，把中央文件的精神同干部群众的思想实际相结合，创造性地工作"（江泽民同志在 1991 年 9 月中央工作会议上的讲话）。这两个"结合"，也就是决策，是不同层次的决策。无论哪一级秘书部门为领导服务，都要把为领导决策服务和为领导者实施决策的工作运转服务作为首要的任务。

随着社会主义现代化建设和改革开放的进展，地方各级党委、政府决策的责任必然越来越重。这当然也给各级秘书部门为领导决策服务的参谋工作提出了新的更高的要求，要求我们更自觉地围绕经济建设这个中心，敢于和善于在那两个"结合"上给领导当参谋，更有成效地为这个中心服务。衡量和考核一个秘书部门的参谋工作，首先就看为这个中心服务得怎么样，就看你的工作是否有助于领导在这方面的决策，是否有助于当地经济建设和改革开放的发展，是否有助于加强党的建设和保持社会稳定。我们应当按照这个要求，千方百计加强和改进秘书部门的参谋工作。

（二）秘书人员要参"谋"，不要参"断"，参谋的目的在于为领导决策服务。在党的八届七中全会上，毛泽东同志曾向到会的党内高级干部推荐读《三国志》中的《郭嘉传》，并由此谈到党的领导干部要注意多谋善断。（郭嘉是曹操的谋士，曹操采纳他的计谋作出过一些成功的决策。）据薄一波同志回忆："毛泽东同志介绍大家看《郭嘉传》，意思是希望各级领导干部做事要多谋。他说，多谋善断，这句话重点在"谋"字上。要多谋，少谋是不行的。要与各方面去商量，反对少谋武断。……谋是基础，只有多谋，才能善断。谋的目的就是为了断。"从这段话可以看出，谋与断是决策程序中的两个重要环节。断是谋的目的，谋是断的基础。断即决断，这完全是领导者的事，秘书人员无权参与。"参与决策"这个提法之所以不准确，主要就因为易与"参与决断"相混淆。但是，善断必须多谋，秘书工作人员可以而且应该参与其谋，这就是参谋。

秘书部门的参谋工作，与这个部门的其他工作一样，都具有对领导者的从属性，都是为领导服务，不过它更直接从属于领导者的决策行为，是在决策行为全过程中提供参谋性质的服务。各项工作都有其重要性，但秘书部门应该以参谋工作为重点，参谋工作应该以为领导决策服务为目的。参谋工作为领导决策服务有许多的途径和手段。秘书人员献计而被领导采纳形成决策，更大量更经常的参谋工作，而是通过本部门一些与领导决策行为密切相关的业务，在决策行为全过程的各个环节中提供服务。虽然某一环节上的参谋不见得对领导"决断"产生直接的影响，但在总体上都可以对决策正确和执行有效起到重要的作用。例如信息、调研、文稿起草、公文校核、督促检查以及有关的综合协调等工作，都在这方面负有重大责任，都大有可为。因此，秘书部门各个岗位的参谋工作，都要有强烈的为领导决策服务的意识，有明确的为领导决策服务的目的性，都必须围绕这个目的去做好本岗位的工作。

（三）为领导决策服务的参谋工作要努力适应建立健全民主的科学的决策程序和制度的要求。民主科学决策的程序，一般而言要有以下步骤：一是确定决策目标；二是拟定备选决策方案，进行论证评估；三是确定决策；四是决策实施过程中的控制与反馈。这个程序，在十三届六中全会的《决定》里作了原则性的规定，简述如下：（1）确定决策前，务必以马克思主义为指导，走群众路线，充分调查研究，广泛听取各方面意见，反复比较、鉴别和论证。有的重大决策在实施前还需要经过试点。（2）党委在决策过程中要严格执行民主集中制原则。重大问题的决定，要实行表决。（3）决策作出之后，要结合实际情况贯彻执行。有关国家事务的重大决策，要通过法律程序变成国家意志，依法办事。在决策执行中，要紧紧依靠群众，并不断接受实践的检验，及时总结经验，补充完善，纠正偏差，防止酿成大错误。遵守规定的决策程序和制度，当然是领导者的事，而秘书部门的责任则是在参谋工作中必须按照领导决策的程序和制度去为领导决策服务。

秘书部门参谋工作的程序是什么样子？参照领导决策的程序，可以大致设想如下：（1）当领导选择决策目标时，秘书部门要依据领导打算解决什么问题的意向，通过信息和调研，广泛深入地了解有关的真实情况，发现和分析工作中的问题，提供领导在确定决策目标时参考。（2）当领导酝酿决策方案时，秘书部门要围绕领导已定的决策目标，收集和处理有关的信息，充分调查研究，广泛听取各方面的意见，准确及时地向领导反映，并且协助领导去组织和协调各方面的力量，对各种备选方案反复进行比较、鉴别和论证，将其结果加以分析综合，并可提出自己的建议，报告领导供决策参考。(3) 当领导审定决策方案时，秘书部门要为领导集体的决策会议做好会前准备和会中服务工作，以便于领导在民主讨论的基础上实行正确的集中。同时，还要做好有关文件的起草、校核等工作，将领导作出的决策准确地加以表述并及时下达。(4) 领导决策下达后，秘书部门要通过信息、调研、特别是督促检查等手段，及时了解和反馈决策的贯彻执行情况和接受实践检验的结果，总结试验，找出典型，发现问题，促进决策落实，并可提出进一步实施决策或者补充完善决策的建议。秘书部门的参谋如果有了一套健全的科学化规范化的工作程序，对于提高参谋水平大有好处：可以大大提高参谋工作主动积极地为民主科学决策服务的自觉性，在被动中争取主动，增强参谋工作的科学性和有效性；可以使参谋工作更加有章可循，为领导决策服务的路子更加清楚，以免一些同志总是觉得当参谋无从着手或者高不可攀。此外，有了这套程序，也便于秘书部门协助领导者对执行决策程序的情况进行"把关"，即在办文、办会、办事时，发现执行决策程序中某个环节如有疏漏，就可向领导提出加以补救的建议，或者帮助领导拾遗补阙。这种"把关"，也是为领导决策当参谋的一个重要的方面。

（四）强化秘书部门的整体功能，充分发挥为领导决策服务的参谋作用。领导决策是个复杂的社会系统工程，为决策服务的参谋也是如此。就参谋工作程序而言，这一程序分为若干个环节和步骤，它们是相互作用和相互联系，结合而成系统的整体。在每个环节和步骤中，我们都要尽职尽责地做好工作，而且要从参谋工作程序这个总体着眼，树立系统观念，运用系统方法，使各个环节和步骤当中的工作紧密联系和配合，更好地发挥为领导决策服务的作用。

为决策服务的参谋是整个办公厅（室）的事，特别是秘书部门的事，涉及信息、调研、督查、文件起草、文件校核、会议服务等各方面的工作。这些工作分别由办公厅内设的各个机构管，在一个机构之内又有不同岗位的分工，这就十分需要强化秘书部门的整体功能。如果各个岗位"你打你的，我打我的"，尽管各自都"打"得很起劲，也必然削弱了参谋的作用。例如现在我们有的重要文件和讲话稿，起草的是一班子人，而搞信息、调研的工作人员既不介入，他们的工作成果也没有被起草的班子所利用；文件起草好了交公文处理机构去校核，而校核人员却摸不清来龙去脉，只能就文字改文字；起草、校核文件的人员不过问文件的贯彻落实，而通过督促检查所反馈的文件接受实践检验的结果，又难以被起草、校核的人员了解。这样，各个环节的参谋工作各自为战，彼此脱节，各自的作用在某种程度上被互相抵消，秘书部门这个整体的参谋作用就更难充分发挥了。当然，各个岗位的工作适当分工是完全必要的。没有分工就会打乱仗，凡事都来"大会战"，一拥而上，那是不行的。我们要提倡管理科学的"整——分——合"原理，在整体规则下明确分工，在分工基础上进行有效的综合，既分工又合作。这就是说，各个岗位都要把自己的工作摆进参谋工作程序这个整体系统当中去安排，在努力做好本岗位的事情的同时，一方面主动地为其他环节、其他岗位的工作服务，为他人提供方便，提供自己工作的成果给他人利用，另方面又主动地去了解其他环节、其他岗位工作的情况，利用他人工作的成果。特别是各个环节、各个岗位都要共同为领导决策的正确制定和有效执行着想，齐心协力地提供优质高效的服务。要做到这些，除了要求秘书部门各个岗位的人员努力之外，更重要的是要求秘书长、办公厅（室）负责人做好统筹组织和协调的工作，充分发挥秘书部门以至全厅（室）的整体功能。这里有的问题涉及一些复杂的关系，则需要从理顺体制、调整机构设置等方面去求得解决。

（原载《秘书工作》1992 年第 5 期）

试论秘书人员助理决策的方法

何　世　平

决策需要助理。现代决策者的决策要从经验上升为科学，即变"经验决策"为"科学决策"，就更需要有关专家、以及包括秘书人员在内的各类人员参与决策活动，协助决策者作出科学决策。助理决策的意义就在于：它能够协助领导形成正确的决策，纠正失误的决策，把领导所作出的决策最佳地付诸实施。1951年7月，中央人民政府政务院颁发的《关于各级政府机关秘书长和不设秘书长的办公厅主任的工作任务和秘书工作机构的决定》指出"秘书长和办公厅主任工作的性质是既要参与政务又要掌管事务"，强调"重点应该放在协助首长研究政策，处理政务方面"。1985年1月，全国秘书长、办公厅主任座谈会提出了秘书部门要从偏重办文办事转变为既办文办事又出谋划策。可见，助理决策在秘书人员的总任务中占据着极其重要的地位。

秘书人员助理决策的具体做法，笔者认为可从如下几个方面努力。

一、针对不同类型的决策，进行不同特点的助理

目前，我国决策的类型按决策的范围分为宏观决策（亦称战略决策）、微观决策（亦称战术决策）。按对决策问题的了解程度分为确定性决策（亦称常规性决策）、不确定性决策（亦称非常规性决策）；不确定性决策又分为风险型决策、博弈型决策。按决策过程的作用分为突破性决策、追踪性决策。按决策目标的多少分为单目标决策和多目标决策，等等。这些类型不同的决策各

有其特征，秘书人员要针对其特征进行相应的助理。例如"追踪性决策"，它是根据原决策的失误而重新确定的新的决策，具有回溯分析、非零起点、双重优化和心理效应四个特征。秘书人员在助理领导作出这种类型的决策时，就要依据这四个特征，确定自己行动的主要方向和主要内容。具体说来，要把自己掌握的各种情况提供给领导，由领导对原决策进行逆推分析，从中找出偏离的环节和失误的根源；根据已经变化的主客观条件（它已不是原决策起点的状态），协助领导重新审查目标，作出追踪预测。在可能的情况下，秘书人员也要提出一个或几个供选方案，让领导选出"满意"方案。追踪决策确定后，要提醒领导重视心理效应问题，协助领导通过宣传、解释工作，消除执行过原决策的人员可能产生的抵触情绪，使追踪决策能够得到顺利实施。

二、针对决策中各个阶段的具体情况进行相应内容的助理

决策过程经历的阶段一般是：发现问题——确定目标——分析矛盾——制订方案——综合评价——方案选优——决策实施。秘书人员要协助领导高效率、高质量地完成好每一阶段的具体任务。如在"方案选优"这个阶段中，秘书人员要协助领导确定一个合理的选择标准，要亲自运用计算、模拟等科学方法获得有关数据，再把这些数据提供给领导，使领导对所有供选方案作出比较、权衡利弊，最后选取其一或综合成一。

三、针对不同的决策对象，进行不同侧重的助理

任何决策都有它相应的对象，而任何决策对象又都不是与其它决策对象完全一样的。不同的对象构成了不同的内容特点，秘书人员要依据这些特点，有所侧重地助理领导作出决策。如经济决策，秘书人员就要协助领导侧重于决策好市场调研、预测规则、科学研究、技术开发、产品研制、工厂生产、储存运输、流通销售、市场服务等环节的事宜，确保每一个环节不被疏忽。

四、依据决策原则，协助领导作出优化决策

决策的原则是：(1) 信息准全原则。信息是决策的基础。秘

书人员要通过各种渠道及时收集准确的、全面的信息并向领导提供，对收集到的信息进行系统的归纳、整理、比较、选择。（2）可行性原则。任何一项决策都是为着实施的，因而必须是可行的。秘书人员要从实际出发，协助领导分析现有的人力、物力、财力和技术能力等客观条件，分析发展过程中有可能遇到的问题以及这些问题能否得到解决的措施，分析决策实施后在政治上、经济上的利与弊，制定出可行的方案。（3）对比选优原则。任何一个决策，特别是重大问题的决策，是在比较中选定的。秘书人员还要组织有关人员为领导提出供比较选择的方案，并协助领导选出最优方案。（4）集团决策原则。面对高度复杂的社会系统工程，任何一个领导者个人的知识、智慧和经验都是有限的，这就需要集体决策。秘书人员应该协助领导组织参与决策的专家、技术人员、业务人员等献计献策，集思广益，使决策接近和达到最优化。

五、认真办理好传达决策的有关事宜

领导作出决策后要向特定的执行者传达，办理好传达决策的有关事项，是助理决策的一个重要内容。如果需要制发决策文件，秘书人员就要力争用准确的语言正确地表达领导的决策，写出内容与形式相统一的好的决策文件。如果需要召开决策传达会议，秘书人员就要努力搞好会议的组织工作，特别要为领导者拟好关于说明决策背景、决策经过、决策目的和决策内容的讲话稿。如果需要前往有关单位传达决策，要及时到达这些单位，按照议定的传达范围，把领导决策准确地告知有关人员。

六、积极协助领导督促、检查决策的实施

整个决策活动包括制定和实施决策。在决策制定后，秘书人员一是要为领导编制出具体的实施计划。（包括总体计划和分期分批计划），在计划中要明确执行决策的部门及其责任范围、质量要求、数量指标、条件以及完成时限等；二是要协助领导向干部、群众宣传决策，使决策者的意图成为执行者的自觉行动；三

是要协助领导把人力、物力和财力及技术力量组织集中起来，保证决策顺利实施；四是要协助领导检查，发现偏离决策的要及时予以纠正；五是要疏通信息传输渠道，确保信息反馈畅通。

（原载《秘书》1987 年第 6 期）

发挥企业办公室的综合管理职能

董 晓 炜

十年改革，企业的管理体制已经发生了很大的变化，尽管新的管理体制还没有完全形成，但与十年前纯粹的产品经济体制相比，已截然不同。企业作为一个相对独立的经济实体，已经不再是以前那种被动的经济计划执行者，大量的独立或相对独立的经济管理工作在企业内部与日俱增，企业可以说已经发生了本质上的变化，是一个主动的商品生产经营者了。正是这个变化带来了企业办公室在工作实质上的变化。如对目前办公室的工作作一个简单的归类分析，大致可分为以下五类：

第一，辅助决策

在企业的决策过程中，办公室作为助手，自始至终要辅助决策。决策前，办公室要根据决策内容作好各方面的准备工作，包括各种经济技术数据的收集、测定、整理，各方面人员和会议的组织等。决策中，要对各种决策条件进行筛选、参与测算，必要时要提出方案意见，供领导参考。决策形成后，办公室还要作好决策的贯彻落实工作，并及时反馈执行中的情况提出必要的修改意见等等。实质上，办公室在企业的任何一项重大决策中都是服务范围最广、时间最长的一个部门。

第二，调查研究、信息传递

调查研究可以说是办公室最基本的工作之一。上至中央的大政方针、省市的各种政策，下到企业经济运行各个环节出现的问题，都是办公室调查研究的内容。办公室是领导的耳目。这个耳目不是被动的视听，而是一种能动的反映。这就要求我们在进行调查研究的时候，开动脑筋，善于发现问题的实质，提出建设性的意见。这个过程就是一个能动的、积极的信息传递过程。这项工作质量的高低，会直接影响到领导对事情的决策。

第三，协助解决日常工作中的棘手问题

企业在日常运行中会产生大量的问题和矛盾，其中许多问题和矛盾单凭职能部门是解决不了的，有时还会发生扯皮。这些问题和矛盾反映到上面，一部分由领导拍板解决，一部分则要通过协调，企业办公室正是这样一个协调部门。企业内不论事大事小，凡找到办公室都要设法解决，决不能推托，否则就是失职。办公室的协调工作不是要代替职能部门直接插手，更不能借领导之名发号施令，而是要在弄清情况的基础上，提出建议，为问题的解决铺路搭桥、创造条件。但个别情况下，也要代为转达领导的指示，督促职能部门解决问题。

第四，参与基础管理

企业中一些综合性比较强的基础管理，办公室常常要参与，比如企业升级、规章制度的修订、企业长期发展规划的制定等等。因为这些工作办公室参与更为适合。笔者是 1983 年调到厂长办公室工作的，接手的第一项任务就是参与《企业管理制度》和《职责条例》的修订。以后又参与了企业升级、制定承包责任制、制定内部改革方案、制定规划等多项工作。为了搞好这几方面的工作，这些年，我们曾先后成立过改革办公室、企业管理处等部门，但这些工作始终没有从办公室完全分离出去，事实上也不可能完全分开。

第五，办文办事

写文章跑腿是办公室的基本职能之一。外行人眼中，我们这些当秘书的，一靠笔杆子，二靠腿杆子。这其实是表面现象。他们不当秘书，不知个中滋味。但办文办事的提法则是我们当秘书的自己概括的，这种提法可能不科学、不全面，不能准确地反映

办公室工作的实质内容。从企业办公室来讲，所办的文和事，决不可能越出企业生产经营内容之外。所以，要办好文和事，不了解本企业的基本知识不行，不懂得企业管理也不行。办文办事水平的高低，恰恰反映了对这些基本知识的掌握程度。事实上，反应了一种综合管理素质。缺乏这种综合管理素质的人，恐怕连一件事也办不好。

从以上这五类工作的简单分析，不难看出，办公室大量的日常工作与整个企业的生产经营管理是密不可分的，是企业整体管理的一个有机组成部分。所以，企业办公室不是一个事务部门，而是一个综合性的管理部门。

（原载《秘书工作》1991 年第 1 期）

秘书职能在企业经营中的泛化表现

闻国政　林江潮

随着经济体制改革的深入，企业要经受来自商品市场的冲击，必须建立运转灵、反应快、效率高的适应竞争需要的生产经营机制。国内市场和国外市场瞬息万变，对企业的决策层、管理层和操作层提出更高的要求，在企业经济活动的各个方面，呈现出标准化、自动化、资料化、信息化的特征。这些特征在实践中表现为：

1. 企业的决策与管理有一整套严格的科学程序。

2. 企业决策与管理建立在对各种知识运用的基础上，使"一人拍脑袋，众人跟着干"，仅凭经验进行决策与管理的情况成为历史。

3. 企业的决策与管理，借助先进的智能设备（如微机电脑），运用现代化组织控制手段（如系统论、信息论、控制论、统筹学等），使企业经营活动过程的每一个环节日趋优化。

为此，企业在经营决策、生产管理等各个方面的活动不同程度地渗入了秘书职能。一批具备辅助决策和参与管理能力，并且谙熟办公室职能的管理人员应运而生。可以预见，秘书职能在企业经营中的泛化，将是企业走向现代化的一个趋势。

秘书的责任与功能主要在辅助决策、协助管理上为领导（决策者）服务。企业经营管理主要是：（1）制定经营战略；（2）产品开发；（3）产品制造；（4）市场开发与销售；（5）财务成本管理。

下面，结合改革开放较早的佛山市几个试点企业的情况浅析秘书职能在企业经营中的泛化表现。

一、经营管理与秘书职能

企业实行厂长（经理）负责制后，决策者在经营中的指挥，就要建立一个适应经营需要的统一指挥系统。为此，减少副职，合并中层科、股、室，强化秘书职能，简化管理程序，成为决策者的改革方向。

佛山纺织公司和服装工业公司共 19 家生产厂，其中千人以下小厂 10 家，厂级领导的配备过去平均一正两副，现在一正一副；一千人以上的中型厂 9 家，厂级领导的配备过去一正多副，现在平均一正两副。60％的企业，过去中层设 8 至 15 个科（股），现在合并为两至三个办公室（党委办公室、厂长办公室、生产经营办公室）。由于职能部门和副职的减少，决策者的指挥效率得到很大的提高。

企业的厂办主任、厂长助理、秘书，日常的主要工作是辅助厂长（经理）完成经营决策。他们的具体工作有：（1）草拟厂长日常指挥调度的命令、指示、通报、报告、请示、汇报等文件和生产活动分析等；口头传达厂长指令、要求、意见。（2）执行厂长授权，处理生产经营中的问题，如代表厂长召集每周生产分析例会；检查某工序产品质量的稳定状况等。（3）为厂长查办生产中出现的问题，如对发生的生产事故苗头、设备故障、质量事故等原因的查询。（4）根据厂长的决策意图调查研究，如对企业的竞争对手情况、本厂产品市场占有率进行调查分析，整理出调查结果。（5）在厂长作出某项经营决策后，对各职能部门进行监督与协调，了解和询问有关部门执行决策的进展情况，遇到的困难，需要的条件及落实改进的措施；协调副厂长和企业"三总师"（总会计师、总经济师、总工程师）的不同意见、不同建议，并将情况及时向厂长汇报。（6）为厂长处理日常电话、电报、信函（件）往来。（7）为厂长决策准备各种资料、文件。比如厂长决定引进和进口某项技术及设备，厂办主任、厂助或秘书要做好下列工作：一是编报项目建议书；二是组织专家咨询会及编写可行性研究报告；三是填写引进设备或技术的明细表和各式订货卡片（报省市设备技术进口领导小组审批用）；四是调阅我国对该进口项目的有关政策规定及程序，随时为厂长提供咨询服务；五是协助厂长在贸易谈判中签订进口合同及各种协议书。(8) 在对外业务交往中，做好公共关系的协调。如为了宣传和推销企业新产品，协助厂长举行新闻发布会，组织企业产品订货会等。

二、市场销售与信息管理

商品经济，强调市场调节，这就要建立一套完善的信息管理制度，使信息成为制度和实施市场销售战略和策略的依据。按照不同的市场，信息管理可以分为国内市场和国际市场两个层次。

广东省和佛山市分别成立的信息中心和信息协会属于国内市场信息管理层次。从 1985 年开始，"中心"在本地区企业中逐步建立起一个信息服务网，各企业的信息员成为信息服务网的"网眼"。省市信息中心在佛山市市属的 28 个专业局、公司企业中，吸收了约 100 名信息员（多由厂企秘书、厂长助理、办公室主任担任）。这批信息员每周或每月就本企业所需要原材辅料和产品推销，向"中心"进行一次书面报告。"中心"将来自各企业的供销信息汇总整理，印制成表册，每周一次发给各企业，作为市场行情及商品信息的交流。信息服务网的信息管理主要有下列类型：(1) 贸易机会。提供生产资料需求的期货和现货信息；提供各类企业的产品的销售信息。(2) 转让科学技术信息。为企业引进各种技术专利搭桥。(3) 为开发新技术、新产品和开采矿产及推销各种新设备新商品寻找合作伙伴。(4) 进行国内及国外市场消费动态、供需趋势分析，为企业提供消费者口味的新动向等。(5) 本国市场有关政策的变化及规定。为了不断提高信息服务工作的质量，每半年市信息协会组织会员开一次例会，研究信息工作的新特点，交流信息管理的先进方法和经验，磋商信息网络有关技术协调、组织完善等问题。

另一个是国际市场的信息管理，主要存在于三来一补企业、"三资"企业、自营出口企业之中。它们产品的供销对象主要是外商，国家、省市外贸收购部门或国外贸易代理机构、代理商等。这类信息管理主要由出口部门，如省轻工业进出口公司、外贸委牵头组织，由驻外商务机构定期以情况汇编、通报等形式提供。另外通过收集、摘录外国出版的各种商情信息的书刊报纸，及时提供给出口企业。必要时还组织规模不等的国外展销会，直接试探国外市场商情，进行信息反馈。这个信息系统通常每年召开一次年会，总结信息工作情况，探讨、展望下一年度国外商品市场的特点和趋势，研究对策。

三、生产管理办公室化

生产管理是指企业对生产全过程进行计划组织与控制，充分利用人、财、物生产出市场需要和用户满意的产品。随着自动化、机械化程度的提高，生产力的高速发展，生产过程产生的浩大而繁杂的数据统计，已不是传统的管理方式所能胜任。企业的管理机构和管理方式，随着现代化的到来，或迟或早要发生深刻的变化。这就是具有秘书职能的办公室管理方式将被应用到企业管理之中。

电脑的使用，成千上万倍（甚至百万倍）地扩延了人脑的某些思维功能，通过建立以人——电脑有机体为枢纽的程控系统，管理人员不必直接地站在生产现场实施管理和指挥，只要随时向程控系统输入指令信息，便可调控生产。对生产过程的组织与控制可利用微机建立生产管理数据库，在每批货投产前，将各工序设备、人员及该批产品数据输入电脑，便可以对产品作出产量、成本、利润的统计分析，随时为管理者提供精确的生产数据，对生产决策时效化起着不可估量的作用。

利用微机参与生产管理，还可以扩展生产空间，挖掘生产潜力。如产品的仓库管理，过去一个服装厂，需要建一个约400平方米的仓库，同时配备 10 名仓库保管员和 6 名搬运工。实行库房管理电脑化后，产品的码放由平面发展为立体。仓库从地面到顶部，建若干层货架，每层货架分区编码输入电脑。原料或产品进仓由电脑编号定位，装卸货物的机械手或输送带，按照电脑的指令，将物资准确无误地送入或输出。要想了解那一个区域是否满载，按一下电脑键盘便一目了然。这样，仓库空间利用率可提高两倍，人员可减少七成。

生产管理表格化、图解化，是秘书职能进入生产领域的另一个表现。如生产中的质量管理，传统的方法是在成品车间设立质量检查人员，挑出废品和次品，这种"马后炮"的做法给生产造成不必要的损失。现代的质量管理，就是从投料开始便对每一工序作严格的质量监督，管理人员将各工序的质量状况随时以图表的方式提请每位操作人员注意。这就需要绘制大量的图表来反映每个生产环节的质量变化。这些管理形式——办公室化，越来越需要管理人员具有较高的文字表达能力和绘图制表技能。

四、新产品开发与技术资料档案管理

新产品开发是指研究和试制满足社会需要的新产品，改造老产品，扩大产品功能与用途。无论自行研制或仿制，都要进行一系列的生产技术准备工作。只有积累大量的技术信息，收集大量的科技专业知识，才能为研制新产品提供充足的技术资料。一是收集国内外企业同行高精尖产品的技术资料，通过各种渠道索取生产新产品的先进设备及工艺资料，准备最新的参考依据；二是对本企业生产技术资料的收集、整理、分类、归档。

技术资料档案的管理机构分"纵向"与"横向"两种形式。按同一行业，从国家部委，到省、市专业对口的公司企业，建立一个情报系统是纵向形式。如广东省纺织品工业公司成立科技情报中心，下属各地市纺织公司设立分支机构，公司所属工厂设有科技情报员，情报员定期获得省情报中心一份科技动态小册子。如果企业对其中一项情报感兴趣，可通过情报中心索取详细资料。情报员的任务，则是定期将本厂新设备的使用情况、国内外先进设备使用中显示出的优缺点、企业应用新技术新工艺的经验等上报情报中心，并按要求提供科技论文。这里，对情报员的要求除了懂技术外，还需具备一定的写作能力和对技术情报整理鉴别、归档保管能力。横向的科技资料管理机构，是指地市各部门所属企业，组织的资料档案管理工作。如佛山市工交系统所属企业普遍建立档案资料室，设若干专职资料保管员。工厂档案资料室的职能主要是收集、整理、保管本单位的技术资料，如产品设计图表、工艺方案编制图表、工艺流程卡、产品试制的情况记录、产品的各项技术指标、新产品的性能与功用等研究成果，以及生产管理中各项原始记录等。

目前，档案资料室的工作已逐步与技术情报员的工作结合起来，或合二为一，使科技档案资料工作得到强化。这项工作在企业新产品开发中已初步展现出其优越性。如市服装工业公司，近两年来加强技术档案工作，将收集到的外商来样加工的460个服装样板，从款式、设计、色彩、缝制等方面进行归类整理，从中分析提取出12500多个数据，并且集中了这些样板的优点，设计出近百种时装投放国内外市场，其中有10种创省优部优产品，18种在国内以及港澳、法国巴黎、日本、葡萄牙等国家和地区时装大赛中获奖，既提高了企业知名度，又收到显著的经济效益。

综上所述，秘书职能广泛地渗透到企业经营的各个领域，是生产力高度发展的客观要求。经营决策的科学化民主化，管理手段的标准化智能化，生产过程的机械化自动化，都与秘书职能结下不解之缘，秘书职能在企业经营中显得越来越重要。

（原载《秘书之友》1991年第2期）

督促检查工作的任务、特点和基本原则

孙　利　军

一、督促检查工作的基本任务和范围

督促检查工作的任务和范围的确定，同其它各项秘书工作一样，主要取决于本级领导使用习惯和领导的重视程度。赋予督促检查工作部门多少任务、多大范围，是由领导决定的。据我所知，目前全国督促检查工作任务和范围确定较宽的主要担负以下工作任务：

1．承担上级领导机关交办的任务。如省里直接接受处理中办、国办交办的工作任务，市县接受处理省里交办的工作任务。从实际看，上级领导机关交办的主要是领导有具体批示的信访案件较多，也有时交办其他方面的工作任务。

2．承担本级领导机关和领导指定或交办的工作任务。本级领导机关和领导人指定或交办的工作任务是督促检查部门承办的主要任务，比较多的是领导批示要办理的事项，重要会议（包括本级党委常委会议、政府常务会议和全会、工作会议等）决定的事项。

3．承担本级领导机关制发的文件贯彻落实情况的检查，下级的请示报告的办理，基层要求上级机关帮助解决问题的办理等。

4．承担报刊和新闻单位对本地区的工作批评和建议的办理。

5．承担领导临时交办事项。

上述这些可以视为督促检查工作的基本任务和范围，但到底担负那些基本任务、范围多大是科学的，既有待于深入研究，也取决于领导者的确定，还取决于做这项工作力量的配备多少。

二、督促检查工作的特点

督促检查工作是秘书工作中的一项具体工作，在许多方面与秘书工作有着共性的特点，但也有其自身的特点。在督促检查工作中最突出、最明显的特点是：

1. 政策性强。督促检查工作主要是贯彻和实施领导机关、领导同志的决策和意图。领导机关、领导同志的决策和意图，一般都涉及到党的方针、政策，从一定意义上说，督促检查工作凡事皆涉及到政策。因此，督促检查工作政策性强的特点十分突出。督促检查工作必须严肃认真地按照党的政策办事，按照党的方针、政策处理工作中遇到的各种问题。

2. 时限性强。督促检查部门的工作都有时限要求，必须在要求时间内完成。中共中央办公厅曾为此发文，要求对中办交办的事情，必须在两个月内上报办理结果。有的省、市、区及地、市领导机关都根据本地情况作过一些具体时限要求，规定时限最短的在一周内办结。督促检查工作最重要的目的是为了加快决定事项的办理速度，使工作尽快落到实处，提高办事效率。时限性强这一特点也较其他秘书工作更明显。在督促检查工作中，要严格按时限要求办理，不拖事、不误事，做到及时、灵敏、快捷。

3. 执行性强。一般来说，督促检查工作部门或工作人员承担的工作任务，大多是领导机关和领导同志交办的事项，大多是执行性的。例如会议做出的重要决定，领导已经明确或让督促检查工作部门负责督促落实的工作，督促检查工作部门或工作人员就要按领导的要求，分解落实到有关部门和单位去办理，并做到件件有着落，事事有结果。完成领导批示的具体事项、交办事项，领导的要求更具体，执行性的特点更为突出。

4. 包容性强。督促检查工作内容涉及到方方面面，政治、经济、科技、文化无所不有；同时在工作接触对象上，有领导、有各部门同志，还要直接与基层同志打交道。在工作任务上，有按职能明确的工作任务，有的是随时接受领导临时交办的任务。

5. 参与性强。督促检查工作主要是协助领导使决策尽快实施和落实。这项工作本身就是对领导工作的一种参与。在整个领导科学体系中，督促检查工作是调控领导决策实施的一个重要的环节和手段。参与性强主要体现在两个方面：其一，领导决策要靠大量的信息，督促检查工作反馈的信息就是领导决策依据的一个重要方面，有时督促检查工作人员还直接为领导提供可供选择的决策方案；其二，领导做出某一决策后，在实施过程中，在督促检查工作人员促进落实中，发现某些方面需要调整或修正，以至客观要求领导重新做出决策，要及时将这方面意见反映给领导，领导根据这方面信息再做出新的决策。

6. 权威性强。督促检查工作是领导机关的一项重要工作，人们往往称其工作人员为"钦差大臣"。在办理一些具体事项中，领导往往又授予直接处理的权力。有些省、市、区对督促检查工作职能确定赋予一些较大的权力，如可以代表一级领导机关检查了解下属机关单位的工作；还有的省、市、区对督促检查工作人员的职级待遇规定较高，还让督促检查人员列席本级领导机关除讨论人事任免以外的最高会议和重要会议，看密级较高的重要文件等。在这一点上，它是与有些秘书工作不同的，这项工作具有很强的权威性。

三、督促检查工作的基本原则

督促检查工作同其他工作一样，在具体工作过程中都有一些必须遵循的基本原则。因为这项工作是秘书工作中的一项具体工作，其工作的基本原则，有许多方面同秘书工作所遵循的原则是雷同的。但是有些原则在督促检查工作中体现更充分，有的方面又具有特殊的特点。从督促检查工作的实践上看，其所要遵循的基本原则是：

1. 按照领导要求办事的原则。坚持这个原则就是贯彻落实领导的要求和意图不走样。这也是对督促检查工作最起码的要求。而真正做到这一点关键是要准确地、全面地理解领导的意图，更重要的是在日常工作中善于捕捉领导的意图，工作过程中能完善领导的意图。

2．不超权不越权的原则。督促检查工作部门处于较特殊的地位，具有一定的权威性，因此要在领导授权和自身职责权限的范围内工作，处理问题不超越自身的职权范围，这也是一条十分重要的原则。否则就容易发生"假传圣旨"或"挟天子以令诸侯"的事情。

3．迅速、准确、及时的原则。督促检查工作主要任务是要迅速将领导决策落实。准确就是要准确的领会、落实领导意图，同时向领导反馈的情况要准确。迅速、及时就是能把领导的决策意图迅速、及时地传下去，并迅速、及时地将下面的执行情况报告给领导。

4．突出重点的原则。督促检查工作任务较多，范围很宽，工作中一定要抓住重点，也就是抓住工作中的主要问题，用主要精力解决主要矛盾，以重点带一般。

5．实事求是的原则。实事求是是督促检查工作的基础和依据。因为，只有坚持实事求是的原则，督促检查工作才能如实地反映客观情况，提出符合实际的处理意见。对于下面的工作情况也要实事求是地向领导反映和汇报，下面办得好就是好，不好就是不好，有忧报忧，有喜报喜，客观真实。

6．党性原则。对于督促检查工作人员来说，这一原则很重要，不能在工作中掺杂任何个人的恩怨、好恶。这方面一旦发生了问题，就会出问题和产生不好的后果。党性原则做为党员人人都要坚持，对搞督促检查工作人员尤为重要，许多工作是对其党性原则的考验。

（原载《秘书之友》1990 年第 8 期）

督查工作十二年

章　裕　忠

现在意义上的督促检查，从 1983 年中办秘书局发出《关于开展查办工作的通知》起步，到 1995 年中央办公厅又发出《关于进一步加强督促检查工作的意见（试行）》，已经历了 12 个年头。认真回顾这 12 年的督查工作，总结经验教训，对于进一步做好督促检查工作是不可无裨益的。

一、12 年督查工作的回顾

督查工作的 12 年，是从起步到大发展的 12 年。其间曾有过三次飞跃，大致可划分为四个阶段。

1983 年至 1984 年为督查工作的第一阶段，或曰起步阶段。这一阶段的督查工作是按照中办秘书局《关于开展查办工作的通知》精神，以查办问题、落实政策为主要内容开展的，即所谓的"小查办"。中央办公厅和各省市区委办公厅都确定了专人做这项工作，协助党委和领导同志解决了"文化大革命"中造成的大批冤、假、错案，落实了党的有关政策和领导同志的大量批示。

1985 年至 1989 年为督查工作的第二阶段。1985 年初，中央办公厅召开了全国省市区党委秘书长、办公厅主任座谈会，会议把督促检查和信息综合作为办公厅（室）的两项重要工作突出地提了出来，并在督查内容上有所扩展，即在查办问题的同时，对文件和会议的落实情况进行催办。这是督查工作的第一次飞跃。它使督查工作的工作层次及其在办公厅（室）工作中的地位得到了提高，开始了由"小查办"向"大查办"的过渡。

1990 年至 1994 年 6 月为督查工作的第三阶段。1990 年 1 月，中办又召开了全国省市区党委秘书长、办公厅主任座谈会。会议顺应督查工作的发展趋势，及时作出决定，将其重点由批办督查为主向决策督查为主转变，即重点督查党的路线、方针、政策和党委的重大决策、重要工作部署的贯彻落实。督促检查的重点转移，实现了督查工作的第二次飞跃，带来了督查工作的全面加强。中办成立了督查处，省、地县三级党委办公厅（室）也普遍组建了督查工作的专门机构，全国有了一支上万人的专职督查队伍。1990 年 10 月，中办秘书局在山西召开了部分省市区督查工作座谈会，交流和研究了如何实现重点转移、克服形式主义等问题。这几年的督查工作在运用多种形式开展督促检查，特别是运用点上核查与面上推动相结合的工作方式、加大督查力度等方面进行了积极、有效的探索。

1994 年 6 月至今为督查工作的第四阶段。这次是以江泽民、温家宝同志在中央办公厅关于开展督促检查情况报告上的批示为契机求发展的。江泽民同志强调，决策的制定和实施方案的部署，事情还只是进行了一半，还有更重要的一半就是要确保决策和部署的贯彻落实。江泽民同志的这一批示在全国各级党委特别是在省、地、县三级党委学习贯彻后，使督促检查由一项秘书色彩很浓的工作上升到了一种以领导为主体的宏观监控，出现了督查工作的第三次飞跃。1994 年 12 月，中央办公厅再次召开了全国省市区党委秘书长、办公厅主任座谈会，进一步研究和部署了贯彻落实江泽民同志这一批示的问题；1995 年 4 月又发出了《关于进一步加强督促检查工作的意见（试行）》，从而使督查工作进入了一个新的更高的层次。

二、回顾后的思考

思考之一：要进一步启动领导抓督查，形成领导抓、抓领导的工作格局。督促检查的行为主体和行为对象都是领导。很显然，督查工作是一种领导职责，是领导工作的重要组成部分；是一种监控职能，其主要对象是各级领导。因此，督促检查只有领导的重视、支持，直至主持、参与才能有位、有力地开展起来；只有督查领导，才会不断改进领导的作风，克服形式主义和官僚主义，最大限度地调动起各级各部门抓落实的责任感和积极性。12年督查工作的实践突出地证明了这一点。督查工作的前12年虽经历了两次飞跃，但从根本上还未能启动各级领导层层抓落实，督查工作一直在秘书部门内部循环，缺乏应有的力度，不能适应抓落实的需要。近一年多来，在江泽民同志的批示精神的指引下，各级领导亲自动手抓落实，一级带着一级干，一级做给一级看，督查力度大增，工作作风和工作效果大为改观。

思考之二：办公厅（室）要把协助领导抓落实作为自己的重要职责，作为参与政务服务的主要渠道。办公厅（室）是党委、政府的综合办事机构，理所当然地要负起协助领导抓落实的重任，通过有效地开展督促检查，为落实决策和完善决策在参谋助手方面有所突破，有所作为。否则，办公部门在政务服务方面难得有所作为。在协助领导抓落实方面，秘书长和办公厅（室）主任负有特殊的责任，起着秘书人员甚至其他职能部门负责人不可替代的作用。他们是党委、政府的参谋长、总调度，处于承上启下的中间层次，在督查工作中，不仅要协助领导做好有关组织协调和带队开展一些督查活动，而且还要及时向督查机关传达领导指示和工作意图，帮助理顺关系，解决问题，营造一个有利于督查工作开展的良好环境。

思考之三：要建立一个运作灵便的督查网络和一支与督查任务相适应的工作队伍。督查机构及其人员既然是领导抓落实的左右手，就必须有专门机构和专业队伍，才能履行职责。督查工作的几次飞跃，无不与机构、人员的加强相联系。近年来，各地在实践中就加强队伍网络建设问题做了卓有成效的探索。如安徽省在办公部门设立督查机构的同时，省委成立了由省委领导任组长，由纪检、组织部门负责人和秘书长任副组长的督查工作领导小组，牌子大，位置高，工作有权威。湖南省省地县三级督查机构都改为党委督查室，还聘请了一批老同志为特邀督办专员，从而组建了一支以领导为主体，以专职和特邀、兼职督办员为助手的督查力量，形成了一个上下通达、左右贯通的督查网络，使督查工作有序、高效地开展起来。但在实践中也发现了一些需要注意的问题。有的地方为了撑门面，搞了党委、政府督查室，实际上仍然是办公厅（室）的一个内设机构；有的单位为了安排干部，配了部办委级的督办员，实际上只挂职，不到任。这种空对空的搞法，必须加以纠正。

思考之四：督促检查要紧紧围绕党的工作中心特别是经济建设中心进行。督查工作只有与党委的工作合拍，参谋才能参到点子上，助手才能助到关键处。如果不这样，就势必干扰中心工作，督查工作最终将失去存在的意义。改革、发展和稳定是当前和今后一个时期党的工作的三大主题，督查工作就要集中精力，协助党委做好这三篇大文章。当前要集中主要力量，协助党委、政府研究和解决抑制市场物价涨幅、农业综合开发、工业企业扭亏增盈和增加财政税收等几个关系国计民生的重大问题，取得突破。

思考之五：要转变工作作风，不断改进督查方式。督促检查以克服官僚主义、转变机关作风、提高办事效率、推动工作落实为宗旨，其社会性、实践性很强。因此，督查工作自身必须注重作风建设，克服衙门作风，力戒形式主义，用主要的时间和力量深入基层，深入实际，开展实实在在的活动，务求掌握实情，取得实效。实践证明，领导带队的巡视检查、受领导指派开展的微服私访以及督查机关自身进行的督查调研活动，效果很不错。我们需要在实践中进一步健全和完善这些行之有效的督查方式，把督查工作更加扎实有效地开展起来。

思考之六：要强化督查手段，做好"推动"文章。督查工作的最终目的是推动工作的落实。督促检查在抓落实方面，有用正面典型推动和用反面典型推动之分。毫无疑义，总结经验，采取通常所用的典型引路的方式，正面推动是必不可少的。但督促检查作为领导机关的一种监探职能，更多的则应采取发现问题，堵塞漏洞，促进落实的方法。发现问题、解决问题应该是督查工作的一项主要职责和一种基本手段。在目前形式主义比较多，虚与应付、虚报浮夸比较严重，发现问题难、反映问题更难的情况下，通过抓问题促落实，更具有紧迫性和重要性。对于其中性质严重或屡督不动的，有必要实行通报批评，直至公开曝光、追究当事人和领导者的责任。只有这样才能振聋发聩，刹住歪风，确保政令畅通和工作落实。

（原载《秘书之友》1996 年第 3 期）

党政机关信息工作的特点与原则

雷 松 春

提高信息质量，是当前党政机关信息工作面临的一个突出问题。而要提高信息的质量，必须弄清楚党政机关信息工作的特点。根据党政机关办公室工作的基本职能，党政机关信息工作的特点可以归纳为三个方面：

1. 广泛性。信息是客观事物运动规律的反映，是事物彼此联系的一种普遍形式。信息本身的广泛性是不言而喻的。党政机关办公室是沟通上下、联系左右的枢纽和桥梁，它是本地区信息网络的中心。党政机关信息的广泛程度，可以从三个方面看出：就信息的内容而言，它的涉及面非常广泛。信息可分为自然信息和社会信息两大类。党政机关以接触社会信息为主。社会信息包括政治信息、经济信息、文化信息、教育信息、科技信息、军事信息、民间信息等等。就提供信息的对象而言，一切社会成员、社会组织都可以通过信息来反映情况。就反映问题的时空而言，有遗留下来的历史问题，有改革中出现的现实问题，还是规划和构想未来蓝图的意见和建议，等等。这些丰富多彩的信息，一经收集和整理，就能成为党政机关进行决策的重要依据。

2. 针对性。随着商品经济的发展和改革的深入，不同层次、不同种类的信息越来越多。实践证明，只注重信息的数量，不注重信息的针对性，就收不到为领导决策服务的效果。不少秘书工作者没有弄清信息与新闻之间的联系和区别，往往把党政机关信息当作党报新闻来处理。一般来说，新闻应该是信息，但信息不都是新闻。"短、新、快、实",这是处理新闻和信息的共同要求。但是,新闻和信息是有明显差异的。从传统目的来看,新闻主要是为了宣传党的路线、方针和政策,推广典型经验,表扬好人好事和鞭笞不良倾向,而信息传播的目的主要是为领导决策服务。因此,党政机关的信息必须从决策的需要去收集、筛选和传递,加强信息投向上的针对性。

3.紧迫性。党政机关信息工作的紧迫性主要表现在两个方面:一是党政机关责任重大,既要指挥全局,推动各种职能机构正常运转,又要联系上下左右、前后内外。它担负着所辖地区政治、经济、文化、科技、军事等方面的领导工作,稍有不慎,就会贻误时机,导致不良后果。因此,党政机关信息工作要十分注意时效性。二是人们从事社会活动的节奏加快,事物发展迅速。当今的世界,科技发展迅速,产品更新加快,市场竞争激烈。在错综复杂、形势多变的竞争环境中,一个国家、一个地区要求得自身的发展和优势,就必须用科学方法审时度势,统观全局,作出迅速果断的决策。这就要求党政机关信息工作既灵、且准,又快,以便领导把握未来发展趋势,及时采取有效的新对策。

为各级党委和政府紧紧围绕党在新时期的总任务、总目标,立足本地区、本部门,根据各个时期的中心工作和重大问题,及时提供适用对路的信息,这是党政机关信息工作的指导思想。从党政机关信息工作的特点和规律来看,党政机关信息工作具有独特的工作原则和方法。

1.追踪原则。在中央和地方各级党委和政府下发重要文件之后,党政机关信息工作部门就要立即收集、反映各地各部门贯彻落实的情况,帮助领导审时度势,根据进展情况指导工作,及时解决工作中存在的问题。

2.超前原则。经济预测,对一个国家和地方的经济发展影响非常深远,在现代经济工作中越来越显得重要。党政机关直接担负着指导经济工作的责任。在当前开放型、多方位、多层次的经济结构并存的情况下，党政机关的信息工作要站得高、看得远，及时作出符合实际的正确指导生产经营的经济预测，为领导决策提供依据。

3．拾遗补缺原则。领导同志在集中主要精力考虑某些重要问题时，需要掌握各种各样的信息，包括自然的、社会的趋势动向，历史的、现实的、未来的情况，以及各种技术力量、设备条件、管理水平，等等。党政机关信息工作部门要及时向领导提供各种类型的信息，领导需要什么就提供什么，领导没有考虑到的，也要提醒领导注意，以免在决策时发生疏漏。

4．综合原则。领导施行科学决策，需要进行定性考察和定量分析，不仅要了解局部，而且要明了全局；不仅要掌握情态，而且要把握趋势。因此，决策的科学性与所需信息的全面性、准确性以及信息所反映的事物规律性如何关系甚大。要适应领导决策的需要，必须在全面占有信息的基础上，对其进行去伪存真、去粗取精、由此及彼、由表及里的综合分析和加工处理，为领导多提供高层次、高价值的信息，使信息在领导决策中充分发挥参谋作用。

5．选优原则。一般说来，凡信息皆有用，但用处有大小之分。因此，必须坚持选优的原则。经验证明：价值相当，报送时间以"早"领先；内容相似，反映角度以"新"居优；现象相同，揭示本质以"深"为主；文笔皆精，信息好坏以"实"取胜。可见，"快、新、深、实"是测定信息价值高低的四条标尺。党政机关在编发信息时，一定要对信息进行可靠性、先进性、适应性、实效性分析，保证信息的质量。

6．求实原则。有喜则报喜，有忧则报忧，这是党政机关信息工作的一条基本原则。因为任何失实的信息都会使领导在决策时造成失误。每一个信息工作者，都必须注意培养自己良好的政治品质和实事求是的作风。在工作中，既要向领导报送各地创造性地贯彻党的方针、政策的新作法、新经验、新成绩，又要重视收集和编发揭露问题、反映群众意见和建议的信息材料，使领导有的放矢地解决一些急待解决的问题。

（原载《秘书之友》1989 年第 2 期）

论党政负反馈信息

尹 新 立

党政负反馈信息，目前各地称谓不一，有的叫"负信息"，有的叫"报忧信息"，还有的叫"反信息"等。尽管叫法不同，其基本含义是一样的。但从完整和科学的意义上讲，负反馈信息是一个大概念，"报忧信息"等只是其中的一种类型。信息人员只有弄清了党政负反馈信息的类型、特征及其价值、作用等问题，才能采取正确的反馈方法，使负反馈信息发挥应有的效用。

党政负反馈信息的基本类型及其作用

总体上说，党政负反馈信息可分为以下几种主要类型：

报忧性信息。主要是反馈决策与实施两大系统中的潜在性缺陷和两者未能有机结合而出现的倾向性问题。报忧性信息，能使党政领导据此通过分析研究，找出潜在的隐患和问题，抓住主要症结，及时采取调节和补救措施，解决存在或可能出现的问题，化忧为优。报忧性信息是党政负反馈信息中的一个主要内容，对党政领导完善决策，纠正失误，正确指导决策实施，起着重要的作用。

揭短性信息。一般是反馈决策实施机构和当事部门负责人的错误作法及造成严重损失的情况。党政领导通过揭短性信息，从中发现问题和差错，酌情采取干预措施，制止不良倾向和错误行为，使问题尽快解决。因此，揭短性信息，既是对决策实施各方面的有效监督，也是党政领导克短扬长的依据。

纠偏性信息。大多数是反馈纠正决策实施部门相互之间配合失调，致使决策实施方向偏离决策目标的趋向或既成事实。纠偏性信息反映的类似问题，使得党政领导能在掌握总体情况的基础上，及时调整决策部署，协调各部门之间的实施计划和行动方案，形成合力，平衡发展，进而纠正偏向，使决策目标如期实施。可以说，纠偏性信息，是发现和纠正局部重大偏差，保证决策实施的有效手段。

排难性信息。重点是反馈决策实施过程中出现的而必须解决的实际困难。一项决策在实施过程中，会遇到这样或那样的困难和问题，排难性信息则是党政领导排难扫障的重要依据，是推动决策平稳发展，顺利实施的保障措施。

呈疑性信息。反馈某些不确定因素和发展中的新情况、新问题所产生的思想性、理论性、观念性问题。呈疑性信息将人们的某些疑惑和思考不透的问题汇集上去后，以利党政领导分别不同性质和程度的问题，结合形势和政策，抓好启发教育和舆论宣传，帮助人民群众释疑解惑，有效地提高人们的思想觉悟和政策理论水平，以利同心同德，尽责尽力地完成本职工作任务。

党政负反馈信息的基本特征

一是客观性。任何一项决策在实施过程中，其发展不可能始终顺着既定目标呈直线前进，而是表现为波浪式的曲线运动。这种不规则的起伏性，表现在决策实施效果上，也即是好与坏、忧与喜等差异，这是正反馈与负反馈的基本内容。这种决策实施过程中的矛盾与斗争，推动决策实施的进展，使之向着顺利的方面发展。没有负反馈情况的决策实施过程是不存在的。这正是党政决策中必然存在着负反馈情况的客观规律性。

二是内部性。党政信息反馈，是党政机关内部进行情况交流的一种反映形式，这就从总体上规定了党政信息反馈性质的内部性。从负反馈信息的内容看，是党政决策实施中出现的某些重大问题和不利倾向，有待于进一步查实和采取措施解决。有些较为重大的负反馈情况，即使在机关内部，也要在一定时间和范围内，严格控制知晓面，不得轻易扩散，否则会造成思想上的混乱和工作上的被动，不利于问题的解决。

三是反证性。一项正确的决策，在其实施过程中，虽然总体上是顺着决策目标正向发展推进的。但由于某些未知因素的影响制约和人为的失误，有时在一定程度上必然会出现偏差与失误，从反面证明了决策和决策实施的可行性程度，通过负反馈的反证作用，便于党政领导根据出现的问题采取相应修正措施，进一步完善决策；通过负反馈的反证作用，也便于决策实施部门采取有效措施，及时调整和纠偏，收到预期的效果。

四是可调性。党政决策系统和实施系统中出现的重要问题与失误，是信息反馈系统必须反馈的重要内容。从党政决策系统上说，对初步出现和已经产生的负反馈情况，决策系统本身就具备了"可调节性"的功能。这是因为在党政决策的总体规划中，已经包含了对负反馈情况进行"弹性调节"的内容和方案，拟定了修正的计划。从信息反馈系统上说，绝大多数负反馈信息，不仅客观地反映了某一问题产生和可能造成损失的基本情况，同时也提出了解决这些问题的基本预案和措施，以供党政领导参考和采用。这是呈报负反馈信息的一个基本要求，也是党政机关利用信息参政议政的一种有效途径和方式。只反馈问题而无解决问题的措施与方法的负反馈信息，不能算作完整的有价值的负反馈信息。

党政负反馈信息的反馈要求

目前，有的地方不同程度地存在着"报忧难"的状况，以致影响了负反馈信息的正常呈报。要能有效地搞好负反馈信息，首先要求信息人员必须坚持实事求是的思想路线和工作作风，既要报喜，也要报忧。同时，在充分弄清各类负反馈信息的基本价值和作用的基础上，信息人员要采取切实可行的方式，适时适度进行反馈。下面就五种类型的负反馈信息，在其反馈的思想认识和反馈方法的要求上，作简要阐述：

对报忧性信息，在反馈的思想认识上，要报忧不怕忧；在反馈的方法上，要围绕忧点，下透"及时雨"。报忧性信息，忧患点潜藏在事物的表象之中，有的是即将形成，有的正在萌芽，因而难以很快发现它可能带来的损害。这就要求信息人员以高度的政治责任感和敏锐的洞察力，认真分析和潜心理出其忧患之处，侧重反馈和阐述其产生的原因、背景及可能带来的危害程度、不利的结果。一旦看准了某一忧点，或基本捉住了某种忧虑的初步迹象，就要敢于负责，迅速反馈上去。在反馈方法的要求上，为引起党政领导对某一忧点的高度重视，应从不同侧面入手，层层展开，逐步深入，下透"及时雨"，力图把问题讲深讲透。

对揭短性信息，在反馈的思想认识上，要揭短不护短；在反馈的方法上，要针对短处，放准"中的箭"。由于揭短性信息主要是反映决策实施部门的工作失误和具体负责人的工作失职，以及那些妨碍决策实施的错误行为，就必然要涉及到具体的事和人。因而要求信息人员要有实事求是的思想作风，不讲情面，不怕得罪人，不怕"犯上"，要以党和人民的利益为重，见短不避短，揭短不护短。在反馈方法的要求上，要摸清问题的真实情况，找出短处，分清主次职责和影响程度，然后对准"靶子"，着力放"箭"，并使之"中的"。同时，还要对被揭露的问题进行具体分析，指出哪些是工作上的失误，哪些是主观上的人为失职，以便对前者从总结教训上进行启发诱导，对后者着重深挖思想根源，引以为戒。

对纠偏性信息，在反馈的思想认识上，要纠偏不离偏；在反馈的方法上，要瞄准偏向，打好"马前炮"。纠偏存在于整个决策实施的全过程，是保证决策顺利实施的有效手段。信息人员在反馈中，要始终严密注视决策实施中的每一阶段和环节，对某一可能出现偏向的问题，要增强预测性，一旦发现偏向，要迅即反馈，以便党政领导采取有效措施纠正偏向，直至完全正常为止。在反馈方法上，信息人员要善于及时发现偏向问题。当某种偏向刚刚显露出来时，总是有征兆可察的，一当发现端倪，要超前反馈，放准"马前炮"，提出有针对性的纠偏建议，协助党政领导将偏向引入正向运动轨道。

对排难性信息，在反馈的思想认识上，要排难不畏难；在反馈的方法上，要针对难题，下足"对症药"。反馈排难性信息，贯穿于决策实施的始终。在决策实施过程中，有时这个难题还未解决，新难点又出现了，有时几个难题同时出现。面对这种情形，信息人员要坚定排难信心，发挥排难不畏难的精神，要乐于吃苦，勇于攻坚，连续作战，切实抓住某一难题的关键症结，着力排难，以利党政领导实施正确的指导，促使问题迎刃而解。在反馈方法上，要将所发现的难题和问题，进行分类排队，综合分析研究，找出主要矛盾，然后针对问题，确定主要攻击点，"对症下药"，有的放矢地提出化解预测和措施。

对呈疑性信息，在反馈的思想认识上，要呈疑不犯疑；在反馈的方法上，要紧扣疑问，提供"导向仪"。呈疑性信息，是决策和决策实施两个方面出现的思想性问题，主要包括是否与政策性、政治性，政务性和社会性重大原则相违背的疑点问题。信息人员经过艰苦努力，当认准所发现的某一疑点和疑虑问题后，应毫不犹豫地向上反馈，以引起党政领导的高度重视。在反馈方法上，信息人员在侧重从思想和理论上找出疑问情况的同时，还要提供解决疑问的"导向仪"，为党政领导出谋献计。因此，信息人员要着重从思想观念和政策方针上提出解决疑问的理论根据，以独到的新见解和新思路，配合党政领导，帮助人民群众释疑解惑，澄清模糊认识，理顺思想，开阔视野，发挥主观能动性，努力完成党政领导部署的中心工作任务和重大决策。

（原载《秘书工作》1990 年第 6 期）

信息加工程序述略

张　凡

信息的加工是信息处理过程中的重要环节。从收集的环节获取的信息，虽然丰富多彩，但往往是处于一种自然状态中的原始信息。它们一般是感性的、零碎的、无序的、不系统的，而且其中难免夹杂着一些不真实和不准确的因素。只有对它们进行一番去粗取精、去伪存真的加工处理，从感性认识上升到理性认识，才能使之成为井然有序的信息产品，为决策和指导实践服务。

信息的加工一般要经过四道程序，即分类、鉴别、筛选、编写。

1. 分类。信息加工的第一道程序即分类。科学的分类，不仅能使杂乱的原始信息条理化、系统化，而且为以后的鉴别、筛选、编写打下良好的基础。信息分类的方法很多，常见的有以下几种：

（1）按信息内容所属的社会系统划分，可分为：社会信息、政治信息、经济信息、军事信息、科技信息、文教信息、国际信息等。

（2）按信息来源划分，可分为：内部信息、上级信息、往来信息、社会信息、史料信息。

（3）按信息发生的时间划分，可分为：当前信息、历史信息、未来信息。

2. 鉴别。收集到的信息经过分类之后，就要对其真伪情况、能否客观地准确地反映事物运动变化的本质特征，进行一番鉴别。鉴别是信息加工的继续和延伸，是加工整理的一个重要步骤。

信息中不真实的因素，虽然都是以主观与客观的分离为特征，但具体的表现形式不尽相同。为了消除信息资料中不真实的因素，必须善于识别它们。信息中不真实的因素一般有如下几种表现形式：

（1）偏颇：在信息资料中片面地突出引起事物变化的某一种因素的作用，而抹煞其它各种因素的相关作用，使引起事物变化的原因不真实。

（2）夸张：夸大或缩小了事实真象，把个别说成普遍，把偶然说成经常，把程度提高或压低，把范围扩大或缩小，使事物的本来面目发生了畸变。

（3）拼凑：把不同的时间、不同地点、发生在不同人物身上的变化说成是同一时间、同一地点、同一人群的变化特征信息所载的事实拼凑而成。

（4）添枝加叶：原始信息所反映的问题有一定的根据，但其中某些情节是"合理想象"，是由信息提供者主观添加上去的。

（5）捕风捉影：或道听途说捕风捉影，或以讹传讹得到信息。事出似乎有因，细查却无实据。

（6）孤证：仅仅依据几个孤立的现象进行推理和判断，使信息结论与整个事物的面貌不相符合。

（7）回避：为了某种需要只强调其中一方面的情况，而对其它有关全局的重要情况故意避而不说。通常见到的"报喜不报忧"的问题就是突出的例证。

（8）假象：信息提供者只是根据某些表面现象进行判断和推理，尽管这些现象是存在的，但不能说明事物运动变化的本质，让假象掩盖了重要的内在规律和本质特征。

通常我们见到的信息资料主要有这八种缺陷，我们可以称之为"信息的八病"。进行信息鉴别，就是要找出病症，去伪存真。

鉴别有多种方法，最为常用的有三种：

（1）分析法：这是对原始信息资料中所表述的事实和叙述论证方法进行逻辑分析，发现其中的破绽和疑点，从而辨别其真伪。例如，同一材料中前后矛盾，既是这样，又是那样，依据逻辑学中的"矛盾律"，我们就可以断定其中一个错了，或者两个都错了。信息资料中表述的事实夸大其辞，悖于情理，或者是不可能产生的；或者某些关键性的内容含糊笼统等等，通过分析，就容易发现其中不真实的因素。分析法的好处，就在于它一般不需要借助于其他手段，从原始信息资料本身就能很快地发现某些差错。

（2）核对法：依据权威性的信息资料，包括权威性的书面材料或权威人士提供的口头材料，进行对照、比较，发现和纠正原始信息中的某些差错。所谓权威性的资料，即它本身的正确性是毋容置疑的。比如用《中国统计年鉴》来对照某一部门的年终统计资料；用国家颁布的标准化规定来对照某些产品的标准化程度等等，就是核对法的具体运用。这里关键是要掌握直接的、最新的权威性资料。

（3）调查法：就是对原始信息中所表述的事物的运动变化情况，通过直接的、现场的调查来检验它的真实性和准确性。这种方法需花费较多的人力和时间，一般只对重要的原始信息进行调查鉴别。

以上三种方法在实际应用时可以相互补充，采用分析法，发现原始信息的破绽和疑点，使核对和调查更有针对性；而采用核对法和调查法又可以进一步弄清原始信息中的疑点和破绽，以便更好地消除不真实的因素。因此，在实践中这三种方法往往是结合使用的。

3．筛选。筛选实际上是鉴别工作的继续。筛选工作应该注意三个方面：

一是要适应需要。不同部门、不同单位，需要不同内容的信息。即使是同一部门、同一单位，在不同的时期，由于工作重心的变化而需要不同内容的信息。因此，信息筛选的关键是要对症下药，量体裁衣。党政机关作为综合信息处理部门，接收到的信息是多方面的，因此也就要特别注意筛选，选择恰当的信息送到分管的领导和对口的部门去，这是一项很重要的工作。

二是要求新颖。所谓新颖，就是指最近出现的新事件、新经验、新问题、新情况，或者是虽然早已出现，但还鲜为人知的信息。求新颖的实质就是要牢牢抓住信息的时效性。选择信息时，只有做到这一点，才会使信息显示它应有的价值。否则，时过境迁，信息也就成为昨日黄花了。

三是选典型。典型就是能深刻揭示事物本质、具有广泛的代表性和较强说服力的事物。典型能通过个别反映一般，能以个性反映共性，但典型并不一定都是轰轰烈烈的惊天动地的大事，而有些看来是微不足道的小事，却能反映事物的本质。所以，在信息筛选时，应尽量选择那些具有典型意义的信息资料，以达到窥一斑而识全豹、以一当十的目的。

4．编写。信息资料的编写是信息加工的最后一道程序，经过这一道程序，信息就要以成品的面目出现，所以编写工作显得特别重要。信息本身的丰富多彩，决定了信息资料编写方法的多种多样。这里介绍几种常用的方法，可供编写信息资料时参考。

（1）汇集法：这种方法是把许多原始信息中的资料按一定的标准汇集在一起。这种汇集不是漫无目的的简单堆积，而是要围绕一个主题，把一定范围内的有关资料有机地汇集在一起，便于全面地反映某一社会现象的基本状况。这种方法适宜于纵览一个地区、一个部门或整个国家某一方面的状况，在信息资料数量多、反映面较宽的时候较为适用。

（2）归纳法：这种方法是将反映某一主题的原始信息资料集中在一起，加以系统的综合归纳，以便完整地、明晰地说明某一方面的工作动态。归纳法要求分类合理，线条清楚，综合准确，因而就要求加工者有较强的逻辑思维能力和文字表述水平，防止信息资料在归纳中产生变异。

（3）纵深法：也就是俗话说的"打破沙锅问到底"的方法，即从纵的方面，按原始信息资料提供的某一主题层层逼进；或按某一活动的时间顺序，或按某一事件的历史进程生发开去，以搞清问题的来龙去脉。这种方法即需要利用各种最新信息资料，也需要充分利用早已存贮的信息资料，进行对比分析，以揭示某一事物的发展变化特征。

（4）连横法：这种方法是按照某一主题的需要，把若干个不同来源的原始信息资料从横的方面连接起来，作出比较分析，形成一个新的信息资料。采用这种方法应注意的是：来自不同方面的信息要具有一定的同质性，否则就不可比；同时还应注意选择最能说明主题的信息资料。

（5）浓缩法：浓缩法就是通过压缩信息资料的文字篇幅，以达到凝炼主题、简洁行文的目的。使用浓缩法时，首先要使主题集中，即一篇信息资料只表达一个中心思想，阐明一个观点，不能贪大求全，枝蔓繁杂，头绪纷乱，主旨不清。其次要压缩结构，减少层次段落，删去穿靴戴帽和多余的过渡照应。再次要凝炼语言，选用最精辟的词语来简明扼要地表达深刻的涵义，变"泼墨如水"为"惜墨如金"。当然应防止削足适履，不能因求语言的高度凝炼而影响主题的表达。

（6）转换法：这种方法是把一个人们比较生疏的数字转移成一个为人们所熟知的数字，或者把某一事物本身的数字不写出来，而用其它数量关系的事物去表示。例如《经济日报》1983年2月23日发表的《请算算"烟屁股"这笔账》一文中，讲到一支"无嘴烟"抽掉4/5，丢掉1/5。丢掉这1/5有多大损失呢？我国现有1000万亩土地种植烟叶，丢掉1/5的话，就相当于丢掉了200万亩土地上的烟叶。这200万亩土地如果种粮食，按亩产400斤计算，就是8亿斤粮食。这就是转换法，通俗、形象，给人的印象特别深刻。使用转换法要注意两点：一是要找出合适的转换对象，转换对象之间要有可比性；二是转换对象要通俗，易懂，不能越转换越深奥，使人不得要领。

（7）对比法：也叫比较法，就是把信息数据拿来进行横的比较和纵的比较，以强烈地反映出数量变化的特征。例如，反映某一机械制造厂的发展状况，既可以从该厂的今昔状况作对比，又可以将该厂的现状与其它同类型厂的现状作对比，这就能形成鲜明的反差，给人以强烈印象。

（8）图表法：有的原始信息资料中的数据有一定的规律性。发现这种情况，就可以将数据制成图表，使人一目了然，既便于传递，也便于利用。

（原载《秘书工作》1990年第3期）

做好协调这篇文章

——谈谈办公室的协调工作

李　　欣

协调，过去虽然谈得很多，但它的重要意义并没有引起人们的足够重视。关于办公室的协调工作，似乎更是如此。近年，随着领导科学和秘书工作理论研究的深入，协调问题开始被提到了突出位置上来。

事实上，协调工作是一门大学问。

一、自然界和人类社会只有协调才能发展

世界是一个谜。人类对世界的认识虽然可以说已摆脱混混沌沌的状态而进入相对可知的境地，但仍然有许多问题没有被认识或认识不够透彻。尽管如此，人们已清楚看到，自然界一切事物，人类社会的各种关系，凡是处于协调状态时就顺利运行和发展，否则就混乱、就倒退。人们还发现，不管自然界还是人类社会，协调状态就是有序，失调状态就是无序，而从无序走向有序，则要经过协调手段。因此，顺便说一下，在本文中经常出现的"协调"一词，凡是讲它的状态，"协调"就是状态词；凡是讲做工作，协调就是动词。

自然界与人类生活、生存有紧密的关系。只有自然界处于协调状况时才有利于人类的生存和发展，而自然界则始终处在协调或不协调之中。恩格斯说："自然界中死的物体的相互作用包含着和谐和冲突；活的物体的相互作用则既包含有意识的和无意识

的合作，也包含有意识的和无意识的斗争。"（《马克思恩格斯选集》第3卷第572页）。世界上的事物就是这样奇妙：水多了会成涝灾，没有水则成旱灾，连人的生存都成问题；没有森林和植被，地球的气候会出现不正常，人类的生活也会受到牵连；北方地区冬天应是严寒，不冷就会出现问题；科技的发展给人类带来财富和高享受，但是如不注意治理，环境会被污染，既危害人类又破坏自然界，甚至影响地球大气层的臭氧密度和厚度，给人类生存造成更大的威胁。没有蛇，老鼠会增多；没有青蛙，农作物害虫失去天敌。人本身就是个协调的自然界，四肢五官六腑等等各有各的妙用，配合和谐，缺一就成残疾。如此等等。所谓生态平衡云云，就是说的生物自然界要和谐、协调。世界是由各种事物的和谐配合组成，协调时就存在和发展，失调时就混乱和破坏，一切都是在有序和无序中变化。

人类社会的各种事物也是如此，协调就发展，失调就混乱。从大的范围说，第一次世界大战是国际关系很大的不协调，战后则达到相对协调，但各国间仍存在很多不协调；第二次世界大战时使国际关系出现更大的不协调，战后则又出现某种相对协调，虽然有些国家仍有自己的不协调，处在国内革命战争或其他混乱状态中，但全世界范围还是处于相对和平状态，因而很多国家经济和政治有了很大发展。从小范围内看，一个国家、一个局部的社会事物也是和谐就发展，冲突就停步，乃至退步。这样的事实，在亚洲，在中东看得清清楚楚。"两伊"战争多年，弄得两败俱伤；海湾局势再度出现混乱，现在各方则想用自己的办法恢复海湾地区的协调。在我国，"大跃进"、"四清"和"文革"等等，本是想使社会前进，但由于愿望与效果不一致，曾造成某些失调和混乱，人民的政治和经济生活受到很大损失。

事物的协调和失调，在哲学上则是对立统一规律的表现。

二、领导的责任是使事物朝着目标协调发展

自然界的协调，是通过事物无意识的运动达到；人类社会各

种关系的协调，则是通过人按照一定规律的意识行为达到。"社会关系的含义是指多个人的合作"（《马克思恩格斯选集》第1卷，第34页），而这种合作，多数情况下是由主持者促成的。因此，社会各种关系的协调，必须有领导者领导。"一切规模较大的直接劳动或共同劳动，都或多或少的需要指挥，以协调个人的活动"（《马克思恩格斯全集》第23卷，第367页）。领导的责任是使事物即朝着既定目标协调发展。

这个问题很容易说明。我们要建设有中国特色的社会主义，则四项基本原则、改革开放、一国两制、政治和经济体制改革、计划经济与市场调节相结合等等，都是为了使我国社会在一个协调状况下达成既定目标，建成强大的社会主义社会。但是，社会各种关系不可能始终处于协调的状况，那就需要领导者来协调了。

协调，就是解决矛盾，就是抹平疙疙瘩瘩、理顺工作关系，就是用各种办法由失调达到协调。领导者的协调，多数是用制定或修订政策进行，也用命令、指示或协商、说服、斗争办法进行，有时就不得不用强硬措施和动用国家机器，一切以事物的性质和层次为转移。"百家争鸣、百花齐放"是为了发展科学和发展文化艺术；正确处理两类矛盾是为了有个稳定的政治环境；1961年的八字调整方针是政策协调，也是经济措施协调；70年代后期的"安定团结"口号，则表达了领导者协调当时混乱局势的意图；十一届三中全会关于全党工作重点转移的决定，无疑是对全国整体形势，全社会整体关系的协调；此后进行的一系列物价改革，是对经济发展中某些不合理关系的协调；近年实行的治理、整顿方针，则是对全国经济出现的某些失调而采取的措施；如此这般，一切大大小小的方针、政策和措施，无不是为了解决某种矛盾，达到某种协调。至于采取的这些方针、政策和措施是否有效，那是领导者作决策的正误问题。其目的是为了达到某种秩序和协调，则是不会有问题的。

领导就是决策，就是指引人群达到一定目标。而要做到这一点，就必须解决矛盾，必须"抹平"和"理顺"，使各种关系和谐、协调。

没有协调就没有发展，没有协调就不会取得成功。领导者的日常工作，大多表现为做各种协调活动。

三、办公室的协调工作

领导者的工作十分繁忙，不得不把一部分繁杂的协调事务交给作为领导办事机构、"左右手"（参谋、助手）的办公室、办公厅来做了。然而，办公厅（室）的协调，同领导者的协调有了很大不同。它们要做好领导者的左右手，就必须做好协调这篇大文章。

（一）办公室协调工作的性质

这是秘书长、办公室主任和搞办公室秘书工作的同志必须先弄清楚的一个问题。性质问题并不复杂，一句话可说清楚：它是领导授权和委托的一部分工作，在领导层协调是领导工作，在我们则是代领导行使的一部分秘书工作，只能向协调对象协商、说明，然后将结果向领导汇报，不能发号施令，擅权决断。

（二）办公室协调工作的艰巨性

协调是一门学问。在办公室来说，这项工作实在是重要、微妙，也实在是不好做，可以称为一大二难。大，在于协调在办公室无处不有，无时不在。矛盾在哪里出现，协调到哪里进行。而矛盾又常常涉及的是大事。大，还在于协调总是事关领导工作的整体和大局，而领导工作不是决策就是贯彻决策。事关决策、事关领导，当然是大事。大，又在于协调事关一定范围各项工作的和谐配合、整体运转。

难，就难在它的大上。"大有大的难处"。那些事关大局的事，协调起来当然绝非易事。难，也在协调的事甚多，时时处处都有协调，不会件件都容易。更难的是协调在人与人间进行，各有所执、各有所依，加上不少是调停"婆婆"关系，在本来是

"众口难调"中又多一层难。总之，难就难在协调者是在人与人的"夹缝"中削权除结、使其连接粘合，浑然一体。

协调的难，连一些最高领导人也颇有体会。他们说：秘书长、办公厅主任这个角色不好当，像作文章一样，要启承转合，承上启下，复杂得很，一个市有正、副市长六七位，要把这六七位都照顾到，是很不容易的。他们还说，领导同志之间，在一些具体问题上有时会有不同的意见，秘书长、办公厅主任要加以协调，使它朝较完满解决的方向发展。这就非常难。一个问题，这个领导同志这样说，那个领导同志那样说，办公厅主任怎样使问题得到恰当的解决，是很重要的。

还有的说：秘书长、办公厅主任是领导名副其实的左右手。上情下达，下情上达，左右疏通，许许多多的矛盾都在这里汇总，中央与地方之间、地方与地方之间、领导者之间的关系，不少要通过秘书长、办公厅主任协调。这个工作是桥梁，是纽带，也是参谋。

我想，这些话足以把办公厅协调工作之难说清楚了。难，就说明了它的重要。

（三）协调工作的目的和意义

协调，从社会发展的必要。我们办公室系统的协调，是在领导授权的范围内进行的。

协调，从深层讲是为了发挥整体效益，是为了全事业顺利发展，为了整体工作和谐运行。

协调，是解决矛盾、消除分歧，是排除各种疙疙瘩瘩的障碍，理顺事物的配合关系，使它们和谐前进。不过是因矛盾的性质不同，协调的手段也不同而已。

办公室的协调工作，是协调领导人与领导人的关系，是协调部门与部门之间的关系，是协调领导与部门、上级与下级的关系，说到底是个工作关系协调。例如会议议题事先要协调成熟、文件内容要将各方意见协调一致、一件事应商好由谁牵头办、某件事各方有不同意见要取得一致、一个问题相互有误解要消除、某项重要活动如何安排要协商，等等，一般都表现为在人与人间进行工作关系协调。所谓关系协调，直接的目的是沟通情况，统一认识，消除分歧，达成一致。

具体说来，办公室的协调有以下重要意义：

1. 协调是领导对办公室、对秘书长的一项重要委托，是领导职权的软性延伸，是办公室既办事又当参谋的一项重要任务。办公室、秘书长在协调时只能在授权的范围内协商定盘，拟出解决问题的方案。属于决策的大事，应报上级领导拍板。

2. 是为领导人分担事务工作，净化领导人的工作环境，使其集中精力于主要工作。正如一位高层领导人说，日常各种琐碎的事情，秘书长、办公厅主任要根据领导研究的精神及时加工处理，不能统统弄到主要领导同志那里去，否则会把领导搞得精疲力尽，而且把精力放到一些琐碎的事情上去，对集中精力考虑一些大事是极不利的。

3. 是解除决策障碍，为领导决策和贯彻决策通路。在决策前，有些事情要协调，协调好了，拿出方案，再拿到领导层讨论，就简单得多。例如会议议题、由会议审批的文件，就应把内容尽可能搞成熟再上会讨论。

4. 办公室、秘书长协调，还可以说是在人与人间、部门与部门间"搭桥"、"焊接口"，使其连为一体，起桥梁、纽带作用。

（四）协调方式

协调，对象层次有别，事项轻重不同，时间缓急可分。因此，协调的方式方法也因情而异。主要是五种方式：

一是电话协调；二是送文上门协调，多是请对方把意见写在文字材料上退回来；三是协调者上门商谈，主要用于解决重要问题，消除较大分歧。相互面对面谈话，增加双方敬重感，要比见物不见人的协调效果好得多；四是把人请到协调主体部门来协商。"走出门"和"请进门"都是一种见面好说话、出进两敬重的有效协调方式；五是涉及多方的事务协调，应以开会方式为主。

其他还有些随时随地的灵活方式，由协调者临机斟酌。总之，以方便有效为标准。

（五）协调原则和协调艺术

一是原则性与灵活性相结合。原则是坚持政策、坚持法令、坚持整体利益、维护决策大局、体现领导意图。离开这个，就失去协调的依据。灵活是方式方法多种多样，是坚持原则之下可以让步，是一时不通可以再行计议。一句话：方法可以灵活多变，目标一定要达到。有原则性，也有灵活性，才会符合客观规律，才能协调成功。世间事物是错综复杂的，但又是有规律的：没有规矩不行，"一刀切"也不行。

二是团结为重。协调任务把秘书长、办公室主任和秘书工作人员推到部门和人群的"夹缝"中间。他们在其内只可"搭桥"、"焊接口"，不可无事生非，推波助澜。人与人间，部门与部门间，领导者之间，会有这样那样的不同意见。这是正常现象，正因为有分歧、有矛盾，才有协调。前边说过，协调的任务是沟通情况，统一认识，消除分歧，达到一致。在大原则内，协调者为了消除误会、免生风波，有时甚至可以委屈求全、"代人受过"。如果协调者不协调反而扩大分歧，向整体团结上加楔子，那就是违反了政治纪律，丧失职业道德。

协调艺术是什么呢？它实在是个潜力无边，奥妙无穷的东西，现试举一二作为引子，读者可以围绕着"抹平"和"理顺"这个任务深入研究，临机发挥，引出瑰丽闪光的更多杰作。

捕捉时机，事半功倍。这一条对上、对下都很重要。比如对上，当领导人情绪好的时候是协调的最佳时机。常言道，人逢喜事精神爽，这时最好说话，协调事务很可能会事半功倍。如是在不愉快之时，那就不可迎风去协调。但是，如果事态还在发展，由不愉快到盛怒而会有严重的后果时，那要迎风去协调。这时的协调最好是由被协调者最信任的人去。对下的捕捉时机，就是"借东风"，顺水推舟。比如一个重要问题需要协调解决而遇到困难时，这个时候正好开了一个重要会议，或发了重要文件，或是哪个领导人作了重要讲话，或是国内国外、省内省外有个重大事件，假如这些都有利于协调的时候，就不要放过这个机会。

冷静、谦和，切忌急躁。协调是代表领导机关进行的，它必须为领导，为自身树立好的形象。这是办事成功的一个因素。协调是在人与人之间进行。人与人交往构成人际关系。由于彼此素养不同，情况不同，会产生语言、态度上的差异。态度蛮横、出口不逊，会伤人。但协调者必须沉着冷静，给个好态度。若是上司发脾气，那更要沉住气，不可轻易动怒、甩手。这些，都是为谋求办事成功不可忽视的。搞协调，必须有个大度、大量，大到肚子能撑船，大到"能容天下难容之事"。不要怕受委屈，事实总是事实，到时候总会水落石出，总会有个公正评说。

发挥人缘和情感作用。有个学者总结：成功者大多人事关系较好，或得到人们的好感、好评，或受到信任，或被人谅解，或得到支持。取得好人缘，一靠好脾气、好风度、好品德；二靠工作上取得成功。而这两者又相辅相成，构成良性循环。搞协调，应当充分发挥这种人缘优势。我们不搞不正之风，不搞拉拉扯扯的非正常关系。但总要搞正常的人际关系，搞正当的工作关系和朋友关系。协调者有人缘，做起事来会一通百通。协调者要使用情感作用，做起事来也会"人未行，事半成"。有了友情，有了人缘，协调就顺利得多了。我们要的不是庸俗的义气和封建的帮会，而是社会主义利益一致的合作和友情。毛泽东同志曾感慨地说："谅解、支援和友谊，比什么都重要。"友谊必须建立在诚恳的感情基础上才会深厚。人际关系中有一条规律：只有尊重别人，才能得到别人尊重；只有给人友谊，才能得到友谊，这一条为人准则，是不可被忽略的。

友好的感情，诚挚的态度，是协调工作中的必要条件。

均衡劝慰。

协调是消除某些分歧，搞顺工作关系。我们搞秘书工作的人（包括秘书长、办公室主任）去协调工作关系，特别是在领导人之间传话、办事、搞协调，遇到某些分歧，只能弥合、消除，不能从中瞎掰。办法就是双向劝慰，弥合缝隙，最低也要保持沉默，不加重分歧。一者这是一般工作看法上的分歧或个人意气矛盾，除了劝慰，没有必要说别的。二者我们的工作性质和工作特点，也不允许从中胡掺和。

高超的语言艺术和高度的应变能力。

工作关系协调通过人际关系协调来实现。人际交往成功与否，语言是重要条件。语言又根据事态、情势来表达。因而在协调中语言艺术往往是应变能力的表现。会说话的人一句话可以办成一件大事；不会说话的人一句话可能会把一件大事办砸。一般说，多数都能较好发挥语言感染力，把事情办妥。但是，有人专会说噎人的话，把人气得翻白眼，而就是说不出一句同人合作的话。这种一句话把人噎得喘下上气来的人，搞协调注定是要失败的。搞协调的语言，有一定规律可循。对平、对下协调，其语言基调是磋商，是谦虚，但又不放弃大原则；对上协调的语言基调则是多用请示、探询口气。

（原载《秘书工作》1991 年第 2 期）

当别人向你打听秘密时……

郭 光 文

在现实生活中，不少从事保密工作的同志经常遇到自己"不能公开"，而别人又偏偏喜欢打听的事。这时，若简单粗暴地拒绝，会失礼于人，有损于彼此之间的友谊。因此，常常感到"答亦忧，不答亦忧"。如何根据既不泄露秘密，又不失礼于人的原则，沉着、冷静、机智、巧妙地回答好人们的打问，是摆在保密工作者面前一个十分重要而又现实的课题。本文试就作答的基本方法，谈谈一管之见。

第一，谈笑风生地答

就是用谈笑的形式来发议论，把一些严肃的问题融汇在笑语中，从而达到在笑声中纯化提问者的心理敏感度和掩饰自己内心秘密的目的。其形式，一是谈笑风生地正面回答。如在去年3月28日的第六届人大五次会议第二次记者招待会上，有这样一组镜头：李鹏、田纪云、姚依林副总理答记者问。李鹏居中就坐，有个记者问道："这个顺序和座次是否与以后的总理人选有关？"李鹏同志笑脸相迎地接过这极其敏感的话头答道："这不是总理的位置。"一语引来众笑。接着又边笑边说："我今天之所以坐在这里，是我们三个人事先商量好由我首先回答问题。"继而又转向姚依林副总理笑着说："如果姚依林愿意的话，我现在可以和他互换位置。"李鹏话音未落，全场笑声四起。① 李鹏同志从容

---

①《演讲与口才》1987年第9期。

自如、谈笑风生的回答，既指出了记者的猜测毫无根据，又使会场充满了生气。二是谈笑风生地侧面回答。如1983年，我国法学家在联邦德国举办的国际刑法研究报告会上，应邀作了关于当前中国刑法发展的报告。结束后，有人就类推适用问题形象地提问："假如一个人在马路上踢足球，在踢的时候并不犯罪，但后来踢碎了附近的门窗玻璃，因而可能事后被判了罪，对这一点，行为人怎么能预先知道呢？"报告人用半开玩笑的形式从侧面笑道："世界各国人民都爱踢足球，我们也在提倡，所以您完全可以放心，不至于因为踢足球而被判刑的。"回答在全场引起了一阵笑声，这个问题也就自然而然地过去了。当我们面对过于尖锐或囿于水平和其他方面的原因，一时难以回答的提问时，可采用这种形式回答。

第二，委婉含蓄地答

著名思想家培根曾经说过："含蓄往往比口若悬河更可贵。"如一次有人向黄宗英同志提出了"是否再嫁"的问题，这对年近花甲的著名影星和作家黄宗英来讲，是一个十分敏感且又属于"隐私"方面的问题。黄宗英答道："我已经嫁给了大海，就不能再嫁给小河了，要嫁就要嫁给汪洋。"① 黄宗英同志以新颖的比喻暗示她不准备再嫁了，并形象地说明了她不再嫁的原因并非是受封建观念的束缚。这样，既释了问者之疑，又显得十分得体。

第三，巧转话题地答

当你遇到敏感的提问时，如果不想从正面回答，就要转移话题巧妙地应答。一是顺着问话往相连的问题上转。如日本著名电影演员中野良子到上海进行艺术活动时，有人问这位35岁还未结婚的电影艺术家准备什么时候结婚？中野良子十分友好而机智地回答说："如果我结婚，就到中国来度蜜月。"这一回答既爽朗又巧妙，把"何时结婚"的问题转成了"在何地度蜜月"的问

①《演讲与口才》1987年第9期。

题，既避开了自己不想公开正面回答的问题，又非常强烈地表达了她对中国人民的友好感情。二是巧妙地把问话转向相反的问题。如春秋时期的齐桓公、晋文公，都是称雄于诸侯国的霸主。后来，齐宣王想效法齐桓、晋文称霸于诸侯，谋取霸主，便问孟子："齐桓公和晋文公称霸诸侯的事，可以说给我听听吗？"这对一向宣扬王道、反对暴政的孟子来说，是个十分"棘手"的问题。如何答呢？孟子以"仲尼之徒主张王道，反对霸道，是不谈齐桓、晋文之事，所以后世没有传下来，我没听说过这件事"为理由对齐宣王所提之问作了侧面回避，接着话题一转说："如果一定要我说，那么就说说王道吧。"齐宣王吃了"闭门羹"，只好顺水推舟地改口问道："怎样就可以用德行王天下呢？"孟子紧接着谈起了自己的"王道之术"。① 在这里，孟子机智灵活，两句话就把"霸道"问题巧妙地转到相反的"王道"问题上来了，真可谓巧夺天工。

第四，以问治问地答

回答问题本来是被问人的事，但有时答者为了不泄露自己的秘密，可采取提问的办法来控制对方的问话，达到"以问治问"的目的。主要办法：一是顺着问者的问话发问。如有个音乐家赴死刑的前一天还在拉小提琴，用曲谱来诅咒杀人的当局。愚蠢的狱卒问道："你明天就要死了，今天还拉它干什么？"音乐家答道："明天我就要死了，今天不拉什么时候拉？"在这里，音乐家以反问作答，既掩饰了自己的不满之情，又发人深思，独具力量。二是跳出问者的问话发问。如罗斯福在当选美国总统之前，曾在海军里担任要职。一天，一位朋友向他打听海军在加勒比海一个小岛上建立潜艇基地的计划。罗斯福向四周看了看，压低声音问道："你能保密吗？"那位朋友答道："当然能。"罗斯福微笑着说："那么，我也能。"罗斯福在这里跳出问者的问话另行发

---

① 《孟子·梁惠王上：齐桓、晋文之事 章》。

问，进而达到了"以问治问"的目的，既表达了自己不能泄密的原则立场，又没使朋友尴尬难堪，效果甚佳。

第五，寓庄于谐地答

就是用诙谐的语气来回答庄重或敏感的话题。如美国一青年拿着乐谱手稿去见著名作曲家罗西尼，并当面演奏起来。罗西尼边听边脱帽，青年人问："是不是屋里太热了？"罗西尼说："不！我有个不好的习惯，就是一见熟人就要脱帽。在你的曲子里，我碰到的熟人太多了，不得不频频脱帽！"罗西尼明明知道青年抄袭了别人的作品，但不明说，而是用"碰到熟人太多"来表达"你的稿子是抄袭别人的"真意，加上脱帽动作的配合，从而产生了诙谐的效果。

第六，含糊其辞地答

就是针对问者的提问，故意把话题说得不清楚、不明白。如某县根据工作需要，决定将甲、乙两乡合并为镇，报请上级批准。一时干部、群众围绕谁当党委书记的事猜开了谜。一些人找县委组织部长打听，组织部长回答说："如果本地有合适的对象，就发动群众在本地选；如果没有合适的对象就发动群众在外地选，并且欢迎你多向组织上推荐人选。"问者听了自知没趣，但主动岔开了话题。这位部长"含糊其辞"的答话，既顾全了问者"面子"，又保住了人事秘密，可谓两全其美。

第七，佯装听误地答

有时问者的话语来得突然且又直露，而被问者用佯装"听错了话"而进行回答，也是有效的方法之一。如某市干部A同志找公安局从事保密工作的B同志说："我找你打听一个秘密：据说全市明晚戒严搜捕罪犯，是吗？"B同志心里一震，马上佯装听误地反问道："什么？你说我泄露了秘密?!"接着又声辩道："公安部门的事，我是从来不乱讲的，你可别错怪了人！"A同志看到B同志"一本正经"的样子，于是便将"错"就错地把问话掩饰起来，拉起了其他话题。

第八，以假代真地答

当问者提出的问题属于保密范围，如果我们简单回避，容易引起猜疑；而正面回答，又不能讲明实情的时候，就需要我们随机应变，以假代真地回答。如1984年2月9日，莫斯科呈现异象——电台播放古典乐曲、国际部长乌斯季诺夫暂缓赴印度访问、苏共最高领导人安德罗波夫的儿子被从瑞典召回……这一切，使敏感的西方人士怀疑是安德罗波夫死了。当夜在美国国务院举行的一次晚宴上，美国高级官员纷纷向苏联驻美大使多勃雷宁探问有关安德罗波夫已故的传闻是否属实。多勃雷宁不动声色地答道："如果他已死了，我还会在这里吗？"接着又摆"事实"说："前不久，我回莫斯科述职时曾谒见安德罗波夫，他精神甚佳，只是有点感冒，但仍照常办公。"最后，他诙谐地说："我看不要再谈这个问题了，不然，他好好的都会被气死的。"其实，多勃雷宁知道安德罗波夫在前一天就已病故，只是克里姆林宫仍在安排权力转移，故秘而不宣。这么一个重大问题，竟被多勃雷宁"以假替真"地掩饰过去了。

第九，义正辞严地答

在社交场合特别是在外交活动中，当对方的问话涉及到一些敏感的问题时，我们应该敏捷地义正辞严地作答。如1980年秋，邓小平同志在北京接受了驰名西方的意大利女记者奥琳埃娜·法拉奇的采访。法拉奇以采访西方世界风云人物而引人注目，她提问尖锐，言辞泼辣，而且精于穷追不舍，颇使一些西方政治家头疼。当谈到对毛主席看法问题时，法拉奇问道："中国人民在讲起'四人帮'时，把很多错误都归咎于'四人帮'。说的是'四人帮'，但他们伸出的却为什么是五个手指？"邓小平同志敏锐地感到，问者是想借"中国人民"之口，把毛主席同"四人帮"混为一谈。于是答道："毛主席的错误和林彪、'四人帮'问题的性质是不同的。毛主席一生中大部分时间是做了非常好的事情的，他多次从危机中把党和国家挽救出来。没有毛主席，至少我们中国人民还要在黑暗中摸索更长的时间……"①

第十，故意避而不答

有时，问者提出的问题使人难于回答或无法回答，在这种情况下，我们不妨来一个故意避而不答。一是明确地表示避而不答——当发问者提出内涵不确切的问话，被问者觉得无法作答时，可采取这种办法：如有位国外电台记者，在一次氢弹之父爱德华·泰勒举行的记者招待会上问道："泰勒先生，可否请你解释一下相对论与现代空间时代的关系？"这话一出，泰勒立即瞪大了眼睛，继而答道："我怎么能解释呢？爱因斯坦用了十三年时间才确定了这个公式。"言下之意，可敬的记者你提的问题太外行了。泰勒的回答既不让记者感到难堪，又使自己轻松地摆脱了困境。可谓一箭双雕。二是无言以对地避而不答——就是对问者所涉及的敏感问题既不摇头，也不点头地进行回避。如孟子有一天问齐宣王："您有一个臣子，把他的妻室儿女托朋友照顾着，自己到楚国游历去了。可是等他回来的时候，他的妻室儿女却在挨饿，这该怎么办？"齐宣王说："这人应该和他的这个朋友绝交。"孟子又问："管刑罚的长官不能领导他的部属，这该怎么办？"齐宣王说："撤掉他的职务！""一个国家里的政治搞得不好，这该怎么办？"齐宣王心里明白这是他自己应负的责任，脸上火辣辣的，答不出话来，就故意掉转头去望望站在他两旁的侍从，谈起别的事情，借此摆脱了孟子的问话。② 当然，在一般情况下，我们不必采取这种答话方式，而应该本着既不泄露秘密，又不失礼于人的原则，尽量给人以"愉快"的回答。

（原载《秘书之友》1988 年第 7 期）

---

① 《邓小平文选》，第 303—304 页。
② 《孟子·梁惠王下：王顾左右而言他章》。

日常生活与保密

乔 本 成

保密工作关系到国家的安全和利益，严把秘密"出口"，堵塞泄密渠道，提高人们的自觉防范能力，是做好保密工作的关键。现归纳列举日常生活中容易发生失泄密的一些方面，愿能对做好新时期的保密工作起到一定的帮助作用。

一、谨防密从"本"出，妥善管好笔记本

各级领导和党政军机关的秘书人员的工作笔记本中，记载着大量秘密内容。窃取笔记本中的秘密，已成为一些情报人员的重要目标之一。因此，管好笔记本，乃是做好新时期保密工作的一个重要内容。怎样防止密从"本"出呢？一是在公务活动中随身携带笔记本的，不得随意让他人翻阅；二是在办公室不要乱放笔记本。要随时锁进抽屉里；三是对用后的笔记本，要妥善保管，其中一些专用保密本，还应及时销毁。

二、谨防密从"车"出，小车之内应慎言

机关小车日益普及，为领导机关和领导同志的工作提供了方便。但是，小车内的保密问题不可忽视。某外贸部门的一位领导在送外商回宾馆途中，就服装的进口价进行协商，司机就将谈判细节有意透露给私营货主，使国家蒙受上百万元损失。防止小车内的泄密，最主要的是领导同志要提高保密意识，不在车内谈"公事"。

三、谨防密从"包"出，切忌丢失公文包

目前由于公文包的丢失、被窃、保密不善而酿成泄密事故的甚多。如何防止公文包泄密？一是不在普通公文包中装秘密文件、资料，携带文件最好使用具有保密、报警装置的公文箱；二是要切实保管好公文包，做到行走不离身，放置保险处。

四、谨防密从"酒"出，劝君酒后莫乱言

由于酒精的刺激作用，一些人在酒后显得格外兴奋，行为失去了控制，不看对象和场合，不该说的也说。这种醉后吐"密"言的现象比较多见，教训也是深刻的。劝君切记：赴宴别醉酒，醉酒莫胡言，做个真君子，众人都称赞。

五、谨防密从"友"出，亲友会聚莫谈"密"

节日假期，亲友会聚，特别是身处异地、久别重逢的亲朋好友会聚一起，往往心情激动。彼此之间谈一些祖国的大好形势，相互交流一下思想、工作、学习方面的收获和体会，均属正常，无可非议。值得提醒的是，亲朋好友在一起"侃大山"、叙衷言，切勿涉及党政军经等方面的国家秘密。不然，由此而出现泄密问题，国家遭受损失，于己于亲友也不利。

六、谨防密从"恋"出，青年恋情莫恋"密"

热恋中的青年男女，海誓山盟，互叙衷肠。有的青年朋友还常以传播"小道消息"甚至透露国家秘密赢得对方的欢心。须知，国家秘密对恋爱对象也是不能泄露的。如果在恋爱期间因泄密问题被追查，不仅会大大淡化甜蜜的恋情，甚至还会恋从"密"散。恋爱泄密，这是热恋青年的大忌之一。

七、谨防密从"乐"出，精神兴奋慢开口

当一个人遇到职务晋升、受到奖励、子女考上大学等喜事或亲朋好友在一起娱乐、玩耍时，心情格外愉快，言语也自然增多并且话题广泛。此时，一些人很可能疏于警惕，说出一些不该说的话，导致一些国家秘密被泄。美国心理学家莱勒·温尔特博士指出："精神兴奋容易使人分散精力，不能细致、周密地思考问题。"因此，他建议人们不要在精神兴奋时做重大决策。这个论断也告诉我们：心情愉快时万万不可"无话不谈"。

八、谨防密从"钱"出，金钱诱惑莫动心

目前，一些敌特情报人员针对国内一些人贪图金钱的弱点，不惜用重金收买、套取我党和国家秘密。于是，边境和内地一些"情报贩子"便应运而生。有的国家工作人员甚至领导干部也作了金钱的俘虏，成为泄露党和国家秘密的罪犯，极大地损害了国家利益。我们应该建立起牢固的保密防线，粉碎一切情报分子的金钱诱惑美梦。

九、谨防密从"家"出，家人面前勿大意

有些同志可能认为，在家人面前说话可随便些，甚至谈一些涉及国家秘密内容的"公事"也无所谓。须知，思想上的任何松懈都会给保密工作留下漏洞。乔石同志对领导干部做好保密工作提的"三点要求"中，其中一条就要求"管好自己的家属子女"。防止密从"家"出，一是领导干部要严于律己，尽量做到在家少谈公事，在家人面前不谈"密"事；二是要加强对其家属子女的保密教育，使他们做到不该问的不问，从其他渠道知悉的秘密事项也绝不对外人讲。

十、谨防密从"乱"出，劝君办事讲条理

高效率、快节奏的现代生活，需要人们的工作、生活有条不紊。文件、资料乱堆乱放，信件、纸片随手乱扔，不仅影响工作的顺利开展，而且还可能"乱"中出岔子，"乱"中泄机密。现实生活中，因"乱"而丢失文件、资料的事情，时有所闻。看来，避免忙乱主义，办事讲求条理，也是防止泄密的重要方面。

只要我们在日常生活中时刻注意绷紧保密这根弦，堵塞各种泄密漏洞，切实加强防范，各种窃密者便无隙可入，保密这个防线是完全可以做到牢不可破的。

（原载《秘书工作》1993 年第 2 期）

办公自动化保密工作
面临的问题及对策

顾忠卫　　王　宁　　朱建忠

　　办公自动化是以计算机的应用为先决条件的，堵塞计算机系统失泄密漏洞，是做好办公自动化保密工作的关键。笔者试图就新形势下计算机信息网络系统保密工作存在的问题及其对策简析如下：

计算机信息网络系统保密
工作出现的新情况、新问题

问题之一　保密观念的更新与办公自动化发展没有发生"共振"

　　过时的保密观念形成了思维定势：一是仅认为保密就是保安全、保政权，把保密工作与经济工作割裂开来，或过分强调保密而影响经济工作，或以大力发展经济为由而放松保密工作。二是仅认为保密就是保红头文件，对机要通信寄来的文件秘密载体倍加关注，而对计算机磁盘秘密载体轻之淡之。三是仅认为保密工作者只要忠诚老实，吃苦耐劳，遵纪守法就行，忽视对其技术要求。这些保密观念，在复杂的自动化操作逐渐代替传统手工劳动的今天，已跟不上形势。此外，对保密工作还存在一些错误看法：一是把保密与开放对立起来，认为既要开放就无密可保、无密可谈；二是认为有密难保，保也无用，对间谍卫星等高技术窃密手段崇拜之极，对保密工作畏难发愁，树不起信心，工作中不主动，不争取，不努力。三是认为保密工作是小事一桩，思想不重视，能推则推，能磨则磨，能少则少，致使保密工作"挂空档"。这些观念与新形势对保密工作的要求产生了差距。

问题之二　计算机的使用与计算机的保密没有形成同步

计算机的自身安全大体可分为两部分，一部分是侵入型，这是外界因素造成的，如病毒侵入等，计算机应用人员对此预防较为重视，本文不作分析。另一部分是散射型，它的危害性是潜在的，不知不觉的，看不见，摸不着，这使计算机应用人员难以察觉，但危害却很大。

计算机的散射包含两个方面：一是辐射，其耦合方式是空间辐射；另一是传导辐射，其耦合方式是电源、公共地线和接线电缆。空间辐射的强弱与场强、频率、高度有关，而传导辐射的强弱仅与电压强度、导线连接电阻有关。因此计算机的主要不安全因素是电磁发射，从其耦合方式也可以说明电磁辐射是造成计算机自身安全的主要方面。据有关材料反映，有人在偶然一次对电视机微调过程中，电视屏幕上突然显示出本单位机要部门用微机处理的一份密码电报，且清晰可读。原因就是微机房不合理，离电视机只有20米，电视上的图像就是由微机的电磁波辐射引起的。理论和实践都证明电磁辐射是计算机自身不安全的主要方面。

问题之三　计算机信息系统成为异国情报机关最为瞩目的窃密重点目标

我们进入了一个信息化的社会，政治、经济、教育等方面越来越多地运用计算机进行信息的搜集、存储、处理、交换。计算机信息系统已成为秘密最集中、财富最集中的处所，同时也成为异国情报机关最为瞩目的处所，世界各国为了本国的最大利益，千方百计地获取目标国家和地区的情报信息，计算机信息系统成为窃密的主要目标。发生在 1988 年的计算机间谍案就是前苏联克格勃成功地攻克了美国乔治亚洲福沃特斯条尔特市的计算机网络，进入了美国在西德的空军基地以及在冲绳的美国太平洋舰队基地，闯进了拥有关于美国各军种绝密文件的五角大楼计算机网。美国斯坦福研究所高级顾问帕克所掌握的 680 件案件，其中利用计算机窃密（情报、工商机密）的占 28%。对此，各国保卫部门都把保卫计算机信息安全作为工作重点。当前我国计算机比较集中地分布在一些重要单位和核心部门，而且用于重要信息处理的大都是进口计算机，有的还受到外国监督使用，因此保障我国计算机重要信息的安全显得十分紧迫和十分艰巨。

计算机信息网络系统保密工作的对策思考

保密教育要在改进和加强上下功夫，转变保密观念，与时代步伐合拍

信息论认为人是最基本的信息源，因此从保密工作来说做好人的工作是保密工作的根本。在发展社会主义市场经济新形势下，不仅仅要求保密工作者做到"守口如瓶"、"忠诚老实"。对保密工作者的教育必须在改进和加强上下功夫，要适当加大计算机基本知识等技术性内容的教育，着力提高操作人员的技术素质。要帮助分析保密领域的新情况，解决新问题，总结新经验，引导保密工作者解放思想，转变观念，使保密工作在推动改革开放和经济建设深入发展过程中发挥应有的作用。一是要树立保密工作为经济建设和改革开放服务的观念，党的十四大报告强调指出，各项工作都要服从和服务于经济工作这个中心，保密工作也必须服从和服务于经济建设，在确保党和国家政治核心秘密安全的同时，集中精力抓好经济科技保密，使保密工作与经济工作同唱一台戏，在服务中找准位置，从这一点上说保密就是保效益。二是树立机要通信寄来的秘密载体与计算机磁盘秘密载体同等重要的观念，不可偏废。三是树立效率观念，在市场经济条件下，各项工作的时效性比以前大大增加，保密工作也不例外，也要讲效率，讲节奏，讲方法，争主动。要消除保密工作可有可无、可紧可松、可推可磨的思想观念。

走改革之路，建立计算机保密工作行之有效的科学管理体制，使其日臻完善

保密工作现行的各项规章制度是保密工作经验的总结和升华，实践证明它是可行的、有效的。但随着计算机在保密领域的大量应用，出现了新的泄密形式和途径，现有保密工作管理体制有一定的不完善性，亟需充实、调整、完善，使新时期保密工作管理体制注入新的活力。我们认为：首先要加强对计算机及磁盘秘密载体的科学管理。对进口的计算机设备要进行严格的技术安全检查。计算机房要有屏蔽设施和电源滤波装置，要有单独的操作空间，不能与普通办公室混用。磁盘是直接的、客观的信息源，秘密信息容量大，应严格加以管理，指定专人保管、专册登记、专柜存放，建立健全责任制。其次要完善保密工作督促检查制度，对计算机、工作间、磁盘秘密载体以及操作规范等进行保密大检查。通过检查，发现问题，解决问题，总结经验，推动工作，检查应做到定期与不定期相结合、经常性与突击性相结合。三是要有具体的奖惩处理规定配套，做到有章可循，有据可查，有法可依，赏罚严明。对工作成绩突出的集体和个人予以适当的物质鼓励，对工作拖沓，作风涣散，责任心不强，造成失泄密的应认真追查，严肃处理，事态严重的应追究法律责任。

加速保密工作现代化、自动化建设，加强技术保密手段，以防为主

计算机工作时相当于一座发射台，运行时某些部位就会向空间辐射电磁波，将机器内的信息"带到"空间，如不采取技术防范，就会在不知不觉中失泄密。鉴于上述情况，必须采取一定的技术防范措施，对计算机的信息辐射加以抑制。

1．距离法。电磁波在空间传播时随距离的增加而减弱，到了一定距离，辐射场强就很微弱，难于接收辐射的信息。采取这种措施比较经济，但局限性大，需要一定的空间距离，对于闹中取静的部门难以奏效。

2．电磁屏蔽法。这是计算机信息辐射的主要防范措施之一，将计算机及其附属设备放置屏蔽箱或屏蔽室，以降低对外电磁辐射场强。此法效果好，保密性强，但造价大，对一般财力不足的单位难以实现。

3．信息干扰法。干扰目的是使窃密者无法截获信息，即或截获只是不被理解的一片杂波，解不出内容。信息干扰法可分单纯干扰和相关干扰两种。单纯干扰信息为第一代干扰法，一般情况下可达到干扰目的，但由于这种干扰为一固定频率带，窃收装置只要稍作改变，采取跟踪分离技术，就可提取出有价值的信息。为确保信息安全，需加宽发射频谱或增加干扰机功率，但防护成本高，而且对人体和其它机器构成威胁，污染环境。而相关干扰是通过接收目标的信息，并对其扰乱后再发射，故更具针对性，防护效率高，这种方式比较实用。干扰机种国家安全部门已研制成功，经过试用，效果颇佳，且经济成本低。

（原载《秘书工作》1993 年第 8 期）

提高政策水平是做好
秘书工作的重要条件

秘书部门和秘书人员，在领导机关和领导者身边工作，每天接触大量的实际问题，处理许多纷繁复杂的事务。而许许多多的问题，无不涉及党的政策，秘书工作与党的政策有着不可离异的关系。提高政策水平是秘书人员修养的重要内容，也是做好秘书工作的重要条件。

一、正确的政策是党正确领导的前提，认真贯彻党的政策是秘书工作的根本任务

什么是政策。政策是党和国家根据自身的政治需要和政治路线，为实现一定的任务而规定的行动准则。毛泽东同志曾指出："政策和策略是党的生命。"又说"政策是革命政党一切实际行动的出发点，并且表现于行动的过程和归宿。一个革命政党的任何行动都是实行政策，不是实行正确的政策，就是实行错误的政策；不是自觉地，就是盲目地实行某种政策"。我们党，我们的国家正是在马列主义毛泽东思想指导下，通过党的路线、方针、政策来指导革命和建设的。我国革命和建设时期的实践已经证明，凡属正确的政策，符合事物发展的客观规律，反映和维护了人民的根本利益，因而得到了人民的拥护，调动了人民革命和生产的积极性，促进了社会生产力的发展。党领导的正确，人民拥护党，是因为党制定了正确的路线、方针和政策，所以说正确的政策是党得以正确领导的前提。

当今领导者的重要职责之一是决定政策，为领导科学决策服务是新时期对秘书工作的基本要求。秘书是领导制定政策、实行政策的直接助手，在政策制定前、制定中、制定后都需要秘书发挥参谋作用，他们可以围绕领导的需要协助领导收集、汇总与综合处理来自四面八方的信息，供领导制定或修改某政策时参考；协助领导汇集、整理、分析各机构对政策制定的建议，并草拟文稿；政策一旦制定出来，广泛征求执行系统和人民群众的意见；还要抓好政策实施中的信息反馈。总之，政策的运筹、起草、印刷、实施都离不开秘书工作。可见，党的政策的制定、实施是秘书工作的具体体现。

秘书工作与政策的紧密关系表现出的另外一面，即秘书工作必须从属于党的政策，秘书工作者无论是在哪个部门或在哪位领导处工作，都是在为党工作，工作中必须体现党的指导思想，符合党的政策，为党的政策服务。任何自行其事的做法都是不允许的。秘书收集和综合处理信息，调查研究，参与起草文件和报告，协助领导审核公文的工作，毫无疑问是以党的政策为准绳，贯彻政策，按政策办事的过程。即使是处理日常事务工作，秘书没有政策头脑，也难免不出乱子。譬如：下面发生了险情，秘书接到了电话，需要汇报给有关领导，收电话、传电话本身是件事务性工作，但能否立刻意识到险情的瞬息发展事关亿万人民的生命财产，并能否立刻提出供领导参考的处理方案，火速向领导汇报，却是个政策水平问题。

总之，秘书工作的性质及其所处的位置，决定了秘书办文、办会、办事，都离不了政策，政策也需要通过秘书工作来体现，所以，认真贯彻党的政策是秘书工作的根本任务。

二、提高政策水平，是秘书加强修养的重要内容

秘书工作随着阶级、国家的产生而产生，它的出现是统治阶级治理国家、实行统治的需要。历来的秘书部门和秘书人员都从属于统治阶级，是国家机器的组成部分。统治阶级的国家是通过

政策、法令达到统治的目的，而秘书工作为统治阶级服务，归根结底是为统治阶级的政策、法令得以制定、实施服务。

在我国，秘书工作是为无产阶级的政党，为人民民主专政的国家政权，为社会主义现代化建设，为两个文明建设服务。

正因为秘书工作是为统治阶级的国家服务，是为保证阶级的意志——政策的制定和实施服务，所以，秘书工作者是否有阶级的政策水平，是否政治上能和阶级的根本利益保持一致，已作为一个重要的标准，被历来的领导者列入了选择秘书的条件中。

随着科学和现代技术的发展，在我国秘书工作中采用一些现代化的办公设备或先进技术，以提高工作效率和质量，是必要的。但这并不意味着秘书工作阶级从属性的消亡，也不意味着秘书工作将变为一种纯技术性、纯事务性的工作。实践证明，作为一个秘书不管其学问大小，能力强弱，如果没有一定的马克思主义的理论水平和政策水平，都不会成为一个合格的秘书。不管是过去、现在，还是将来。

当前，随着改革形势的发展，对秘书的政策水平的要求不是低了，而是更高了。其表现（1）新事物多、探索性、试验性的事情多，随着改革实践的丰富和深化，从上到下，需要对政策不断地充实、完善。（2）新形势下情况的复杂性、可变性，为掌握和执行政策增加了难度。（3）社会主义民主的加强，群众不再只是政策的执行者，而且是落实政策的监督者。总之，形势对秘书的政策水平提出了新的要求，不断地提高秘书的政策水平，越来越成为秘书人员加强修养的重要内容。

三、秘书如何加强政策修养

刻苦学习马列主义、毛泽东思想和党的政策是提高秘书理论水平和政策水平的根本途径。所谓刻苦学习，是指在阅读文件时，不是看一次、看一遍，必须是反复阅读，反复思考。不仅熟记政策的内容，而且要领会政策的精神实质。什么是正确的，什么是错误的，什么是掌握政策的界限和分寸，什么是一时看不准而需在群众的社会实践中检验的，什么是应当反对、限制的，什么是应该积极扶持、关心的等等。只有经过反复学习、思考，才能融汇贯通，提高认识。还要注意学习各方面的政策，特别要精通与本系统业务有关的政策，养成良好的学习习惯，从而树立起较强的政策观念。

马列主义毛泽东思想是我们党和国家的指导思想，其基本原理、原则是我们制定方针、政策的依据。秘书工作者只有懂得马列主义毛泽东思想的基本理论，懂得它的普遍原理和基本原理，学会用马克思主义的立场、观点、方法去观察、分析各种实际问题，才能有政治上的敏感，才能抓住事物的本质，才能在提预案、拟文稿、处理问题时始终头脑清醒，显示出较强的综合分析、判断鉴别、预见推测的能力。秘书工作人员政策水平的提高，不仅在于学，而且还在于用，正确地运用政策的过程对秘书来讲，也是个加强修养的过程。

党的政策关系社会主义事业的发展，关系人民的根本利益，秘书要以对党、对国家、对人民高度负责的精神，认真贯彻执行，不能敷衍塞责，马虎大意。

对政策要坚决、认真地贯彻执行，不能随心所欲，以感情代替政策，更不能搞"土政策"。在处理问题，草拟文搞时，必须以政策为依据，严格把好政策关。在贯彻执行中央的重大政策或原则性的方针时，本地区结合实际拟定的具体政策或具体措施，必须符合中央的总方针、总政策。政策不仅要传达、布置，而且要检查、督促，要保证政策落到实处。要不断将政策贯彻中的问题及时反馈给领导，并配合领导对政策做进一步的完善和调整。一旦发现政策贯彻中有偏差，或有欺上瞒下的行为，要勇于捍卫政策的权威性。

总之，秘书工作者要认真地学习政策、贯彻执行政策，不断提高政策水平，努力做好服务工作。

（原载《秘书工作》1988 年第 4 期）

淡泊明志：秘书人员讲政治的一个重要问题

朱 桂 馥

党政机关的秘书工作人员究竟如何讲政治？我觉得当前一个重要问题是必须坚持淡泊明志。即恬淡寡欲，不追求名利地位，不计较个人得失，坚定社会主义、共产主义理想信念，忠诚于马克思主义，坚持全心全意为人民服务的伟大宗旨，为实现跨世纪的宏伟蓝图作出新的贡献。这是秘书工作人员讲政治的一个重要问题，也是加强秘书人员队伍建设的一个重要方面。

我们知道，中华民族自古以来就有淡泊明志的警言。多少有作为、有抱负的政治家和贤能俊杰，都把淡泊明志作为自己毕生行动的圭臬。儒家学说的创始人孔子提出仁者寿的思想，主张克己复礼。即克制自己的欲望，把自己的思想行为纳入时代的社会道德规范和行为准则，置身于群众之中，与群众同呼吸、共命运。"乐吾乐以及人之乐，忧吾忧以及人之忧"。北宋政治家范仲淹以"先天下之忧而忧，后天下之乐而乐"的崇高道德情操，力主革除积弊，为国家富强和万民欢乐奔走呼号。辅佐刘备父子、成就蜀汉帝业的诸葛亮，以"非淡泊无以明志，非宁静无以致远"修身自律，并告诫子弟，终生"不使内有余帛，外有赢财"。民主革命先驱孙中山为中华民族的独立自由奋斗40余年，缔造了中华民国，却未给自己和亲属置办过任何家产，始终是一个"没有存贮私产的平民"。近代军事家、云南都督蔡锷坚持"淡泊明志，凤夜在公"，"公费所入，衣食而外，一以佐年，不欲使家有赢余"。至于毛泽东、刘少奇、周恩来、朱德等老一辈无产阶级革命家革命一生，艰苦奋斗一生更是为后人所敬仰。在当前发展市场经济的条件下，绝大多数秘书工作人员能够淡泊明志，矢志不渝地坚持正确的理想信念，经受住权力、名位、金钱和美女的考验，在秘书工作岗位上勤勉敬业、赤诚奉献，"为人作嫁，甘之始饴，默默耕耘，乐于清贫"。但也有少数人在滚滚而来的市场经济大潮面前，不能保持淡泊明志的高风亮节，经不住权势的诱惑、金钱的拉拢、美色的勾引，政治意识淡薄，理想信念动摇，价值观念错位倒置，一心追求个人名利和物质生活享受，甚至达到了利欲熏心，唯利是图，利令智昏的地步，最终跌入违法犯罪的深渊。陈希同、王宝森身边的秘书工作人员违法犯罪的事实，就是一个很好的证明。我们要充分认识到，现在西方敌对势力始终在利用各种手段，威胁施压和破坏颠覆我国的社会主义制度，推行"和平演变"的策略。国内敌对势力对社会主义事业的发展并不甘心，他们总是企图打着各种合法的旗号，蛊惑人心，制造混乱，破坏稳定和现代化建设。国际国内敌对势力进行破坏和捣乱的一个共同伎俩，就是妄图在党政机关的秘书工作人员中进行拉拢利诱，从内部分化瓦解，打开缺口。在这种复杂的斗争面前，我们只有坚持淡泊明志，一心为公，赤诚奉献，才能保持政治上的清醒和坚定，才能从思想上、政治上同中央保持高度一致，自觉维护党中央的权威，维护各级党政领导的权威，才能经得住各种风浪的严峻考验。否则，就很容易晕头转向，成为革命队伍中的变节者。同时，还要充分认识到，随着当前两个根本性转变的推进，改革开放的深入，市场经济的负面影响给人们的思想带来的冲击很大，极端个人主义、享乐主义和拜金主义滋长，弄虚作假、投机钻营、争名夺利之风盛行。在这种条件下，秘书工作人员只有淡泊明志，一心为公，赤诚奉献，才能坚定自己的理想信念，保持旺盛的斗志，保持人民公仆的本色，始终立于不败之地。否则，就很容易成为时代的落伍者。

坚持淡泊明志是一种崇高的精神追求，真正做到很不容易。特别是在当前社会主义市场经济五彩斑斓的条件下更不容易。但对于一个忠于党、忠于人民的秘书工作人员来说是应该做到的，也是能够做到的。我觉得必须正确认识和处理好以下几个问题：

　　第一，要正确认识和处理集体主义价值观和利己主义价值观的关系，确立崇高的人生追求

　　价值观是人生追求的内在动力。它决定人生的追求、奋斗目标和价值取向，规定人们生活和事业的轨迹。以社会为本位的集体主义价值观，是由社会主义的经济基础决定并为其服务的，它强调的是造福社会，服务人民，要求把国家、集体和他人的利益放在第一位，以奉献社会为价值标准；而利己主义价值观则以自我为本位，以个人利益为核心，强调的是个人利益至上，以个人利益的满足作为价值标准。由此看来，集体主义价值观与利己主义价值观是两种对立的价值观。秘书工作人员讲政治，坚持淡泊明志，必须正确认识这两种价值观的不同本质，并自觉运行集体主义价值观来规范、指导自己的行动，把造福社会、服务人民作为自己的最大追求，努力构建如诸葛亮那样"鞠躬尽瘁，死而后已"，范仲淹那样"先天下之忧而忧，后天下之乐而乐"，白求恩、雷锋那样"毫不利己，专门利人"，焦裕禄、孔繁森那样"无私奉献、一心为民"的崇高精神境界。只有这样，才能有秘书工作岗位上淡泊明志，勤勤恳恳，兢兢业业，无私奉献，无怨无悔。

　　第二，要正确认识和处理个人经济富裕与精神富有的关系，全面把握人生追求的目标

　　应该充分认识到，我们为之奋斗的共产主义远大目标，包括社会物质的极大丰富和人们精神境界的极大提高；建设有中国特色的社会主义，也包括物质文明和精神文明这样两个方面。同样的道理，作为人生追求的目标，既要有经济上的富裕，也要有精神上的富有。如果只强调追求物质上的占有和享受，那就是一种畸形的人生目标。这样也不会有美满幸福的人生。生活常识告诉我们，钱能买来食物，却买不来食欲；钱能买来奴仆，却买不来朋友；钱能买来欢笑，却买不来幸福。因此，秘书工作人员讲政治，坚持淡泊明志，一定要全面把握人生追求的目标，既要追求经济的富裕，也要追求精神上的富有。秘书工作人员不是不食人间烟火的"神仙"，而是现实生活中普普通通的人，既有妻儿老小，也有亲朋好友，自然有自己的物质利益，自然需要金钱和物质的支撑与维系，这是毫无疑问的。但是秘书工作人员不是一般人民群众，而是党政机关中的骨干，是党政机关中最有觉悟的一部分，更需要有对社会主义与共产主义理想、信念的追求，对知识、道德、荣誉、友谊等精神方面的需要和满足。只有全面把握人生的奋斗目标，才能淡泊明志，保持高迈的志向节义。现在有的秘书人员片面追求金钱和物质的富裕，以为只要有了金钱，就有了一切，因而对金钱贪得无厌，甚至为了金钱不惜一切手段。结果掉进了违法犯罪的深渊而不能自拔，成了身陷囹圄的罪人。而有些秘书工作人员则不同。他们始终寄情于自己的工作，献身于默默无闻的秘书事业，做出十分突出的贡献，得到了领导的重视与关怀，也得到了人们的好评与敬重，个人内心世界很充实，精神上很富有、很快慰。这说明全面把握人生的追求，对坚持淡泊明志是何等的重要。

第三，要正确认识和处理商品交换原则与党性原则的关系，树立甘耐清贫的人生气节

在当前发展市场经济的条件下，能不能坚持淡泊明志，关键在于能不能超越市场经济规则对人的行为的规范，始终如一地坚持党性原则，杜绝权钱交易问题发生。要深刻认识到，商品交换原则所体现的是以个人为本位的价值观，强调的是等价交换，平等互利，排斥劳动的奉献性质，因而它只能适用于经济领域，主要调节和解决商品生产经营者在市场经济活动中的矛盾和问题。而党性原则属于政治范畴，具有鲜明的政治性、阶级性，它所强调和体现的是集体主义价值观，全心全意为人民服务和无私奉献精神，主要调节和解决的是党内和人民政治生活中的矛盾与问题。秘书工作人员讲政治，坚决淡泊明志，就一定要充分认识二者的本质区别，坚持防止商品交换原则渗透到社会政治生活中来，勇敢地跳出狭隘利益矛盾冲突的圈子，杜绝钱权交易等腐败现象的发生。作为党政机关的秘书工作人员，一方面在当前市场经济浪潮冲击的条件下，要恪守"宁公而贫，不私而富"的古训，不为利所诱，不为名所惑，淡泊名利，甘耐清贫。另一方面要看到自己身处党政领导机关，虽然本身手中的权力很小，但常常受命利用领导的权力和威望处理解决问题，实际上权力并不小。手中的任何一点权力都是人民给的，只能用来为人民服务，不能用来搞钱权交易，索利谋私，更不能利用自己的便利条件，徇私舞弊，乱拉关系，搞互相利用的不正之风。值得注意的是有的秘书人员现在热衷于傍"大款"、靠"老板"，积极为其推销产品、争取贷款、甚至为其开脱罪责，换取"老板"、"大款"的请吃、请跳、出国考察和重金酬谢，这是一种权钱交易行为，应该坚决防止和纠正。

第四，要正确认识和处理无私奉献与合理索取的关系，弘扬甘当无名英雄的崇高精神

人生的价值在于奉献。无私奉献精神，集中体现了党的全心全意为人民服务的宗旨，是我们的传家宝，是我们的政治优势。广大秘书工作人员具有无私奉献的优良传统，许多同志长期忠于自己的职守，兢兢业业履行自己的职责，殚精竭力地做好本职工作，踏踏实实为领导和机关工作服务。但随着市场经济的发展和改革开放的深入，这种无私奉献精神正在受到严重冲击，在处理党和人民的利益与个人利益的关系上，正经受着严峻的考验。广大秘书工作人员讲政治，坚持淡泊明志，一定要经受住这场严峻考验，正确处理好无私奉献与合理索取的关系。在工作上，既要提出个人合理的要求，照顾个人的愿望，又要坚决服从组织分配，忠于职守，勤勉敬业，决不能讨价还价，消极应付。在待遇上，既要讲按劳付酬，按工作实绩评定职级或职称，又要讲求风格，不满足于按劳取酬，不能按酬付劳，更不能闹名誉地位。特别是当个人的职级、地位得不到满足时，不能发牢骚，泄私愤，工作消极。在享受上，既要按有关政策规定，享受党和人民给予的荣誉与政治待遇，又要尽力把方便让给别人，不要追求个人的名利、地位，更不能伸手要官、要权、要地位。这是秘书工作人员应有的政治品格。

（原载《当代秘书》1996 年第 8 期）

浅淡党政机关秘书人员
的职业道德

中共山西省委办公厅文书信息处

职业道德，是人们按照社会分工从事一定职业时，所要遵循各自行业的道德准则。在我国，它是社会主义道德和共产主义道德在各行业的具体化。社会主义的职业道德建设，直接影响到社会风气的改善和社会的安定团结，关系到广大人民群众的社会主义积极性能否得到充分的发挥，它在整个社会主义精神文明建设中占有非常重要的地位。

《中共中央关于社会主义精神文明建设指导方针的决议》指出，在社会各行业的职业道德建设中，最重要的是党政干部的职业道德建设。秘书人员是党政干部的组成部分，在党政机关工作中具有某种特殊的地位和作用，所以，秘书队伍的职业道德建设，就不能不具有特殊的重要性。

近年来，随着社会主义事业的发展，党政机关秘书队伍的年龄、文化素质等发生了可喜的变化。但是，也出现了一些新情况和新问题，例如一些新同志的职业道德素养较差，使各项工作任务的完成受到一定的影响，个别老的秘书工作人员，在改革、开放的形势下，丢掉了党的优良传统。为了使秘书工作更加适应形势的需要，有必要认真抓好秘书人员的职业道德建设。

秘书人员的职业道德包括哪些内容呢？我们认为，在坚持四项基本原则同党中央在政治上保持高度一致的前提下，应当做到以下几点：

一、要大公无私，清正廉洁

我们所说的大公无私，就是全心全意为人民服务，把党和人民的利益放在首位，为了革命的整体利益，不惜牺牲个人利益以至自己的生命。这是共产主义道德的核心内容，也是社会主义精神文明的主要支柱。

邓小平同志在 1980 年曾指出，如果一个共产党员没有大公无私、先人后己的精神，就决不能算是合格的共产党员。我们也可以说，如果一个秘书人员没有大公无私的品德，决不能算一个合格的秘书。其道理是显而易见的：在社会主义社会，个人利益同社会整体利益虽然从根本上讲是一致的，但由于各种条件的限制，在具体问题上二者总是有这样那样的矛盾。我们党一贯号召全体人民树立大公无私的精神，那就必须首先要求自己的党员和国家干部带头做到大公无私，这是党的无产阶级先锋队的性质和任务决定的。否则，我们党就无以区别于其它的政党，共产党员、国家干部也无以区别于普通的老百姓。所以说，大公无私，清正廉洁是秘书人员最重要的品格，也是最起码的条件。

二、要服从领导，顾全大局

本来，服从领导是任何一个国家工作人员都应遵守的原则，但由于秘书工作与领导同志的关系非常密切，所以很有必要把服从领导作为秘书人员的一条职业道德。

秘书人员应该时刻牢记自己是领导的参谋和助手，而不是决策者。秘书人员的参谋作用，体现在领导决策前后的服务工作中。秘书工作的从属性，决定了秘书人员的基本职责，就是贯彻执行领导的指示，实现领导的意图。在领导决定问题之前，秘书人员可以而且应该发挥积极性、主动性，向领导提供情况和参考意见。但领导一旦决定下来，秘书人员就必须严格按照领导的决定办事。既不能把自己的意见强加于领导；也不能在传达领导指示时自作聪明，添枝加叶，夹杂个人意见；更不能阳奉阴违，另搞一套。未经领导同志批准，秘书人员不得以领导机关或领导人的名义擅自行事。这些既是秘书人员必须遵守的纪律，也是秘书人员应有的职业道德。

三、要光明正大，忠诚老实

自古以来，我国就有"诚为万事之本"的格言，党也一再教诲我们要说老实话、办老实事、做老实人。忠诚老实这条做人的根本之道同样是秘书人员必备的品德。不顾党的原则，只看领导人的脸色行事，吹喇叭、抬轿子，甚至不惜违反有关政策规定给领导人办私事，在向领导反映情况、提供信息或汇报工作时，报喜不报忧，甚至谎报成绩，掩饰问题等。这些做法既不符合职业道德的要求，也背离了党的"实事求是"的思想路线，每一个忠诚、正派的秘书人员都必须摒弃。

四、要谦虚谨慎，平等待人

毛泽东同志说过："我们一切工作干部，无论职位高低，都是人民的勤务员，我们所做的一切，都是为人民服务。""对同志对人民要极端的热忱。"

秘书工作本来就是服务性的工作，是在为人民服务这个根本宗旨下，为上级机关、同级各部门和下级机关服务的。从工作性质上讲，是"唱配角"而不是"唱主角"的秘书人员必须把为人民服务的思想落实在"三服务"的实际行动上。任何时候都要"俯首甘为孺子牛"，勤勤恳恳地埋头工作。对下级机关的同志和人民群众要热情接待，彬彬有礼。要虚心地倾听群众的意见。有些问题一时解决不了，要耐心解释清楚，让群众确实感到党的温暖。

以上四条，远不是秘书人员职业道德的全部，但却是较为重要的内容。一个秘书人员，尽管他的能力有大小，水平有高低，但只要做到大公无私、清正廉洁、顾全大局、服从领导、光明磊落、忠诚老实、谦虚谨慎、平等待人，并且把这些品质体现在自己的行动中，可以说，他在道德素养上是合格的，他已具备了做好秘书工作的起码条件。

如何提高秘书队伍的职业道德水平，使广大秘书人员都成为具有高尚道德情操的新型工作者呢？

首先，要加强思想政治工作，坚持不懈地进行职业道德教育。

进行职业道德建设的根本措施，就是要坚持对秘书人员进行党的路线、方针、政策的教育，进行坚持四项基本原则的教育，进行共产主义人生观的教育，让秘书人员确立为共产主义奋斗终生的理想，自觉地为社会主义现代化建设贡献力量。这样，就为建立良好的职业道德打下了基础。除此，要在秘书人员中开展专门的职业道德教育。教育的内容要结合工作中的实际问题，但不能"头痛医头，脚痛医脚"，而应将此列为一项长期性的工作，系统地、有计划地进行。可以采用举办讲座、请领导同志做报告、组织学习、表扬好人好事等多种方法。通过持久不懈的教育，使秘书人员分清怎样做是正确的，怎样做是错误的；怎样做是光荣的，怎样做是可耻的，逐步树立正确的荣辱观和职业责任感，并以此指导自己的工作实践。

其次，要建立健全有关规章制度。

道德虽然不具有强制作用，但对于不道德的行为，却常常需要强制的力量才能制止，道德与强制手段是互为补充的。职业道德准则固然不等同于具体的工作程序、业务条例、职责规定等等，但却渗透于后者之中。对各项规章制度执行得如何，可以反映出一个人的工作态度，其中也包含了职业道德在内。所以，进行职业道德建设，不可不抓各项规章制度的落实。除此而外，应结合中央和国务院对秘书人员的有关规定，订出切合本单位实际的职业道德守则，使秘书人员有章可循。同时，要加强检查和监督制度。除了行政领导、党团组织的监督检查外，还要让下级机关的同志和群众来监督。在认真听取各方面意见的基础上，定期进行讲评和总结。表扬奖励好的，批评差的。对职业道德败坏、影响恶劣者，要给予纪律处分。

这里特别要提到的是，在提拔和任用干部时，对秘书人员的德、才一定要全面考察，而且一定要真正把德放在首要位置上。看一个人的德怎么样，既要看他的政治思想、立场观点，也要看他的职业道德。那些患得患失、见风使舵、恭上倨下、心口不一的人，不应提拔重用。

最后，还要加强"综合治理"，注意环境的潜移默化作用。

在人们的头脑中，道德观念属于层次较深和较稳定的部分，它是在社会存在各方面的积年累月的作用下形成的。所以，对秘书人员除了进行正面教育而外，还要注意其工作、生活环境的影响作用，要同时抓整个机关的道德风尚建设，使秘书人员能经常受到周围环境中人人讲道德的浓厚气氛的熏陶。另外，还要尽可能地发挥文化、娱乐、家庭、社交等方面的道德感染作用，使秘书人员在潜移默化中陶冶高尚的志趣和情操。

加强职业道德建设，坐而论道是不解决问题的，关键在于如何实践。当前，随着端正党风工作的不断深入，秘书队伍的素质又有了进一步的提高。中纪委最近发出通知，号召共产党员要做遵守职业道德的模范。我们相信，有党的正确的思想路线的指引，有秘书工作战线上千千万万共产党员和全体秘书人员的努力，党政机关秘书队伍的职业道德建设一定会出现一个崭新的局面。

（原载《秘书工作》1987 年第 5 期）

市场经济与秘书职业道德

熊 桂 金

社会主义市场经济体制的建立，涉及到社会的政治、经济、文化、道德、法律等各个领域，毫无疑问，也将对秘书人员的职业道德建设产生重大影响，并提出了新的要求。

一、市场经济对秘书职业道德的影响

在由计划经济向市场经济转换的大变革中，秘书职业道德建设出现了一些前所未有的新情况。

1. 市场经济体制的建立，改变了单一的秘书工作模式，改变了秘书队伍的结构，出现了公有制的群体秘书和非公有制的社会民间秘书并存的局面，秘书职业道德规范呈现出纷繁复杂的特点。一方面，公有制的群体秘书——主要指党政机关秘书和国有大中型企业秘书，随着经济运行主体的变化，加速了从行政官职型到经济服务型的转变，其职业道德规范也随之需注入新的内容。另一方面，伴随着多形式多种类经济活动的出现，个体私营、乡镇企业、三资企业的秘书人员应运而生。这些秘书工作，大多是个体的秘书活动，尚未形成体制，工作操作或受党政机关秘书影响或受海外秘书影响，职业道德要求也基本上没有形成系统和规范。对于上述现象，秘书理论与实践必须从它们的存在模式、工作特点和发展背景出发，有区别而又有联系地加以研究，作出全面概述，用以具体规范不同类型的秘书工作实践。

2. 市场经济诸原则带动和鞭策秘书职业道德的完善。市场经济是竞争经济，竞争就是优胜劣汰，秘书人员也不例外。竞争

机制鞭策秘书人员发挥能动性，努力改进工作，树立敢为人先的竞争观念和只争朝夕的效率观念，给秘书工作带来生机与活力。市场经济讲等价交换，体现在道德层面即平等、公正，这种平等原则强化秘书人员的平等观念和民主意识，消除秘书人员的雇佣意识和特权思想，更有利于发挥秘书人员的参谋助手作用。市场经济的开放性、创新性和法制性，促使秘书人员在职业活动中树立与之相适应的思维方式和道德观念，要树立开放意识，强化群众观念，贴近实际，加强同各方面的联系；要强化法制意识，一切依法办事，实现工作的标准化、规范化、程序化，提高服务水平。

3. 市场经济是一柄"双刃的剑"，它在发挥巨大的正效应的同时，也有其天然的负效应。市场经济的消极影响反映到秘书的职业道德上，主要表现为：市场经济的求利原则刺激人们的物质利益，容易见利忘义、唯利是图，对诚实守信精神构成冲击；市场经济的价值取向讲效益、讲勤奋、讲才能，往往会滋生极端个人主义思想，淡化集体主义思想和全局观念；市场经济的竞争原则在激励人们不断进取的同时，也往往会刺激一些人的投机心理和不正当的竞争行为；市场经济的等价交换原则一旦被某些秘书人员曲解和利用，会诱发不同形式的以权谋私和权钱交易。

总之，处于市场经济体制下的秘书人员，其职业道德的许多方面都受到社会主义市场经济诸原则的影响。在新形势下完善秘书人员的职业道德，使之更好地为社会主义市场经济建设服务，就提到了比以往更为紧迫更为重要的日程上来了。

二、在市场经济条件下提高秘书职业道德修养的主要内容

在市场经济条件下，秘书职业道德的内容比较丰富，而且不同类型的行业秘书人员职业道德的内容也不相同，由于他们的活动模式、工作特点和发展背景既有区别又相联系的特征，表现为既有不同点又有共同点。就其共性来说，秘书的职业道德应包括以下主要内容：

1．尽职服务，诚实可靠。秘书工作是从属于领导工作的，秘书所遵循的最基本准则就是尽职服务。对于秘书人员来说，"尽职"就是要树立职业责任感和荣誉感，培养敬业精神，热爱本职工作，勤勤恳恳，任劳任怨。同时，秘书人员在服务中一定要诚心诚意，实实在在，切不可弄虚作假、哗众取宠、华而不实。

2．谦虚谨慎，严守本份。秘书人员身居中枢，在人们的心目中，他们是领导者的"化身"和"代言人"。秘书人员要事事谨慎，时时检点，注意言行，自觉维护领导和部门的声誉；待人接物要注意态度，绝不能以"二首长"自居，指手画脚，以势压人。同时，秘书人员要时时牢记自己的职责，既不失职，也不越权，不能擅自按自己的意志办事。

3．开拓进取，勇于创新。开拓进取精神是一切社会先进分子的应有品质，也是社会主义市场经济赋予秘书职业道德的新要求。秘书人员开拓进取精神的培养，一要着眼于主动服务，一专多能。要从机械服务、被动服务、满足于仅仅完成交办事项的状态中走出来，力争主动服务，还要具有多面手的才能，能在市场经济复杂多变的情况下应付自如，胜任领导交办的各项任务。二要着眼于超前服务，多思多谋。注意工作的超前性，认真研讨问题，积极出主意、提建议，通过调查研究去丰富和发展领导的决策意向。三要着眼于信息服务，善抓机遇。现代信息社会要求秘书人员重视信息和公关工作，协助领导了解"上情"、"下情"、"外情"、"行情"，更好地发挥领导的耳目作用。

4．遵守纪律，保守秘密。秘书工作岗位特殊，任务特殊，组织纪律性尤为重要。秘书人员要严格自律，模范地遵守纪律、制度和法律法令。同时，秘书人员要增强保密自觉性，严格遵守保密纪律，不该说的绝对不说，不该看的绝对不看，不该记的绝对不记。

三、在市场经济条件下提高秘书职业道德修养的主要方法

1．加强自我修养，培养正确的人生价值观。人生观是道德建设的核心，是起决定作用的因素。培养正确的人生观，需要广大秘书人员积极发挥主体功能，不断强化自我修养。要顺应时代要求，崇尚道德精神，懂得人活着要有崇高的理想和高尚的道德，懂得要保证市场经济的正常运行，必须兼顾个人利益与社会利益这两个方面。秘书人员要做到"慎独"，自觉遵守职业道德规范，弘扬公平竞争、诚实守信等与市场经济相适应的道德准则，抵制拜金主义、个人主义和享乐主义。秘书人员还要注意自我约束，在实践中不断校正职业行为。

2．要加强学习，不断提高理论素养。在建立社会主义市场经济体制过程中，各行各业的秘书人员如果没有必要的理论素养，就不可能表现较高的职业道德水平，也就不可能把工作做好。加强学习，首先要学习各种经济知识；其次要学习秘书业务知识，特别是提高文字处理和表达能力，有条件的还要学习办公现代化知识，掌握现代办公技能。

3．要继承发扬传统，从传统道德文化中汲取营养。培养和完善市场经济中职业道德精神，我们的条件是得天独厚的。这既指我们的社会主义制度可以为完善职业道德发挥政治保障作用，更主要的是指我们历史悠久、源远流长的传统道德文化可以为职业道德的完善提供丰富的道德营养。广大秘书人员在长期的工作实践中，形成了光荣传统，表现在职业道德方面，如忠于职守、务实求真、淡泊名利、谦虚谨慎、廉洁奉公、遵纪守法、严守机密等，这是广大秘书人员在参谋助手岗位上创造的智慧结晶。我们要以积极的精神和科学的态度，继承这笔历史遗产，做到为我所用，使以诚实守信、谦虚谨慎、开拓进取、遵纪守法为主的秘书职业道德精神在市场经济环境中蔚然成风。

（原载《秘书》1995 年第 9 期）

女秘书对付性骚扰的艺术

杨　迪

　　女秘书职业源于欧美工业发达国家，是工业和商业社会的产物，并在企业界开其先河。改革开放以来，"合资"企业在我国如雨后春笋般涌现出来，女秘书队伍也得到了蓬勃发展。女秘书职业因其优雅的工作环境、广泛的人际关系、丰厚的经济收入、优越的待遇深深地吸引着众多倩妹靓姐。然而——

　　1995年3月7日《青年报》发表的一篇题为"合资企业半数女秘书遭受性骚扰"的文章说，中国第一条妇女儿童心理咨询热线——唯尔福热线曾在上海市女子教育培训中心的秘书班学员中做过一次"秘书与性骚扰"的调查，针对这些月薪千元以上的合资企业秘书或兼职秘书的性骚扰调查情况是：她们都看到或听到过别人受到上司的性骚扰，而且50％的人承认自己也受到过上司的性骚扰。由此可见，性骚扰已成为困扰合资企业女秘书的难题，并且仍有发展趋势。

　　女秘书遭受的性骚扰，大多来自于自己的上司，还有少部分来自与本企业进行生意往来的商业伙伴。所以，一名出色的女秘书，不仅要具备专业知识，还要学会怎样做人，怎样在社会上自立，怎样适应错综复杂的社会，如何尊重老板以及如何保护自己。对于上司的性骚扰，聪明的做法是既要维护上司的面子，又要有效地保护自己。要做到这一点，就必须讲究拒绝的艺术。

　　一、对付物质引诱的艺术——有理、有利、有节

　　有的上司利用一些年轻女性虚荣心强、爱占小便宜等弱点，对女秘书或施以金钱，或施以物品，如化妆用品、高档时装、珠宝首饰等，对其进行物质引诱，以达到性骚扰的目的。俗话说，"吃人家的嘴软，拿人家的手短"。因此，对于这类物质引诱式的性骚扰，最重要的是要做到不贪财，不轻易接受上司的馈赠。我们看下面一段对话：

"刘秘书，你的工作干得十分出色，这条项链送给你，作为我对你的一个小小的奖励。希望你不要拒绝我的一片好心。"

"董事长，谢谢您，您的好意我心领了。俗话说'无功不受禄'，我只是尽力做好了我应该做的每一件事情，这是作为一个秘书应尽的职责。所以，我没有理由接受您的奖励，请您原谅。"

"刘秘书，你太谦虚了。"

"这不是谦虚，事实就是如此。"

这位董事长以奖励为借口送给刘秘书一条项链，看来合乎情理，但刘秘书看出她的上司"醉翁之意不在酒"，于是巧妙地拒绝了董事长的馈赠，话说得很得体，恰如其分，无懈可击。

拒绝上司的馈赠，要做到"有理、有利、有节"。所谓"有理"，就是拒绝的理由要充分、可信，要言之有理；"有利"，就是要符合自己的利益，对自己的形势有利；"有节"，就是说话的态度、语速、声调要适度，心平气和而不怯懦畏缩，态度明朗而不疾言厉色。

对于因特殊情况而在当时不得不接受的馈赠，应在事后寻找机会采用适当的方式予以回赠，这样谁也不欠谁。

二、对付口头邀请的艺术——分辨选择、小心谨慎

口头邀请，也是性骚扰者常用的一种方法。口头邀请的最大特点是在夜间或单独邀请，如请女秘书吃夜宵、参加舞会、看电影、赴宴等。对于上司的邀请，女秘书应有所选择地赴约，辨别是工作需要还是另有目的，是否单独请你一个人。拒绝上司的邀请同样要婉转、巧妙，可借口工作没做完或别人已有约在先。如果实在推托不掉，可约一位与你和上司都非常熟悉的人一同赴

约。在活动的过程中要提高警惕，注意观察事情的发展态势，以便快速、准确地做出反应。女秘书应尽量避免在晚上单独与上司外出或单独陪上司出远门。如果因工作需要出远门，一定要说服上司的太太同去，自己作为随从，以避男女之嫌。

三、对付暗示威胁的艺术——乐观豁达、不卑不亢

在物质引诱和邀请都不能达到目的的情况下，性骚扰者的第三个举动便是对女秘书进行暗示、威胁。其手段一般有三种：一是"炒鱿鱼"；二是调离岗位；三是不给女秘书留面子。遇到这种情况，女秘书应做到乐观豁达、不卑不亢。对于上司的暗示威胁，女秘书可装糊涂，不加理会，这是第一步。第二步是拒绝上班。上司暗示威胁的根本目的是逼你就范，而不是把你赶走。况且如果你工作干得很出色，他不会轻易就辞掉你，也就是说你仍有继续干下去的可能。因此，拒绝上班只是对暗示威胁的一种反抗，最终目的是让上司放弃其原来的想法。如果这样做还不能促使上司悔改，那么女秘书应毫不犹豫地"三十六计走为上"——辞职。

值得指出的是，在对付上司的性骚扰问题上，有的人采取"利用他"的办法。这种做法不可取。原因有二：一是不符合秘书职业道德。秘书是辅佐上司的，两者应该是正常的工作上的上下级关系，不是相互利用，而两者的人格关系又是平等的。二是"利用他"的结果往往是只能暂时获得一点小利益，很容易被上司揭穿，结果换来的可能是更大利益的损失。有事业心的企业家是比较严肃的，他们不会因随心所欲，拈花惹草而影响公司的前途和利益；有人格的女秘书也不会轻易地把自己交给老板。聪明的女秘书对上司是尊重而不是亲密，永远保持距离。

（原载《秘书》1995 年第 6 期）

试论秘书人员的知识结构

郭 春 旺

知识结构，是知识体系在求知者头脑中的内化，是各种相关知识在人的头脑中有机地结合在一起所构成的同智力联系起来的多要素、多系列、多层次的动态综合体。从事不同工作的人，需要有不同的知识结构。本文试就在新形势下如何进一步优化秘书人员的知识结构的问题谈点看法。

一、探讨秘书人员知识结构的意义

秘书工作是一种以领导工作为主要服务对象，以参与政务和掌管事务为主要服务形式的社会职业，秘书工作具有较强的政治性和综合性，其专业要求比较高。秘书人员必须具备相应的知识结构，没有各种知识的合理布局和有机联系，没有一定的知识储备，就不能胜任秘书工作。

由于种种原因，现在大部分秘书人员的工作仍然偏重于具体事务，整天陷于事务堆里不能自拔，知识更新不能如愿，耗费了大量的时间和精力，工作确实没少干，但没有多少收获，不知道自己的劳动成果究竟在哪里。这是很多秘书人员所痛心的一件事。如果能正确地解决好秘书人员的发展方向问题，明确他们知识结构的范围，首先使他们在知识上有所收获，在理论上有所提高，那么，他们将会另眼看待自己的工作，这无疑也会消除他们的苦闷心情。

秘书科学作为一个完整的体系，它本身也包含了秘书人员知识结构这一范畴。近年来，我国秘书学理论的发展虽然比较快，但毕竟处在起步阶段，许多理论范畴还在研究阶段。关于秘书人员的知识结构问题，也有许多文章和专著问世，秘书界也有"专才"与"通才"的讨论，也有知识结构"三圈式"、"三层式"等观念点，但这些研究还需要从整体性和针对性等方面予以完善。秘书工作千差万别，秘书人员千千万万，不对秘书工作和秘书人员做具体的研究，就难以提炼出他们的共性，也就难以确定他们的知识结构。

二、我国秘书人员知识结构的现状

我国秘书人员的知识结构是比较复杂的。由于各行各业都有秘书，秘书人员的知识结构就有很大差别。从秘书人员的性质来分，有公务秘书和私人秘书；从行业来分，有党政秘书、企业秘书、科技秘书、文教秘书、司法秘书、外事秘书、军事秘书、社团秘书等等。这样庞大的一支队伍分布在各个行业、各个地区，他们的知识修养与知识结构都是我们要认真研究的问题。

从总体来看，近几年来，许多在职的秘书工作人员，都参加了各种形式的专业证书学习班，或短期专业培训班，秘书人员的基础知识水平有了普遍的提高。全国有二百多所大专院校开设了秘书专业，已为国家培养了一批秘书人才；有些地区的秘书学术团体也纷纷组织活动，使学术研讨与专业培训相结合，提高了秘书人员的专业素质；一批秘书杂志和秘书学专著刊行，也为秘书人员结合本职工作自学创造了条件，掌握了一些新的专业知识。总之，秘书人员的基础知识、专业知识水平有了一定的提高，但是，从新时期秘书工作的要求和秘书工作的性质来看，我国秘书人员知识结构还存在很多问题。

第一，知识面还不够宽。许多秘书人员仅仅掌握他本人所在岗位的知识，对其他人、其他部门的工作还了解不多。秘书部门是沟通上下、联系左右、贯通内外的枢纽，接触面极广，具体工作的变动性和差异性也很大。那种单一型的知识结构，在目前秘书人员中还占有很大比例。

第二，专业知识不系统、不完善。大多数秘书人员还停留在只能应付一般事务的层次上。在辅助决策、协调关系、调查研究、处理信息、催办检查等方面还做得很不够。各个岗位上的知识也不全面，搞会议的不懂得公文，搞信访的不懂得信息，搞文书处理的不懂得档案管理。低层次的单一的事务型结构，难以发挥秘书专业知识的整体优势。

第三，知识结构封闭，知识得不到及时更新。一些新学科、新理论、新技术在秘书人员的知识结构中很难有及时的反映。几年、十几年，脑子里装的还是那些东西。比如说公共关系学、社会心理学、领导科学、决策科学、系统工程学、运筹学等知识没有得到及时吸收和补充。如果较快较好地掌握了公共关系学、社会心理学等有关知识，在协调各方面关系时就比较自如。领导科学、决策科学也有助于秘书人员发挥参谋助手作用。

另外，掌握文印打字、录像摄影、驾驶技术、电传复印、计算机操作、编程等技术知识的人还不多，而这些作为知识结构的一部分，仍然是个空白。

造成这些问题的原因是多方面的。从客观上讲，主要是专业思想不明确。现在社会上有一大批人包括一部分秘书人员仍然认为"秘书无专业"，他们的主要依据是秘书没有职称，不属于专业人员，因而无专业可言。这就使得许多秘书人员放弃了对秘书专业知识的钻研。从主观上讲，秘书人员工作很忙，也很辛苦，没有更多的时间和精力去学习研究新知识。但是，也有一部分人得过且过，认为现有的知识已经够用了，没有必要再学其他的，思想上缺乏竞争意识。

关于如何优化秘书人员知识结构的问题，最主要的还是要为秘书人员设计一种比较合理的知识结构模型。

三、秘书人员知识结构的设计

秘书工作的一般规律决定了秘书人员的知识结构必须充分体现秘书工作的特点，并为秘书工作服务。这也是秘书人员的知识结构与其他人才的知识结构的根本区别。

从秘书工作的性质和任务出发，按照整体性、比例性、层次性和动态性的要求，来设计秘书人员的知识结构，这是优化秘书人员知识结构的一个总的原则。

（一）具体的设计模型

秘书人员的知识结构应由四个层次组成，每一个层次都有不同的功能。

第一层，基础知识。包括现代汉语、古代汉语、数学、物理、化学、历史、地理、生物、哲学、中共党史、政治经济学、写作、逻辑学等等。

基础知识，是其他知识的源泉。不管哪个岗位，秘书工作多么复杂，秘书人员的知识结构，对于基础知识的要求都是相同的。

第二层，专业知识。包括秘书学、文书学、档案学、秘书史学、公文写作学、信息学、行政管理学、信访学、机要保密、综合协调等等。还有办公自动化技术等技能。

专业知识是秘书人员知识结构的核心，也是区别于其他专业人才知识结构的根本标志。有人说，秘书人员应当是"专才"，这个"专"也就体现在这一层中。如办文专家、办会专家、信息专家等等。在这一层中，还加进了办公自动化技术等技能，这也是形势发展的需要。秘书人员不掌握一些包括电子计算机技术在内的办公自动化技术，是难以提高工作效率的。

第三层，业务知识。主要指秘书人员所在部门的业务知识。如农业部门的秘书必须懂得农业科技知识；司法部门的秘书必须懂得法律知识；企业单位的秘书必须懂得企业管理、生产、销售等知识。

这一层是激发个人兴趣的最佳层次，也是实现秘书人员出谋献策职能的必经之路。现在，许多秘书人员有一种感觉，比如在经济部门工作的秘书人员，如果让他写一份一般的材料，他可能会圆满完成任务，如果让他起草经济业务性较强的材料，就感到很吃力。主要原因是对经济情况不熟悉，没有很好地掌握经济方面的业务知识，很大一部分秘书人员都存在这种情况。这反映出秘书人员单一型知识结构的缺点。

还有人认为，秘书人员应当是"通才"。如果在完全掌握了前两层知识的基础上再熟悉几个部门的业务知识，就可以看做是"通才"了，这种知识结构也是可能的，更是需要的。

第四层，辅助知识。包括管理学、心理学、公共关系学、人才学、美学、外语、领导科学、社会心理学、法学、经济法、科技史、伦理学、运筹学、情报学、编辑学等等。

由于这一层已经不是主要的结构层次，所以包括的学科比较多。每个秘书人员完全可以根据自己的情况选择学习。

知识结构的这四个层次环环相扣，紧密相联，层与层之间相互依赖，相互促进。每一层分别由不同的学科构成，要注意各科之间合理的结构。哪一门比较薄弱，就要加强哪一门，哪一门与主要工作密切相联，就要特别予以强化。

基础知识是其他几个层次的基础，没有广博的基础知识，知识结构的金字塔也就难以建立起来；专业知识是秘书人员必备的知识，要注意系统性和完整性；业务知识范围比较宽，首先应掌握本部门的业务，然后再根据工作情况和个人情况逐步扩大。总的原则是越宽越好，但绝不能浅尝辄止，什么都了解一个皮毛；增加辅助知识这一层次，主要是为了体现这种结构的开放性、动态性。比如说公共关系学和心理学，现在是作为辅助知识来对待的，但是，随着秘书学理论的发展，公共关系学、心理学中，针对秘书人员的论述就可能被做为秘书专业的两门学科，固定到秘书专业知识中去，不再成为辅助知识。同时，可能有其他新的学科又补充到辅助知识中来。这样新老交替，滚动发展。

（二）怎样实现这种模型

前面我们说过，秘书人员的知识结构受许多因素的影响，只有消除这些不良因素，才能建立合理的知识结构。

　　具体可以从两个方面来实现这种模型。一方面，秘书人员要增强专业意识，要把自己所从事的工作当作一门专业，干一行、爱一行、专一行；同时，在思想上要有危机感，要有竞争意识和进取心。随着我国公务员制度的逐步推行，我国国家机关的秘书人员也要纳入公务员序列。没有强烈的进取心，就有可能被激烈的竞争所淘汰。在具体的学习方法上，要扬长避短，理论联系实际，充分利用工余时间、出外调查、学习，或者下乡、下车间等机会，利用公文、信息、文件、报纸、开会等条件，积极主动地积累知识。对于秘书专业必修科目，应当抽出专门时间予以强化。在学习过程中，一个时期以内不能贪大求全，要采取滚雪球的办法，循序渐进，不断扩大战果。

　　实现这种知识结构的另一方面，就是要优化秘书人员的外部环境，给秘书人员创造一个比较好的条件。仅仅从秘书工作的性质上来明确"秘书专业"这个问题还是不够的，还应当从秘书人员管理体制上彻底解决这个问题。首要的一条是要明确秘书人员的技术职称，把秘书人员全部纳入技术职称序列。二是要加快发展职业教育网络，充分利用各个方面的力量，为秘书人员提供一个学习的环境。使单位临时培训、社会短期培训与学校系统教育相结合，形成一个教育网络，提高全社会秘书人员的整体知识水平。在改革秘书人员的管理制度方面，要努力形成一种竞争机制和激励机制，以促进秘书人员知识结构的优化与完善。

　　　　　　　　　　　　（原载《秘书之友》1991 年第 4 期）

试论现代秘书的智能结构

史　玉　峤

　　何为智能？目前学术界尚未有完全统一的认识。我们认为智能应是一个人内在的智力和由此分化的能力的总和。同样，智能结构也应是一个由个人的智力、能力因素所组成的互相联系、互相影响的动态综合系统。

　　现代秘书正处在一个崭新的信息时代。领导活动的日趋复杂化与科学化，领导者智能水平的不断提高，秘书职能的不断扩大和强化，都对秘书人员的智能素质提出了较高的要求。"很清楚，今天的秘书不再是单纯的接待员兼打字员，因为越来越多的经理指望自己的秘书成为行政管理的助手。"（《韦氏秘书手册》，中国新闻出版社，第1页）那种只会"收收发发、抄抄写写""腿勤、手勤、口勤"的秘书已难以胜任这项重要工作。目前我国各级领导机关普遍存在的"秘书难选"的问题，其症结之一正在于秘书人员的智能素质不符合时代的要求。1985年中共中央办公厅提出新时期秘书工作要实现"从偏重办文办事转变为既办文办事又出谋献策"等四个转变，其实质就是向智能化的转变。因此，对现代秘书的智能结构进行深入探讨，无疑具有重要的现实意义和理论价值。

一

　　在秘书的智能结构中，智力是其核心要素，实质地影响着秘书活动的效能，是秘书获取知识、发展能力的必要前提。所谓智力，就是保证人们有效进行认识活动的那些稳定心理特点的有机综合。智力的结构内容包括观察力、记忆力、想象力、思维力和注意力等五个基本要素。秘书的智力结构亦即是这些要素相互联系、彼此制约所构成的统一体。

首先，一个现代秘书必须具有良好的观察力。现代科学研究证明，人的大脑所获信息，百分之八九十是通过视觉进来的。观察力无疑是秘书智力活动的门户和源泉。处在各单位信息枢纽位置的秘书部门和秘书人员，必须首先把观察的大门敞开，才能为领导活动开展有效的信息服务。秘书的观察力应具备客观、全面和敏锐的优良品质，即从客观实际出发，准确反映事物的本来面目；从全局出发，站在领导的高度，对事物进行全方位、多视角和立体地透视，同时还要敏捷、迅速地捕捉事物的特征和规律，为领导活动提供新鲜及时的信息。故此，秘书人员应该培养浓厚的观点兴趣和良好的观察习惯，掌握科学的观察方法，努力提高观察水平。

其次，现代秘书还应具备良好的记忆力。正如俄国著名生理学家谢切诺克所说，一切智慧的根源都在于记忆。在秘书的智力活动中，记忆力起着仓库的作用，没有这个仓库和仓库里的信息储存，秘书工作就根本无法展开。现代秘书的职能广泛、综合性强，所以秘书的记忆力应具有准确、快速和持久的良好品质，即记得准、记得快、记得牢。

再次，现代秘书应具有良好的思维力。作为对事物间接和概括的反映，思维力是秘书智力结构中的核心要素，也是秘书智力活动的基本方法。秘书要实现参谋、智囊、外脑的功能，其思维必须朝着广阔、深刻、灵敏和批判的方向发展，亦即要学会全面地而不是片面地、本质地而不是浮浅地、变化地而不是僵化地、冷静地而不是盲从地看待和分析问题。应指出的是，秘书思维还具有明显的从属性，这是由秘书活动的辅佐和服务性特点所决定的，秘书应根据领导活动的需要，调节思维的方向、进程、内容和方法，提高思维的针对性和有效性。

现代秘书还需有良好的注意力。在秘书的智力活动中，注意力起着组织和维持作用。秘书的注意要围绕领导活动的目标，尽量拓宽注意广度；秘书的注意还应专注、持续，不为无关刺激所分散和动摇，增强注意的稳定性；秘书的注意还应把集中与分配，专注与转移有机统一起来，眼观六路，耳闻八方，根据对象的变化与发展，迅速及时地调动注意力。无论是难以把注意集中到主要目标（分散现象），还是不能随事物变化而及时调整注意（过滞现象），都需要秘书在实践中加以克服和改进。

最后，秘书还应具有良好的想象力。想象是秘书智力活动得以翱翔的翅膀，现代秘书要进行创造性思维和创造性劳动，要成功地辅助领导者解决大量新课题，要开创秘书工作的新局面，没有想象力的积极参与是不可能的，因此新时期的秘书工作者要更新观念，开阔视野，大胆想象。当然，秘书的想象必须具有较强的目的性和现实性，要自觉调整想象的方向和内容，保证秘书活动创造性与科学性的高度统一。

二

能力不同于智力，它是人们在实践中高效率完成一定活动的本领。能力是在实践中形成、发展和表现出来的，因而具有实践性；能力是各种知识、智力与实践活动的综合结晶，因而具有综合性；能力是某些专业领域内所需要具备的实际本领，所以又具有专业性。在秘书的智能结构中，能力是智力的主要检验标准，又是智力活动的主要目标，二者相互促进，共同发展。

现代的秘书能力结构与秘书在现代社会中职能密切相关。据此，秘书的能力结构应包括以下要素：

1. 调研能力。调查研究是领导活动的重要基础，也是现代秘书的一项经常性工作。秘书调研能力的优劣，实质地影响着秘书参谋助手作用的发挥，是故把调查研究说成是秘书人员的"基本功"是并不为过的。秘书的调研能力包括调查能力和研究能力两方面。调查能力包括：①制订调查计划的能力；②调查进程中的洞察力；③与被调查者的沟通力；④运用各种调查方法（访谈方法、会议方法、问卷方法、典型调查方法、抽样调查方法等）的能力。研究能力包括：①对材料的鉴别和筛选能力；②对业经鉴别筛选的材料的归组分类能力；③在上述基础上进行综合分析和研究，得出科学结论的能力。

2. 表达能力。秘书作为管理系统中联络上下左右、交通四面八方的中介人员，其首要职能就是通过语言载体进行信息沟通，辅佐领导活动，因此，表达能力是其能力结构中至关重要的方面。秘书的表达能力体现在两种基本形式；一是口头表达能力，这是秘书对上、对下和对外各项日常工作所离不开的，尤其是现代秘书公关职能的强化，要对此提出了较高的要求。二是文字表达能力，主要是各类应用文体的写作能力，这是秘书发挥"秀才""笔杆子"作用所必备的"看家本领"。现代秘书要在文字表达能力和口头表达能力两方面同步提高，不偏废，既长于写，又长于说。无论是写还是说，都要求做到准确、简练、迅速和适用。

3. 管理能力。管理是现代社会的一项基本的实践活动，现代秘书必须具备较强的管理能力以辅助领导的管理活动；有时还要根据领导的授权或授意单独从事某项工作的组织管理；而且还担负着办公室行政管理、机关事务管理和领导者的时间管理等职能。秘书的管理能力主要包括以下方面：①计划能力。计划是领导的职责，但一个好的秘书也应具有计划意识和能力，为领导活动提供全局性和超前性的智能服务。②组织实施能力。秘书在领导授权或授意下，能够亲自组织力量去完成某项工作。③协调能力。协调是秘书部门和秘书人员的一项基本工作，秘书要掌握协调的程序、方法和艺术，实现工作的和谐统一。

4.办事能力。秘书活动具有强烈的事务性特征，办事成了秘书的一项经常性和基础性的工作。没有办事能力的前提条件，参谋作用的发挥就只能是一句空话。秘书办事的范围广、头绪多、内容杂，这要求秘书要有较强的应变品质和交通能力，要谙熟渠道和程序，讲究方法和艺术，在坚持原则的前提下，能灵活机动地有效解决问题。同时还要有较强的交往能力，能善于通过建立各种良好的人际关系，提高办事的效率。

5.操作能力。随着办公自动化浪潮在世界范围的兴起，大量现代办公设备正越来越多地进入我国的秘书部门，这一形势，要求今天的秘书必须尽快掌握这方面的知识和技能，提高对于办公设备的熟练操作能力。秘书的操作能力主要包括：①对文字处理机、复印机、誊印机等文字处理机具的运用；②对照相机、收录机、缩微机、电视会议系统等声像信息机具的运用；③对电传机、电报传真机、多功能电话等通讯机具的运用；④对办公室计算机、个人用计算机等计算机具的运用。

三

系统论认为：结构决定功能。秘书合理的智能结构。决不是各种智力和能力要素的简单相加，而是智能要素多系列、多层次和动态的综合统一体。现代秘书要建立合理的智能结构，必须遵循以下原则：

目标原则。智能结构的建立亦即是向优化目标的逼近，目标性带来有效性，所以秘书智能结构的建立与调节必须紧紧围绕所要达到的目标。秘书智能目标的确立既要考虑社会需要和时代发展，又要根据领导活动和秘书工作的实际要求，这样才不会出现偏差。

整体效能原则。秘书智能诸要素应进行科学的安排与调整，使各部分之间相互作用，有机结合，同步发展，实现整体效应，从而为领导活动提供有效的智能服务。整体效能也是检验智能结构的一个重要标准。

动态适应原则。合理的智能结构不是一成不变的，而是不断开放和动态发展的。现代秘书活动的特点决定了秘书的智能结构要进行不断的自我调节和自我更新，审时度势，吐故纳新，使秘书智能总是充溢着勃勃生气。

个性原则。每个从职秘书都有自己智能之优势与弱点，因此秘书人员应该对自己的智能状况首先有一个清醒的认识，扬长避短或扬长克短，建立起既适应工作又适合自己的优化的智能结构。

应该看到，在影响秘书主体成长的各种要素当中，智能处于中枢位置，起着核心的作用。随着改革大潮的不断奔涌和领导活动的日趋深化，现代秘书的素质正受到越来越严峻的挑战，尽快优化自身的智能结构，无疑是一个具有重要意义的选择。

（原载《秘书之友》1990 年第 9 期）

试探办事的学问（一）

迟　　戈

　　秘书人员有两大任务，一是办事，二是当参谋。近几年来，当参谋问题引起了秘书界极大重视，大量的理论性、经验性文章见诸报刊。相比之下，对于办事的学问却议论较少。出于抛砖引玉的想法，本人撰写了一组小稿，试就"办事"的学问作一番探讨。

　　本文重点探讨如何办好领导交办事项。

第一，接受工作任务要弄清"三要素"

　　领导交办工作任务，无论简与繁，大体都有"三要素"：一是内容——办什么事；二是时限——什么时间完成；三是要求——工作质量，注意事项等。秘书人员在接受领导交办任务时，一定要把"三要素"搞清楚，为把事情办好创造前提条件。

　　要聚精会神聆听领导安排（复杂的工作事项要作记录），边听边琢磨，把领导意图搞清楚。在领导安排工作过程中不要轻易表示意见，听完后，经过思考再表态。如果领导交待任务零乱繁杂，要用"三要素"加以调理，并提出一个"执行方案"请领导审定；如果领导交待任务过于简单，也要用"三要素"加以"发挥"，并请领导认可；如果认为领导的要求超越现实，完成任务困难太大，也不要急躁，不要提否定意见，要从"三要素"的指标调整上提出自己的见解，供领导参考。

　　交办任务明确以后，应作肯定答复，如"我一定把事情办好"。如果把握性不大，可以说"我尽力把事情办好"。切记无论工作任务难易度如何，有无办好的把握，都不能事先在领导面前吹嘘，说大话。因为多数领导对于有虚荣心的人办事是不放心的。

第二，优化办事成果"三比较"

办事的目的是为了获得好的结果，排除或缩小坏的结果，因而办事的全过程也就是趋利避弊，兴利抑弊的过程。事物有其两面性，比较地说，一是利，一是弊。优化办事成果，要进行三个方面的比较，这就是"利利相交取于大，利弊相交取于利，弊弊相交取于小"。

运用"三比较"，在方法上要抓住三点：一是搞好预测。受领任务后，可以根据领导要求和自己办事的经验、周边信息，加上分析判断，预测出办事中可能存在和出现的利弊因素，尤其是潜在的利弊因素。二是调整主观限制条件和客观限制条件。主观上的限制条件，包括领导的要求和执行者自己规定的办事目标；客观限制条件即达到预期目标所需要克服的客观存在的困难。比如，领导安排秘书陪同客人从甲地到乙地，途中要参观一些先进的农业典型，20 点以前必须到达。秘书得知：道路条件变坏，车速减慢，还要绕行 15 公里，途中时间可能延长。这就必须在优选参观点和绕行路段上下功夫调整，以保证客人安全、正点到达。在特殊情况下，客观限制条件难以调整时，才调整主观限制条件。即便不得已需调整主观限制条件时，也只能调整一些次要的要求、指标，尽可能不降低领导要求的总指标。三是注意潜在问题。办事是复杂的，有些情况难以准确预测，有些潜在因素不可能事先完全发现，有时正常的情况也会发生突变。所以办事预案不要满打满算，目标要求不要过高过严，要留有余地。办事过程中一些潜在问题暴露，不要手忙脚乱，一定要沉着机智，灵活对付，尽力扬利抑弊，争取相对的好结果。

第三，把握好办事"三形式"

办事可能出现三种形式：一、单一办事——在同一时间内完成一项工作任务；二、交叉办事——同时受领两项工作任务或者两位领导分别赋予不同任务，需要在同一时间或交叉时间内完成；三、穿插办事——三项以上工作任务穿插在同一时间流程中进行。

单一办事，主要是处理好时间与效果，也就是速度与质量的关系。交叉办事除了这个问题之外还要处理好两项平行工作的关系。交叉办事的两项工作，如果是两位领导赋予，而在办事要求条件中有某些矛盾的话，秘书人员应视情向领导说明情况。两项工作任务交叉进行时，一定要分清主次，确定出关键性工作和进行关键性工作所必须的时间流程，而后分析非关键工作与关键性工作的逻辑关系，如果二者有依赖和影响因素存在，一定要"以主带次"。穿插办事比较复杂，首先要确定关键性工作、次关键性工作（一项）和非关键性工作，不要眉毛胡子一把抓，顾此失彼。要突出安排好关键性工作顺序和持续时间，其次是安排好次关键性工作流程和占用时间，而后分析非关键性工作并合理调整和运用各项非关键性工作与关键性工作之间的逻辑关系，使各项工作有条不紊。

第四，检验办事效率"三标准"

秘书人员完成领导交办工作之后，要进行工作效率自我检验，标准有三：一、工作质量，是不是达到了领导要求的限制条件，有没有潜在的问题和漏洞；二、工作速度，有没有超过工作时限，有没有浪费拖延时间的情形；三、对社会和群众的影响，办事全过程对社会、群众有没有不良影响。比如，为领导搞一项生活服务，由于兴师动众，而造成不良影响，工作任务完成得再好、再快，也不能算达到了优质标准。

第五，向领导复命"三注意"

工作任务全部结束，或者告一段落，应向赋予任务的领导复命，汇报完成任务的效果、时间，讲明存在和可能出现的问题，以及对后续工作的看法等。复命时要注意三点：一、不失真。对完成任务情况要一是一，二是二，不扩大，不缩小，不隐匿问题和缺点。二、不吹嘘。不借机自我夸耀，不喋喋不休地表功、诉苦。三、不邀利。不因为完成了领导交办工作，因领导满意而乘机向领导提出个人利益方面的要求或条件。否则，以后领导就不敢再交办工作了。

（原载《秘书工作》1992 年第 4 期）

试探办事的学问（二）

迟　戈

本文重点探讨如何办好请办事项。

做好请办工作的基本要求是，秘书人员和部门事先搞好情况调查和了解，认真进行分析研究，提出可行的工作建议，并且通过科学的请办方式和程序，使领导对请办建议表示赞同或赏识，以体现出秘书人员在请办工作中的参谋助手作用。为此，本文提出五点意见，供参考。

第一，精心准备，提出合理建议

请办之前，经办秘书人员一定要把请办事项的来龙去脉搞清楚。对于请办事项的缘起、情况、各方面的关系，要作认真的调查研究，摸清详细底码，以免在领导追根询问时一问三不知。

对于请办的目的与要求，一定要精心对照党的方针政策和有关规定，必要时要详细查阅文件资料。查不到依据的请办内容，要慎思善断，看它是否符合人民群众的根本利益，是不是会引起其他方面的矛盾和麻烦。本部门直接提出的请办事项，更要深思熟虑，对照政策，平衡关系，分析择优，把问题提到"点子"上。

在吃透情况的基础上，秘书人员要为领导考虑批办建议。批办建议应具有"三性"：一是科学性，周密严实，不留"空字"；二是可行性，符合实际，清晰明确，可以操作；三是适用性，符合政策、规定和群众利益，执行后不留"后遗症"。批办建议可以提一个，也可以提两个，留作备用或请领导选用。

第二，讲究方法，选择适当形式

请办的方式一般说来有四种：一是口头请办，面见领导，口述请办事项，听取领导指示；二是卡片请办，将请办工作内容填入《请示报告卡》，面送领导，立等批示；三是电话（电报）请办，通电话（电报）向领导反映情况，提出建议，请领导当时或回电指示；四是文书请办，将请办事项写成正式"请示"公文，逐级呈送，等候批复。

秘书人员在领导身边工作，办理"短、平、快"的工作事项多用口头请办。口头请办效率高，速度快，可以直接接受领导询问，向领导建议的内容可以当面补充或修正，有利于领导及时把情况搞清楚。以下四种情况慎用口头方式请办：①领导工作繁忙时；②需要向多位领导请示的事项；③需要领导文字批示留作历史资料或办事依据的事项；④涉及面广、政策规定比较复杂的事项。

用卡片请办，直接快速，省时省事，既可以当面向领导补充《请示卡》未尽内容，又可以取得领导文字批示，是事务性请办工作的较好方式。应注意的是，《请示卡》篇幅小，填写请办内容时一定要精练、准确；使用过的《请示卡》要统一保管，年终装订存档备查。

电话（电报）请办，多用于简单、快速的工作事项。秘书人员除了受距离和时间限制以外，尽量少用电话请办。一些比较复杂的工作事项，用电话不易讲清楚，与领导通话时间很长，在电话上讨论问题也显得不太礼貌。

重大工作事项使用文书请办。文书请办准确、依据性强，但手续多，时间较长。作为各级办公室向本级领导请办自身工作事项，尽可能少用文书请办，这样既能减少领导阅文、批文的压力，又能节省工作时间。

请办工作的方式方法要据实择优，灵活运用，以争取好的请办效果。

第三，注意程序，坚持逐级请办

请办工作的程序一般应遵循自下而上，逐级请办，不越级，不扩大、缩小请示范围的原则。办公厅（室）的领导层次多，办理请办事项内容广泛而复杂，哪项工作应向哪位领导请示，应有一定之规。请示范围广了，会增大请办工作的难度，干扰领导，还容易出现一些不必要的矛盾和麻烦；该请示的没有请示，会给请办工作带来阻力，且容易造成工作上或领导之间的误会；颠倒了请办程序，上一级领导先作了批示，如果与下一级领导的意见不完全一致，会使下一级领导有被动感。

办公厅（室）的每一项请办事项，一般要先由办公厅（室）分管领导批注或确定请示对象和请办流程，秘书人员严格按照批注的要求先下后上，逐级请示。如采用口头请办方式，向后一位领导请示时，要说明前一位领导的意见；请示终了，要把高一级领导最后决定的意见，反馈给有关领导同志，使上下通气，力求一致。

请办工作贵在按程序办事，切忌随意性、多头请办和倒置流程。在领导分工交叉的情况下，要先请示职务较低的分管领导，职务较低的领导如果作出决定性批示，原则上不再向高一级领导请示；秘书人员不要先办后请示，也不要边办边请示，更不能这位领导不同意，再去请示另外的领导，酿成领导之间的误会。

第四，提高艺术，优化请办效果

为了使请办得到满意的效果，一定要提高请办艺术。着眼点有三：

其一，选择时机。向领导请办工作，如果不是十分紧急情况，要注意选择合适的环境。比如说，领导工作不甚忙，情绪好，没有无关人员在场，没有外界人员干扰等。

其二，合理陈述。如果使用口头或卡片方式，要把请示方案准备好，陈述时，惜话如金，层次清楚，结构合理。提工作建议,有分析而不累赘,有条理而不啰嗦。

其三,善处情况。当领导对所提建议有误解或有不同意见时,思路要敏捷,反应要快速,要及时提出补充情况或预备建议。如果领导表示不同意请办要求和工作建议,要做到:不固执己见,反复陈述;不提不适当的理由,强求领导表态;不"磨"不"泡",强领导所难;不赌气,不有不高兴、不顺从的表示。要认真听取领导意见,并随之改变思路,按照领导意图另立新的工作方案。

第五,以缓应急,避免紧张出错

秘书人员遇到突发事件和紧急请办事项时,难免紧张、着急;经历浅、上岗时间短的秘书人员,向初见面的高一级领导请办工作时,常会产生畏惧胆怯心理。在这两种情况下,往往都会出现手忙脚乱,思维、说话没有条理,考虑不出建议,甚至有乱中出错的情况。因此,秘书人员要养成以缓应急、从容不迫的作用。遇到紧急情况要沉住气,有意识地把说话和行为放慢一点,减少心理压力,稳定情绪,让精神自然放松,而后按请办程序进行稳妥而有程序的工作。

新上岗的秘书人员初见高一级领导,要进行"心理缓解"活动。比如,先作自我介绍,讲一点自己的缺点和不足,说一些请求领导"关照"、"帮助"、"指教"的话等等,使双方感情接近,思想距离缩短,而后再开始请办。这样可以大大减少胆怯畏惧情绪给请办工作带来的压力。

(原载《秘书工作》1992 年第 5 期)

秘书口语表达风格浅谈

刘　波

语言风格是人们在语言运用中各种表达特点的综合表现。从不同的研究角度来看，可以分为地域风格、时代风格、语体风格、职业风格和表现风格等多种类型。秘书的口语风格属于职业语言风格的范畴，同时也是一种表现风格，是秘书职业中不同的语言授体由于表达的方式、方法不同而形成的一种个性化了的语言风貌和格调。其形成的要素主要有繁简、曲直、朴华、庄谐、雅俗等。本文着重从四个方面来探讨。

一、简洁精练

秘书工作的特殊性决定了其口语的主要风格应该是简洁精练的。在人际交往中，秘书简洁精练的话语往往要比繁复冗长的话语更具有吸引力，更富于魅力。秘书口语简洁精练与否，是秘书个人认识能力和思维能力高度结合的表现。戏剧大师莎士比亚曾经说过"简洁是智慧的灵魂，冗长是肤浅的藻饰"。思路清晰、快捷，概括力深刻的秘书说话往往简捷明确。同时，口语的简洁性是秘书良好心理素质的表现。一般地说，自信心不足的人往往给人以超量的信息，这是其判断不清、把握性不大的表现，动摇不定的侥幸心理迫使其想在大量信息中碰运气；而自信心强，办事果敢的人在向人表达愿望，提出要求或说明事情时，往往不多用陈述性的语言，而常用判断或肯定的语言，不会陈述过多的理由和经过，而只说明事情的要害和结果。拿破仑非常重视语言的简洁，他经常"能够在别人猝不及防的情况下知道自己应该说什么话和采取什么行动"。1796年，拿破仑作为意大利方面军总司令整饬部队时，对不大服气的将军集热罗说："将军，你的个子整高出我一头，假如您不听指挥的话，我会马上消灭这个差别！"从机关人际互动交往的观点来看，简洁精练无疑是对口语交往特点的适应。口语交往对话双方处于同一时空（打电话等除外）的交际环境中，总要照顾到对方的反应与情绪，唠叨啰嗦不仅浪费了别人的时间，而且还会给对方造成轻视和不信任的误解，而简洁的话语则使人感到了时间和能力上的尊重，容易为对方所容纳。最后，现代化的高节奏要求秘书工作的高效率，追求时间最佳利用率。秘书说话简洁不仅会使对方受到干脆利索的节奏感染，还会给人以生气勃勃的印象，反映出时代的风貌和机关迅捷的办事效率。

秘书人员要养成简洁精练的口语风格，首先必须注意抓住重点，理清思路。秘书人员首先要明确自己将要表达内容的主题是什么，紧紧地抓住说话的中心，不能东拉西扯，言不及义：在组织话语时，要安排好腹稿的结构，使之条理连贯，层次分明；在临阵表达时要注意心理的控制，尽量稳定自己的情绪，防止因情绪激动而使表达错乱不清。第二，要适应工作环境，善用语法艺术。秘书说话必须分清场合地点，使表达与工作环境相适应。表达中要多用省略句和独词句、无主句之类的非主谓句式。如秘书在常委会召开之前，主持者问："王秘书，张副书记怎么还未到？"秘书即可回答："就到！"或"我再去通知"，而不能过多地叙述未到的原因或自己通知次数。

二、形象生动

形象生动的语言是活跃办公室气氛的添加剂，它能够吸引对方的注意，把抽象变成为具体形象，把枯燥变成为生动，使秘书工作中许多沉闷呆板缺乏生气的语体环境变得生气勃勃。形象生动的语言还是构成简洁精练、幽默风趣、含蓄委婉等风格的基本手段，能够唤起对方形象思维，并调动对方视觉、听觉、感觉、嗅觉及味觉一起参加接收活动，增加口语的客观效果。秘书人员在口语表达时要注意形象词的运用，如象征色彩、声音、形象的词语可以在对方头脑中勾勒出明晰的具体表象，引起他们的具体感触，确立词语指称事物或现象的形象或特征，给人们留下深刻的印象。同时还要注意努力摹绘事物的各种外显性质，刺激听者的感官，如用动态来描绘静物，化静为动，赋予语言特指对象以活的生命；用个体来表现一般，化抽象为具体，变性质的表现为外观的描摹。秘书人员还可以在口语中适度地运用借代、夸张、比喻、比拟等修辞手法，以增加口语的感染力。

三、幽默风趣

　　秘书人员是社会人与自然人的组合体，其语言风格应是个人思想、能力、气质、心境等因素与工作需要的有机结合，而不应只考虑到工作环境和领导需要的单方面而忽视秘书个性表现的需要，否则就会形成秘书个性的泯灭，而使机关缺乏应有的生气和创造性。因此秘书人员应把幽默风趣的语言风格作为自己的口语表达的润滑剂，把严肃认真的内容，简洁明了的语言和幽默风趣的风格有机地融合在一起，以自信的表现和能力的融合来表达出秘书的才思和风度。幽默风趣的语言还可以对听者的情绪起到调节和引导的作用，使对方的情绪得到一定的影响，并使自己的情绪和表达接近和适应对方，互相配合共达交流与沟通的默契。幽默风趣的语言还可以改变办公室的工作气氛，使紧张的气氛变得轻松，也可以缓和人际间的分歧与冲突，使人际的联系变得融洽紧密。

　　秘书人员要养成幽默风趣的语言风格，除了要有高尚的情操、成熟的涵养、丰富的想象力、乐观的心境等条件外，还要注意运用正确的方法，如对接法（即针对问话或前言的内容巧妙地加以归纳和整理，从中引出新意的方法，有字面相加，手法相应等）、修辞法（即用适当的修辞手法来增强语言效果的方法、有拆词、仿词、换义、降用）等等。

四、委婉含蓄

这是秘书语言的根本风格，它不仅可以造成人际交往的一定特性，达到缓冲和回转的效果，使自我表达适切稳妥，而且还可以维护对方自尊，达到心理认同，使信息的传递排除自在的障碍，顺畅地沟通相互理解，矫正并理顺人际的相互吸引。

秘书人员要养成委婉含蓄的口语风格，首先要注意训练模糊语言的运用技巧。模糊语言就是用外延边界不清或在内涵上极其笼统概括的语言。由于模糊语言具有外延的不确定性、有效的灵活性、表达的概括性、整体的准确性、语气的平等性和运用过程中与精确语言的交叉搭配性等特点，它可以使语意无法得到明确的界定，在表达和理解上灵活方便，恰如其分地反映正在运动和发展状态的事物，留有充分变通伸缩的余地，令人觉得简洁而不简陋，内容精练而不失于偏颇。模糊语言在秘书工作中是普遍存在的，它和精确语言既构成了一个统一体，又具有其自在的独立性和特殊性，既不能为精确语言所代替，也不能全部取代精确语言。因此秘书人员要注意研究模糊语言的特点和其内在的规律性，以便运用自如，恰到好处。其次要注意运用恰当的修辞手法，增强口语表达的艺术感染力。丰富的汉语语法宝库中有许多优越的修辞手法可以起到委婉含蓄的作用，如比喻、借代、双关、烘托、暗示、省略、折绕、伸缩等手法的运用技巧熟练后，都可以帮助秘书人员随心所欲、机智灵活地表达意图和思想，收到意想不到的神奇效果。再次是善于运用侧面表达，给对方以人格的尊重和敬仰，便于相互留有余地。秘书无论哪种语言交往行为，即用自己的话语引出和对对方话语的接应都给表达的选择划定了一个范围，如超越了这个范围，则称之为侧面表达。如受这个范围的约束和界定，就是正面表达。如秘书外出办事回来后科长问他："A单位对我们去反映怎样？"如正答就可在"冷淡""关切"、"热情""不好"等界定词内选择，而侧答时就可以使用模糊语言"大致可以"，或用所问非所答的方法加以转意搪塞，以摆脱矛盾，避免节外生枝。最后还可以使用非语言手段，如体态语等，还可以使用停顿、语气和语调等表达手法，收到意味深长的补充效果。

语言风格的训练可以增强口语表达的艺术魅力，提高言语的客观效果，但从秘书工作的特殊性出发，不可固定地一成不变，而要注意区别不同的谈话对象，并根据不同的交谈内容和场合，背景而有所变化，从而形成全方位的口语表达艺术风格，把职业的共性要求和秘书人员的个性化特征结合起来，以便更好地搞好服务，圆满完成工作任务。

（原载《秘书之友》1991 年第 11 期）

秘书应注意自己的行为语言规范

左 秀 珍

秘书的行为语言是秘书语言的重要组成部分。所谓行为语言就是无声的动作语言，如果把人们的有声语言叫做第一语言的话，那么人们的无声语言——即表情、手势、姿式、服装、发式、社会背景等则是第二语言，也可叫辅助语言。在某种程度上说，无声语言比有声语言用途更广、更大。大千世界纷繁多彩的传统文化与生活方式、迥然有别的民族心理与宗教信仰，乃至多种特定的思维模式，均可用无声语言表达、发展和传承。就拿手势来说，当人们的两只手上举或捧腹 时表示高兴，而用手指指点点则表示愤怒，思考问题时手习惯放在额前，不好意思时手则习惯于放在嘴边。秘书不但要熟悉行为语言，善于从无声现象中获得信息，还要注意自身的行为语言规范。

秘书行为语言是指秘书在处事过程中运用表情达义的动作去体现其目的、能力和职业特点的现象。秘书工作有很大一部分需要运用除语言之外的动作和表情这种传播手段去完成。当秘书采取行为时，伴随而来的就是动作和表情。无论是处理日常公务，还是处理个人与领导之间、个人与下属部门或群众之间的关系，秘书都应注意运用行为语言树立起本人良好的形象和信誉，以便取得理解、支持和合作，从而更加有利地完成本职工作。

具体说来秘书的行为语言规范体现在下列几个方面：

一、衣着打扮

这是初次见面最先传递给对方的信息。衣服乃第二种皮肤，服装确实能够在一定程度上表现出人的性格与心理状态。所以有人将衣服视为与人体不可分离的部分，甚至视为"自己的化身"。或许是由于受"服装表现个性"的想法的影响，我们举目所及的服装，可谓千奇百怪，多姿多彩。但是无论如何，每个人所选择的服装，与每个人的个性特征、心理状况、审美观等等都有密切的联系；同时，也与他们所处的工作环境有着紧密的联系。

党政部门的机关单位权威性大，机密性强，工作程度严谨，信息反馈快，会务频繁，会客来访多。在这样的工作环境的秘书其衣饰打扮要求和举止、教养协调一致。穿着要整齐、洁净，不能马虎，因为穿着马虎的人会给人以缺乏机密性、计划性的感觉。看来有的国家对在政府要害部门任职的女秘书规定：不准浓妆艳抹，不准带耀眼的首饰，不准穿走时容易发出声响的高跟鞋是很有道理的。因为党政机关秘书的气质倾向能有效地反映出党政机关的层次、作风和领导者的形象。

随着我国对外开放领域的扩大，地方接待外宾的活动越来越多。在这种环境工作的秘书穿着要典雅，潇洒飘逸。这种打扮能反映一个民族高雅、优美的衣着格调和蓬勃向上，热爱生活、充满自信的精神风貌。这种精神风貌和气质较易于被外宾接受，很适合与外宾交往的环境。良好的气质、自然大方的神情举止、洒脱而富有东方风韵的个性，无疑可以使外事场合增光生辉，也可以气度从容地招待异国来宾，侃侃而谈地解决有关问题。

二、面部行为

表情乃心灵的镜子，面部行为是最易于表达情义的非言语行为之场地。人的内心情感或喜或乐、或悲或忧都可以由面部行为非常显露地表示出来，甚至面部表情比语言更能明显地向外界传达一个人的内心动向。因此，秘书不仅要注意以表情窥视人心，理解对方的意图，还应注意自身的面部行为语言的规范。具体说来，秘书的面部行为语言应是这样的：在领导面前既不过份拘谨，也不嘻皮笑脸，而应是庄重稳健，礼貌周到；在办公室既不能过分严肃，也不能嘻嘻哈哈，而应是抑扬有致，认真严谨；下基层时既不能装腔做势，也不能冷热过度，而应是自然大方，随和热情。

三、目视行为

目视行为是秘书行为语言中最重要的语言，它含意深刻、丰富而又广阔。眼睛是心灵的窗户，人与人之间的相遇从根本上说是目光的相遇，人们说话时眼球的活动和眼神常常起很大的作用。《孟子·离娄上》中有一段判断人心善恶的精彩论述："存乎人者，莫良于眸子。眸子不能掩其恶；胸中正，则眸子瞭焉；胸中不正，则眸子眊焉。"这表明，眼睛可以反映一个人的内心动向，心之所想，不用言语，而从眼神中就会找到答案。常常有这种情况，有些人口头上极力反对，眼睛里却流露出赞成的神态；有些人花言巧语地吹嘘，可是眼神却在说这是撒谎。这说明不仅嘴可以讲话，眼睛也可以讲话。据说有不少电影表演艺术家喜欢用眼睛说话，当他们接到剧本后，常常把能用眼睛表达的话语统统删掉。在言语约定中，人们的目视表达是一种极好的反馈方式。因此，秘书不但要善于通过视线来了解对方心理，还应注意自身的目视行为规范。

在领导者面前秘书的目视行为应该是深沉而富有理性，稳健持重而富有端庄感。具有这种目视行为的秘书，从气质上看来，一般是礼貌大方，宽厚待人，处理公正，不卑不亢，责任心强。这类秘书对属于本职工作的事考虑得很周详，很会动脑筋去找出最适合现状需要的构想，眼睛里看到了的事，头脑里也想到了，手脚也做到了，这一切表现得非常自然协调且灵活机动，随分从时。

在公众场合和办公室工作的秘书，其目视行为要求自然大方，平易严肃。具有这种目视行为的秘书一般都性情温和，态度谦逊和蔼，神情不苟言笑，作风认真严谨，容易使人接近。从气质倾向看富有合理性，且平衡能力强，处理事情一般不会太主观、太冲动，能忍自安，客观冷静，临危不乱，处惊不变。工作中任劳任怨，默默奉献，易被大多数人所接受。

四、体姿行为

体姿行为。是指人们在日常生活、工作过程中有意或无意使用的姿态和动作。千人千面，不同的国家、不同的民族有着不同的说话姿态。正常人所共有的走路这一功能可以作为人们判断不同民族的依据。中国有句俗语"人需要接近看看，马需要骑着看看"，对一个人体姿行为的观察较之仅仅听其言谈或观其表情，在某种程度上更易看出其性格特征。秘书不但要把善于分析掌握人们的千姿百态行为作为人际交往的重要工具，而且还要时时处处注意自身体姿行为的规范。无论在领导面前还是参加涉外活动，无论是在办公室还是下基层，秘书的体姿行为都应该坐有坐相，站有站相，一挥手、一投足、一个眼神、一个微笑都应表现出知书达礼、自然适度的气质，既不能矫揉作态，渲染过度，也不能直来直去，不加掩饰。只有这样才能使自己的各种姿态、手势、动作收到预期的效果。

规范的行为语言，对做好秘书工作是十分重要的。我们共产党人坚持言行一致，表里如一的作风，对自己的行为语言，决不能装腔作势，盲目摹仿。行为语言是一个人自身素质和修养程度的重要标志，它的充实和提高是一个渐进的过程。学无止境，每个秘书人员都应该在实践中不断地学习，努力提高自己的行为语言素质。

（原载《秘书工作》1993 年第 1 期）

秘书人员要增强社交能力

程　国　远

　　社交是我国人民的传统美德，《诗经·伐木》中写道："嘤其鸣矣，求其友声。"人们借鸟叫求唤友伴来反映对友谊的渴盼和社交的向往之情。随着我国经济体制改革的深入发展，社会交往已经成为社会各阶层的一项"热门"活动。社交对秘书工作人员来说更为重要，其理由至少有三：第一，社交可以开阔视野，增进知识。具有经天纬地之才的诸葛亮就是一位社交家，他躬耕南阳，结交天下高士，诸如司马徽、崔州平、石广元、孟公威、徐元直等等，经常和他们交流学识，共议天下事，从而使诸葛亮足智多谋，未出茅庐而作出"隆中对策"。秘书人员在广泛的社交中，可以博采众长，学习各方面的知识以丰富自己。知识出才智，智是谋之本，这样，在实际工作中就能更好地发挥参谋助手作用了。第二，社交可以获取更多的信息。社交是一条重要的信息渠道，它和正常的信息渠道可并联成双向渠道，互相弥补，互相验正。社交信息渠道和"官方"信息渠道相比，还具有来源广、传递快、内容自然的特点。这对于秘书工作人员搞好信息服务有重要作用。第三，社交是办事的辅佐。秘书人员办理公务，联系事务，自然是"公事公办"，但是，社交可以帮助打通关节，选取捷径，克服阻力……。要提高办事效率，离不开"人熟好办事"。

　　秘书人员增强社交能力，从哪些方面努力呢？我以为：

　　一、要学会征服生疏环境。首次见面和聚会，对交往各方十分重要。秘书人员要学会不羞怯，不惧生，不要等待对方主动，落落大方地近前接触，递送名片，实事求是地作自我介绍，使初次见面的友人尽快了解自己。

二、培养广泛爱好。喜爱多种文体活动：看戏、跳舞、打球、摄影、游泳、打牌、下棋、书画、做游戏等等，以随和不同人的喜好，创造更多的交往机会，成为大家喜欢的人。

三、关心友人的兴趣和要求。主动了解友人喜欢什么，有什么爱好，争取共同兴趣；从侧面了解友人有什么要求和困难，能帮助的主动帮助，不能帮助的给以安慰和同情。

四、注重仪表，讲究礼貌。会友时要注意修饰，讲究礼貌。比如着衣要整洁合体，与自己的身材、年龄、肤色、身份相称，要理发、剃须、修指甲；进友人住室要轻轻敲门，自觉维护交往场合的整洁卫生；听友人谈话要集中精力，不东张西望；不打断友人的谈话，不把自己的长篇议论强加于人。

五、善于言谈。和众多朋友聚谈，要把话题往友人兴趣上引，抑制自己的兴趣，少谈论自己。善于讲一些诙谐、幽默而不粗俗的语言和笑话，增添谈话气氛，防止冷场。

六、言而有信。在友人面前的许诺和友人之托，必须兑现或有回声。一时办不到的事情，不过早许愿；友人托付，完不成的要主动回话，致歉意。

七、学会经常微笑。笑是一种交往艺术，经常面带笑容给人一种可亲可近的吸引力。心中纵有一团火，而面部总是"阴云密布"，会把友人驱散。

八、坚持"三不"。秘书人员的职业要求在社交中要坚持"三不"。一是不涉及秘密，无论对初交之友或深交之友，对于国家和工作中的秘密都要守口如瓶，绝不以党和国家秘密换取友情。二是不以职权之便为友人谋私利，也不以职权为优越条件进行社交活动。三是不重吃喝。"君子之交淡若水，小人之交甘若醴"（《庄子·山木》），不把社交活动终日放在餐馆里和酒桌上，不交酒肉之友。

（原载《秘书工作》1988 年第 5 期）

秘书人员应具备的几种应变能力

黄 益 东

秘书人员工作涉及面较广，接触的人较杂，碰到的事情也较多。如何帮助领导把诸多的事情处理好，把复杂的关系理顺，既让领导放心，又能使左右下属满意，一个很重要的问题就是要有较强的工作应变能力。这种应变能力，就是善于根据不同的工作环境，不同性质的事情，采取相应的处理方法。

秘书人员应具备的工作应变能力，具体有如下诸方面：

一、对偶发事件需沉着善断

秘书工作是一种较为被动、复杂的工作，因此，许多急需办理的事情都不在自己的计划圈内，就连领导也不例外，常常是打乱计划、超出预想的。其主要的原因有：一是来于上级的新指示；二是来于下级的请示；三是来于部门的工作协调；四是来于区域外的客访；五是一些偶发性的重大事件。这些都不是事前能预料到的。秘书人员面对这些突发性的事情，必须要有一种处理能力。这种能力是多棱面的。首先，要能区分事情的类别，哪些是要摘记的，哪些是应转知的，哪件属排解的，哪件属应酬性的都要分门别类，一一明白事情办理的急缓程度。其次，要知情善断，敢于循章行事，急办的先办，有条不紊地把各件事情处理妥。如若一遇上多重性的偶发事件就昏头转向，不知所措，这就难以把事情办理好。

二、对超权之事需掂身量言

秘书人员经常要代替领导去处理事情，一般说来，对于领导交办的事情，秘书人员会竭尽全力去办的。问题在于秘书人员在替领导办理事情的过程中遇到的新情况，它不是超出领导的预料之中，就是越出领导的授权范围，因而使得秘书人员举棋不定、左右为难。秘书人员如仍按部就班地一件一件向领导请示，有时又会贻误时机，拖延事情或恶化事态。但是，如果不论事情轻重，什么事都以"钦差大臣"之身份包办，又容易办错，一旦出了重大的原则问题，则负不了责任。怎么办呢？面对诸如此类的超权越职之事，秘书人员不应手足无措，而应慎重行事。一要分清事情的性质，二要辨明事情轻重，然后，掂身量言而处置；哪些话自己不宜说，哪些话中说到什么程度，什么事情自己可代答复，什么事情不应乱断，都不能含糊。对于重大原则问题应该请示，而一时请示不了的也要婉言回答，待请示后尽快回复对方。对于有些事情，如果秘书自己确实能把握住领导的意图，不会超出重大原则，而又在时间非常紧迫的情况下，就不能犹豫不决。但是，办完事情后要向有关领导作汇报，以免引起领导的误会。

总之，在处理这类事情时，要把握住事情的实质，谨慎、大胆、准确地作出判断，果敢地去处理好，不然，一点皮毛小事也死死缠住领导，不但说明办事人员对事情的处理能力差，而且降低了办事效率，于工作不利。

三、对难堪场面需委婉圆场

秘书人员既是领导的代笔人、办事员，又是应酬于各种场合的公关人员。把千变万化的事情及其人际关系灵活地调理顺，是秘书人员的基本功。由于领导的应酬面广，上下左右无不接触，各种各样的人也无不碰上，很自然，事情办多了就有顺畅的时候，也有碰钉子的时候。在领导身边的秘书人员常常会看到一些难堪的场面；如部下与领导争辩，或对领导说的话不遵从、顶牛，或上级领导对自己的领导批评等。在这种情况下，秘书人员就要视情况灵活处理。如遇到部下与领导争吵顶牛时，秘书人员应该把着眼点放在调解关系上，应该耐心委婉地把领导的意图向部下解释清楚，并可对部下好的想法予以肯定，再由此将其出发点引到领导的思想观点上来。这样，通过秘书人员的中介作用，就能打破双方僵持的局面，化解矛盾，转换气氛，融会思想，达成一致意见。如果碰到上级领导批评自己领导的场合，秘书人员最好是暂时避开一下，使领导不会感到在自己的部下面前丢面子。事后，有条件的话，可以给被责的领导安排个轻松愉快的活动，使其神经得到调节，消除不愉快的情绪，以免影响今后的工作。

四、对模糊交代需从旁明意

吃透领导的意图，是办理好事情的前提。在交代任务时，有的领导交代得比较清楚、具体；而有的领导则交代得比较粗略，秘书人员一经办理时，就会感到还有不少不明白的地方。比如要秘书写篇讲话稿，领导因为忙，只出了个题目或只简单讲了一下大概意思就匆匆走了。你一动起笔来，就会感到很困难，什么问题要重点讲，具体要求是什么都还心中无数。倘若立即找领导细问，一方面领导不一定能耐下性儿来，另一方面会以为你在他交代问题时无所用心或没有动脑思索，而对你厌烦。碰到这样的情况，秘书人员应该有艺术地从旁明意，可以在适当的时候，借讨论某一件事、某一观点入手，自然地谈到你要问的事情上去，从而把领导的意图引出来，达到明意之目的。

五、对赞扬、责怪需冷静反思

无论在哪个单位，你的工作做得好与差，都难免别人对你议论，秘书工作自然也不例外。有来自领导者的赞扬与批评，也有来自同事或其他人的议论。无论来自哪方面的赞扬与批评，都会在你心中搅起小小的波澜；得到了领导的赞扬容易沾沾自喜，飘然欲仙；而遇到了批评又容易垂头丧气，认为以前的力气全白费了；来自其他人的议论，有时会使你更受不了。你工作干得积极主动，有人会说你讨上司得宠；你若挨了上司的批评，有人可能又会说你是无能之辈。

作为秘书人员，应该有较深厚的思想修养，有较强的自我心理调控能力，在日常的工作中，不被赞美之词或胡捧之言所左右。当这些赞扬与非议向你袭来时，要能把握住自己的重心，立自己的基点，控制自己的情绪，在赞扬声中反思自己工作中的不足，在非议声中看到自己的长外，认准自己的理想和追求，把准人生的天平尺码，一如既往干好自己的工作。

（原载《秘书之友》1990年第12期）

重视秘书人员的非智力因素

秦 建 良

　　长期以来，秘书部门在选拔、培养秘书干部或人们在评议秘书人员的素质时，受传统观念的束缚，往往只注重他们的智力因素，而忽视非智力因素。秘书人员的智力因素，无疑是做好秘书工作的重要条件。但秘书工作的实践表明，秘书人员的非智力因素，也是做好秘书工作不可忽视的条件。良好的非智力因素，可协同智力因素发挥作用，而不利的智力因素，则有碍于智力因素正常作用的发挥。

　　什么是秘书人员的非智力因素呢？主要的是兴趣、情感、意志、性格等因素。

一、兴趣

　　即人们通常所说的爱好。按照心理学理论，它是人的一种具有积极情绪色彩的心理倾向，是人的一种带趋向性的认识活动。当一个人有了某种兴趣时，它会引起人的持久的注意力，从而不断获得新的知识，甚至会获得某些科学上的重大突破。这一非智力因素，往往同人的观察力、想象力、思维力等智力因素交织在一起，同时发挥作用。秘书人员应具有什么样的兴趣才能适应工作的需要呢？这要从秘书工作的特点和要求来考虑。

　　秘书工作的职能和现代科学技术的发展，要求秘书人员有足够的知识储备和不间断的知识更新。这就要求秘书人员要有广泛的兴趣，朝兴趣的多向性方面发展。因此，秘书兴趣的广泛性，能使他对许多新鲜问题感到敏感，并积极地去学习和钻研，从而大大丰富自己的知识，锻炼和发展自己的认识能力。

当然，我们强调秘书人员要有广泛的兴趣，决不是说不要中心兴趣。秘书这种职业的特殊性质，要求秘书人员把决策科学、信息科学和运用语言文字等方面作为自己的中心兴趣。在这个中心兴趣的支配下，其他兴趣也能发挥积极作用，进而使自己的专业知识精深，成为秘书工作的"秀才"、"专家"。因此，秘书人员应该适应党的秘书工作的需要，适应各部门各行业秘书工作的特点，调整自己的兴趣结构，在广博兴趣的基础上，建立和发展秘书工作所需要的持久稳固的中心兴趣，以大大提高秘书工作的效率。

二、情感

是人所特有的一种心理现象。秘书部门是机关群体结构的"窗口"，领导的耳目，正确认识秘书情感的作用和反作用力，对于做好秘书工作是十分重要的。尤其是秘书人员良好的道德感、理智感、热情等高级社会情感，对秘书工作有着直接的影响。

秘书人员的崇高道德感，对其实践活动起着指导作用。它可以帮助秘书人员按道德准则的要求，规范自己的思想和行为，正确地去衡量和影响周围的人。作为一个合格的秘书，至关重要的是，要建立在共产主义思想指导下的爱国主义、国际主义、集体主义、正义感、义务感、责任感、同志感等道德情操，努力使自己成为一个道德高尚的人。

理智感是人认识和追求直理的需要是否得到满足而产生的情感体验。它在秘书人员的智力活动中起着极为重要的作用。因为，理智能引起人的好奇心，激发人的求知欲，开拓人的创造性思维，发展人的智力因素，成为推动秘书人员认识客观世界的内在动力。

秘书人员还应该做到热情。因为，热情这一情感表现形式，是掌握个人身心，决定一个人的思想、行动的基本方向的情感。如对党、对祖国、对人民的真挚的爱，对"四化"、对攀登科学文化知识高峰的炽热的追求，都是秘书人员应具有的热情。有了这种情感，就会对秘书工作满腔热情而不冷漠，对领导热情而不讨好，对群众热情而不丧失原则，对同志热情而不拉拉扯扯。就不会出现"门难进、脸难看、事难办"的现象。

情感与认识有着密切联系。正如列宁所说的，没有人的情感，就从来没有也不可能有人对真理的追求，因为情感是在认识的基础上产生的，又反过来影响其认识活动，激发和推动认识活动向纵深发展，丰富和充实自己的认识内容。也就是说，秘书人员善于培养和调节自己的情感，能推动其认识水平和智力因素的发展。

三、意志

是人们完成一种有目的的活动时所进行选择、决定、执行的心理过程。人的意志活动，是人脑对客观现实的积极的能动的反映。秘书人员要当好领导的参谋、助手，做好秘书工作，就要充分发挥自己的主观能动性。换言之，秘书人员不能没有意志和意志活动。秘书工作做得好坏，效率高低，在很大程度上取决于秘书意志力的强弱。秘书意志力应主要体现以下三个方面：

——秘书意志的自觉性。秘书工作中最常见的现象是服从。服从是一种社会行为。服从又有盲目型服从、屈服型服从、自觉型服从之分。秘书人员要领导的参谋、助手、就要为领导决策出主意、想办法，也就要发挥主观能动性，做自觉型服从者。一个富于意志自觉性品质的秘书，应该在不超越职权的前提下，充分发挥自己的主观能动性，客观的估计实际情况，正确地领会领导的意图，为领导决策适时地提供真知灼见，并在日常工作中寻找主动出击的方向，变秘书工作的被动为主动，不断开拓前进。

——秘书意志的果断性。它是指秘书人员善于迅速的估计情况，下定决心和付诸行动的意志品质。这种品质往往是在复杂的环境中表现出来的。它以正确认识为前提，以大胆勇敢为条件。秘书部门的日常工作中，偶发事件是常有的。在这种情况下，是当机立断地作出决定，恰当处置？还是犹柔寡断，错失良机，造成不应有的损失？如果秘书人员不具备意志果断性的品质，那只能是后一种选择。

——秘书意志的自制性。它是指秘书人员能否控制感情和节制行动的意志品质。这种品质能使秘书人员在任何情况下，都能控制自己的恐惧和消极情绪，经得起逆境的考验。还能使秘书人员以党和人民的要求来约束自己，并克服顶撞领导和放弃原则等不良行为，避免矛盾激化。

意志与认识有密切联系。秘书意志活动的理智成分，依赖于认识和感知、记忆、思维等智力因素。秘书人员应经常注意磨练自己的意志，成为意志坚强的人。

四、性格

是一个人对事物具有社会评价意义的稳定的态度和行为方式。是秘书人员非智力因素中很重要的组成部分。按照最流行的性格类型学说，人的心理活动一般分为内、外倾向型两种。外倾性格的特点，一般表现为开朗、活跃、善于交际，但也容易信口开河、顶撞、争执、显得不老练。内倾型性格则一般表现为沉静、缓慢、顺应困难，但容易使别人感到捉摸不透和不善于交际。作为秘书人员，其工作性质要求，既要敏捷，又要善于交际，又要保守秘密。因此，应具有内、外倾向型双重性格为宜，兼采二者之长，摈弃各自之短。这种双重型性格，能使秘书人员在工作中既敏锐地领会领导的意图，又有自己的原则和创见；既有高度的原则性，又有根据实际情况处理问题的灵活性；既善于接触群众，又对机密守口如瓶。我们可以设想，如果一个秘书机构里大家都具有双重性格，或内、外倾向型性格的人适当搭配，就可能和谐统一，取得最佳工作效果。

人的性格和能力，是在相互制约中得到发展的。一方面，能力制约性格的发展；另一方面性格也制约着能力的发展。古话说："勤能补拙"，正好说明了坚毅、勤奋性格对能力发展的补偿作用。性格与能力的结合，是获得事业成功的必要条件。爱因斯坦曾说过，智力上的成就，在很大程度上依赖于性格的伟大。可见秘书人员应该十分重视性格在智力活动中的作用。有的同志认为："江山易改，秉性难移"，这是形而上学的观点。唯物辩证法认为，性格是在先天素质的基础上，由后天教育及个人长期实践中形成的，是可以改变的。秘书人员要适应自己的工作的性质和特点，逐渐改变不良性格，培养优良性格，使性格和能力，智力因素和非智力因素，在统一的交织过程中都得到发展。

综上所述，勿庸置疑，秘书人员的非智力因素对做好秘书工作有着重要的影响。因此，秘书人员应在重视自身智力因素锻炼，提高的同时，正确认识，自觉把握并适时调节自己的非智力因素，把握或调整最佳工作兴趣，从而克服非智力因素消极的一面，充分发挥它在秘书工作中的积极作用。秘书部门在选拔、培养秘书人员时，应改变片面强调重视智力因素的传统观念，在重视政治素质的前提下，注意把非智力因素与智力因素和谐的统一起来，作为考察、培养秘书人员的重要内容和条件，从而进一步提高秘书干部队伍的素质，使秘书部门真正成为各级领导的参谋部和智囊团。

（原载《秘书工作》1987 年第 1 期）

成 功 的 秘 书

〔美〕玛丽·A·德福丽斯

〔编者按〕 美国的玛丽·A·德福丽斯著的《秘书手册》，是1980年出版的一本关于秘书工作的专著，较为全面、系统地阐述了秘书的职责、修养和工作方法等。本刊选载此书，仅供读者借鉴、参考。美国和我国的社会制度不同。此书所谈的秘书工作的性制、服务对象、人事关系、社会交际以及对秘书品种的要求等，和我国也不相同。我们从此书中一方面可以了解到美国秘书工作的一些情况；一方面又应有所分析。可以取其有一定价值的东西，又不能照搬照抄。

　　一个人如果能把个人品质与业务能力恰当地结合起来，就能在秘书职业的道路上走向成功。成功的秘书总给人们留下良好的印象，她尽一切可能去学习有关的业务知识，力求把技能提高到有可能达到的最高水平。当然，不是所有的秘书工作都是如此，各自的成功因素也不尽相同。但是，个人的为人好和业务技能高，是所有秘书职业的共同要求，成功的秘书是深知这一点的。

一、个人品质

　　你对事物的看法、个人的行为、对人生的态度和观点、所受的教育、工作经验以及养成的工作习惯，所有这一切，都会影响到你在秘书职业中的前途。在衡量这些方面的作用时，许多秘书只考虑到工作经验与业务技能，但是在特殊情况下，个人品质却起着决定作用。

并非每个人都具备上述理想的条件，但是成功的秘书会在每日的工作中努力提高自己，以便达到最理想的典范。在别人面前，她显得态度和蔼、讲话悦耳、沉着平静、遇事不慌。在日常交往中，秘书要彬彬有礼，灵活、谨慎。诚实而有涵养，在任何工作中都必不可少。成功的秘书是以忠于职守和绝对可靠而著称的。尽管她是听命于人的人，但她也要设法阻止那些不负责任的流言蜚语。

　　鉴于对人生的消极态度会成为前进的绊脚石，秘书应安排定期的自我小结。成功的秘书对人生的态度是积极向上的。与人交往时能给人以方便，团结同事，并且能原谅无视她个人意见的顾客和同事。秘书应当是一个感情上成熟、心地善良的人，与人争论应持客观态度，能够接受批评和建议。她热情奔放，事业心强，求知好学，有责任感，能够任劳任怨，对上司的事业能表现出真诚的关心。

　　对成功的秘书来说，良好的个人习惯是必不可少的。她应有意识地采取措施保持良好的体质。经常显得精神不振、心情郁闷、无精打采、头发蓬乱，都是忽视健康的表现。她应经常注意个人卫生和衣着打扮。服装款式与时尚在不断地变化着，各部门的要求也不一致，然而一般情况下，成功的秘书倾向于在外表上落落大方。

　　工作习惯是与个人性格紧密相连的。比如，严守时间、工作效率高、善于辞令、具有良好的英语口头表达能力和文字表达能力、博学机智、对工作一丝不苟、准确无误、工作时间不打私人电话、不接私人电话。工作通话时要有礼貌，切忌话语冗长，工作时不要老看手表。这一切已成为成功的秘书的习惯。成功的秘书要努力记住交谈者的姓名，工作中善于随机应变，严守机密，办公室外不谈工作。秘书要经常保持设备清洁，记录供应物资（但从不把任何东西带回家中），使办公桌井然有序，能安排好优先要做的工作，使助手明确职责，还应注意细微末节，充分发挥自己的组织能力。

二、主要职责

有一点是不可否认的，那就是秘书工作是各种各样的。甚至在某些特定职业中，职责的范围是包罗万象的。一会儿接电话，一会儿打信件，而后还要从卷宗里寻找一份找不见的文件，然后接待来访者。在此期间，还有可能到附近商店为上司去买东西。无怪乎秘书的生涯被典型地描述为既有趣又富竞争性。

秘书的职务需要有各种才干、技能和综合能力。成功的秘书不仅应具备秘书职务所需要的基本条件，并且还能把工作做得更为出色。对受过高深教育的秘书来说，这种机会就更多。一个秘书，起码要有中学的文化程度，再加上一至二年秘书学校的培训，才能做好各种工作。在秘书学校里，速记、打字、学习打口授材料和商业英语，都是必修课程。当然，受的教育和训练越多，得到好的工作机会也越多，提升也就越快。得到最好工作和提升越快的人，通常是那些受过职业学校、大学低年级或高年级教育的人。一般的教育包括人文学科、社会科学和自然科学。从事某些专门工作的秘书，如法律方面、科学方面、医学方面，需要经过适当的专门训练。而不论从事哪方面的秘书工作，掌握好英语是关键。如有必要，秘书应当选学能提高自己英语口头表达能力和文字表现能力的课程。

成功的秘书是出色的速记员和打字员，通常每分钟能用速记符号写出 120 单词，并在打字机上很快打成文字。打抄本时，每分钟能打 70 个或更多的单词。成功的秘书也应熟悉别的基本工作，比如文件归档、分理邮件和记载事项。还要具有商业算术、簿记、处理数据以及其他业务方面的知识。总之，成功的秘书对于商业界，特别是对于和她的公司有关的领域必须具有强烈的兴趣。

当列出秘书的主要工作之后，秘书工作范围之广就看得很明显了。这包括打字、归档、记录并打印出口授的事情，接待来访群众，打接电话，处理函件，收发邮件，安排约会，记载事项，购买并保管供给物品，登记账目，安排旅行和会议，照管办公室卫生，编辑、撰写文稿，操作设备，监督助手的工作，进行调查，编写报告，送印材料以及上司不在时处理日常事务。并不是说每个秘书都一定要做到这一切，但是成功的秘书要能够胜任这一切，并且准备做好比这些还要多的工作。

仅仅掌握秘书的基本工作，诸如打字和速记是远远不够的。还有至关紧要的一面，就是秘书要有效地发挥工作技能。这不仅意味着要把字打得准确，而且还要学会诸如定中心、夹入信封等许多打字的捷径。能完成直接打印口授材料、记录事项、进行调查或别的任务。本手册中叙述的许多节省时间的方法，会使你的工作不断取得进步。

成功的秘书绝不单纯是机械地做每件工作，她要计划工作量，组织工作，按照轻重缓急订出时间表；她要记录好各种事项，用专门技术进行归档，并能迅速找到所需材料；她要维护好设备，并经常使用那些能节省时间的机器和案头装置。为了记录事项，她使用预先印好的表格和别的节省时间的材料，她要反复核对她写的和打的材料，以求准确无误。对工作细心认真，考虑周到，从不马虎大意或浪费时间。而无止境的独立学习和自身的提高，也许更是她所首先追求的。

三、事务礼节

作为一名秘书，你要与本单位和外单位的人打交道，成功的关键就在于你能否以礼待人。受欢迎的行为和敬重别人的态度是交往礼节的基础。只有遵守了这些礼节，事情才能在合作、高效与和谐的气氛中进行。

来访者看到的首先是你和你的办公室。你个人外表方面的良好修饰，是至关重要的。这就是说要清洁整齐，精神饱满，仪表庄重，衣着有职业特色，装束与发型落落大方，如果有香料或香水，也可少用一些。你还要心情愉快、表情友好。一天当中，应注意梳装和衣着，但办公时讲究修饰就不是好习惯，因为办公室是处理公务的地方。办公室的一切和在任何时候都应保持清洁整齐。乱糟糟的烟灰缸、空咖啡杯和面包屑都不应堆放在显眼的办公桌上。根据你的职位以及你所在公司的要求，办公室的清洁卫生应包括以下部分：每天掸灰、清洗烟灰缸、咖啡杯、玻璃用品、削铅笔、浇花、打开通风设备，整理并组织好各种杂务。

重要的是要学会接待来访者，要懂得电话联系和介绍来访者的基本规定。成功的秘书与人交往中总是彬彬有礼、心平气和、善于应酬。她到哪里就把这种待人接物的态度带到哪里。另外，成功的秘书总是准时上班，按时赴约。

如果一些礼节规定不太清楚，你就要在工作中细心观察。比如，每个人可以只说他的名而不道其姓，但这并不意味着你可以当着公司总经理的面直呼总经理的名字。就是在非正式的聚会上，也不宜对别人表示过份亲热或在行为上有失礼之处。在办公场所，通常不给服务人员施舍小费。当与你的上司一同旅行时，你要支付自己的夜间娱乐费。通常上司会支付你的旅行和膳食费的。秘书可能会收到上司的礼物，但不必经常给上司送礼。同事之间是否互送礼品，这要看办公室的习惯做法和个人的爱好。

遇到上司或同办公室的一位雇员死了，秘书通常给他的近亲送去吊唁信，也可以送去花束。在一些办公室的同事之间可以互赠节目卡片，不幸的是一些办公室习惯上不这样做。闲谈聊天是一件很平常的事，但是成功的秘书要避免和设法阻止闲聊。还有，她绝不能辜负上司对自己的信任，不能泄露公司的机密，甚至对自己的家属也不能说。秘书本人既不卷入办公室的风流韵事，也不把个人私事带到工作中。许多场合是需要讲究策略的，比如不必要使人难堪，或伤某人的感情。提意见，进行批评要注意策略，也可以私下交谈，应避免结怨。成功的秘书要学会照章办事。而且要真心待人，关心别人的幸福，尊重别人的情感。

四、事务关系

从概念上说，人与人之间的关系是——或者说应当是双方面的事。然而，在实际上，成功的秘书不管别人是否迎合自己，也要与别人和谐的工作。如果人们要想一道有效地工作，人与人之间必须要有良好的关系。和上司的工作关系是最重要的关系。执行上司的指示是秘书的职责。干这些事你必须了解上司的目的和所面临的问题。尽管你可以发表意见，但你的职责要让你支持上司的决策，就是不同意也要密切合作。如果发现上司有明显的错误，也应策略地提出。而你也要心悦诚服地接受合理的建议和责备，而不要为自己辩护。尤其重要的是，如你的上司是一位女性，不要听信那些说为女人办事比为男人办事更难的荒诞说法。与人交际，成功的诀窍是适应能力，特别是你同时为几个经理工作时，必须使自己适应他们不同的个性和期望。在这种情况下，重要的是避免只听从某个经理的话。有时候，几位经理布置的工作可能冲突，有必要向他们解释。当然要讲策略。如果经理们仍然解决不了这种冲突，就请示总经理作出决定。在所有场合中，你都要尽快弄清上司对你的技能、主动性、权限等方面的期望，你的工作范围也就会随之确定。

秘书还得经常与别的部门、顾客、其他人员打交道，适应能力加上友好、合作的态度会使你不断进步。任何人随时都会求助于他人的，你们商行的雇客正在花钱求得这种帮助。这样，公司内外用的人彼此就发展了友好关系。当然，如果有人正在利用你的帮助，你可以有礼貌地说声没什么，或者当情况棘手时，就要请示上司予以解决。

在秘书与助手们的关系中，秘书是教师、监督人、批评家和经理。你有权给助手安排工作，明确职责，必要时给予指示。随后还要对助手的工作进行检查、评价，并在适应的时候给予表扬和鼓励。批评要有启发性，提出时要温和，不伤他们的感情。对他们充分地评价、重视和鼓励，将会给公司带来利益，也为你创造令人满意的、成功的人与人之间的关系。

人们之间存在着各种关系，因此不可避免地会引起一些问题。作为一个秘书，你要忠于上司，支持上司，但如果上司有了威胁到你个人及公司利益的严重问题时，你就要向上司的顶头上司反映这一严重问题。你也可能发现了其他人之间的问题，但任何情况下，秘书决不要认为自己是位心理学家或内科医生。如果请求你帮助，你可指点他去找适当的社会机构或合格的专业人员。假如有人用风流韵事来缠你，应坚决说明你强烈反对和别人搅在一起。有关个性冲突的问题，则要排除对别人的个人厌恶，而用有益的、考虑周到的友好态度去对待，那么，这种问题是可以解决的。

成功的秘书懂得，同事们在一起不仅是为了自己的利益，她认识到不管个人的情感如何，主要目的是增进能给公司带来利益的那种和谐的工作关系。

（选自〔美〕《秘书手册》序言，李玉文译，肖力、荣德校）

（转载《秘书之友》1984 年第 1 期）

美国秘书职业形象的设计

杨益春　编译

　　形象，是个性、风格与气质的反映。成功的秘书形象，来自你对秘书职业的严肃性、自信心与对未来目标的坚定承诺。承诺，是说一旦你发现自己的实力，认识到工作的光荣，并全力为之奋斗，那么就已开始实现自己的承诺了。承诺能产生前进的力量，也许是形象设计的首要因素。

　　塑造形象的力量既是副产品又是发生器，它来源于自信。没有职业的自信心，就不会有富有能力、充满信心的良好秘书形象。

　　除了上述内在美的形象外，表面形象也可以给人以肯定或否定的信息。秘书怎样才能给人以从容不迫、不卑不亢、循序渐进、能够出色完成任务的良好形象呢？

　　●经常在镜子前看一看自己站、坐、说话的姿态，是自信、胆小还是成熟老练？加以改进。

　　●听听别人的看法，他人是最好的镜子，可帮助你提高自我判断力。

　　●注意别人对你形象变化的反映，以求达到预期效果，但也不可经常变化。

　　秘书与周围交流信息，实际上有 80％ 左右并非通过语言或文字，而是通过形象去交流的。以下六点是最重要的形象交流方式：

仪态

站直！收腹！抬头挺胸！平肩！你现在并不是在军队，而是以最佳姿态出现，姿态是交际的一种方式。要经常对自己说：听着，我就是我自己，我是最好的！利用镜子研究一下你到底该怎么站，你的肩是否抬了一点？你并不是要让人看上去像一个海军军官；但你必须是要有自信和受人尊敬的秘书！你的头抬起来了，但不要抬得太高，只要你的眼睛能与别人的眼睛直接交流就行了。如果太高，你就会显得清高。但如果太低以至把下巴埋入锁骨，你就会显得害羞或小气。你还要注意，你是否收腹？如果不收腹，就会是无精打采的样子。最好的方式就是收腹，然后你的肋骨就会上抬，这样就使整个人都挺了起来，很有生气。

握手

握手是交际的方式和仪态，是直接与人接触，建立平等关系的基础。虽然它仅仅是一个手势，但可给人以真诚的职业形象。女性也可以握手。你作为一个秘书，而且对你所从事的职业能起到有效的作用。你对公司作出贡献理应受到尊敬。你享有100%的握手权。问题在于：你该在什么场合以及同什么样的人物握手？这由你自己决定了。当然，每天和你上司见面握手是多余的。那么该怎样对待上司的客人呢？如果你想同别人建立一个正当而又热情的职业关系，握手是一个合适可行的方式，可以提高你的职业形象，从而结合作者一个深的印象。如果你握手时犹豫不决，那么你可以问问自己：最坏的结果将是什么？客人是否会拒绝同你握手？或鄙视你，笑话你？那时你就会更加尴尬。主动伸出你的手！一旦你决定与人握手，要注意以下一些要点：

● 握住别人的手，不是把自己的手仅仅放在别人手上，而是适当握紧。

● 握手时肘与上臂要形成一个弧度。这可显示你的热情与友好，并缩短你与他人的距离。向他人直直地伸出手去，就显得生硬，并拉大了与别人的距离。

眼神

用眼睛与别人接触，如果你看上去很尴尬，那么你同别人握手也会很尴尬；如果你表现得极其自然，那么别人也会很自然地接受你。

在你与别人的交往中眼睛是非常有用的工具。它可以增强你的自信力。如果在握手的同时，你的眼睛不跟别人接触，就好比没有苹果馅的苹果馅饼，那不叫馅饼。所以没有眼神交流的握手也就不能称之为握手。令人感到舒服的视线接触，也许比你想象中的范围要大一些。把这一区域想象成由额、眼、鼻、口所组成的倒三角形，你的视线就可以在这个区域里停留，但是你必须变换你的视点。

眼神的接触必须是稳定的，友好的，它给人以可靠的、正规的职业感觉，同时它还体现了合作的职业关系。与别人说话时不敢正视他人，就说明你的不安和缺乏自信，别人会不想再听你说什么，要是你死盯住别人则传递着一种威胁的信息，甚至上司也会为这种眼光而觉得受到胁迫。为此，首先对着镜子，练习一下自己的眼神，然后再和同伴互相练习。如果你还不知道眼睛紧盯着看是什么滋味，则和你的同伴一块试试，各自死死地盯住对方的眼睛，你们谁也不会喜欢这个样子的。同样你也可以和同伴一起练习不同距离的眼神交流，看一看什么样的距离范围能使视线的作用发挥得最大。久而久之，它将由技巧逐渐变成自我表现的能力。

声音

你的声音能很快被他人所熟悉，所以你必须知道如何措词，如何控制自己的嘴形，还有音量。

镜子又是你练习嗓音的好伙伴，从录音机中传出的声音会使你受到一定的"打击"，而镜子却给了你自己说话时的整体形象。

你必须适当的开口说话，沉默不语说明你紧张与生硬；快嘴快舌会把别人都排斥在一边；懒于开口，只是在别人说话时插上两句，则会引起别人的反感；轻松、稳定的情绪有助于清楚地表明自己不论在多少听众面前都能保持镇定。

你一开始和别人说话，能给人一个临时的印象，你必须练习几句当自己被介绍给别人时的开场白，比如："你好，见到你真是高兴。"没有什么惊人之语，而只是自然一些。注意，不要到结束时才发觉你的喋喋不休而使双方陷入尴尬的境地。这样给人一种"请不要打扰我"的感觉，而使你所做的一切都白费。当你对自己的形象感到满意的时候，你也许会把声音录下来听一听，但最好请你的同事帮忙，因为听众是你音量、语速、流利程度的最好裁判。

音量往往可以给人造成错觉，比如高音量会给人一种压制感，即使你并没有要去侵犯别人的想法，也会令人扫兴。过分柔弱的声音会给人一种虚假感。这说明你可能受到压抑或紧张，或正犹豫不决。

音量的高低与你同他人之间的距离、房间的大小以及外部是否有噪音有关，要不断调整到合适为止。

衣着

穿着对整体形象起着举足轻重的作用，可遵照以下三条原则来考虑你的穿着。

1．根据环境着衣

活泼、时髦的衣服非常适合做广告，但它们对银行秘书却很不合适。一些行业需要一些特别形式的衣着，从事银行业、保险业的人的衣着力求保守一些，而从事广告业、化妆品业的人，衣着就要追求时髦与新潮，你稍作观察就可以看出一个集团的衣着形式。

2．衣着须与你的地位相符

保险公司的秘书是不穿牛仔的。如果你坚持要穿牛仔，就同你的地位不符了。你今后工作的目标是什么？观察一下那些人现在的穿着标准，你是否喜欢那种风格的衣服。如果那不是你的风格，你必须改变自己的衣着。杂志是衣着信息的一个来源。广告能和文章一样有指导性。女士杂志主要为职业女性而办，还有其他商业、新闻等刊物，男士与女士都可阅读。像"一周新闻"、"商业世界"等都一定程度上代表了一些权威人物的模式。

我们也必须提醒：有的杂志为了迎合一些人的口味，还要登一些穿着显得很有权势的老板和一位显得十分性感与漂亮的女秘书的图片。秘书必须要摒弃那些粗俗、性感的形象。像长而艳的指甲、浓重的香水味以及浓眼影等，几乎不适合任何行业包括化妆品业的秘书。不要穿着4英寸的高跟鞋在走廊里摇摇晃晃地走来走去。你能够尊敬一个连走路都不稳的人吗？这种形象不利于工作。

3. 每天都穿戴得当

对于正式的职业会见，穿着很重要，它说明了你对自己的认识。而精心的修饰、得体的穿着不仅只是为了会见。我们每天都得穿戴得体。当你穿着牛仔或运动衣去上班，可以想象：你是在把一个老板的形象变为一个顾客。

手势

前面我们已经说明了握手的重要性，而手势也可以增强你的职业形象。在正式演说或日常生活中运用手势来强调某一点都有一定的作用。而好多手势是一些行为方面的特殊习惯。比如，你是否常玩你的头发？卷它？经常整理它？或抖动自己的头发？或把头发经常撩到你的眼睛以下，你是否经常玩戒指、手镯或其它手饰、并扭它们或把它们移上移下？你是否喜欢抓耳摸腮？烦躁不安还是翘起二郎腿？把自己口袋里的东西弄得叮当响？咬嘴唇？还是喜欢做一些粗野的动作？手势是用来说明一定的意义的，如果你不这样，那么就及早改掉这些习惯吧！

（摘译自乔迪·勃莉莫罗、迈拉·雷宝著《不仅仅是秘书—利用本职工作不断进取》，美国纽约惠利新闻出版社出版。原载《秘书界》1994年第2期）

浅谈秘书工作方法的基本特性

李 祖 文

马克思主义认为，任何事物都有其自身的基本特性。秘书工作方法具有条件性、目的性、动态性、时效性、综合性和实践性。了解和掌握这些特性，对于我们搞好秘书工作，具有十分重要的理论意义和实践意义。

一、秘书工作方法的条件性

条件是一个具有广泛意义的哲学范畴。简单地说，同一个事物相联系的、对它的存在和发展发生作用的因素就是这个事物的条件。秘书工作方法的产生和使用与一定条件有关，它直接受到秘书、领导、群众、物质条件和环境等因素的制约。一般地说，秘书的知识越广博越丰富、知识结构越合理，思想就越敏捷，就越容易及时地根据客观需要采取恰当的秘书工作方法。秘书的意志、兴趣、情感等心理特性，对秘书能否采取某种秘书工作方法也有一定的影响作用。因此，我们在加强秘书队伍建设中，就不能不注意秘书文化素质和心理素质的培养。

秘书工作方法受到领导条件的制约。领导的水平较高，秘书工作水平才能较高。因为，秘书工作要达到目的，必须经过领导。如果这个中间环节受阻不通，秘书工作就不能产生社会效益，其工作方法也就等于没有得到社会的承认。所以，领导水平高，既为秘书工作方法提出了更高的要求，又为秘书工作方法的实施提供了有利条件。

秘书工作方法受群众条件的制约。秘书工作方法的产生，从实质上来说，来源于群众。而它的最终目的又是及时掌握和反映群众的意志和意见，为领导决策和组织群众实现决策目标服务，所以，提高群众素质与秘书工作方法有着密切联系。群众素质的提高，必然带来秘书工作方法更趋向科学化。从这个意义上来说，脱离群众的秘书工作方法是行不通的。不仅如此，它还在领导与群众之间筑起了一堵墙壁。

秘书工作方法受到社会生产力的制约。在一定社会发展阶段中，秘书工作方法不能不与一定的生产力相联系，并受到社会生产力的制约。今天，计算机技术导致的办公室自动化，在古代社会是很难想象的。科学技术现代化，必然带来秘书工作方法现代化、科学化。另外，在有阶级存在的社会中，不能排除秘书工作带有一定阶级的色彩。一个阶级的秘书工作方法，有时就根本不能为另一个阶级所使用。例如，我们的不唯上、不唯书、走群众路线的方法，资产阶级怎么样也办不到。

综前所述，当某种秘书工作方法赖以存在的条件不具备时，这种方法就不能再使用，即使用了，也不能发挥其效能。秘书工作方法的条件性要求秘书不得超越客观条件随意采用某种工作方法。然而，秘书却又可以凭借他所处的社会舞台，充分发挥自己的主观能动性，导演出许多威武雄壮的活剧来。

马克思主义告诉我们，认识事物，要认识事物的条件；改造事物，也是改变事物存在的条件。我们认识秘书工作方法的条件性，就是为了更好地改变我们过去那种陈旧的秘书工作方法，创造现代化的科学的秘书工作方法的条件，推动秘书工作方法的发展更新。

二、秘书工作方法的目的性

秘书工作是有目的的活动，其工作方法要为一定的目的服务，这就是秘书工作方法的目的性。秘书必须根据工作目的来选择工作方法，这是采用工作方法的前提。在实践中，一般来说，"方法并联"的作用比之"孤独方法"的作用要大一些，工作效率高一些。也就是说，"方法并联"既可以相互弥补、共同效力、延长方法应用周期，又可以扩大方法功能，不致使通过交叉互补还能用的方法"一法一次用"和具有多功能的方法"一法一功能"。

目的性与条件性是互为作用，互相制约的。实践中，有时秘书工作方法会出现与人们期望的目标完全相反的副作用，导致完全相反的目的。之所以会出现这种情况，其原因就是没有顾及方法的条件性。由此可知，方法的使用是有条件的，这一点必须十分注意，这是方法达到目的的前提。

三、秘书工作方法的动态性

世界是运动的物质或物质的运动，而物质的运动又只有在时间和空间的条件下才能进行。由于领导系统，领导方法的不断发展变化，必然要求秘书及工作方法"随时而变，因俗而动"，不断适应新时空条件下的领导系统和领导方法。在领导系统和领导方法发展过程的不同阶段，应采用不同的秘书工作方法。就是在发展过程中的同一阶段，由于领导方法的改变，秘书工作方法也要有相应的变化。如果领导方法是大生产式的而秘书工作方法却是小生产或手工业式的，秘书不但不能当好领导的"参谋"，相反还会干扰领导方法的正确实行。如果把秘书工作方法与领导方法视为互为条件、互相作用，显然，由于没有正确的秘书工作方法也就很难形成正确的领导方法。这就是秘书工作方法的动态性。

秘书工作方法的动态性使秘书工作协调和谐，缺乏这种动态性的秘书工作方法，将会使秘书工作因循守旧、生硬僵化。当然，我们在这里也并不排斥它某些方面、某些环节的稳定性。但是，秘书工作方法的动态性是绝对的，稳定性则是相对的。既然如此，秘书就要正确把握住运动的绝对性与静止的相对性的关系。

秘书工作方法的动态性的基本特性，决定了它处在不断发展变化中，永远不会停止在一个水平上。按照马克思主义的哲学观点，事物发展的特征就是新事物代替旧事物，因此，秘书工作方法要不断创新，这是秘书工作发展的客观必然性所规定的。那么，这种创新表现在什么上呢？首先要有时代的特色。在农业社会里，秘书工作方法属于"经验型"；在工业社会里，秘书工作方法前进了一大步，属于"知识型"；在信息社会里，它将属于"智能型"。如果在信息社会里，秘书还用农业社会的"经验型"的方法来开展工作，决不可能收到好效果。创新就要求秘书工作方法要充分利用当代科学技术的新成果、新技术。完全可以断言，离开科学技术发展的基础，秘书工作方法就进步不了。这一点也就向秘书提出了新的要求，要求秘书要有广博的文化科学知识，并要随时掌握当代科学技术发展的新动向新趋势。同时，要具备创造能力。

四、秘书工作方法的时效性

所谓时效性，就是指秘书工作方法的产生、发展和人们对它的熟悉、运用，需要一定的时间，要有一个过程。这个过程我们可以用领导方法系统论理论来描述。一种秘书工作方法的初期阶段（发生阶段），由于方法本身的不完善和人们的习惯势力等原因，其效应很不明显；中期阶段（发展阶段），由于方法臻于成熟，其效应大大增长，并随着时间在一定界限内的延续而基本不变；后期阶段（衰老阶段），由于时空条件的变化，这一方法赖以存在的条件逐渐消失，其效应就会随着时间的延续则降低，开始衰老。但必须指出，效应的衰老一般并不等于方法本身的衰老，只要方法要求的条件仍然具备，它就还会存在，并发挥效应。秘书懂得这一点，可以在分析秘书工作条件及环境的实际后，采用某些过去"失效"的方法。当然，这不是秘书工作方法上的倒退，而是过去"失效"的方法在新的时空条件下的复活。如果说得确切一点，可称之为秘书工作方法的继承性的一种体现。在实际工作中，有的秘书工作者往往忘记秘书工作方法系统的发展是一个过程，不懂得秘书工作方法的时效性，还没有等到一种秘书工作方法真正发生作用，就急于换用另一种方法，反之，就是对秘书工作方法有一劳永逸的思想。这种现象的出现是有深刻的思想根源的，从哲学上来分析，就是没有处理好运动的绝对性与相对性的关系。作为一个成熟的秘书工作者，应该懂得和把握秘书工作方法的时效性，要十分清楚一种方法的初期阶段，其效应还不明显时，既不要急躁冒进，也不要缩手缩脚，相反，要充满信心，慎重工作，坚韧不拔，努力实践，日臻完善；尤其是在这种方法产生一种暂时的负效应时，要想办法搞好两个沟通，一是条件沟通，二是方法沟通，积极采取弥补措施。在发展阶段，要保持清醒的头脑，切记忘乎所以，防止漏洞。在后期阶段，要充分利用这种方法效应的生命周期，并积极探索新方法，一旦时机成熟，毫不犹豫地采用新方法，避免因为效应衰老而阻碍秘书工作。

五、秘书工作方法的综合性

不论自然界或人类社会，首先呈现在人们眼前的，就是一幅由事物的普遍联系而交织起来的画面。马克思主义认为，事物之间以及事物内部各要素之间是互相制约、相互作用的，而且这种联系是普遍的，各种事物无不处在普遍联系、交互作用之中，孤立的事物是不存在的，也是不可能存在的。因此，任何一级的秘书工作方法，即使是从单向（纵向）来看，也不是单层次、单线性的方法，而是由若干层次组成的方法系统。从横向来看，它具有与其他工作方法互相联系、交叉、汇流的特性。纵与横交错起来（当然，这种交错不是指简单的线性叠加），便形成了方法的综合性。在实践中，采取多种方法比单靠一种方法去达到工作目标效应更佳。有的工作目标，只靠一种方法去实现是很困难的，甚至是不可能的，这时，我们就要靠"海、陆、空"的立体战。这一点，叫方法运用的综合性。秘书工作者在实践中要经常采用多种方法组成的方法链去处理工作问题。这样，我们还可以在这种联系中去识别方法的优劣，比较方法的科学性和解决问题的效应率。

六、秘书工作方法的实践性

秘书工作的方法来源于实践，并通过实践发挥效能，同时，只有通过实践才能检验其正确与否和优劣。那么，秘书工作的实践性表现在哪里呢？表现在这种方法的可行性和有效性。可行性又取决于有效性。所谓有效性，就是这一方法对期望的目标具有正效应，对不期望的目标具有负效应。没有上述效应的方法，它就是不可行的。

秘书工作方法的实践性，还有如下几个方面的作用：一是不断地提出方法的新课题，推动着方法向前发展。秘书工作方法的新课题，归根到底是由实践提出来的。二是提供方法发展的可能性及其实现的必要条件。首先，实践提供了解决方法课题的经验材料；其次，实践还为科学方法提供了科学技术；三是改造了人的世界观，锻炼和提高了人的认识能力。总之，秘书工作方法离开了实践，就不能发展，就不能提高。故此，秘书一定要坚持马克思主义关于实践第一的观点，到实践中去总结、探索，创造新的秘书工作方法，为丰富发展我国秘书学贡献力量。

（原载《秘书界》1986 年第 5 期）

调查研究应遵循的一些原则

林 华 景

调查研究是马克思主义认识社会、认识事物的最基本方法，是各级领导机关制定政策、做好领导工作的重要前提，也是秘书部门发挥参谋助手作用的基础环节。秘书部门和秘书人员要做好调查研究工作，必须对调查研究有科学认识，并坚持正确的原则。

"调查"与"研究"两者是紧密相连的，是一个统一体的两个方面。调查是研究的前提，研究又是调查的发展和深化，两者是辩证的，既互相联系，又互相渗透。调查中有研究，研究中有调查。在调查过程中，都会伴随着初步的分析和研究，这样才能做到有"的"放矢，才能抓住所要了解的问题的重点，把握住事物矛盾的主要方面，使调查达到一定的深度。而在分析研究时，又可能还要再进行必要的、更深入的补充调查，以充实必要的材料，进一步弄清问题的原由。领导机关往往需要通过调查研究，提出理论和政策，用来指导实践，又在实践中进一步检验这些理论和政策是否正确。通过实践、认识、再实践、再认识，循环往复的过程，使制定的政策更趋于正确和完善。这实际上也是一个不断调查研究的过程。因此，调查必须深入、细致，研究必须全面、充分和透彻。为此，就要求我们认真遵循以下主要的原则。

一、要有目的有准备

有人说秘书部门的调查研究要做到"有目的"，那是肯定的，但要做到"有准备"，就不容易，因为秘书人员进行调查研究，大多是领导交办的，叫你什么时候出发就得什么时候出发。这话虽有一定道理，反映了秘书工作的从属性、被动性的特点，但是并不是所有的、全部的调查研究都是这样，我们可以在被动中求得主动。在这里所说的"有目的有准备"，是指对于要调查的问题要有所认识，特别是对要解决的主要问题要找准，在出发之前要做好准备工作。这里主要包括几个方面：（1）如果是自选的题目，就要把有关的背景材料做一定分析，根据分析找出要解决的主要问题；如果是领导交办的题目，则要了解和领会领导的意图，从中找准要调查解决的主要问题，并据此收集有关背景材料。当然，领会领导意图，不是"迎合领导"，不是"先入为主"，要把两者区别开来。（2）确定调查范围和调查对象。（3）拟定调查提纲。（4）组织好调查研究班子，根据调查需要作适当分工。（5）对调查中可能遇到的困难和问题要有一定的估计，并做好相应的准备工作。

二、要深入细致，做到全面、系统、周密

秘书人员一定要以高度负责的精神对待各项调查。要深入现场、深入群众，认真听取各方面的意见，仔细收集、掌握有关材料。发现线索，应抓住不放，深入了解；对那些疑点难点，更要深入了解清楚。为此，一定要发扬艰苦深入、认真细致的作风。切不可走马观花，粗枝大叶，满足于一鳞半爪的材料，满足于对问题的一知半解。秘书人员在调查过程中，应多听、多问、多看，听取和掌握来自上下、左右和正反方面的意见。只有深入细致，作全面、系统、周密的调查，才能获取完整、正确、具体的材料；只有获得全面正确的材料，才能可能从中得出正确的结论。

三、要坚持实事求是的态度

秘书人员在调查过程中，对要调查了解的问题不可"先入为主"，不能以原先得到的印象和已听到的反映为主，然后去找符合这些想法的论据。更不能夸大或缩小甚至弄虚作假。因为种种

原因，有时在调查过程中可能会遇到各种各样的干扰。作为调查人员，必须敢于坚持真理，坚持实事求是。

四、要掌握辩证方法，反对形而上学

唯物辩证法要求我们，在看待事物的时候，不但要看到事物的部分，而且要看到全体；不但要看到事物的正面，也要看到反面；不但要看到事物本身，还要看到该事物与他事物的联系。要善于用马克思主义哲学的矛盾观、联系观、发展观、系统观来分析事物，透过现象看本质。要抓住事物的主要矛盾。切不可道听途说就信以为真，切不可只见树木不见森林，片面、孤立地看待问题。既要注意事物的量变，又要注意它的质变。

五、要谦虚谨慎，有甘当小学生的精神

秘书人员从事调查研究的过程，就是向实际学习、向群众学习的过程。因此，必须保持谦虚谨慎，有甘当小学生的精神，虚心向群众请教。毛主席说过：调查研究工作"没有满腔的热忱，没有眼睛向下的决心，没有求知的渴望，没有放下臭架子、甘当小学生的精神，是一定不能做，也一定做不好的"。特别是在今天改革开放的新形势下，新情况、新问题、新经验不断涌现，新鲜事物层出不穷，秘书人员更应注意向实际学习，向群众学习。在调查过程中，以甘当小学生的精神，抱着向调查对象共同探讨问题的态度，谦虚谨慎，虚心请教，尊重他人，善于听取各方面的意见。这样人家才会向你反映真实情况，他们的各种见解才能畅所欲言，才能达到调查的目的。

（原载《秘书工作》1992 年第 2 期）

以调查为基础　在研究上下功夫

孙晓玲　李　红

马克思主义认为，实践是第一性的，认识是第二性的；实践是认识的基础和来源，认识是从实践的发展中产生，并随着实践的发展而发展，要反转过来又为实践服务，并在实践中得到检验和证明。人类的认识过程，是从感性认识能动地飞跃到理性认识，又从理性认识能动地飞跃到实践的辩证过程。调查研究正是这样一个过程，即通过调查获得丰富的第一手材料，将这些材料经过分析研究，形成某种观点、思想、理论，并在这种观点、思想、理论的指导下，形成方针、政策、计划等，再用以指导工作，并在工作实践中检验其是否正确。

调查与研究是一个有机整体，是认识事物的两个既紧密相联又有本质区别的不同阶段。调查的任务在于掌握情况，占有资料；而研究的任务则在于对大量的感性材料进行综合分析，从中引出正确的结论，实现从感性认识到理性认识的飞跃。调查与研究，调查是基础，研究是升华。调查研究必须以调查为基础，在研究上下功夫。

首先，在研究上下功夫，才能使感性认识上升为理性认识。调查是调查研究的重要阶段，是搞好研究的基础。但是，调查只是认识事物的现象，研究才能认识事物的本质。研究是调查的升华，是调查研究过程中极其重要的部分。在调查过程中，所了解到的情况，只是事物的现象，事物的各个侧面和事物的外部联系，只占有了资料，为研究工作准备了必要的条件。只有运用马克思主义的立场、观点、方法，党的路线、方针、政策，通过对复杂的情况，纷繁的现象，进行深入的、由此及彼、由表及里、去粗取精、去伪存真的加以提炼，科学的分析研究，才能从这些现象中找出来根本性、规律性的东西，了解事物的本质、事物的全体、事物的内部联系，使认识由感性阶段上升到理性阶段。

其次，在研究上下功夫，才能达到指导工作、解决问题的目的。如果只调查不研究，或者研究不够深入，就会使问题停留在从表面现象来、到表面现象去的水平上。给领导提供一些片面的、零碎的材料，这样的调查研究是没有什么价值的。因此，我们在摸清情况后，必须在研究上下点功夫，要把所调查到的这些情况放到中观、宏观环境中考察，从政治、经济、社会发展的全局上去观察和研究，综合分析各方面因素，统筹考虑各种利弊因素，发现事物的内在联系和发展趋势，弄清问题的性质、范围、程度，以及其价值或影响，找出问题产生的原因，提出由个别到一般，从局部看全局的解决问题的思路、途径以及政策、措施和办法。

第三，在研究上下功夫，才能提高调查研究的质量和水平。调查了解情况和分析研究问题，是调查研究的两个重要环节。但是相对而言，研究是难度更大、更能体现研究人员水平的一个环节。一些调研成果之所以质量不高，就是因为不善于从理论上加以概括，只是满足于对一般情况的了解，表面现象的描绘，素材的堆积，或者只提一些人所共知的一般道理，这样的调研成果没有什么实际意义。因此，提高调研水平，必须提高理论水平，提高理论概括能力，把实际调查与理论研究、政策研究结合起来，使现实问题的研究上升到理论的高度，在理论与实际相结合上下功夫。

怎样在理论与实际相结合的研究上下功夫呢？我们的体会主要是以下几个方面：

一、必须明确研究方向

作为地方党委政研部门来讲，调查研究的内容和范围都非常广泛。从内容上讲，既有物质文明方面的，又有精神文明方面的；既有经济工作的，又有政治工作的；既有体制改革的，又有对外开放的。从范围上讲，有涉及某一个单位、某一个系统和某一个行业的，也有涉及一个城市、一个地区，乃至全国共性问题的。从课题性质上讲，有成功经验的，也有失败教训的。从时间跨度上讲，有当前的、近期的，也有长远的超前性的。这么大的范围，涉及工业、农业、商业、交通、城建、外经贸、财政、金融、科技、教育、文化、政治、党建及思想政治工作等各个领域，从何入手呢？我们的体会是，一方面要紧密围绕党的中心工作，站在领导的角度和决策的高度，进行研究；另一方面又要抓住现实生活中迫切需要解决的重大问题，抓住广大群众关心的"热点"、"难点"问题，主动出击，创造性地开展工作。当然，我们指的研究，不仅仅指调查后的研究，还包括大量经常性的研究。

二、必须有扎实的理论政策功底

政策是理论的体现，每一项政策的制定都需要有理论的指导和理论的根据，一个理论素养不高的人是很难搞好政策研究的。正如恩格斯所说："无论对一切理论思维多么轻视，可是没有理论思维，就连两件自然的事实也联系不起来，或者连二者之间所存在的联系都无法了解。"（《马克思恩格斯选集》第三卷，第482页）辩证唯物主义为我们提供了进行调查研究的立场、观点和方法，在辩证唯物主义原理的指导下研究新的实际问题，就不致于迷失方向，就有可能得出正确的结论。因此，搞好政策研究，必须认真学习马克思主义基本理论，特别是马克思主义哲学，学会运用马克思主义的基本立场、观点和方法，观察问题，认识问题，实事求是地提出解决问题的政策、意见和措施。政策是一个纵向系统，省、市、县等各级地方党委，是处在中央的宏观层次与基层微观层次之间的中观层次，是把中央路线、方针、政策落实到基层的中介。这就要求地方党委调研部门的同志认真学习和领会党的路线、方针、政策，掌握党和国家颁布的有关法令和指示，及时了解上级党组织和政府的工作部署，主动加强和经常保持同本级党委领导的联系，随时把握党委的工作脉搏和工作意图。

政策研究是一项综合性工作，需要掌握丰富的知识，不仅要懂得马克思主义的基本理论知识，而且要懂得经济、科技、教育、文化、法律等多方面的知识；不仅要了解掌握本专业所需要的知识，而且要有基础方面的知识。只有具有丰富的知识，而且博中有专，工作起来才能得心应手，才能在政策研究中发挥主动性和创造性。

三、必须将调查与研究有机结合起来

调查与研究是调研活动中既有区别，又相互联系的两个有机组成部分。一般讲，在调查研究过程中，前一段着重在调查，弄清情况，后一段着重对所了解的情况进行分析研究；但这绝不是说可以把调查与研究截然分开，调查与研究是紧密结合在一起的，调查中有研究，研究中有调查。许多观点常常就是在调查过程中边调查，边酝酿，逐步形成的。因此，我们在调查研究过程中，一定要注意边调查，边研究。在调查中就要不断研究归纳，整理思路，并从中得到启发，明确进一步深入调查的方向和目标；在分析研究中，也要对一些问题不断进行补充调查，挖掘更深、更接近主题的材料。这样调查来的材料，可用比例较大，研究的问题也更符合客观实际。

四、必须学会在已有研究成果的基础上前进一步的本领

调查研究从本质上讲是发现矛盾，解决矛盾的工作。要发现矛盾，必须深入基层，深入实际，深入群众进行周密的调查；要发现矛盾，除了要对所调查了解的情况进行认真分析研究外，还应对已有研究成果进行研究，也就是说深入下去取得第一手资料

是调查研究，对现有资料进行分析综合也是调查研究。我们都知道，马克思在《资本论》写作的准备过程中，就研究过 1500 多种书籍和档案文件，从浩如烟海的文献资料中摘录了大量的资料，写了数十本笔记。我们调研工作者都应重视这方面的工作。要学习研究有关文件，了解中央、地方的方针、政策。若是在中央或地方的政策上已经解决了的问题，就没有必要再去研究。要了解与课题有关的情况、收集有关的信息、资料，了解理论界和实际部门，对所要调查的问题有哪些研究成果，已达到的水平，以及可借鉴的观点和内容。作为调研人员，如果不了解社会上已有的研究成果，不注意吸收他人有益的东西，而对每一个问题都总是从零开始研究，就只能是一种低水平的重复研究。我们不应搞这种无效的重复劳动，要学会"站"在别人的肩膀上前进，学会在已有研究成果 的基础上前进一步的本领，善于博采众长，对各种观点、各种意见、各种方案进行综合比较，择其善者而用之，使我们的研究在高度、深度上都超过前人、超过自己的过去。

（原载《秘书之友》1992 年第 4 期）

试论秘书的参谋艺术

刘 永 忠

秘书的参谋艺术，是指秘书人员在领导决策中，灵活地运用各种手段、技巧和方法达到辅助领导决策的目的的一种综合能力。一个合格而称职的秘书，不但需要有强烈的参谋意识，还应掌握高明的参谋艺术，否则，在实际工作中，就可能造成事与愿违的不良后果。

一、秘书参谋艺术的特点

（一）随机性。秘书依据不同的时间、地点、条件，机动灵活、果敢地处理事物的能力，这是衡量秘书参谋艺术水平的一个重要标志。人类的社会生活是丰富多彩、千变万化的，现代社会更具有复杂性、随机性、多变性的特点，新情况新问题随时会偶然出现。特别是非常规决策，由于它是以前没有出现过的非例行性决策，因此尤其难以预料和把握。这就要求秘书在为领导制定和执行决策服务时，灵活运用已有的知识，具体分析复杂多变的社会现象，随机应变，恰当地处置面临的各种问题。

（二）创造性。秘书要搞好参谋工作，促成领导决策的科学化，除了做常规工作外，还要运用自己的聪明才智，创造性地为领导决策服务，而不是一味地因循守旧、墨守成规。秘书的参谋活动不是用数量化可以完全表述的一种活动。参谋艺术的活力和灵魂在于创新。今天人们的认识水平和思维水平已经上升到一个新的高度，社会的变革、科学技术和生产力的飞跃发展，使得人们不得不面向未来，思考未来的发展。秘书是为领导服务的，当领导面对纷纭复杂的社会活动作出决策时，秘书作为辅助决策者，应当运用创造性思维，迸发出预见未来的智慧之光，帮助领导的决策趋于正确和完善。

（三）适度性。秘书在协助领导决策中，既要积极主动，做到不失职，又要适可而止，做到不"越权"，这就牵涉到适度的问题。古人云："持之有度，过犹不及。"在参谋活动的整个过程中，掌握分寸，深浅适度，这是秘书参谋艺术的重要特性。

（四）多变性。秘书参谋艺术是一项生动活泼、丰富多彩的处世技能，它源于秘书人员个人的知识、阅历和经验。因此，秘书的参谋艺术都具有个性特色。不仅不同层次、不同行业的秘书人员，由于彼此的出身经历、文化素质、实践经验、生活习性等方面的差异，他们每个人的参谋艺术，都带有极明显的多变特征，表现出迥然不同的风格和技巧。就是同一个人，由于时间、地点、条件的变化，其参谋的方式方法也有所改变。既然秘书协助领导决策的艺术并非是一成不变和有模式可套的，而是有多种途径可寻和多种方式可用，因此只要运用得法，即使是各种不同的参谋艺术，也会产生异曲同工之妙。

二、掌握参谋艺术的条件

秘书的参谋艺术、是秘书知识、心理和修养等智能和非智能结构的综合运用和发挥。秘书要辅助领导做好决策，在参谋艺术上应做到以下四个方面：

（一）良好的参谋语言。语言是表达人的思想感情的重要媒介，要想取得参谋的成功，语言艺术非常重要。具体讲，良好的参谋语言应包括四个方面的内容：一是要有真诚感。在领导决策的前后过程中，秘书的参谋服务要能为领导者乐于接受，就务必得到领导的信任，否则参谋工作将难以进行。这就要求秘书人员，在领导面前始终抱着真诚的态度，使领导感到秘书是真心实意地为自己出谋献策，达到辅助决策的目的。二是要有分寸感。当参谋不要信口开河，不加节制，尤其不可自认为肚里有"货"，自以为是，目空一切，这是参谋之大忌。因为没有分寸地乱加参谋，领导容易产生逆反心理和厌烦情绪，甚至会认为秘书狂妄而不予理睬。当然，一味地瞻前顾后也是不可取的。这要求秘书人员在履行自己职责的同时，随时把握参谋效果，用词要恰当，意见要中肯，重点要抓住，参谋建议仅供领导参考，不可强加于人，并注意领导的言行举止、表情态度的变化，见好就收。三是可靠感。这是指秘书的分析意见、措施建议、数据材料等使领导感到正确可靠，而不是不着边际、信口雌黄。要做到这一点，秘书必须搞好调查研究，掌握第一手材料，既有感性认识，又有理性认识，对有关数据、材料要多方考证、核实，不搞大概和估计，同时，还要注重从宏观的角度去分析微观的情况，用长远的眼光去分析现实问题，用历史的观点看待当前的倾向，这样，秘书人员才能向领导提出切实中肯的措施和建议，领导也会产生对秘书的可靠感。四是委婉感。秘书的参谋语言要因人而异，因为领导人的脾性、特点和领导方法各不相同，对有的领导人，秘书进言可以坦率些，而对另外一种领导人，则要特别委婉，不宜直言强谏。与此同时，秘书还要善于恰当地使用模糊语言，当不同领导人之间为某一问题决策发生分歧时，秘书对不同领导的提问有时可使用模糊语言回答，不随便当"裁判员"，针对分歧的焦点，巧妙地从中协调，使矛盾趋于缓和和解决，促成领导作出正确决策。

（二）正常的参谋心理。秘书在为领导决策服务时，其参谋心理要始终保持正常。

1．不介入个人情感。秘书是领导的参谋助手，领导对秘书的建议，一般都会慎重考虑甚至予以采纳。如果秘书在参谋过程中，将自己的喜怒哀乐等个人情感掺与进去，就有可能影响领导决策走入误区。这就要求秘书能够很好地控制自己的情绪，规范自己的言行，将个人情感排除于参谋工作之外。

2．不掺进不纯动机。如果某一项决策与秘书的切身利益休戚相关时，品质不良的秘书便会将自己的不纯动机掺和进去，使决策朝着有利于自己利益的方向运动，这是秘书参谋的不良行为。一个合格的秘书，在这样的关键时刻，应以大局为重，置个人的得失于不顾，这样，才能有利于国家和人民的利益。

3．不超越自己的"角色位置"。正确认识自己的社会地位，明确自己的行动目标，做到出力而不"越轨"，这是秘书参谋的重要艺术。领导和秘书，一个居主导地位，一个起辅助作用，双方均有各自的行为坐标，不能换置。秘书在参谋时，不能喧宾夺主和越俎代庖，决策权属领导者，秘书不要擅作聪明地胡乱作主和表态，否则，将给工作带来极不利的后果。

4．对不同领导成员一视同仁地做好服务，不可凭个人好恶，擅分亲疏。这就要求秘书人员对不同的领导人，在工作上要一样支持，在组织上要一样服从，在态度上要一样对待。根据工作需要，秘书对主要领导和主管领导可以重点服务，但不可只是一头热，不可对副职、对非主管领导表现冷淡。

（三）得体的参谋态势。人类的信息，一部分是用语言来表达，一部分是用表情来表达的。非语言行为能够强化语言的效果，并能表达语言难以表达的思想感情。可以想象，参谋的良好态势对参谋效果有很大的影响。在参谋态势方面，秘书人员应做到以下几个方面：

一是谦虚的态度。秘书在参谋过程中，应该始终抱着虚心求教的态度，自己的意见要通过谦虚的态度表达出来，提供领导参考。若盛气凌人，锋芒毕露，会使领导难以接受，于事无补。

二是丰富的表情。秘书在参谋过程中的一举一动，都反映着一种思想感情。比如身体前倾，表示谦虚友好；微微欠身，表示恭顺有礼；身体后仰，表示傲慢；侧转身子，表示厌恶；背朝人面，表示不愿理睬；拂袖而去，表示拒绝交谈。因此，秘书的每个身姿、眼神和表情都直接影响参谋效果。当领导向秘书传授决策方案时，秘书就要仔细倾听，并作好笔记，如果漫不经心、心不在焉，就会使领导产生反感。

三是饱满的精神。秘书应时刻保持精神焕发，神采奕奕的风貌，使领导感到身心愉快，精神振奋，也就易于接受秘书的意见；倘若秘书精神萎靡不振，情绪消沉，就会使领导产生不愉心理和压抑感，不愿倾听其意见。

四是周到的礼节。讲究礼节，体现秘书对领导者应有的尊重。尤其是对作风严谨，不苟言笑的领导人，更应注重礼节的周全。不管是请示、报告，还是建议和要求，都应遵循一定的行为方式和常规程序进行表达，否则，参谋行为就会受到一定制约和影响。

（四）选择适宜的参谋时机。一般来说，领导事情多、工作忙的时候，秘书人员最好不要去打扰他们，因为他们的兴奋点和注意点大部分集中在其它事情上面，对议事日程以外的事情一般不予考虑。其次要注意场合。秘书给领导者提建议，特别是提出不同意见的时候，要注意对在场人员的影响，十分尊重领导者的自尊心，维护领导者在人们心目中的良好形象，三是要观察情绪。当领导心绪不佳或身体不适时，秘书最好不要去打扰，等到比较合适的情况时再说。

三、参谋的思维方式

秘书辅助决策的活动是一种复杂的思维活动。一项决策在确立目标、拟定方案、优选方案、追踪决策等阶段中，秘书要自始自终地参加服务。要使参谋有效，秘书就必须有良好的思维模式和方法。

（一）系统性思维。秘书在参谋过程中要善于运用系统思维，从客观上、整体上，全面地看待、认识问题和解决问题，把所处理的任何一个具体的、局部的、个别的问题，都当作整体的一部分，系统的一部分，从全局的利益上来思考。这样，才能把握问题的实质，了解问题的全貌，有的放矢地搞好参谋工作。

（二）定量性思维。秘书在参谋中使用定量思维，可以为领导提供准确的数据，使决策正确。同时，运用定量思维方法，可以使秘书对决策的运行情况有着较为准确的微观把握，做到心中有数，有利于决策的正确实施。

（三）敏捷性思维。这主要表现在发现问题和解决问题的迅速稳妥、当机立断上。秘书在参谋中，必须要有敏捷的思维，这样才能迅速地感知事物，及时发现决策中的问题，以避免决策偏离正确轨道。

（四）重点性思维。秘书参谋的思维，必须符合事物发展的客观规律，要在"平衡"中寻找新的支点和动力源，在"完整"中测定各种结构的重心，在"同步"中掌握轻重缓急，在全局中突破一点，作到纲举目张。这种"执牛耳术"就是秘书参谋的重点思维艺术。

（五）辐射性思维。这是指秘书人员在参谋过程中，能以各种不同的思维模式对决策中的问题提出不同的解决方法。秘书要具备辐射性思维，必须做到：一是要有专一的目的，专注的情绪；二是要有积极的而非消极的求异心理，多方位地观察与思考；三是要有奇妙的想象和活跃的灵感。

（原载《当代秘书》1994 年第 6 期）

怎样向首长提建议

刘　春　国

向首长提好建议，真正当好首长的参谋和助手，必须注意掌握提建议的艺术。

一、要注意把握建议的特性

有的秘书人员的建议之所以不被首长采纳，很重要的一个原因就是建议的质量不高。因此，秘书人员必须在提高建议质量上下功夫，具体应注意把握和解决建议的"七个特性"：

（一）超前性。建议贵在有先见之明。这就需要秘书进行科学预见，在新事物刚萌芽、新思想刚形成时，就要发现它、抓住它；在问题刚出现、倾向刚露头时，就要预见它的发展趋势和结果；在工作刚开展、行动刚开始时，就要看清下一步应该采取的对策，提出下一步的对策性建议。

（二）深刻性。一个高质量的建议必须是说理透彻，见解深刻，能揭示事物的本质和规律。这就需要秘书人员在感性材料的基础上，经过去粗取精、去伪存真、深思熟虑、综合分析，概括出具有深刻性的建议来。特别是对首长最关注、最敏感、最集中精力抓的问题，想首长之所想，及时提出富有真知灼见的建议。

（三）长远性。就是建议要具有很强的生命力。这就需要秘书人员高瞻远瞩，富有远见。一是要紧紧追踪世界发达国家军队的新动向、新形势，广收信息，博采众长，为首长决策提供有价值的信息依据；二是要根据未来战争的需要，特别是可能发生的局部战争和武装冲突，为首长决策提供一些带根本性和长远性的建议；三是要从部队建设的发展趋向和运动规律上思考问题，拿出长远之策。

（四）准确性。建议的准确与否，直接关系到首长决策的正误，关系到部队建设和作战指挥的成败。所以，要准确地反映事物的本质和内在规律，准确地体现首长的意图，准确地体现党中央、中央军委和总部的指示精神。建议中应力避"也许"、"可能"、"或许"、"似乎"、"好像"、"差不多"、"大概"之类的言词，要准确无误，简明肯切，不含糊其词和模棱两可。

（五）针对性。一条好的建议应有现实指导意义，能解决现实中的一些重点和难点问题。这样，建议的针对性才强，才能被首长采纳。

（六）创造性。敢于标新立异的建议，具有独到的见解。秘书人员提建议应该想别人没有想过的问题，涉足别人未曾涉足的领域，研究别人没有研究过的问题。

（七）可行性。有些建议之所以不能转化为实际效果，其中很重要的原因是缺乏可操作性，无法应用。所以，秘书人员提建议，应该把重点放在研究探讨一些具体、实在、管用的对策和办法上。特别是针对一些重大现实问题，在广泛调查研究的基础上，及时地向首长提出可供选择的具体实施措施和办法；在首长和部队遇到难以解决的棘手问题时，主动地提供突破难题的方案或意见。

二、要灵活采用建议的方式

一个好的建议，能否被首长采纳，不仅要看建议本身的价值如何，还要看用什么方式向首长提出。所以，秘书人员要灵活采用提建议的方式方法。

（一）口述式。这是秘书人员提建议最常见、运用最普遍的一种方式。通常在讨论问题、首长当面征询意见或询问有关事宜时采用。秘书人员口述建议时，要注意运用准确的词语和尽量标准的语音，以平和谦恭的语气，自如地把自己的建议表达出来。

（二）文字式。文字式是秘书人员提建议的基本表达形式。通常对一些说理性比较强的问题，或者需要给首长留出时间进行思考的问题，或者需要留有字据备查的问题等，采用此种建议方式。采用这种建议方式时，文字长短，应以说明问题为宜，力求言简意赅。

（三）动作式。通常在不便口述和文字表述的情况下采用。这种建议方式，一般是秘书人员与首长比较熟悉，相互之间可以不拘小节，通过动作能使首长"茅塞顿开"。比如：在首长进行图上作业时，秘书人员可以用铅笔一点的动作向首长提出建议；当首长答复某个单位或个人的请示时，秘书人员可以用点头或摇头的动作向首长提出建议。

（四）直表式。秘书人员直截了当地向首长表述自己建议的方法称为直表式。这种方式适用于时效性、操作性很强的建议事项。秘书人员建议时，要用肯定的语气，确切的言词，三言两语切中要害，挑明主题。

（五）暗喻式。暗喻式是通过比喻等手法暗示自己的观点，表明自己的建议。这种方式通常对那些较固执，难通融的首长和在不便于直表的场合下采用。这就需要秘书人员注意了解和掌握首长的决策习惯和性格特点，善于从侧面使首长领会建议的正确用意。

（六）提醒式。就是秘书人员针对首长对某一问题的疑问和忽略，适时给首长以提醒，或者让其关注，或者让其明了。这种"敲边鼓"的做法，便于引起首长的兴趣和激发首长的灵感。当然，秘书人员提醒时不可啰嗦，更不可盛气凌人，要三言两语，点到为止。

（七）多案式。就是同时给首长提出有不同内容结构的多种建议以便首长选择。一般情况下，对那些认定性很强的建议事项，只提一个建议案即可。但对一些比较重要而又难以把握，特别是利弊条件相当的建议事项时，秘书人员应提两个以上的建议案供首长参考。在确立此类建议时，秘书人员要注意分析各种建议案的优劣程度，并敲定一个主导建议案，即基本案，其它可作为第二案、第三案等。在向首长建议时，要谈出自己的倾向性意见，以便首长拍板定案。

（八）资料式。是指在首长决策形成过程中，秘书人员经常地给首长提供各种咨询资料。这种资料，要紧紧围绕首长的决策内容，具有很强的针对性，做到有观点、有例证、有分析、有结论，切忌琐碎，不加选择地照搬、照抄、照送。

（九）修饰式。是指首长决策基本确定时，秘书人员围绕首长意图作修饰和补充性建议。这就需要秘书人员在不违背首长原意的基础上，创造性地添补、润色，意在使首长的决策更趋完善。

以上几种建议的方式，既有一定的层次性，也有一定的渗透性，秘书人员在运用时，可根据实际情况，或单独采用，或综合采用，以能使首长欣然接受为宜。

三、要恰当掌握建议的时机

有了好的建议和正确的建议方式，还要注意掌握好提建议的时机。一般说来，在以下几种时机便于向首长提出建议：

一是首长需要时。也就是首长在百思不得其解，或者急需拿出对策时，秘书人员应不失时机地向首长提出建议。若是首长不需要，或是时机未到时，就不要急于提出建议。二是首长征询时。有时首长主动征询秘书人员的意见，目的是为了印证自己的决策，或者是为了锻炼和提高秘书人员的谋划能力，此时秘书人员应大胆建议，表明自己的观点和态度。三是首长情绪良好时。当首长情绪特别好、兴致特别高时，往往对建议的采纳率就高，这时是秘书人员发表意见和建议的大好时机。这就需要秘书人员善于"察言观色，见机行事"。四是危急关头时。诸如接受紧急、危难任务后，秘书人员应根据担负任务的性质，快速地向首长提出如何执行等建议事项。特别在紧急关头，如：救火、堵截逃犯，秘书人员应根据实际情况和已有的经验，大胆向首长陈述应该采取的对策。五是任务转换时。每当部队任务变更，通常首长要进行决策，拿出措施和办法。此时，秘书人员要有高度的预见性和参与意识，向首长及时谈出自己的主张，保障首长适时采取新的方法和步骤。

为了便于掌握提出建议的良好时机，秘书人员要注意了解首长的特点。比如有的首长形成决策快速敏捷，有的首长决策的形成过程相对较长；有的首长性格急躁，有的首长则性格平稳等等。如果秘书人员不了解首长的决策习惯和性格特点，在首长精力高度集中时，冒昧地提出一些建议，尽管这些建议并不错，也难以被首长采纳，还可能干扰首长的工作。相反，如果秘书人员掌握了首长的习惯和特点，并据此准备好建议，适时向首长提出，就可能被采纳。

同时，还要与首长建立良好的关系，使首长对建议有信任感，以便在向首长进言时相对地可不顾及时机，这是保证建议被采纳的一个重要条件。历史上刘邦与张良、李世民与魏征、朱元璋与刘基等君臣之间的融洽关系，使这些谋士进言不分时机、"随时可谏"就是佐证。要取得首长的信任，对秘书人员来说，一是对自己的每条建议都要持慎重态度，尽可能地提高建议的质量；二是养成敢于坚持正确建议的品格，尤其是在关键时刻，对一些重大问题，当确信自己的建议正确、重要时，要敢于申述自己的建议，以避免首长决策失误；三是要实事求是，知之为知之，不知为不知。只有这样，建议才能被首长所重视，长此下去，首长对秘书人员的信任感就会建立起来，从而为以后随时向首长提出建议打下基础。

四、要恰当使用建议的次数

关于建议次数，多有"三次建议权"之说。实际上，秘书人员的建议次数，我军从未有过规定。至于"三次建议权"之说出自何处，已无从查考。可能是由民间"事不过三"的俗语引申而成，也可能源于东汉文学家王逸"三谏不从，退而待放"之语。但不管怎样，秘书人员提建议还是要讲究次数的。从以往的经验来看，秘书人员在使用建议次数时要注意把握以下三点：

（一）不能无意义地重复建议。通常，当秘书人员的建议未被首长采纳时，除由于对所提建议的认识进一步加深或情况发生变化，经过补充新的内容加以修正完善后，在必要时再次提出外，一般不要连续提出内容相同或相近的建议，进行无意义的重复。秘书人员的建议若未被首长采纳，就要认真进行反思，查找参不力、谋不深的原因，进一步加深对首长意图的理解，切不可自谓高明，反复申辩。同时也不要因为建议未被首长采纳而积怨气、发牢骚。这就需要秘书人员要有自知之明，特别要认清自己的身份以及"服从"的天职，懂得据"理"持强、反复争辩往往适得其反的道理。并加强个性修养，尤其是在首长拒绝自己的建议时能欣然接收，愉快服从，仍旧恪尽职守。

（二）不能盲目地乱提建议。作为秘书人员，提建议时既要积极，又要稳妥，切不可随心所欲地乱提一气。然而，有的秘书人员从一个角度提出建议被首长否定后，不加思考地又从另一个角度提出建议，一而再、再而三地乱提，具有很大的盲目性。这既浪费了建议的权利，又于建议无补，必须坚决克服。应该看到，同样一条建议，只要讲究建议的价值和艺术，一次建议也可能被首长采纳；反之，即使接二连三地建议，次数再多，也可能不被首长采纳。这就要求秘书人员要十分珍惜建议权，着力在提高建议的质量和命中率上下功夫。一方面要养成深思熟虑的良好习惯，力求建议的科学性和合理性；另一方面要审慎、稳重，避免盲目性和随意性。

（三）不能机械地限定建议。由于秘书工作涉及面广，内部分工较细，即使分管的工作也有大小之别、缓急之分和性质上的差异，所以，对秘书人员所提建议的次数，不能通用一个标准衡量，应该区别对待。比如：对某项节奏快、历时短的工作，秘书人员可能只有一次提建议的机会，建议过时，劳而无功，也就是说只有一次建议权；对于集体建议或有序的多个建议的工作，对于需要反复研究甚至展开争鸣的工作。秘书人员建议的机会是很多的，也就是说可以有多次建议权。因此，不能机械地、硬性地规定建议权的使用次数，应根据实际情况而定。

（原载《秘书》1993 年第 5 期）

秘书的诤谏艺术

沈 汉 达

秘书是领导的参谋和助手。一般说来，领导的政治觉悟、才能素质都是比较高的。但是金无赤金，人无完人，任何级别的领导都可能存在缺点和错误。秘书既服务于领导，按领导的正确意见办事，但又不能放弃原则去依附领导。秘书要有自己独立的人格和意志，坚持向党和人民负责的原则。同时，领导和秘书的关系，是社会主义同志式的关系，因此，秘书一旦发现领导有过失，应该及时进谏，这是秘书的工作职责。

由于领导层次有高有低，类型多种多样，秘书的诤谏不能也不可能千篇一律。现实工作中，有些秘书虽然满怀诚意进行劝谏，但由于方法不当，得不到应有的效果，以致秘书与领导的关系僵化，有损双方工作的顺利进行。因此，在履行诤谏职责时，秘书必须细心观察领导，掌握诤谏原则，选择恰当方法，讲究诤谏技巧，这就是秘书诤谏艺术。

一、细心研究领导，这是秘书诤谏的前提

细心研究领导，主要可以从下列几方面着手：

1. 个性心理特征

秘书要向领导提出诤谏，必须摸清领导的能力和气质、属哪一种性格型、领导对各种层次的需要是什么、行为动机是什么、对什么最感或最不感兴趣、有什么强烈的信念等等。要了解这些，需要秘书在与领导长期共处、经常交往中细心观察。秘书对领导这些个性心理特征的深刻了解，将有利于诤谏顺利进行。古

代李斯对秦始皇的进谏及魏征对唐太宗的进谏，其所以成功，不可忽视的重要一点是，李斯与魏征都摸透了进谏对象的个性心理特征。

2．工作作风

工作作风是在长期的实践活动中形成的一种相对稳定的行为模式。不同的领导有不同的工作作风。秘书对不同工作作风的领导，不能采取相同的诤谏方法，应按实际情况选择，重要的是，秘书要掌握领导的工作活动规律。

另外，成功的诤谏，还要做到研究领导的品行、爱好、生活习惯以及领导的文化程度、各种修养等。

二、掌握诤谏的原则，是秘书诤谏的保证

1．果断及时与严肃稳重一致原则

秘书一经发现领导有过失，或将会出现过错，应尽快设法向领导诤谏，来不得半点拖沓或犹豫。但秘书对领导诤谏，毕竟不是像与家里人、老朋友谈话，可以随便叙来说去，信口开河。秘书在诤谏之前必须深思熟虑，稳重行事，不急于求成，以免酿成僵局，适得其反。总之，果断及时与严肃稳重，是秘书诤谏必须掌握的辩证统一的原则。

2．晓之以理与动之以情兼备原则

任何一个领导，都有一定的政治头脑，尽管在某一时某一点问题上的过失，也不致于完全丧失理智，他们的思维逻辑还是清晰的。因此，秘书向领导诤谏时应该摆事实讲道理，力图以理服人，即"晓之以理"。同时，每个领导，又都是活生生有血有肉的人，都是有感情的，秘书光以理劝说，恐怕很难收到好的效果，因此，秘书在向领导诤谏时，还应从领导的感情上打开缺口，使领导达到感情平衡，从而使其接受秘书的善意劝谏，即"动之以情"。可见，秘书在诤谏活动中，应该熔"晓之以理"与"动之以情"于一炉。

3．敬而近之原则

秘书得知领导出现某些偏差，或将要出现某些偏差，不能以此鄙视或嘲讽领导。积极的态度是，既要提出诤谏，又要一如既往地尊重领导，永远掌握在敬而近之的尺度上。只有这样，才能使善意的诤谏有效。

4．一谏到底原则

秘书的难处常常表现在：领导有过失，谏则得罪领导，不谏则自己失责。秘书应该尽量不得罪领导，但又不怕得罪领导，要准备若干次的诤谏，直到领导接受了自己的正确的劝谏为止。我们不赞同"三谏不从则去矣"的观点。

5．维护关系原则

秘书与领导的关系密切，将有利双方工作的开展。因此，秘书向领导诤谏时，应建立在根本利益一致的基础上，竭力维护双方的正常关系，这既有利于秘书诤谏，又有利于今后秘书工作的顺利开展。

三、选择恰当的诤谏方法，是秘书的关键

秘书可以灵活选择以下几种进谏方法：

1．直接诤谏法

即直接用口头或书面形式诤谏。如果秘书与领导关系亲密，而领导又平易近人，闻过则喜，那么，用直接诤谏法较好。

2．间接诤谏法

即不直接诤谏，而通过第三者或通过那个与领导关系最密切的人向领导诤谏。有些秘书与领导关系不很密切，或者领导的性格比较固执，不大爱听别人劝说，秘书可以把诤谏的意见如实转告给第三者，或那个与领导关系最密切的人，通过他们间接地将秘书的诤谏意见转告给领导。但是，要注意"第三者"所转达意见的准确性，防止失实误传。

3．婉言诤谏法

指秘书用委婉、诙谐、幽默的语言，或借用聊天等时机，旁敲则击地向领导巧妙诤谏，这种方法适用于那些主观性较强的领导。

4. 顺水推舟法

即是抓住某一契机，顺理成章地诤谏。这种契机，包括所涉及的某一件具体的事，或领导所讲的某一具体的话，秘书利用这个契机不动声色或若无其事地诤谏。

5. 建议法

即通过提出合理建议，达到诤谏的目的。所提建议与诤谏的内容有关，当领导接受了秘书提出的建议时，诤谏的目的也就达到了。

四、讲究诤谏技巧，这是秘书诤谏艺术的核心

诤谏技巧包括许多方面，这里着重谈五点：

1. 语言表达

秘书在向领导直接诤谏时，无论用口头语言，还是用书面语言，都要讲究语气的适度、语境的和谐、措词的得体、形式的多变等技巧。一些中肯的劝谏之所以没有被领导接受，往往与秘书诤谏不注意语言表达上的技巧有关。秘书要有好的诤谏效果，在语气上，要掌握分寸，有刚有柔，通过美的语言，使领导在享受美的感觉中接受秘书的诤谏。

2. 进退抑扬

秘书向领导诤谏往往不能一次完成，有时需要多次反复才能成功。秘书应根据不同领导，权衡进退，或先退一步，后进一步；或进一步，退一步，再进一步。与进退相仿的是抑扬。秘书向领导诤谏时，为了表达自己诚意的劝谏，可以"扬"领导所喜听，"抑"领导所厌恶。即不点明领导之过错，"扬"是为了"抑"，让领导自己领略"扬"背后的一切。

3. 轻重缓急

，领导的过失有大有小，相应地对工作的影响亦有大有小，有的过失无法弥补，有的过失将会酿成大祸，因此，秘书诤谏要区别不同情况，分出轻重缓急。大的过失，秘书诤谏得要"重"一点，"急"一点，以便能引起领导的反省。反之，领导小的过失，秘书不应大惊小怪，诤谏时，适当说得"轻"一点，"缓"一点，这样，诤谏效果会好些。

4. 听音观色

诤谏不能盲目进行，先要听听领导的想法，以权衡诤谏成功的可能性大小，即所谓"敲锣听音"。当领导的心情比较舒畅或愉快时，秘书妙言诤谏，就容易成功，而且也能增进双方的友谊。

5. 归谬提醒

秘书在诤谏活动中，可运用逻辑上的归谬法，即从领导的错误言论出发，引出荒谬的结论，从而提醒领导引起注意，尽可能克服错误的发生。

此外，秘书要做好诤谏工作，还有很重要的一点，就是秘书必须加强自身修养，包括政治、思想、道德等方面的修养，认真地、虚心地向领导学习，努力提高自己的思想觉悟和政策水平，才能使诤谏更具科学性、针对性和准确性，收到更好的效果。

（原载《广东秘书工作》1987 年第 3 期）

秘书如何领会领导意图

王 守 福

秘书工作千头万绪，但是万变不离其宗，其核心是贯彻领导意图。贯彻领导意图渗透于各项秘书工作中，贯穿于秘书工作过程的始终。因此，研究秘书如何贯彻领导意图，就成为一个十分重要的问题了。

什么是领导意图呢？顾名思义，领导意图就是领导的意见和企图。它是领导者对某一问题的认识和解决这一问题的打算，是领导者主观因素与客观环境多种因素综合作用的产物。领导意图同领导指示、决定既有密切的联系，又有明显的区别。领导意图一般包含在领导指示和决定之中，并通过它们表现出来。但是，领导指示和决定并不是领导意图本身，只要领导意图的一种表现形式。领导意图的类型和表现形式是多种多样的，秘书人员只有弄清了领导意图的不同类型及其表现形式，才能有的放矢地贯彻落实。

明示性意图和暗示性意图：这是根据领导意图的表达方式来划分的。所谓明示性意图，是指领导者在正常情况下明确表示出来的意图，一般包含在领导者的书面语言和口头语言之中，在表示方式上具有直接性的特点，比较容易理解和领会。秘书人员只要认真学习上级的文件，认真聆听首长的指示，就能准确地把握领导意图的精神实质，工作中按领导意图去办就行了，难就难在对暗示性意图的领会上。所谓暗示性意图，是指领导者在特殊情况下用暗示方法表示出来的意图。它一般也蕴含在领导者的书面语言和口头语言之中，但更多地是应用体态语言表达出来的。有的不闻于声音，不见诸文字，往往意在言外，或叫"弦外之音"。总之，在表达方式上具有潜隐性的特点，秘书人员如果反应迟钝，呆头呆脑，是很难领会这种意图的。试举一例：1927 年 7 月的一天，日本驻华公使芳泽到军阀张作霖的大元帅府拜访，请求张作霖给他写一幅字，以作留念。张作霖当场挥毫写下"天理良心"四个大字，又在落款处写上"张作霖手黑"五个小字。秘书提醒他丢了"土"字，张作霖装作没听见。日本人走后，张作霖大发雷霆："你真是个笨蛋！丢什么'土'字？这叫'寸土不让'。本大帅是有意告诉日本人：你们心狠，我张作霖也手黑，不是好惹的!"在这里，张作霖就是用暗示方法表达自己的意图的，而他的秘书没有心领神会，所以活该挨骂。领导的明示性意图和暗示性意图之间，是一种互补关系。在社会主义条件下，领导者一般是直接表达意图的，用不着拐弯抹角。但是，在特殊情况下也需要用暗示方法表达意图。例如：1971 年"9·13"事件前夕，周总理曾将林彪的阴谋活动向毛主席作了书面汇报。由于当时政治气候不正常，毛主席便在一把白色的丝绸折扇上写了四句诗"各求各去，各行各路；离凡离圣，离因离果"，派秘书送给周总理。周总理心领神会。不久，"9·13"事件发生，林彪果真落了个"离因离果"的可耻下场。在改革开放的今天，秘书人员经常陪同领导出席各种会议，参加各种谈判，在这种特殊场合，领导者往往用暗示方法向秘书表达自己的意图。因此，秘书人员必须在领会领导暗示性意图上下功夫。这就要求秘书人员具有灵活的反应力，快速的理解力，机智的品评力和正确的判断力。要善于"察言观色"。"看领导眼色行事"这句话，不能片面地理解为"投其所好，巴结领导"，而应当理解为迅速、准确地领会领导的暗示性意图。当然，这里的前提是，领导意图应该是正确的，而不是错误的。

确定性意图和非确定性意图：这是根据领导意图的形成过程

来划分的。所谓确定性意图，是指领导者经过反复思考、酝酿，已形成定见的意图。它具有决断性的特点，一般不容易改变。对于这种领导意图，秘书人员应当认真领会，坚决贯彻执行。所谓非确定性意图，是指领导者在决策前的思考和酝酿过程中已产生某种意向，尚未形成定见的意图。它具有可变性的特点。从领导意图形成的过程来看，确定性意图和非确定性意图之间，是一种承接关系。非确定性意图是领导意图形成的起点，确定性意图则是领导意图形成的结果。秘书人员的参谋作用，就在于协助领导将非确定性意图转化为确定性意图。在这个转化过程中，秘书人员是大有作为的，可以充分调动自己的学识才能，积极主动地参与领导意图的形成。当领导者萌发了某种意向，尚未形成成熟的、明确的意图时，秘书人员只要判断这种意向是积极的、正确的，就应当以此为导向，通过提供有关信息，提出有关建议，查找有关根据，论证有关观点，补充、完善和深化领导意图，使领导的非确定性意图由模糊变得清晰起来，由幼稚变得成熟起来，由粗糙变得周密起来，从而形成确定性意图。在领导意图形成的过程中，领导者应当允许秘书人员提出不同意见，要"从谏如流"，集思广益，尽量吸收和采纳秘书人员的意见。秘书人员应当大胆发挥参谋职能，积极为领导出主意，提建议，设法对领导正确意图的形成施加影响。例如：抗日战争时期，国民党将军卫立煌访问延安时，看望了当时正在养伤的抗大校长林彪。事后，他为自己没有给林彪送点礼感到很惋惜。他的秘书、地下共产党员赵荣声趁机进言："我看这份礼送不送都不要紧，八路军急需的是武器弹药、医药用品和服装等物，如果能在这上面帮他们点忙，要比送林彪几千块钱管用多了。"卫立煌采纳了他的建议，以第二战区副司令长官兼前敌总指挥的名义，批了一个手谕："即发十八集团军步枪子弹 100 万发，手榴弹 25 万发。"还批给八路军 180 箱牛肉罐头、部分衣服和部分医药用品等。卫立煌对八路军这样慷慨解囊，秘书赵荣声的建议起了重要作用。今天，我们国家正在进行全面、深入的改革，情况千变万化，矛盾错综复杂，摆在各级领导面前的困难是很多的，有许多问题都是探索性的，领导之间迫切需要秘书人员充分发挥参谋作用，积极参与领导意图的形成，协助领导作出正确的决策。这就要求秘书人员具有强烈的参与意识，有创造性的思维能力，有广博精深的知识，有较高的思想水平、政策水平和谋略水平。总之，秘书人员应当具有影响领导意图形成的能力。如果一个秘书提出的建议，对领导意图的形成不起任何作用，他决不是一个好秘书。

总体意图和具体意图：这是根据领导意图所指的空间范围来划分的。所谓总体意图，是指领导者就某一时期的工作或某项工作所确定的总原则、总目标和总要求，它具有宏观性的特点，即从宏观上控制着秘书的行为，一般是不能随意变动的。秘书人员在工作中必须贯彻领导的总体意图，不得违背。所谓具体意图，是指领导者就完成某项工作提出的具体意见，具体方法和具体步骤等，它具有微观性的特点，可以随着宏观情况的变化而调整。因此，秘书人员在工作中应当灵活地贯彻执行领导的具体意图，不能机械地、死板地、一成不变地执行。秘书人员应当懂得：领导的总体意图和具体意图之间，是一种从属关系。领导的总体意图规定和制约着具体意图；领导的具体意图服从和服务于总体意图。秘书人员在工作中，应当紧紧围绕领导的总体意图去创造性地贯彻执行具体意图。比如：领导委派秘书去调查一件重要事情，要求弄清事情的来龙去脉、前因后果，并提出处理建议，这就是领导的总体意图；同时，领导还就调查中的方法、步骤、途径等问题提出一些具体意见，这就是领导的具体意图。秘书人员在执行领导意图的过程中，往往会由于客观情况的变化，使领导的具体意图无法实施。在这种情况下，秘书人员不应当死抱住领导的具体意图不放，而应当从实际出发，充分发挥主观能动性，灵活机智地完成领导交给的任务，从而保证领导总体意图的实现。那种"领导咋说咱咋办，领导没说咱不干"的想法和做法，并不是真正的"贯彻领导意图",而是教条主义在贯彻领导意图中的表现,是一种消极的、有害的思想和行为,必须坚决反对。处理好贯彻领导总体意图和具体意图的关系,并不是一种简单的事,它要求秘书人员具有坚定的原则性、高度的灵活性和很强的应变力,千万不要学刻舟求剑的楚人,思想僵化,不知变通。

（原载《秘书之友》1989 年第 8 期）

秘书怎样深化领导的思想

张 秋 耕

秘书发挥参谋作用的一个重要方面，是帮助领导完善决策思想，即善于捕捉领导新思想的"火花"，加以深化、完善、系统、提高，使之成为领导者制定新的工作计划和决策的"思想模型"。秘书人员深化、完善领导思想可以用以下五种方法。

一、补充完善

领导者的一个新思想在刚刚产生时，由于认识上的局限和实践基础不牢，有纰漏或粗糙夹生在所难免。对此，秘书人员就要调动多种手段，综合运用多方面的知识，从实际出发，去粗添精，把杂乱的东西系统起来，使之成为完整、严谨、系统的决策思想。

二、凝炼提高

领导者有时受某种事物的启发产生一个新思想，虽不那么明朗，却富有开宗明义的指导力，秘书人员要善于捕捉这种富有生命力的"思想毛坯"，经过秘书班子"智囊库"的熔炉加工、优化、反复磨砺，使之成为一块规则的方砖，再送到领导者决策思想的楼体上去，发挥应有的作用。

三、延伸挖掘

秘书人员要善于分析领导思想的发展趋势，按照这个趋势拓展思路，延伸思维，挖掘更新更深的东西。这种延伸、挖掘，不是随意的，而是从工作需要出发，从客观事物发展变化的实际出发，既不当尾巴主义，也不作超越现实的引导，而是实事求是，能突破则突破，能创新则创新，使新思想始终保持一种对工作的最佳导向力。

四、举一反三

针对领导者的一种新思想，秘书人员应由此及彼，横向扩散思维，搞"思想繁殖"、"移植"，把对这一方面有指导价值且有普通意义的东西，延用到其他方面去，或者是从这一思想得到启迪，从而产生出新的决策思想。

五、跟踪验证

领导者一个成熟的、富有远见的思想策略，往往要经过多次从实践到认识的反复。秘书人员要善于观察领导决策的实践效果，搞好跟踪反馈，按照实践的要求，对原来的思想进行修正、完善、提高，然后再送到实践中去，运用实践效果完善领导决策思想。

深化、完善领导的决策思想，是一项富于开拓性的工作。秘书人员要善于学习，培养分析能力、判断能力、推理能力和综合能力，才能捕捉领导者的思想"火花"，深化、完善领导者的决策思想。同时，也才有可能根据实际情况，主动向领导者提供一些对指导工作有价值的决策依据和新思想。

（原载《秘书之友》1987 年第 6 期）

工作请示三原则

姚　一　凡

　　请示是向主管领导或上级机关请求对某项工作或问题作出指示、给予答复、审核批准时所使用的公文或口头表达方式。它是秘书工作的一项重要内容。是否重视请示的作用，善于在工作中运用请示，对秘书工作的效果和领导决策的贯彻执行有直接影响。我们在实践中体会，要做好请示工作，应遵循以下三条原则。

一、主动性原则

　　秘书工作的政治性和从属性决定了秘书工作具有一定的被动性，但这是相对的。实际工作中有这样的情况：有的同志由于片面地理解秘书工作的被动性，逐渐形成一种等领导安排工作、等领导指示的依赖思想，使工作越来越被动；也有的同志从事秘书工作时间较长，对秘书工作也比较熟悉，往往在工作中忽视请示的作用，容易出现请示少，自作主张多的情况。这种做法的主观愿望是好的，但如果是政策性强、影响面广的问题也自作主张，就会造成失误，给领导工作带来无法挽回的影响。要有效地发挥请示工作的作用必须遵循主动性原则。一是克服无所作为的思想，在被动的工作中争取主动；二是凡需要请示的问题，不拖延时间，不擅自作主。主动请示工作的好处是：通过请示工作及时得到领导或上级机关的批示，使秘书工作有章可循；也可通过请示学习领导同志处理问题和解决问题的方法。

二、独立性原则

就是要认真分析思考工作中遇到的各类问题，判断哪些需要请示，哪些可以先放一放，哪些可根据以往的经验和办法独立解决。一般来说，以下几种情况必须请示：对现行方针、政策、法令、规章、制度不甚了解，有待上级答复才能办理的事项；领导或上级机关明确规定必须请示的事项；工作中发生了新情况，有待上级重新指示才能办理的事项。由于在实际工作中遇到的情况和问题比较复杂，什么问题该请示，什么问题可以不请示，很难搞出一个包罗万象的统一标准。因此，要求做秘书工作的同志注意在工作中总结经验，探索路子。坚持请示工作的独立性原则的好处是，一方面领导同志可集中精力抓大事，不为小事缠身；另一方面可以培养锻炼秘书人员的独立工作能力，使秘书工作更有计划性。

三、准确性原则

请示工作包括书面请示和口头请示。采用哪种方式，应根据具体情况来决定。一般说，要求紧急处理的、内容比较单一的、向直接领导汇报的问题，多采取口头请示。综合性的或专业性比较强的、不便于口头请示的问题，或要求书面请示的问题，则采取书面请示的方式。书面请示，要做到理由充足，文字简洁明确。事先要收集有关材料，征求各方面意见，经过分析、综合、整理，提出几个建议或解决预案供领导同志参考。口头请示一要简明扼要表述清楚；二是实事求是，不掺入个人观点；三是作记录，便于查对。遵循准确性的原则，既可以提高秘书人员综合分析能力和表达能力，又有助于提高领导决策的有效性。

（原载《秘书工作》1989 年第 6 期）

秘书的禀报艺术

董　信　泰

随时向领导同志口头报告情况，答复查询、提出建议，是秘书的一项经常性工作。禀报，看起来很简单，似乎就是传递个信息，但真正要做好，却不容易。它反映了一名秘书思想作风、思辩能力和表达水平等综合素质，需要在长期工作实践中加以锻炼和培养。

一、禀报的几种情况

秘书向领导同志报告情况，并不代表秘书个人。它是整个机关工作和领导工作的组成部分，是作为领导身边工作人员向领导和组织负责的具体形式，是领导同志实施科学领导的重要依据。根据禀报的内容和目的，通常有四种情况。

1. 知照性禀报，就是秘书或秘书部门报告需要领导同志知道和掌握的事项。一般有两种类型，一是常规性事务，如领导同志活动安排、综合或专题汇报、社会及系统内动态等；二是非常规性事务，如紧急重大情况、突发事变等。前者一般不需要领导作特殊处理，后者往往影响到总体管理格局上的调整，并要求秘书作实时报告。

2. 请示性禀报，就是机关通过秘书部门转递的非文字性请示，以及办公厅（室）就重大问题向领导同志的口头请示。转递这些请示，一是时效性强，来不及行文辗转的；二是特异性强，不便行文呈批的，必须由秘书直接请示领导。

3. 建议性禀报，就是秘书主动就一些重要问题向领导同志当面提出建议。它既包括秘书对某些报知的事务提出处理意见，更包括秘书对领导同志开展领导工作提出合理建议。如建议对一些重大任务作出指示，或引起关切；建议对领导所作的文件批示进行商榷和斟酌；建议对领导层在同一问题上不同意见进行协调等。这方面工作，实际上是秘书发挥参谋助手作用的体现。

4. 反馈性禀报，就是秘书对有关单位和部门执行领导同志批示或指示的情况，对领导同志临时交办事宜，以及领导同志现时关切问题，进行收集整理后，向领导的汇报。这实际上是信息反馈工作。

二、禀报的材料准备

在向领导同志禀报之前，秘书应根据上述的禀报种类，作好适合要求的材料准备。你要报告什么事，首先自己要把这件事弄得清清楚楚。讲什么，怎么讲，估计会提出哪些问题，应当提出哪些建议等等，都尽量做到心里有数。为做到这一点，需要从三个渠道充实材料，以便形成完整的概念和正确的判断。

1. 追溯信源。就是要向信源发出者摄取可靠材料，把问题搞准、搞明。例如动态性信息，就得抓住时间、地点、关连人、起因、进展、后果、基本数据等因素。如对这些因素若明若暗，似是而非，那就得进一步调查。

2. 多方查询。在直接追索信源仍无把握的情况下，应当想到向事情的关联人以及相关的职能部门了解情况。对有些单位和同志避开职能部门，直接找秘书反映的问题，更应谨慎。一定要事先策略地与相关的业务部门或经办人联系，了解处理过程和结果，掌握业务部门处理该事项藉以依据的文件、规定，确定是否需要重新禀报。

3. 查考资料。许多禀报事件，有其历史沿革，所以秘书要清楚其来龙去脉，前因后果，纵横联系。就需要事先查阅有关资料、卷宗，查阅有关文件及领导批示，以便对这些问题的正确处理，提出合乎实际的理由和符合规定的建议。

三、确定禀报内容和对象

秘书向领导的禀报，是会产生效应的。所以，在作好充分材料准备的基础上，应当研究怎样向领导陈述报告以及陈述哪些内容或问题。这就关系到材料的选择和对象的把握。这里要注意三个问题。

1. 掌握待报事项的本身价值。秘书把信息过滤和筛选后，进行分类，做到要事详报，急事急报，小事不报或简报。属于业务部门职权范围的事务，严格控制越级上报。除此还要敏锐地捕捉一些容易被领导忽略，却具有举足轻重意义的信息，在禀报时给予特别的强调。

2. 掌握领导的个体特点，禀报工作，要注意针对性。因为每个领导的职责、能力、文化程度、性格和工作习惯等，都有所区别。在禀报中，也要考虑到这些因素，做到详略得当，解释适度。

3. 掌握禀报的时机。这里所说的时机，是指适时禀报，以获得较好的时效价值。诸如对领导同志的批评和反映，对领导工作的建议和要求等。秘书有责任如实反映情况，但需要恰到好处掌握时机。特别是遇到被某位领导同志否定过的正确意见，或者某位领导同志不愿接受的不同意见，秘书部门又认为有必要重新提请领导重视和采纳的，更应选择适当时机，以充分的陈述理由。有时，分管秘书认为不方便，也可请办公厅（室）负责人出面汇报。

四、禀报程序及几个关系的处理

不能把禀报程序和方式，看作是无关紧要的小事。从秘书的科学管理上来说，应当严格树立程序观。

禀报的一般程序，各地各级秘书部门都有自己的工作习惯，或遵照领导层的要求，不可强求一律。这里需要强调的是：在遵循合理的禀报程序中，应处理好四个关系。

1. 主要领导和分管领导的关系。也就是正职和副职的关系。

一些重大问题，正职副职都要知道。但日常大量事务，按其分类，在报告了相应的分管领导并作了适当处理后，还要不要报告主要领导呢？处理这类问题，一是要从组织原则出发。凡按职责权限还需要主要领导同意的，应当报告主要领导。凡已明确由分管领导全权处置的，一般无需再告主要领导。二是要从实际出发。有的事项虽属分管领导处置，但在特定时期内这项工作已成为全局或局部的中心任务；或者主要领导对这项工作过问较多，则应将此事项及分管领导意见禀报主要领导。

2. 在家领导和外出领导的关系。工作繁忙的秘书部门，经常容易忽略的问题是：遗忘了向外出领导同志报告情况。这一点应特别引起重视。因为及时向在外领导禀报情况，有利于信息沟通，有利于领导班子之间的团结和谐，有利于加强集体领导。譬如某位领导决定的事项，由于他外出期间情况发生变化，在家领导认为需要作调整或变更。这时，秘书部门必须将此情况详报在外的这位领导，征求意见，以取得一致，免得发生误解。另外，秘书部门还应当处理好在家主持工作的领导和外出的主要领导同志的关系，随时将在家主持工作的领导同志（多为副职）就一些重大问题处理意见，电话报告在外主要领导，转达主要领导的意见。这里应当指出，随同外出领导同志的秘书，必须经常与"家中"保持联络，主动收集信息，并准确禀报情况、交流信息。

3. 报事和办事的关系。秘书部门在处理大量事务中，还常遇到"先报后办，还是先办后报"的问题。从总体上说，应当贯彻先报后办的原则。但在具体处理中，则应视情对待。许多业务性比弱强且时效要求高的事务，不一定等报了后再办，可将事由及办理情况一并禀报。如接到一个反映重要情况的电话，眉目又不大清楚，若即刻禀报，领导所能说的也只局限于"弄清事实后再告"。但是，如果秘书接到电话后，能立即设法详细了解真情，并提出处理建议，再一次性禀报，这时领导所作的对策，就会有针对性，就利于提高工作效率。当然，这跟秘书压情、漏情是原则不同的。前者，是秘书发挥主观能动性的表现，后者是秘书的失职行为。应当提倡秘书在可以想见的程序里，主动办事，不能养成"问一事，办一事"的刻板、消极的习惯。

4. 秘书和领导的关系。领导同志和秘书既是上下级关系，又是革命同志关系。但在禀报中，秘书应当郑重地把自己摆在下级对上级负责的位置上。一是要注意身份。秘书可以提出自己的意见和建议，但决策权在领导。如果你的意见，经常被领导采纳，也不能以此为矜，必须更加谦虚谨慎。任何时候，秘书不能以熟谙某项工作的权威人士自居。要始终记住，秘书的才干，不仅在于其业务和组织能力，而且在于其妥善处理各种公共关系的能力。二是利于领导层团结。秘书在禀报实践中，不能轻易把某位领导同志的不同意见，不加解释、或者任意解释、甚至带上个人感情色彩，报告所服务的领导同志，应当尽可能朴实地帮助分析不同意见的各自利弊，促成领导之间的了解和团结。秘书更不能利用工作方便，将耳闻到的领导同志某些隐私及相互看法，悉数禀告，搬弄是非，企图庸俗地取宠、取悦于某位领导。三是不推卸责任。"军中无戏言"。秘书禀报，理应做到言之有据、客观公正。但这并不是说，要求秘书保证件件禀报准确无误。由于受诸种因素影响，有时难免出现错报、漏报、误报现象。这时，秘书应当冷静地查明原因，不能一味地指责原始报告人或转报人的过失，并主动地向领导承担责任。有的秘书，一遇到领导对禀报失误、失实的批评，就急于辩白，推诿责任，这是很不足取的。因为无论什么情况，秘书在禀报上的责任是明确的。秘书是个特殊的职业，他负有对禀报材料准确性、禀报程序严肃性的全部责任。如果这些方面出现漏洞，有理由批评你放弃了详尽了解事实的职权，疏忽了严格把握禀报的环节。

（原载《秘书工作》1987 年第 6 期）

亲自动手　直抒心意

——记河北省委书记程维高一篇讲话稿的起草

扈　双　龙

听说程维高同志在省政府工作期间，经常亲自动手起草各种文件。今年初他任省委书记后，省委办公厅的工作人员对此很快有了切身感受。这里，简介今年 2 月他在沧州地区党政干部大会上一篇讲话稿的起草过程。

把情况弄清

1 月 26 日，正值春节放假期间，但是，程维高书记却没有休息。下午 2 时许，他按照事先约定来到省政府会议室，准备听取沧州地委书记平义杰、行署专员王加林的工作汇报。一会儿，省委常委、常务副省长叶连松、副省长顾二熊及省委办公厅、省乡镇企业局、省对外开放办的同志也来了。大家与沧州地区的领导同志握手问好，会议室里平添了一点热闹气氛。维高同志说，过几天，沧州地区要开一个乡以上党政干部大会，要我去讲话。所以我想占用放假时间请沧州的同志来谈谈情况。在座的同志知道，两年多来，维高同志曾几次到沧州调查研究。但面对这次讲话，他还是十分认真，力求把情况弄得更清楚些。平义杰同志首先汇报说，一年来通过贯彻小平同志视察南方的重要谈话，沧州地区以经济建设为中心的各项工作基本形成了大改革、大提高、大发展的良好局面，全区项目建设和固定资产投入，工业和乡镇企业、对外开放、市场建设以及其它各项事业都有新的发展和突破。在谈到党的建设和班子建设时，维高同志问：县委抓经济的精力怎么样？平义杰同志说，地委对干部，不仅听其言，更要观其行，重其效，信其果，一张经济建设的答卷考核党政两套班子，因此，县（市）委抓经济工作的精力是集中的。对此，维高同志表示赞赏。接着，维高同志又请王专员介绍了会议的开法、规模和与会人员情况。当谈到1993年地委、行署确定要做15项工作、20件大事时，维高同志要求谈详细些，认为这一做法可以借鉴。

"请大家参谋参谋"

听了地委、行署的领导同志汇报以后，维高同志说："请大家参谋参谋，到沧州讲什么好？"然后对王加林同志说，请你先谈一谈。王加林同志谈了自己的建议。接着，叶连松、顾二熊同志及省乡镇企业局长杨洪涛、对外开放办主任郑荫远围绕维高同志重点讲些什么先后发言，各抒己见。比较集中的建议是，在讲话中，应肯定沧州地区一年来的工作，肯定沧州地区上上下下团结一致，坚持以经济建设为中心的做法；要正确地认识沧州的战略地位，增强干部职工的责任感；要从全局出发，高度重视朔港铁路和黄骅港建设；要进一步加强农业，大力发展乡镇企业；要以路港建设为龙头，大大推进全区的对外、对内开放，等等。在大家发言的过程中，维高同志不时插话，你来我往，谈得十分热烈。维高同志在充分听取与会同志的意见后，当即提出了一个讲话提纲。第二天上班后，维高同志又对省委办公厅主任张建新说，昨天晚上我反复考虑，提纲还得改一改，是不是讲这样几个问题好……

三易其稿

2月5日上午，在沧州地区乡以上党政干部大会上，程维高书记作了题为《加强改革力度，加快开放速度，加速建成经济强区》的讲话，他讲了沧州地区的战略地位、黄骅路港建设、保护农民的生产积极性、大力发展乡镇企业、高度重视发展科技教育、凭政绩用干部等八个方面的问题。与会同志认为，这个讲话充分肯定了沧州地区广大党员、干部、群众的工作，指出了沧州地区在对外开放中的重要地位，强调了搞好路港建设的重要性，对沧州地区的经济发展提出了很高而又切合实际的要求。省内其他地市的同志看了报纸的报道以后，普遍认为，这个讲话虽然是针对沧州地区讲的，但对全省都有指导意义。

省委办公厅知情的人都知道，这个讲话稿是维高同志亲自动手的结晶。根据维高同志提出的提纲，省委办公厅、省委研究室的同志曾起草了一个初稿，于1月29日送维高同志。1月31日是星期日，维高同志在办公室里用了整整一天时间，对初稿进行了全面修改，文字改动量达60%。如对沧州地区所处战略地位重要性的论述，全省各地要树立全局观念，确保路港工程建设的要求，关于加强农业、加快农民致富步伐的要求，等等，都是维高同志修改充实的。讲话的第七个问题，基本上是维高同志重新起草的。2月2日，维高同志在打印的清样上，又对讲稿作了多处修改，在讲到在干部队伍中大力发扬求实作风时，他写道：要在我们干部队伍中真正形成真抓实干，求实务实的良好风尚，最主要的是要在选拔任用干部上坚持用党性看干部，凭实绩用干部，坚决防止和消除用人上的不正之风。接着，他用较多笔墨，论述了做好干部工作对于正确坚持党的基本路线的极端重要性。2月4日，维高同志带着讲稿来到沧州，听取了地委负责同志关于会议情况的汇报，又找部分与会同志进行了座谈。于是，赶在讲话之前，维高同志又对讲稿作了多处修改。在讲到乡镇企业时，他增加了这样的内容：乡镇企业发展到现在，已经成为农村经济的一大支柱，它既同农业有联系，又是独立于农业之外的一个重要方面……因此，从县市到乡镇，都应有专门的领导干部去抓这项工作，并要有一支专门的队伍来研究信息、项目、人才等问题……

就这样，维高同志亲自动手，三易其稿，使这篇讲话不仅对于沧州地区的经济发展和对外开放，而且对全省的工作都产生了积极的作用。

了解情况的同志都知道，维高同志亲自动手起草、修改的讲稿何止一篇，像在全省农业和农村工作会议上的讲话，在全省宣传工作会议上的讲话，除请有关部门提供一些背景材料外，都是他自己动手起草的。谈到此事，省委办公厅的几位负责同志说，省委领导同志这一做法，给机关带来了清新之风，也给各级领导做出了表率。

（原载《秘书工作》1993 年第 5 期）

试论秘书写作的特殊性

张　宁

（一）

当我们考察秘书写作的特殊性时，首先应注意到这样一个事实：即秘书作为秘书而写作（如为领导者起草讲话稿、为机关起草文件等）和作为一般作者而写作（如写诗歌、小说、散文、论文、调查报告、消息、通讯等）是完全不同的。当秘书作为秘书角色而写作时，他实际上是处在法定机关和组织或其领导的"代言人"地位。正像许多秘书人员所体会到的那样：不能"我手写我心"。

（二）

为什么秘书在机关写作活动中处于"代言人"地位，不能"我手写我心"呢？其根本原因在于：当秘书作为秘书角色而写作，其本质是公务写作而非一般"自言"写作。即使私营企业中的秘书写作，其性质亦莫不如此。而从写作主体的角度来考察，公务写作区别于一般写作的根本特点又在于其写作主体的特殊性：即一般文章或文学作品的写作活动中，其写作主体是唯一的，文章或作品的执笔者与承担社会责任的署名作者是二位一体的，文章表达的是个人的思想、观念和情感，文责自负，因此

"我手写我心"的原则在这里是通行的，而且也是一般写作教学所着力强调的；而在公务写作活动中，文章的执笔人或撰稿人与承担文章社会责任的法定作者是不同一的，文章的执笔者是具体的人——秘书或领导者，文章的法定作者却是依法成立并能以自己名义行使权利、承担义务的组织或个人（法人代表）。因此在公务写作的主体中就有了法定作者与执行作者相分离的情况。这种特殊的写作现象，我们给起个名字就叫"公务写作的双重主体性"。既然"执行作者"要替"法定作者""立言"，而"法定作者"又只有通过"执行作者"而"立言"，那么，"我手写我心"的一般原则在这里自然就行不通了，"执行作者"的"代言人"地位和角色也就顺理成章了。

（三）

上述分析已经触及到了秘书写作或公务写作的特殊矛盾性，即"双重主体性"，也即"执行作者"与"法定作者"的对立统一。

从对立方面看：

1. "法定作者"是具有法定地位和权威的公务实践活动主体，在一定的层次上和范围内代表党和国家行使领导、组织、管理、协调、监督等职能，或代表一定的经济实体行使其生产、经营、管理职能，并承担相应的义务，而"执行作者"只是公务实践活动主体的一分子，是公务实践活动的中介环节——公务写作活动的具体执笔人，无论这个执笔人是谁——秘书或领导者或其他人员，其在整个公务活动中只充当"代言人"角色，而非"自言人"，因此他不能按照个人思想情感随心所欲地"我手写我心"。

2. "法定作者"的"意识"，往往"外化"为机关或组织意志、意图，它必须体现党、国家和人民的意志，是集体智慧的结晶，是"上策"、"下情"、"组织成员共识"的能力反映，是一种集体意识；而"执行作者"在思想、观念、情感中，只有一小部分属于集体意识，大部分则属于个体意识，不一定代表集体意识。

上述两个方面的差异，便构成了"法定作者"与"执行作者"，也即"双重主体"的对立关系，从而也构成了秘书写作的根本障碍。不少大学中文系毕业的学生，在学校受过专门写作训练，具备一定的（甚至较强的）文字表达能力，但分配到单位后却不能很快胜任秘书写作，甚至"学生腔"十足，写不出像样、合格的公文。这固然与大学写作教学内容的不适当倾斜、脱离实际和本身的经验有关，但究其根本原因，还在于他们未能意识到自己在公务写作中的"代言人"地位，未能有效地克服"双重主体"的对立，实现自身的角色化。因此，对于任何一个即使已具备一定文学表达能力的作者来说，使自己胜任公务写作的首要任务就是尽快克服"双重主体"的对立，实现写作主体的角色化。同时，达到"双重主体"的认识同步和表达上的高度协调一致，也将是一个长期努力的方向。

再从联系方面看："执行作者"与"法定作者"的对立又不是绝对的，他们也有相互联系的一面。首先，两者认识的客观基础是统一的，即"上策"、"下情"，公务实践活动及其规律等，是其共同的认识和反映对象；其次，所谓机关"意志"、"意图"也不是抽象的，更不是从天而降的，它来源于"上策"、"下情"，更是机关或组织全体成员共同认识的结晶——这其中当然也包括"执行作者"的认识在内，是集体智慧的产物。因此，克服"双重主体"的对立，有效地实现公务写作主体的"角色化"，从而达到"双重主体"认识与表达的和谐统一境界，是完全可能的。

（四）

综上所述，我们可以对秘书写作的特殊性作出如下结论：秘书写作是一种公务写作，其体现于写作主体上的根本特性是"双重主体性"，即"执行作者"与"法定作者"的对立统一；这种"双重主体性"又必然地决定了秘书写作是一种"代言"写作，秘书在公务写作活动中始终处于"代言人"的地位，担当"代言人"的角色。

需要进一步补充说明的，秘书写作的"代言"写作性质和秘书的"代言人"角色和地位从根本上决定了：（1）秘书写作的动机往往不是产生于写作者自身写作的要求，而是产生于公务实践活动的客观需要，具体表现为法定机关、组织或其领导者意志的驱动，具有被动性、受命性特点；（2）秘书作为秘书而撰写的文章，不是个人思想、观念、情感的表达，而是法定机关、组织意志的体现，是组织成员"共识"的体现，其写作制发过程中既有领导的"交拟"、"签发"，又有有关负责人的"审核"，有些重要文件还要经过较大规模的调查研究或一定的会议讨论、修改，因而其撰拟制发不是一个人的独立行为，而是一个多层次、多"角色"的集体活动过程，是一种集体写作；（3）作为秘书——写作任务的"执行作者"，他必须在领导限定的时间内完成写作任务，必须面对实际、为着正确地解决某一具体问题而写作，因而具有时限性和求实性；（4）其写作成品必须合乎特定的行文规范、格式规范、语体规范，因而又具有规范写作的特点。

（原载《秘书》1995 年第 10 期）

初 为 秘 书

谢 学 枫

军校一毕业，我被分到机关，在后勤部办公室工作。警官证上写道：少尉，正排秘书。盯着崭新的警官证，我直发愣："我这就成了秘书？" 我以前却从未想到过要当秘书，在我们这样一个师级单位里，有幸被称为"秘书"的，实在是屈指可数。几年前，我高考落榜，遂从军来到西北，成了一名军人。日日夜夜，沉浸在汗水与希望共存的艰辛训练里……。我一直幻想着金戈铁马的军旅生涯，也遥望着调兵遣将的人生风景，做一个实实在在的"带兵人"。有很多事情就是这样不可预料，我被迷迷糊糊地推到了秘书这个岗位上，我一千遍地打量过自己，我像秘书吗？这一结局，大概源于我在当战士、做学员时，在报刊、电台上因有几篇文学作品露过脸，所以一提干就被送进这庭院深深的机关。记得军校毕业前，同学们曾相约，一定要去草原、沙漠、雪山的基层"建功立业"。而我，只能是空头支票了。每每有同学从连队打电话来，直呼我"秀才"时，我心里竟有一丝说不出的失落，不知该如何应声和解释。但是，转而又安慰自己：分工不同嘛！

刚干秘书工作，摸不着头绪。往往是一个平常的工作电话，说着某件事情，我一脸的茫然。面对一篇自己深夜不睡而费了九牛二虎之力起草的文稿被打回来时的问话"怎么形容词那么多？这可不是搞文学创作啊"，我才感到自己的一点"特长"派不上用场了。看起来，干秘书工作我还是一个地地道道的"门外汉"。

而各种人际关系，更是个不好涉足的"危险地带"，况且我天生的内向，不善言辞。领导随意的一句话，我因为迟钝 往往不解其意，要琢磨上好半天。一天不进领导办公室五六次，就挨不到下班时刻。稍不小心，遭训是家常便饭。久而久之，我心里竟冒出了这么一个念头："伴君如伴虎"。这虽有些玄，可确是我当时真实的心态。说实话，起码在最初的两个月里，我的全部感受是：如履薄冰，战战兢兢。

好在我幸运，我办公桌对面坐着一位姓武的同事，是一位副营职老秘书。他为人热情，乐于助人，要不是他的"传、帮、带"，我可要神经兮兮了。上班的第一天，他把一叠《秘书》杂志塞给我，说"没事看看"。他常常对我说："干秘书工作要用心。"我起初并没有去细细品味，以为他只随便说说而已，但在一次工作中，我算是领会到这句话的实在含义了。一次，我随首长去新兵团检查新兵伙食，回来后，主任布置我把检查情况写成报告。这下可为难我了，同去的有好几位秘书，且都比我资格老，有经验，咋偏把任务摊给我，心里偷偷地嘀咕了几下。军令不可违，岂有讨价还价的余地？硬着头皮，赶鸭子上架吧。待好不容易写出来，主任在稿子空白处用红笔提了三条意见：一是丢三拉四，二是说外行话，三是用俚语。我好生尴尬，手足无措。最后还是那位老秘书耐心地帮我修改，并提了不少中肯的意见。我就是从这次教训中才开始领会他的话的。我想这不但有利于我的秘书工作，而且对我日后的人生之路也不无裨益。同时，在偌大的一个机关，人才济济，"山外有山"，我每进入一个处室，每接触一位同志，总能有所收获。只要留意，身边处处有学问。我还体会到，从校门到营门，看来只有短短的一步，其实，是理论和实践相结合的一步。倘若这一步走不好，就难以很快、很顺利地进入"秘书"的角色。从不适应到适应，再到喜爱，在我，是一个了不起的过程。但还不能说，我就是一个合格的秘书了。我发现，自己知识面狭窄，常常有捉襟见肘之感，真可谓"船到江心补洞难，书到用时方恨少"。于是，我不再像往昔，一到休息日就想着去跳舞、溜冰或约会什么的，沉下心思，除认真地读一些业务书籍外，政治、经济、军事、法律、科技方面的书也一一涉猎。同时，我还利用晚上的时间，坐在微机前，打文件、练指法，用现代化办公设备来武装自己的双手，提高效率，狠抓"质量关"。

1994 年 10 月，我被抽往青海省循化撒拉族自治县搞农村牧区社会治安综合治理。工作组组长不允分说地把一切文字工作交给了我，其理由：一行 10 人，唯独我被称为"秘书同志"。好在已摸着了些门道，两个月干下来，没在地方上给咱部队丢丑。而我受到的锻炼，又是最宝贵的。

初为秘书，酸甜苦辣才开始。但我不悔，只要全身心地投入，定会发掘出人生中亮丽的贝壳。

（原载《秘书》1995 年第 10 期）

台湾现行公文程式概述

李 家 明

台湾公文程式的特点，举其大者有四：

一、公文种类简明化

台湾行政机关原来存在着严重的不切实际的做法与繁文缛节现象，办事效率不高。台湾内政部，行政院先后多次采取措施，公布过《公文改革方案》、《公文改进办法》等文件，但效果不佳。为了转变这一腐败局面，蒋经国曾在台湾行政院秘书处的一次业务会上指出："公文改革做得不彻底，仍在一套旧的格式中打圈。""彻底作一次公文革命，把老的公文程式一律打破"。台湾行政院因此又颁布了《行政机关公文制作改革要点》（下称《改革要点》）。

自辛亥革命后，废除了清朝的公文程式。民国元年，国民政府行政院提出《公文程式条例》方案。1773年由台湾行政院通过公布的"民国"第10个《公文程式条例》，体现了蒋经国的公文改革意图。首先是在公文种类简明化方面达到了民国以来最简的程度。民国历史上公文种类最多时达到15种，而1973年的《公文程式条例》只有如下6种：

一、令 公布法律，任免、奖惩官员，总统、军事机关、部队发布命令时用之。

二、呈 对总统有所呈请或报告时用之。

三、咨 总统与立法院、监察院公文往复时用之。

四、函 各机关间公文往复，或人民与机关之间申请与答复时用之。

五、公告　对公众有所宣布时用之。

六、其他公文

前项各款之公文，除第五款外，必要时得以电报或代电行之。

这里顺便提一下，福建俞其锐同志介绍台湾公文改革的《台湾公文程式规定》一文，称"台湾现行公文程式条例规定，其公文类别分为七种"。其实，这并非"现行"公文种类，而是1952年公布施行的民国第8个《条例》规定的公文种类，已于1972年废止。上述第10个《条例》与第8个《条例》比较，不仅公文种类由7个减为6个，而且多数公文的用法也有所改革，即通过或专用化或多用化的方法，使文种减少而用法明白，易于掌握。专用化方面，除"咨"之外，"呈"也由通用的上行文变为专用于"对总统……"。这样，"咨"、"呈"两个文科专属高层用文。多用化方面，最突出的是"函"。在第8个《条例》中的"函"，原只在"同级机关或不相隶属机关之间"行文之用。而现行的"函"则扩大到"各机关间"或"人民与机关间"均可用之，包括上下级之间。这样，就把原第8个《条例》中的部分"令"的用法（"上级机关对于下属机关有所训饬或指示时用之"），以及原来该用"通知"、"呈"、"申请书"的场合，都合并用"函"行文。而关于"令"这个文种，则有合有分，但无混淆之处。

关于"其他公文"，第10个《条例》中未加说明。从《文书处理手册》中可以看到，主要包括"书函"、"表格化公文"和"签"等。"书函"即便函，用于公务未决阶段，需要磋商、陈述、征询意见、协调、通报等用。"表格化公文"如简便行文表、开会通知单、公务电话记录、移文单、退文单等。"签"是幕僚对长官，下级对上级处理公务时表达的个人意见，供抉择用。

二、公文文字语体化

台湾 1973 年公布的《条例》第 8 条规定："公文文字应简、浅、明、确，并加具标点符号。"关于"浅"，即"尽量改用语体文"。迟至 70 年代才要求"尽量"做到。

在《改革要点》中，明确规定过去公文的哪些惯用语不再使用，哪些改用白话词。例如，被宣布取消的有"窃"，"呈称"、"令开"、"内开"、"等情"、"等由"、"等因"类引起语及结束语，"据此"、"唯此"、"奉此"、"据呈前情"、"唯函前因"等承转语，"在案"、"在卷"、"各在卷"、"各在案"等处理经过语，"合行"、"合函"、"理合"等累语，"为要"、"为荷"、"为铸"等结尾语，"尚"、"姑予照准"、"尚无不合"、"似可照办"等不肯定判断和建议语。可用"符合规定"表示"符合"，否则即用"不合规定"或"与规定不符"或"某项不合规定，其余均合规定"。

台湾用语体文写公文只是"尽量"，并非"一律"，这里留有余地。一是一时仍不习惯白话文者，仍可用浅近文言文；二是用于文化层次较高者，仍可用较多文言成分，显得庄重精练。此外，台湾至今仍用繁体字。《条例》第 7 条规定："公文…除会计报表各种图表或附件译文，得采由左而右之横行格式外，应用由右而左直行格式。"这两点仍与大陆相异。因此，这就给两岸交往造成不便。为克服这个障碍，大陆涉台单位的秘书和有关机关人员在书写发往台湾的公文时，当考虑这些特殊情况。

三、公文制作程式化

《改革要点》规定了在公文制作中"使公文结构、程式、字句都趋于简单明了，易于接受"的宗旨和"简化公文结构格式"的方法，最突出的改革是"三段式"的结构："公告结构分为'主旨''依据''公告事项'三段，但应视情况活用，可用表格处理的仍尽量利用表格。"

下面公告就是"三段式"结构的典型。

　　　　　　××部公告　　　年　月　日
　　　　　　　　　　　　　字第　　　号
主旨：公告民国××年出生的役男应办理身家调查。

　　依据：征兵规则

　　公告事项

　　一、民国××年出生的男子，本年已届征兵及龄，依法
应接受征兵处理。

　　二、请该征兵及龄男子或户长依照户口所在地（乡）
（镇）（区）（市）公所公告的时间、地点及手续，前往办理
申报手续。

　　　　　　　　　　　　　　部长×××

再如最常用的"函"，其结构为如下三段：

　　（一）"主旨"：具体而扼要地说明本体公文的内容、目的或
期望。使人不必细看正文，即可一望而了解案情的概略。

　　（二）"说明"：这是一件公文中最主要的部分，举凡本案的
发展情形、现状以及拟如何处理及其理由等等详情，均可于本部
分中说明。本部分之名称，可视其内容改称"经过"、"原因"或
其他更恰当之名称。唯现时各机关之公文，事实上以使用"说
明"这个名称最普遍。

　　（三）"办法"：对本案处理所提出之办法，无法容纳于"主
旨"或"说明"之内者，可在本部分详予列举。本部分之名称，
可视其内容改称"建议"、"请求"、"拟办"或其他更恰当之名
称。实际上各机关公文多将本部分并入"说明"之内，与"主
旨"形成一般公文结构上的二大部分。但如案情简单，无加以说
明之必要时，亦仅有"主旨"而无"说明"与"办法"者。

　　各部分在名称之下加冒号"："，而后紧接于同行接写文字。
除主旨外，其他两部分，如文字较多，内容较复杂时，应分项列
条，另行起写。项目条项使用之号次与大陆文书所使用的相同：

一、二、三……（一）（二）（三）……

如对方先有来文或己方先有去文时，"说明"部分第一项应先引叙该文日期及文号，以利查考。而后自第二项起，分项接写本案内容。如：

××总局函

受文者：××××管理局

主旨：实施单一俸后，裁减之车辆不能汰换。

说明：

一、复贵局×年×月×日第×号函。

二、贵局实施单一俸待遇后，除留用之大交通车六辆外，另经裁减而留用之备车三辆，本局裁减大交通车移送贵局暂作备车一辆，均属裁减之车辆，未便编列年度预算，报请汰旧换新。

局长　×××

这种"三段式"结构和表格化做法，有利于公文的撰写与阅读，也利于用电脑写作，促进办公自动化，是有借鉴意义的。

四、公文行文礼貌化

台湾的公文，过去有许多带官僚色彩、表现等级观念的惯用语。现在，有的取消、有的改用比较礼貌的新用语。例如："令""仰即"改为"希"，"谨请"、"敬请"、"饬"一律改用"请"，"知照"改用"查照"，"遵照"改为"照办"，"遵照具报"、"遵办具报"改为"办理见复"，"鉴核示遵"改为"核示"或"鉴核"。

（原载《秘书之友》1991 年第 5 期）

香港公务文书的现状和特点

顾 兴 义

香港公务文书从 60 年代到 80 年代发生了重大的变革，一是在语种上由只用英文变为中英文并用；二是在文体上由用文言变为用白话。香港的公务文书既受大陆的影响，又受台湾和英国以及其他发达国家的影响。因此，香港公务文书具有自己的特色。下面，试从其种类、结构、行款诸方面作些介绍。

一、种类

香港常用的公务文书有：

1. 人事令。分任免和升迁两种。

2. 行政法令。用于公布新订法例、附属条例及修正条例。

以上两类相当大陆的"令"和"命令"。

3. 呈文。用于各部门属下职员向主管长官呈请或报告，相当于大陆的"请示"或"报告"。

4. 咨文。用于总督与立法局、行政局及最高法院之间的磋商或建议。

5. 公函。主要用于：①市民致政府机关的申请与官方复文；②政府机关内部互通情况；③政府致市民团体及志愿机构或个别市民的信。

6. 通告。用于政府机关或团体向公众宣布消息。包括布告、通告、公告、告示、通函等小类。其中公告带法规性，相当大陆的布告和通告，其他则类似大陆的通知或公告。

7. 会议记录。用于记录会议的概况、议题及决议等。

8．致辞。用于集会、典礼开始或结束之时向来宾表示欢迎和感谢。

9．其他公文。包括研究报告和工作报告、备忘录、申请书、单据等。

与大陆相比较，香港的公文中没有"指令"、"决定"、"决议"、"指示"等文种。

二、结构

香港公文结构一般分为以下几部分：

1．标题。一般是提纲挈领，标明主旨。除函一类有标题之外，通告一类也有概括本通告主要内容的标题。而函的标题写于称呼之下，这与大陆稍异。

2．受文单位。函一般写于正文的左上方，先分行写明受文者的地址、单位、职衔，然后再写称呼。通告一类则写于正文的左下方，也与大陆稍异。

3．主体。如内容较多，须分成若干段落时，每段开头常加上序数。

4．承办人。香港不少公文常由首长的授权人（如秘书）代行，因此常在首长署名下面用括号注明代行人的姓名和职务。以首长名义发的公文，除打上首长的姓名之外，还由首长亲笔签名，以示庄重。

5．附件。写于签署之左下方。

6．副本收受者，写于"附件"之下，相当于大陆的抄送和抄报。

7．日期。横写写于正文左下方、副本收受者之下，竖写则写于正文左上方、副本收受者之后。这点与大陆不同。

8．档号。通告一类写于标题左上方。公函一类则写于受文者的地址、单位、职衔之上，先写来函号，后写本函号。大陆公函则只写本函号。

三、行款

香港公文的行款,《香港政府中文公文处理手册》(如下简称《手册》)作出若干规定:

1. 横写由左至右,竖写则由右至左。

2. 中英两种文字尽可能分开,需并列参照的例外,须中英文参照时,应隔段并列,用横写。

3. 须中英文对照者,也可分页并列。用横写。须中译的英文书信,译文载另页或背面,用竖写。

4. 新式公文应分段,每段依一、二、三等次序编号,起段低两格。

香港公文横写竖写均可以,而台湾的公文至今仍规定用竖写。

(原载《广东秘书工作》1991 年第 3 期)

会 务 工 作

刘 珏

会议是现代社会生活、政治生活、经济生活中一种经常的广泛的活动形式。开会，同人们关系极为密切；而组织安排会议，则同秘书部门、秘书工作人员的关系极为密切。这里，着重介绍一下会议秘书工作的一些基本问题，特别是针对基层特点，作一些有针对性、可借鉴性的介绍，以期对各地的会议秘书工作有所帮助。

一、会务工作的基本概念

会议的概念　会议一词有两种含义，一是指有组织有领导地商义事情的集会，比如全国人民代表大会，党委会、厂长办公会等；二是指一种经常商议并处理重要事务的常设机构或组织，比如中国人民政治协商会议等。我们这里讲的是指前一种。它至少包含四个要素：（1）有组织；（2）有领导；（3）商议事情；（4）集会。四个要素缺一不可，否则就不成其为会议。

会议的作用　在我国，会议已经成为党和国家机关、企事业单位实行集体领导的基本方法之一，已成为各级党政机关、企事业单位日常工作的一种重要方式。在宣传、贯彻、执行党和国家的路线、方针、政策，统一思想，提高认识，进行决策，布置工作，调查研究，交流经验，统筹协调，纠正失误，解决问题等方面都有重要的作用。

当然，这并不意味着会议是解决问题的唯一途径，会议并不是目的，只是一种手段；也不意味着会议越多越好，开得时间越长越好，相反，那种流于形式的会议不如不开。正确的态度是，会议不可不开，也不可多开；既要解决问题，又不能沉溺于"会海"；既要提高会议效率，也要讲求社会效益。

会议的类型 （一）按照会议规模（即参加人数多少）划分，主要有4种：（1）小型会议，人数少则三五人，多则几十人，一般不超过一百人。（2）中型会议，人数在一百至一千人之间。（3）大型会议，人数在一千人至数千人以上。（4）特大型会议，人数在数万人以上。例如节日集会、庆祝大会等。（二）按照会议性质和内容划分，主要有5种：（1）规定性会议，即法定的必须按期召开的各种代表大会。（2）日常性会议，即领导机关、领导同志贯彻民主集中制原则，实行集体领导，研究和处理日常工作的会议。（3）专业性会议，即为研究某项工作，讨论和解决某个问题而召开的工作会议和专业会议。（4）纪念性会议，即为纪念重大历史事件或重要人物、重要节日而召开的会议。（5）座谈性会议，包括各种各样的座谈会、茶话会等。（三）按照会议形式划分，可划分为两种：（1）有会有议的，多数会议属于这种类型。（2）会而不议的，例如报告会、传达会、动员会、表彰会、纪念会等。（四）按照时间划分，可划分为定期性会议和不定期会议，还可以划分为多次性会议和一次性会议。定期性会议也叫例会，到预定时间如无特殊情况必须召开，不定期会议则视情况灵活掌握，必要时随时召开。多次性会议是指需要开两次以上的会议，一次性会议是指只需要开一次的会议。（五）按照会议阶段划分，可划分为预备会议和正式会议。预备会议是整个会议的组成部分，是为正式会议做准备的会议，但在职权和效力上同正式会议有所区别。（六）按照开会手段划分，可划分为常规会议和电子会议。常规会议即传统性的会议，电子会议指电视会议、卫星会议、电脑电话会议、电子计算机会议等。

会务工作 会议从筹备到善后，有一系列会议秘书工作（也叫会务工作），会务工作做得好坏，是影响会议质量和会议效果的重要因素。会务工作包括秘书工作和行政事务工作两部分，重要会议还包括安全保卫工作。

会务工作的特点　第一，政治性。在阶级社会中，会议秘书工作从来都依附于一定的阶段、政党并为他们服务。第二，服务性。会务工作是随着开会的需要应运而生的，它的一切活动，都是为了给会议提供方便条件，做好各项服务工作，保证开好会议。第三，被动性。会务工作的辅助地位决定了它的被动性。第四，事务性。无论是值班接传电话，还是记录整理简报，很多环节都有较强的事务性，繁杂而琐碎。但是，正是通过这些事务性工作，保证了会议的顺利进行。这种事务性工作中蕴含着极强的政治性和思想性。有时一个很小的事务性工作未做好，可能会发展成为一个大的政治问题。第五，综合性。由于会务工作是直接为领导机关和领导同志召开的会议服务的，会议涉及的内容十分广泛，参加会议的各种人才济济，知识渊博，要做好会务工作，需要了解社会科学和自然科学的多学科知识，特别是管理学知识，需要掌握同本职工作相联系的各方面的情况，需要掌握使用各种为会议服务的自动化、电子化设备的技能和本职工作的业务知识，要求会议秘书工作人员成为"通才"和"杂家"，能够从全局出发观察与考虑问题，有高度综合的眼光与能力。当然，会议秘书工作也有它的专业性，如办事能力、写作能力、记录技术等。会议秘书工作的综合性与专业性是互相渗透的、相辅相成的。会议秘书工作人员的综合能力越强，越有利于提高专业化水平；会议秘书工作人员的专业化水平越高，总揽全局的综合能力也就越强。第六，保密性。我国无论大小机关、单位，许多重要事情都通过会议讨论后作出决定。因而，许多会议如省委党委会、县委常委会等日常工作会议的内容都有很强的机密性，保守会议秘密，理所当然地是会议秘书工作的任务之一，需要慎之又慎。第七，时间性。会议是一种有组织有领导的活动，有很强的时间性。作为与会者应遵守时间，按时参加会议。作为会议秘书工作人员更应有高度的时间观念，决不能出现诸如与会者已到齐了，会议记录人员还未到或是会场还未布置好等现象。

二、会前准备工作规程

（一）拟定会议工作方案。这是会议工作的蓝图，应当认真设计。一般应包括以下内容：会议名称、内容、会期、规模、参加人、日程和议程、会议开法、会议的组织领导、会议的宣传报道、会议文件印发范围、会议记录简报工作、会议经费预算、食宿安排。保卫和保密工作等。

（二）选定、安排议题。开会是为了讨论问题，进行决策，会议讨论的问题、决策的对象，就是议题。大中型会议的议题由会议领导机关和领导同志确定。日常会议的议题，有的由分管某项工作的领导同志提出，有的由下级机关或者根据领导同志指示准备议题，然后将收集到的议题进行筛选，加以修改充实，报请有关领导审查后，按周、月或季度统筹安排。

安排会议议题应注意以下问题：一是下一级会议可以解决的或者个别领导同志可审批解决的问题，一般不要安排上级会议讨论；二是党的会议同政府的会议讨论的议题要有所区别；三是提交会议讨论的议题，一般要有简要的文字材料，并在开会前几天经领导同志审批后，发给有关同志阅读，准备意见；四是临时提出的一般议题不宜仓促安排，以保证会议质量；五是一次会议议题不能安排过多或过少，要测算每个议题大致所需时间，合理分配，一般以安排一个主要议题和一二个小议题为宜；六是尽可能地将同类性质的议题提交一次会议讨论；七是应准备一些后备议题，以便在会议进展顺利、时间充裕的情况下提供会议讨论。

（三）拟定会议议程、日程和程序。议程，是会议所要通过文件、解决问题的概略安排。用简练文字逐项写出即可。日程，是在一般时间内会议进程的具体安排，一般采用简短文字或表格方式，将会议期间每天上午、下午及晚上的活动列出即可，如有说明，附于表后。程序，是一次会议按照时间先后或依次安排的工作步骤。程序可繁可简，可粗可细。议程、日程应当事先发给与会人员，有的代表大会还应提交大会主席团通过后才能生效。程序只供领导同志主持会议时参考，不发给其他同志。

（四）准备会议文件、报告。日常工作会议的文件、报告，主要应由各职能部门起草准备。会议秘书部门应于会前通知有关部门报送会议文件，对文件内容和质量进行初审，并向领导同志提出所报送的文件能否提交会议讨论的意见。

（五）提出与会人员名单。提名与会人员，是一项重要的政治性很强的工作，应当掌握以下原则：一是周到全面。日常工作会议请与会议讨论议题密切相关的部门领导同志列席；临时性会议，属于征求意见性质的，应请有关方面的主要领导同志和代表参加；属于专业性质的，应请各有关方面主管该项工作的领导同志、专家和在该方面有实际经验的工作者参加；属于纪念、庆祝性质的，应请一些有名望、有影响和与所纪念、庆祝事项有关的同志及各民主党派人士、各界代表参加。二是宽严适度，准确无误。从有利于工作和便于保密的角度出发，做到提名合情合理，不宽不严，不错提，不漏提。三是无论出席或列席会议人员，均不带"二排议员"（助手）。四是会议秘书工作人员提出的与会人员名单，需报请领导同志审核后方能最后确定。

（六）编排分组。多次性的大中型会议在参加会议人员名单确定之后，要对与会人员进行编组，即按照一定的规律将全体与会人员划分若干小组，以方便讨论问题。编组的基本方法有：根据地域编组；根据系统或行业编组；完全按人数编组。在进行编组时，要注意组的数量、规模适中。编组要全面周到，尽可能将召集会议机关的领导同志分散到各个组。

（七）选定、布置会场

（1）选定会场。会场的选择，要结合开会人数、会议内容等综合考虑。在有条件的情况下，主要考虑下列因素：第一，会场大小适中，以每人平均2～3平方米为宜。过大显得松散，过小则拥挤。第二，会场地点适中。第三，会场附属设施齐全，包括照明、通讯、卫生、服务、电话、扩音、录音等。

（2）布置会场。不同的会议，要求有不同的布置形式。党的代表会议会场要求朴素大方，人民代表大会会场要求庄严隆重，应祝大会会场要求喜庆热烈，追悼会会场要求庄重肃穆，座谈会会场要求和谐融洽，纪念性会议会场要求隆重典雅，日常工作会议会场要求简单实用。这里主要讲一下会场形式和排列座次问题。

会场形式。日常工作会议的会场布置形式多为圆型、椭圆型、长方型、正方型、一字型、T型、马蹄型，体现民主与团结的气氛；座谈会、讨论会的会场布置成半圆型、马蹄型、六角型、八角型、回字型，使人有轻松、亲切之感；中型会议的会场布置成"而"字型、M字型、扇面型，使人有正规、严肃之感；大型茶话会、团拜会的会场布置成星点式，众星拱月式为好。大型会议一般在礼堂召开，形式是固定的。

排列座次，是指按照一定的规律和比较科学的原则给与会人员安排座位。

排列座次的几种规则：1．凡有正式公布名单的，按照名单先后顺序排列座次。2．按照选举得票多少排列座次，得票数一样的，以姓氏笔画为序排列先后。3．按照姓氏汉语拼音字母字头的顺序或按照姓氏笔画为序排列座次。

排列座次的几种方法：1．横排法。即按照公布名单或以姓氏笔划为序从左至右依次排列座次，先排出席会议的正式委员（代表），后排候补委员（代表）。2．竖排法。即按照各代表团成员的既定次序或姓氏笔画沿一条直线从前至后依次排列座次，正式代表在前，候补代表在后。每个代表团的排列次序按固有顺序从左至右排列，或以会场中心座位为基点，向两边交错扩展。3．左右排列法。即按照公布名单或以姓氏笔画为序以会场或主席台中心为基点，向左右两边交错扩展排列座次。中国传统习惯以左为上，排在第一位的居中而坐。以此为基点，其余的以居中者的左手方为第一顺序，一左一右，先左后右，依次排列。

（八）制发会议证件。会议证件是表明与会议直接有关人员身份权利和义务的证据。会议证件可分为两类：一类是会议正式证件，包括代表证、出席证、列席证、签到证、旁听证、来宾证、入场证、请柬等；另一类是工作证件，包括工作证、记者证、出入证、汽车证等。各种证件的内容栏目，大致包括会议名称、使用者单位、姓名、性别、职务、发证日期　证件号码等。有些重要证件还应贴一寸免冠半身照片，加盖钢印，以防伪造。

（九）发布会议通知。各项会议准备工作基本就绪以后，要尽早发出开会通知，以便与会人员提前做好准备。一般分书面通知和口头通知两种。书面通知庄重严肃，备忘性好，参加人数较多或比较庄重的会议，宜发书面通知。口头通知特别是电话通知，应拟一个电话通知稿，以便简明、扼要、完整地进行通知。重要会议的通知发出后，应及时检查并进行落实。

（十）制定会议须知。会议须知的内容主要包括会议保密纪律、请假制度、会客制度、安全要求、作息时间和其他注意事项。

（十一）负责会议报到。会议报到是指需要集中住宿的中大型会议的与会者到达开会地点并通知会议秘书部门。报到是会议秘书部门掌握与会人员准确到会情况并实施组织的重要一环。对于应该报到而未及时报到的，应注意催促。报到完毕后，应汇总情况，向会议领导者报告。

（十二）会议秘书工作机构的设置和工作人员的调配。日常工作性会议、小型会议，一般由常设会议秘书部门或固定的专职、兼职会议秘书工作人员负责会议工作。规模较大且又较重要的会议，需组织精干有力的工作班子或成立大会秘书处，下设若干工作小组，如秘书组、文件组、会务选举组、组织组、简报组、宣传报道组、翻译组、总务组、警卫组、交通组等，明确分工，各负其责，保证会议顺利进行。

（原载《秘书工作》1991 年第 4、5 期）

日本的会议会场选择与布置

王　正　李景祥　编译

开会会场设在什么地方，如何布置，是会议成功的一个重要因素，这也是日本秘书工作很讲究的问题。

准备会场时，首先要考虑到这样三点：

1．大小要和人数相适应；

2．要在肃静、来往的人少的地方；

3．要能调节照明、室温和空气。

要选与会议的目的相称的会场。召开大型会议时，要预备接待席、衣帽挂、黑板、扩音器等等。到外部租借会场时，一定要与对方详细商谈有关事宜，进行实地察看。

日本秘书部门对会场桌椅的布置也很讲究，要求根据会议的目的来安排。常见的有如下四种类型：

1．圆桌式

在圆桌或者方桌的周围安放椅子，可以互相看得见，领导人和会议成员可以无拘束地自由交谈，适合于召开十五至二十人左右的小型会议。

2．"口"字型

如果出席会议的人较多，可把桌子摆成口字型，内侧也可以安排座位。

3．匚字型、Ｖ字型

摆成匚字型、Ｖ字型时，要注意主席位置，要有黑板或银幕。就像研讨会使用黑板或幻灯那样，要让与会者不必挪动席位都可看到。

4.教室型

召开发布会或以说明情况、传达情报为目的的会议，或者是群众大会，因为人数众多，桌子都朝前方，就可布置成教室的样子。

在有报告人和来宾等出席的时候，要把主席的位置设在便于使用黑板的地方，或者设在容易议事的地方。来宾、报告人一定要安排在上席。承办会议者的位置要设在离门近的地方。与会者的席次怎么安排，要事先决定，并且在桌子上放置名牌。这要特别注意顺序，要与领导商量决定（各种类型桌椅布置图附文尾）。

联系开会，单位内部可以用简便的联络文件或用电话口头通知，对外或正式场合一定要用书面通知。通知要有充裕的时间，一般在三周至一个月之前发出。

会议通知要写得简洁、准确、周全，应包括下列内容：

1.会议名称：

2.议题（开会的宗旨）；

3.会议起迄时间；

4.开会的地点；

5.承办人和联系人（担任者的姓名、内部电话号码）；

6.资料及其它注意事项（有无午饭等等）。

（根据〔日〕木下雪江著《女秘书手册》编译，东京·创成社1983年版）

（原载《秘书之友》1988年第12期）

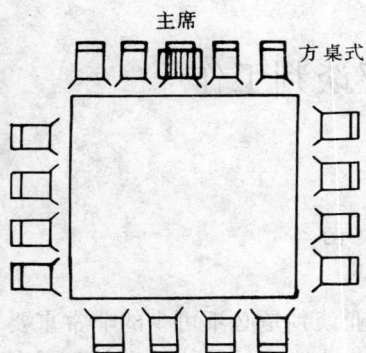

主席　　方桌式

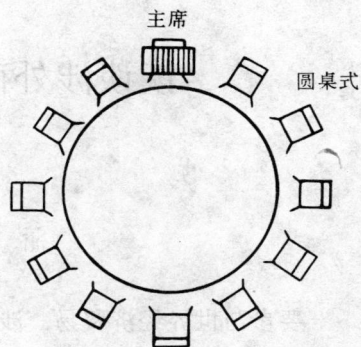

主席　　圆桌式

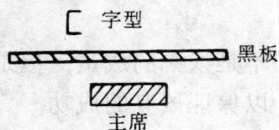

匚字型　　黑板

主席

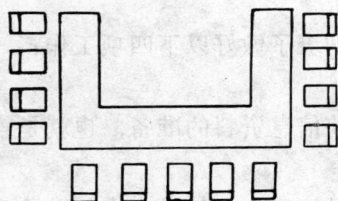

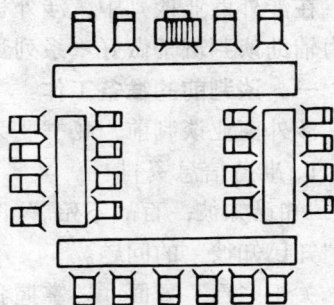

口字型
主席

教室型　　黑板
主席

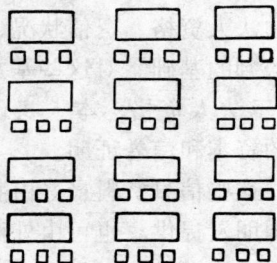

Ｖ字型　　黑板
主席

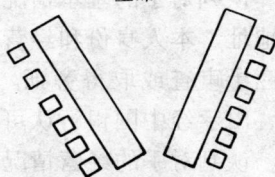

谈谈涉外商业谈判工作

蒲　丽　田

要参与世界经济贸易，涉外商业谈判是必不可少的非常重要的一环。只有在谈判桌上赢得胜利，才能维护企业的利益和国家的声誉。

在涉外商业谈判中，涉外秘书并不是谈判的成员，但是，要尽力辅助谈判班子做好一系列工作，以保证谈判的成功。

一、谈判前的准备工作

涉外商业谈判前，秘书要为谈判班子做好以下四项工作：

1. 准备信息资料

"知己知彼，百战不殆。"谈判前信息资料的准备，也就是解决"知己知彼"的问题。

关于"己"方面，要掌握我方经济实力、技术实力、竞争实力等资料，比较客观地了解自己的长处（优势）与不足（弱点），在谈判中就可以取得主动权。

关于"彼"方面，主要掌握：

谈判对手的基本情况。了解对方的法人资格、资信状况、法定地址、本人身份和经营范围，这是谈判的基础。对这些基本情况应予审查或取得旁证。外商必须出示法人资格、本人身份证明、出示经中国银行认可的外国银行的资本和信誉证明。

谈判对手的经营情况及历史沿革。这些信息资料最好由我国驻外商业机构和可靠的外国商社或外国朋友提供。也可由外商提供，不过要判断其是否可靠。

谈判对手，尤其是主谈人的个人情况，如年龄、学历、资历、个性、爱好、风格习惯、价值观念等。

有关行业和市场信息，例如合作生产或经营的产品的销路、档次等等。

涉外商业谈判的成败，谈判者地位的强弱，往往取决于对信息资料的掌握程度。掌握信息资料越多，在谈判中越容易驾驭谈判的进程。

2．拟订谈判计划和日程

要使谈判有条不紊地进行，经双方商定后，涉外秘书应协助主谈人拟订一份谈判计划和谈判日程。谈判日程是供双方参照执行的，外商到达后，应征得他们同意，才能定下来。谈判计划是自用的，应严格保密。其内容大抵包括 6 个方面：谈判地点，起止时间，主要内容及要达到的主要目标，日程安排，谈判班子及其分工，谈判工作人员及其分工，等等。

3．设计谈判方案

参加任何一次谈判，都不能只靠灵机一动，必须精心设计好若干个谈判方案和策略，包括对我方最有利的、比较好的和可以接受的。谈判方案越多、越缜密越好。

设计方案时，要对外商可能提出的方案作预测，并提出自己应对的方案。只有这样，对手提出方案时，才能应付自如。谈判方案应尽量切实可行，但它毕竟只是一种推测、一种或然、一种一方要求达到的目的，而不能把它当作一种事实，在谈判中要虚心听取对方意见，吸收其合理成份，作必要的调整。要本着互利互惠的原则，既不接受对方不合理的条件，也不向对方要求特权。最后达成的协议应符合双方利益。

所有成员都应谙熟谈判方案，争取达到最理想的效果。还要绝对保守谈判方案的秘密，否则将会造成谈判的失败。

4．其它必要的准备

要准备好谈判中所需要的有关文献，例如国家的方针政策、法规以及国外技术、法律、财会等有关资料。有些外文资料则要译成中文，供谈判班子阅读。

较大型的谈判应布置一个安静、整洁的会场。并做好迎送工作。

二、谈判中的翻译和文字资料工作

涉外秘书在涉外商业谈判中要认真做好翻译与文字资料工作。

1. 翻译工作

谈判前要向主谈人了解谈判的内容，翻阅有关资料，向专家请教有关技术问题，对不熟悉的名词术语应事先学会并记熟。

翻译要准确，不能擅自增减谈话内容或掺杂个人意见。如有困难，应向谈话人说明，不要不懂装懂。

未经主谈人同意，其他成员的谈话不得进行翻译。

笔译协议要忠于原文，不容许有歧义和疏忽，译文打印好后，要认真校对，避免差错。

2. 谈判记录

谈判记录的方法，是摘要式的还是详细的，要视谈判的重要程度而灵活运用。记录要全面、准确，一些关键的地方或数字，如记录有困难，可请发言者重述一遍。有的谈判记录，还须双方主谈人认同、签字。

3. 草拟协议书

涉外商业谈判结束，不能搞口头君子协定，一定要写出书面协议。协议书是双方谈判的成果，是日后进行商业合作的依据。涉外秘书协助主谈人起草协议书时，应注意以下事项：

（1）协议书涉及的条款不能与国家法规发生矛盾。与国际惯例相左的，应慎重处理。

（2）对重要条款必须认真斟酌，不要轻易让步。如非让步不可，也应尽量以次要条款的损失来替代。条款是否重要，取决于谈判的主要目标。

（3）协议的内容要具体，不能含糊；文字表达要严谨，措词要明确、肯定，不容许有歧义，否则，会给以后执行或出现纠纷留下隐患。

（4）协议书的主要条款如下：

①标的。这是商业协议中确定双方权利和义务共同指向的对象。如货物、某项科研成果等。没有标的或标的不明的协议是无法履行的。

②数量。这是衡量标的的指标，确定双方权利与义务的大小。计量单位不能用"一堆"、"一车"、"一套"等含混不清的计算方法。还要明确是毛重还是净重。

③质量。这是指商品的优劣程度，包括成分、含量、尺寸、重量、色泽、精密度、性能等。避免用"大约"、"左右"等含糊字样。

④价格。价格要合理，还要写明使用哪种货币结算。

⑤履行的期限、地点和方式。一切商业活动都是有期限的，错过期限就会给某方造成经济损失，甚至使经济活动失去意义。协议中的期限要具体到年、月、日。履行地点和方式一旦确定后，不得擅自变更。

⑥违约责任。违反商业协议的责任，主要采取违约金和赔偿金的形式。

⑦取消条约。

签订协议，双方当事人要互换"法定代表人证明书"或"法人授权委托证明书"，并作为协议的附件。

协议书要经公证处公证，才能确保双方当事人的合法权益。

（原载《广东秘书工作》1993 年第 5 期）

怎样做好信访工作（节录）

刘　　康

　　信访工作是办公室的一项长期、重要的工作。其任务主要是：处理群众来信来访提出的各种历史遗留问题和现实问题，为群排忧解难；反映和查处揭露不正之风的信访案件；向领导机关反映社情民意，特别是经济建设和改革中的情况、问题和建议。信访工作是领导的耳目，是联系群众的桥梁，必须引起各级办公室的重视。

信访工作的基本任务

　　根据党中央、国务院对信访工作的一系列指示和规定，信访工作的基本任务，就是按照党和国家的方针、政策、法律、法令，实事求是地、恰当地处理人民来信来访提出的问题，满足群众的合理要求，保障人民群众的民主权利，调动群众的积极性，为促进四化建设，实现党的总任务、总目标服务。其具体任务有以下八项：

　　1.受理本地区、本系统的群众来信来访问题；

　　2.办理上级领导机关交办的和领导同志批示的来信来访问题；

　　3.定期综合分析信访工作中的情况和问题，及时向有关领导机关反映，并积极提出解决问题的建议；

　　4.向本地区、部门和单位交办来信来访问题，并负责进行督促检查，直到把问题解决为止；

5. 牵头办理涉及多部门的信访问题，召集有关部门共同研究，商榷处理意见，协调关系，促使问题尽快解决；

6. 办理无业务主管部门承办的信访问题，经调查核实提出意见，报请领导批示后，组织有关部门予以落实；

7. 协助领导机关检查本地区、本系统、本单位的信访工作，发现和解决问题，组织经验交流，进行业务指导；

8. 根据信访工作的进展情况，及时向领导报告工作，并提出改进工作的建议，不断促进信访工作的开展。

信访工作的基本原则

信访工作涉及到社会生活的各个方面，内容纷繁，情况复杂，是一项政策性、思想性、原则性很强的工作。对人民群众来信来访问题的处理，必须以事实为依据，以党的政策和国家的法律为准绳。反映在工作中，要注意严格掌握好三项原则。

1. 坚持实事求是的原则

实事求是是做好信访工作，正确处理信访问题的基础。一般说来，绝大多数来信来访是抱着真诚的态度来反映问题的，但由于种种原因，他们反映的问题可能与实际情况有出入。在申诉案件中，有的只讲自己有理的一面，不讲自己的缺点、错误的一面。在控诉案件中，有些是情节清楚、情况属实的；有些则是反映问题不全面或部分属实的；有少数是情况失实的；也有个别是捏造事实陷害好人的。因此，在处理来信来访中，必须本着实事求是的精神，进行深入细致的调查研究，听取各方面的意见，弄清来信来访人员反映问题的来龙去脉和事实真相，以便进行妥善的处理。在具体工作中，对来信来访人提出的问题，在未经调查，弄清事实之前，不要轻易表态，不要随意许愿或批评；对越级上访的对象，既要注意倾听和尊重有关单位的意见，又不能受原有材料或结论的束缚，要根据调查得来的第一手材料，认真分析研究，然后作出合乎实际的判断；来信来访人对原结论和处理意见提出不同意见时，更需要采取十分慎重的态度，弄清事实，分清是非。如果遇到与其他有关单位意见不同时，应当以事实为依据，统一认识，不得将各单位的不同意见泄露给本人。如果遇到上级单位或领导同志的批示与实际情况不符时，要坚持一切从实际出发，按实际情况办事，而不能按上级某个人脱离实际的批示决定问题。

2. 坚持执行党和国家的各项方针政策的原则

信访工作的政策性很强，对某个问题按照政策处理得当，往往可以起到处理一件推动一片的作用；反之，对一、两个问题的处理超越了政策的界限，就会给整个工作带来难以预料的后果。党的政策是衡量来信来访人员的要求是否合理的依据，同时也是检验信访问题处理是否正确的标准。这就要求在处理信访中，必须以事实为根据，以政策为准绳。群众来信来访中提出的各种要求，都必须纳入政策许可的轨道之中，绝不允许超越政策、法律规定的范围去处理问题。对于政策上有明确规定而又能解决的问题，应当尽快按照政策规定解决；对于当前改革、开放中一些尚无明文规定或政策界限不清的问题，不要轻易表态，应及时向上级反映和请示，研究适应改革、开放的适当的解决办法；对于一些虽然要求合理，但目前尚不能解决的问题，要向来信来访人员作耐心的解释，做好疏导工作。

3. 坚持"分级负责、归口办理"的原则

分级负责，就是按照来信来访所反映问题的性质和来信来访人所在单位的隶属关系，确定对信访问题的承办单位，做到属于哪一级职权范围内的问题，就由哪一级负责处理。归口办理，就是按各个部门的业务范围，分工受理群众的来信来访，做到应当由哪个部门解决的问题，就由哪个部门受理解决。在信访工作中，只有严格执行《党政机关信访工作暂行条例（草案）》的规

定，自觉地坚持分级负责、归口办理的原则，注意充分发挥各级各部门的作用，才能使信访问题真正做到件件有着落，案案有结果。

处理来信来访的一般方法

一、处理来信

1. 拆封。要做到准确、及时、认真、细致。当日的来信，要当日开封，不要拖延、积压。拆封后，即加盖收信日戳。如收信较多，当日无法办完，也要将所有来信粗阅一遍，以免漏掉急信、要信，贻误工作。拆封时要注意以下几点：一是对来信中夹有的各种证件、票证、现金等，要核查登记，与原信一起妥善保管；二是对来信有缺页、破损的，要注明情况；三是要注意保持信封和邮票的完整，以佐证投信的时间和地址，如发现随意剪揭群众来信邮票的，受理单位可以拒收；四是信封与信纸一并装订，如属上级机关或其他部门转来办理的信件，随信附有转办单的，应将转办单一并装订起来。

2. 阅信。要精神集中，认真细看，弄清信意，不能一目十行，草率马虎。如果来信是属于申诉信件，阅信时就要对照有关政策，分析其申诉反映的问题是否应该予以落实政策；如果是属于检举、揭发、控告的信件，就要弄清信件中所涉及的人物情况和问题情节；如果是属于建议信，就要研究所提建议的价值，尔后再考虑如何处理。对于来信使用外文或民族文字，以及带有文言、土语而办信人员看不懂时，要请教有关部门翻译或校正，但不要到社会上去找私人。对人重复来信，如与前信内容相同，可注明次数、来信日期；如果不是内容完全相同的复信，都要同初信一样认真细看。

3. 摘要登记。就是把每件来信人的姓名、单位、职务、住址、来信日期、反映的主要问题和要求登记下来，以便查找、统计和分析研究。对于检举、控告类信件，必须写明被检举控告人的姓名、职务、单位（或住址）以及所检举控告的问题。对于申诉类信件，必须写明申诉人在何时、何单位、因何原因受何种处分，是否经过复议以及本人申诉的理由或意见。其它信件，要视其内容摘记要点。摘录来信内容时，要言简意明，字迹清楚，准确无误，为下一步办信打好基础。

4．转办。要严格执行《党政机关信访工作暂行条例（草案)》的规定，坚持"分级负责、归口办理"的原则，对不属于自己办理的来信，及时进行转处。在转办信件中，有几种情况要区别加以处理：对属于检举、揭发、控告的信件，一定要转给被告人的上级机关和领导人处理，严禁将此类信件转给被检举、揭发、控告的单位，更不允许转到被告人手中；对诸如一般批评信应转办而不宜转原信的，要隐名摘抄下转，以防打击报复现象发生；对上级指定不再下转的信件，不能再向下转办；对来信人要求不下转的来信，应尽量尊重来信人的意见，据情办理、确属转办的，应提醒受理部门，注意保护来信人的民主权利；对匿名信件，要认真分析来信的内容，根据反映的问题妥善处理，不要以为是匿名信就当作一般信件一转了之。转办中绝对不要把来信层层下转不做处理，最后将信退还给本人。不该解决或目前解决不了的问题，也要向来信者说明情况，做好思想教育工作。

5．查处。人民群众来信转办后，只是处理群众来信的第一步，重要的在于受理单位认真查处，对问题作出妥善的处理。要深入实际，细致调查，认真分析，实事求是地把处理结果上报。

6．复信。给来信人复信，这是领导机关直接与来信人对话、密切党群关系、宣传党的政策、及时解决来信人问题的一种形式，应当力求做好。一般说来，给来信人复信要十分慎重。哪些来信应当直接答复呢？一是对夹有证件、票证、现金、物品和文稿的信，不论作何处理，都应简要答复来信人；二是对一些带询问性的、并可在群众中公开不会引起连锁反应的，可答复来信人；三是对于经党政部门作出决定或审批处理的案件，可根据党政部门的处理精神答复；四是各级信访部门受理来信后，对所反映的问题作了调查核实，并根据政策商定了处理意见，经领导同意后，也可将原则精神答复来信人。在复信中，无论哪种情况，都应注意以下三点：一是要按照有关政策规定复信，内容要严谨、准确、留有余地；二是要内外有别，对于外国人、外籍华人、华侨及港、澳、台胞的来信，如要求解决个人问题等，一般不直接答复来信人，可口头答复其在国内的亲属、亲友；三是要讲究文明礼貌，言之有据，言之有理，不要打官腔、训斥人。

二、接待来访

接待人民群众来访，是领导机关直接同群众对话的一种形式，是党和政府听取群众的意见、要求，帮助群众排忧解难的有效途径。对于这一送上门的群众工作，各级信访干部要抱着满腔热情的态度，认真负责地做好接待，这是每一个接待人员的光荣职责。

1. 登记。对来访群众，都要进行初谈，让其认真填写来访登记表。登记内容包括来访人姓名、性别、年龄、职业、住址（或工作单位）以及反映的主要问题等。然后根据登记的内容，除应直接负责接待处理外，其他问题应按照分级负责、归口办理的原则，及时介绍到有关部门去接谈处理。

2. 接谈。同来访群众交谈，要坚持"一听、二问、三记、四分析"。听，就是耐心地倾听上访人的意见，让其把话讲完。问，就是把来访人没有讲清的主要问题问明白，特别是把事情经过、主要情节、过去上访和处理的情况、这次来访的要求及其理由了解清楚。记，就是把来访人反映的主要问题认真记录下来。分析，就是通过听问等方式，弄清来访人所反映问题的性质，以及这一问题应由哪一级、哪个单位去承办，为下一步处理和解决问题打下基础。

3. 处理。处理来访问题同处理来信一样，对于群众所反映的问题，都要认真查办，做到件件有着落，事事有结果。其处理原则：一是凡属要求合理、按政策应当解决的问题。应当按照"分级负责，归口办理"的原则，及时督促承办单位抓紧调查处理。二是对要求虽属合理，但由于现行政策不允许或现实情况还难以解决的问题，要向来访人耐心地解释清楚，做好思想工作。三是对于要求过高，按照政策规定无法解决的问题，应当依据有关政策规定，明确地向来访人说明情况，说服他们放弃那些不切实际的过高要求，特别是对一些"上访老户"，更要反复、耐心地做好疏导工作，直到来访人息信罢访为止。四是对于一些重要的上访问题，特别是发现有串联成批上访的苗头，要及时地向上级请示报告，根据领导的批示再作处理。五是对于少数无理纠缠的上访者，要坚持具体人具体对待。一般来讲，要摸清他们的思想，"对症下药"，并对他们的错误做法进行批评教育，帮助他们提高认识，正确地对待自己的问题。六是对于个别坚持无理取闹、扰乱机关办公秩序、社会秩序的上访人员，一定要坚持原则，对其进行严肃的批评。对其中经教育无效的，要交由公安部门依法处理。

4．处理上访问题的要求。一是要注意做好保密工作，不要把内部的工作情况及案件处理的情况泄露给上访群众，以免给工作造成被动；二是要注意保护检举、揭发人，以免遭受打击报复；三是要注意做好思想疏导工作，特别是对那些要求合理、但由于客观条件所限，问题还一时难以解决的来访群众，更应做细致的思想政治工作，帮助他们正确认识、耐心等待，千万不能把矛盾激化；四是对有轻生、自杀等异常现象的上访人员，要提高警惕，及时采取防范措施，以防止发生意外；五是要注意帮助上访人员解决上访中遇到的一些实际困难。

信访案件的调查、催办和审理

由于信访案件是群众反映上来的比较突出的、带有普遍性或典型性的问题，办理的结果如何（包括速度、质量），会在群众中产生直接的影响。因此，要把办理信访案件作为信访部门的一项重要工作来抓。这里，需要明确以下几个问题：

1. 关于立案范围

就现阶段来说，下列内容的信访问题均可列为重要信访案件，立案查处。一是反映经济建设方面的政策问题及其重要的建议；二是反映有关改革开放的重要问题、建议；三是反映党政机关领导干部的思想和工作作风方面的重要问题；四是反映生产、生活中急需解决的重要问题，五是反映在落实党的各项政策中存在的突出的和带普遍性的问题；六是检举、揭发坏人坏事；七是人数较多的群众联名来访或集体上访以及久拖不决的问题；八是涉及有影响人士来信来访问题。

2. 关于查处信访案件的基本要求

一是必须在主管部门的统一领导下进行。查处计划要报请领导批准，开展调查的进展情况及发现的重大问题，要及时向领导汇报，以保证查处工作的顺利进行。二是必须坚持实事求是的思想路线。一定要从客观实际出发，不先入为主，认真走群众路线，注意听取多方面的意见，尽可能多地占有材料。三是定性要准确，是非要分清。做到时间要清、地点要清、人物要清、案件的主要情节要清、后果责任要清。只有把问题的事实搞清了，才能明确问题的性质，划清界限，作出正确的结论。

3. 关于调查报告材料的要求

写好《调查报告》，是办理信访案件的一项重要工作，其基本要求是：事实要清楚，层次要分明，文字要精练。《调查报告》形成后，其中查证核实的主要问题一定要同来信来访人见面，征求当事人的意见。如当事人提出的意见是合理的，应当采纳；如果所提问题不符合事实，应明确向其说明。这样做，有利于搞清和解决问题。

4. 关于信访案件的催办

一是在时间上要有期限的要求，不能久拖不决。一般来讲，对于上级批办的案件，承办单位应在三个月内办结。逾期不能上报的，要说明原因，并提出上报日期。二是方法上可以多种多样。根据受理的不同案件，可采取电话催办、发函催办、请上来汇报、走下去督促检查等。

5. 关于审理结案

审理结案是办理信访案件的最后一个环节。凡属已经办结的信访案件，都要有完整的结案材料，包括本人的申诉材料、调查的人证物证、召开的会议记录、向承办单位发出的函件、上级领导同志的批示以及形成的调查报告等。对于审理结案材料一定要严格把关、注意主要事实、情节是否已经查清；定性结论意见是否正确；处理意见是否符合政策；结案报告是否与来信来访人见面；结案报告是否符合上报手续。对于结案报告的上报，必须按照交办机关的要求，认真承办。一般是交给哪一级查处的，就由哪一级组织负责上报。结案报告要加盖单位正式公章，不能用信访专用章代替。

信访工作干部的素质和修养（略）

（选自天津市企业秘书协会等编《怎样做好办公室工作》）

揭发反映类信访的
时代特点与发展趋势

葛　平　张玉春

揭发反映类信访历来是各类来信来访中比例较大的一类信访。近年来，随着改革开放的逐步深入，随着社会主义市场经济的逐步建立，人们的思想观念、价值取向、利益机制等，同计划经济年代相比都发生了明显的变化。作为反映群众情绪"温度计"的揭发反映类信访，也随之发生相应的变化。因此，正确认识和科学把握揭发反映类信访在新形势下的时代特点与发展趋势，对于我们改善和加强党与人民群众的联系并及时调整工作路线，有的放矢地做好揭发反映类信访工作具有十分重要的意义。

揭发反映类信访的
时代特点分析

把市场经济的等价交换原则错误地用到政治行为和行政行为中，导致各种"正义型"揭发反映类信访的出现。当前，这类信访构成了市场经济条件下揭发反映类信访的主体。根据我市组织部门对去年前三季度收到的揭发反映类来信情况分析，属于"正义型"揭发反映类来信，占整个揭发反映信的 83％。这种揭发反映类来信集中地反映以下两个情况：一是少数人在由计划经济向市场经济转换过程中，违反国家的政策、法令，独断专行，谋取私利，搞权钱交易。他们人数虽少，影响却很坏，富有正义感的人民群众对此极为气愤。如有的企业负责人把厂长负责制理解为个人说了算，安插私人；违反党的干部政策，搞任人唯亲、"裙带风"；借优化结构之名排斥异己；高校分配借双向选择之名行开后门之实；发展党员、提拔干部只看创经济效益情况，而不问其道德品质、政治素质怎样。更有甚者，把市场经济遵循的价值法则、等价交换的特点运用到政治行为和行政行为之中，以权换钱，以钱换权，权钱交易。二是少数人囿于地方和小集团的利益，主观上虽然不是故意违法乱纪，但因大气候的影响，违背有关规定，搞上有政策下有对策。如有些单位为了争取项目、资金而采取"跑部（步）钱（前）进"。用小钱换大钱的方式拉拢腐蚀干部。有些人认为"谁抓廉政谁吃亏"，以致于你吃吃喝喝，我大吃大喝；他大吃大喝，我又带配套服务。这些做法败坏了党风和社会风气，引起人民群众的强烈不满，也是揭发反映类来信的一个重要方面。

一些地区的某些具体政策措施的过渡性和模糊性与党纪要求不相协调，导致各种"迷惘型"揭发反映类信访的出现。应该说，党纪和国家政策在总体上是一致的。但在计划经济向市场经济转换时期，一方面，新情况、新问题层出不穷，与之相配套的法律法规迟迟出不了台、呈滞后现象。某些具体政策措施的过渡性、模糊性特点十分明显。另一方面，这些新出台的具体政策措施与党纪要求不相协调，如回扣问题，到底该不该拿？在一些地方就各持一套说法；党纪对什么可以干，什么不可以干，不能干的干了要受什么样的处罚有硬规定，而一些地区的某些具体政策措施则带有弹性，没有明确的内涵和界限；党纪是对所有党员的统一要求，只要是党员，无论在什么地方，从事什么工作都必须遵守。而一些地区的某些具体政策措施可谓"百花齐放"，条条有条条的政策，块块有块块的政策，以致于有时发生下面否定上面的，部门否定中央的不正常现象。正是由于这种不相协调的现象，使一些同志感到困惑和不解，导致各种"迷惘型"揭发反映类信访的出现。

市场经济行为的新举措与评价标准的旧观念相矛盾，导致各种"无知型"揭发反映类信访的出现。计划经济向市场经济转换，客观上要求人们的行为方式随之转变，而许多人在评估人们行为方式的好坏时，还往往习惯于以带有计划经济印记的旧观念为标准，出现了一些"无知型"揭发反映类人民来信。例如，计划经济年代、厂长按职务级别拿工资，现在实行厂长负责制，厂长的工资、奖金同工厂效益挂钩，工厂效益好，厂长的工资、奖金就高。有些同志则认为厂长拿高额奖金是贪污行为，写信揭发反映。又如在如何看待艰苦奋斗作风问题上，现在，信息瞬息万变，经济活动日益频繁，工作范围越来越广，领导干部从有利于工作出发，配备一些现代交通和通讯工具，只要不是刻意追求和脱离当地经济实际，应是无可非议的。经济要与国际市场接轨，就必须遵循一些国际惯例，经济工作中有时也就难免要应酬于宾馆、餐桌。而旧观念总习惯于用穿补丁衣、戴破草帽、骑自行车等来衡量艰苦奋斗作风，简单地把上述现象看成是没有艰苦奋斗作风。再如，在廉洁勤政问题上，旧观点认为，有车不坐、烟酒不沾就是廉，忙忙碌碌、夜以继日就是勤，就是好干部。新形势下，用生产力的标准看，上述干部如没有看得见的实绩，就应该说是不适应市场经济要求的干部。正是由于这些新旧观念认识上的相悖，导致许多揭发市场经济中正常行为的人民来信的出现。

市场经济的竞争性与计划经济的平均性之间的矛盾，导致各类"中伤型"人民来信的出现。由于市场经济的冲击，人们的利益机制、价值取向正在发生变化。国家的每一项改革措施出台，从宏观上讲总是有益的，但也会损害少数人的利益，被损害者则会对市场经济的政策进行中伤；市场经济是能人经济，能者上，庸者下，下者岂能心甘情愿，也会对能者进行中伤。有一位年轻厂长，大胆改革企业内部管理机制，使一个原来濒临倒闭的小厂一跃成为市直利税大户。由于在内部改革中损害了一些人的私利，这些人便到处写信，揭发这位厂长的所谓经济问题。市领导对此极为重视，经过调查了解，发现反映情况完全失实。为给这位厂长撑腰打气，奖励其10万元住房一套，使该厂长丢下包袱，甩开膀子，放手大胆开展工作。"中伤型"人民来信在揭发类来信中所占比例虽小，但它所造成的影响不能低估，严重的会影响一个地区和部门的改革开放和经济建设的进程。

揭发反映类信访的发展趋势预测

信访的数量将呈先升后降的态势。

提出今后一段时期内揭发反映类信访上升趋势的依据是：第一，当前党中央正下大决心抓廉政建设，惩治腐败。广大人民群众对各种腐败现象深恶痛绝，一定会积极响应中央的号召进行揭发举报。第二，市场经济的发展目前尚不完善，与市场经济建设配套的法律、法规、政策措施还没有完全出台，有效的监督约束机制还没有完全建立，这为少数人提供了可乘之机。腐败、违纪现象的客观存在是出现揭发反映类信访的主要原因。第三，市场经济使社会的利益机制，人们的价值取向发生很大变化，贫富差距在市场经济初期将明显加大，传统的"均贫富"思想会诱发贫者对富者的揭发反映心理。第四，一些人的思想仍停留在计划经济年代的思维定势之中，对市场经济的新事物、新政策、新举措不理解，看不惯，不接受，个别人甚至无端地对正当的市场经济行为进行责难。

从更长的时间范围来看，今后的揭发反映类信访在数量上是趋于减少的。一是随着市场经济的不断发育成熟，随着各项改革措施的不断出台和逐步配套，随着经济建设的不断发展，从总体上说，人们的物质文化生活将不断得到改善。人们将逐步在市场经济的大潮中找到和自己适应的位置。二是市场经济体制的建立，各类人员的流动性很大，尤其是在农村，身强力壮的中青年农民，一些精明的庄稼人背井离乡，出国劳务，赴外地建筑，去工厂做工等等，主要精力忙于致富，使人们无暇顾及写信上访。三是随着全民族文化素质的不断提高，随着《信访工作条例》的颁布与执行，人们对信访程序、信访受理部门更加清楚，越级上访、多头信访将大大减少。四是随着国家的法令、法律制度日臻健全、完善，许多信访问题将纳入法制轨道，人们首先选择的不是信访途径，而是借助于法律，通过打官司解决问题。

信访内容将以反映经济方面的问题为主。当前，全国上下形成了一个"言必谈改革、谈经济，行必为改革，为经济"的强烈氛围，全社会的注意力更多地投向经济建设。因此，对经济工作中违法乱纪现象的揭发，对经济生活中腐败作风的揭发，以及对经济发展中失误的揭发，将成为揭发反映类信访的主要内容。

信访质量将进一步提高。随着全体人民法制意识的增强，无中生有的"中伤型"揭发反映信将愈来愈少；那种"花上二毛钱，让你查半年"的恶作剧式的匿名信将愈来愈少；随着信访工作的逐步规范，署名揭发反映类人民来信的比例将有所上升；随着人民群众文化素质的逐步提高，言之无物、不着边际的低层次来信将逐步由事实清楚、表达明确的来信所取代。

揭发反映类信访工作的方法调适

通过对新形势下揭发反映类信访时代特点及发展趋势的简略分析，我们感到，当务之急是党和政府的各级信访部门和广大信访工作者要科学地把握揭发反映类信访的特点，迅速地适应变化了的形势，以积极的姿态，采取切实可行的措施，把做好揭发反映类信访工作作为密切党和人民政府与人民群众联系，净化党风民风、净化经济环境的一项重要工作抓紧抓好。第一，要积极主动地调整工作思路，以变应变，加强信访工作的自身改革，针对变化了的揭发反映类信访形势，研究新的信访策略。对"无知型"、"迷惘型"信访要积极做好有关政策的宣传教育解释工作，教育人民群众更新观念，解放思想；对"正义型"信访要善于借助纪检、监察、公安等行政执法部门的作用进行认真的调查处理。取信于民，树立党的威信；对"中伤型"来信要本着为经济建设服务的原则，组织力量及时调查，澄清事实真相，对中伤者给予必要的惩处，全力保护改革者。第二，要在深入调查研究的基础上，迅速制定与市场经济体制相适应的信访工作法规，加强信访干部的理论学习，努力培养一支过硬的、熟悉市场经济知识、有较高理论水平和业务水平的信访工作队伍；变单兵作战为协同作战，和纪检、监察、公安等部门优势互补，形成整体合力，联合办案；重视揭发反映类信访信息的作用，及时推广反馈揭发反映类信访查处的经验；变被动受访为主动下访，深入基层，调查研究，对倾向性、苗头性问题主动出击，防患于未然。第三，要切实有效地做好市场经济条件下揭发反映类信访工作，需要全社会的共同配合和努力。揭发反映类信访问题是社会问题的一部分，因此要加强对改革开放、发展社会主义市场经济的宣传力度，使那些对市场经济缺乏了解的人主动、自觉地投身到社会主义市场经济建设中去；要充分运用纪律、行政、法律、教育、舆论等手段，对腐败现象进行标本兼治、综合治理。

（原载《秘书》1994 年第 4 期）

美国秘书人员怎样接待来访者

〔美〕 玛格丽特·H·汤姆逊
J·哈罗德·杰尼斯

接待来访者

不管主管领导人对每个来访者抱什么态度，秘书或行政助理人员对他们都要亲切相待。但也要保持警惕，防止那些不受欢迎的人擅自闯入。

对来访者给予从一般性礼节到殷勤招待的程度，视访问者的重要性及其与主管领导人的关系而定。下面讲的是最低限度的接待程序。

1. 来访者一走到你桌前，你就要抬头迎接他，如知道姓名，就要称呼他。不知道，就愉快地问他"有什么事吗?"

2. 有经验的访问者通常都告诉你，他（或她）姓什名谁。但如未告诉姓名，你要得体地问一下："请问尊姓大名?"

3. 如果来访者是预约了的，你根据不同情况对他说：

"布朗先生正等着您呢，请进去吧!"

或说："我去告诉布朗先生，您来了。"

或说："布朗先生正在接电话，请坐一会儿，他一打完电话，我就为您通报。"

4. 将来访者的外衣和帽子拿下。假如有衣柜，可请客人使用衣柜放置衣帽。

5. 假如需要等一会儿，你可以和来访者攀谈几分钟。如果时间还要长一点儿，就给他一份报纸或杂志。

对未经预约的来访者要慎重对待。主管领导人可能因此人的业务或好意对公司来说十分重要而急于见他。由于这个缘故，需要查明此人是谁和与他将讨论哪些业务问题。权衡了来访者的身份和目的以后，你自己可立即决定通报他的到来。但这种情况是少有的。更多的是未曾预约的来访者，应叫他们：

（1）等到主管领导人有时间再接见；

或（2）和另一个人会见；

或（3）另外预约时间；

或（4）你自己处理这件事；

或（5）让他留下一封信，说明问题性质。

下述几点建议是告诉你在各种不同场合下应当说些什么：

（1）"布朗先生正有事，您能让我知道您想和他说什么吗？也许我可以帮助您。"

（2）"布朗先生正在搞一件特别的设计，不能打扰他。但维利小姐肯定可以帮助您解决。"

（3）"请告诉我您想要什么，我可以向布朗先生汇报一下。您过几天再找我听回话。"

（4）"布朗先生有他自己所联系的慈善机关，但如您想让他考虑您的机构，最好是写一封信，信里装上您的有关材料。"

（5）"找职业一般是人事部门接见。假如您愿意，我可给布雷女士去电话，告诉她您来了。"

（6）"我敢肯定布朗先生对您公司的机器感兴趣。但您最好通过一定渠道等一个最好的机会使他考虑它。您最好见见采购部门的麦克林先生。"

在你表示你的上级一整天都没空闲之后，来访者仍无礼地坚持要见，你要心平气和地对他说："我只能转达布朗先生的指示。假如我不听从这些指示，他对我、对您都会不高兴的。我已向您建议见到他的最好办法。我可以肯定，您定会有很大成功。这比任何其他办法都好。"

公司内部的人来访则遵循特别的规则。很多主管领导人采用开放政策，允许关系密切的合作者不经通报而进来会见。对其他没有这种特权的人，可以告诉他："我看看布朗先生是否有空"或"布朗先生下午三点有半小时时间，您到时再来。我告诉他您要来。"或"布朗先生正在会客。我用电话告诉您什么时候再来。"

通报来访者

一切来访都必须通报。方法是通电话或到主管领导人办公室里通报。自己斟酌确定哪个办法最好和说什么合适。来访者到达时通常都立即通过电话通知主管领导人。你可以这样说："布朗先生，您十点钟约会的客人已到。"或说："琼斯先生在这里等您十点钟的约会，我带他进来好吗？假如主管领导人已和一位来访者会谈，不能或不愿受干扰，那么你就请来访者坐下，推迟几分钟通报过一会儿，用电话通报客人的到来与约会的时间，或走进主管领导人的办公室，递给一个便条，上面写着来访者的姓名、访问目的和约会时间。随后便立即退出来，等主管领导人通知你何时让客人进去。

结 束 来 访

秘书有责任使主管领导人脱开身和下一个来访者约会。也许秘书初次承担这项工作时就和主管领导人建立了所要遵循的工作程序。他可能已同意让秘书亲自打断会谈说："布朗先生，下位客人已到了。"当主管领导人等着多话的来访者时，就指示秘书巧妙地结束访问。这样，可能叫你打电话、送便条或走进办公室说:"布朗先生,您该去开会啦!"

一个有经验的主人若事先就准备缩短会谈,在来访者刚一到达时就会说:"我三点有一个会,肯定我们会有足够的谈话时间。"谈话进行中主人可用这样的话"我们以后再继续讨论吧",来结束这次会谈。

招 待 来 客

任何与来访者谈话的人都有特殊的职责。在约定时间以前要考虑一下约会的目的并计划一下怎样才能最有效地达到目的。简要地查阅过去的记录,手边要预备一些材料以便会谈期间查找,列出来访者可能问到的问题以及给以这些问题的答复。假如它是不愿受干扰的重要约会,要事先将电话切断或改换会谈地点。如果来客是未曾预料到的,要迅速判断形势,以便确定会见目的。必要时要从档案里拿出必要的材料并注上须注意的地方,使来访迅速而有效地得出结论。下面几点几乎在任何情况下都适用:

1.热诚地接待来访者。在你先打招呼之后,给来访者一把椅子并和他随便攀谈几分钟。谈些双方都感兴趣的事儿,能造成良好开端。可以谈谈天气或双方都认识的人的情况或一些客套话,或者谈谈来访的原因。

2.将你和来访者的谈话引导到正题,这样有助于尽快地完成这次讨论。提一、二个问题或扼要地简述来访者的主要论点,可帮助会谈得出结论。

3.适应来访者。考虑来访者的感情,不要因你缺乏耐心而使对方不乐意接受你的最佳建议。比如你认为一个销售商推销的产品不如你现在正使用的,你不要说它不如你所用的,而可以说:"我对我们正使用的抄写器很满意,你公司何时生产新产品就来告诉我们。不管怎样,我们愿意看看。"

4.不要和来访者所挑起的争端辩论。你不同意时可含糊其词地说:"你当然可以这样看。"或"你这种想法肯定是有其道理的"。

5.谨防他人引用你的看法。避免对人进行评价,特别是本单位的成员。不要讨论你公司的机密情报,除非你的上级准许过。可以谈谈公司通过小册子、广告、年报、出版物和新闻报导等大家都已知道的事情。

6.不要推卸责任。你权限范围内的事凡能处理的都要尽量处理。只有所讨论的事情能够或者必须由另一部门处理时才将来访者打发出去。

7.结束访问要愉快而有结果。比如你可以这样结束访问:

"我知道的信息都提供给您了。希望对您有用。"

或说:"我等您给我送来明细单和价目表。星期三送来行吗?好吧。谢谢您,占用您这么多时间。"

或说:"现在,如果您将您给我的信息附在信里,我可以将您的要求提给布朗先生。能行吗?和您谈话真愉快。"

(转载《秘书工作》1985年第2期)

日本秘书接待工作礼仪

王　正　李景祥　编译

日本秘书接待初次来访、不知道该怎么走的来客时，十分注意消除客人不安的心情。引导时，要在客人前两三步斜着身子向前走，说着："我送您去"、"请往这边走"等等，自己则和别人擦着身子过去或沿着有门和电梯的一侧走，静静地引导；遇到走廊拐角处或楼梯时，要放慢脚步，回头对客人说"请往这边走"、"脚底下稍加小心"等等。客人携带的东西多时，要帮着拿。可见，日本秘书接待时很讲究礼仪。下面分别介绍一些要点。

（1）乘电梯时

引导客人乘电梯时，先要问"您到几楼"，然后站在旁边打开请客人先上，自己后上，并按到目的地那一层楼的按钮，从电梯里下来时，要请客人先下。

（2）进会客室时

门是向里开的时候，自己先进去，从内侧拉着门把手，招呼客人"请到这儿来"；向外开门时，在门前伸手开门，把着外侧把手，让客人先进入室内，然后说"请把东西放在这儿"、"请把大衣挂在这儿"等等。

（3）坐在会客室时

要请客人坐在上首的椅子上（即房间的里面，离入口处最远的或是那个房间最安稳舒适的地方）。与此相反的就是末座儿，是公司这一方面的人坐的地方。客人坐下后要说声"请在这儿稍等一等"，然后行个礼，轻轻地退出。不要忘了在会客室的门上，挂上一个写有"来客中"的牌子，表示这间房子正在使用。

(4) 上茶点时

在日本的办公室，一般情况下来客时都要献茶。秘书必须知道对这位来客是不是需要上茶，如果需要上，是日本茶还是咖啡。是不是还要上点心，秘书也必须考虑。这一切由谈话时间长短和来客种类决定——或事前与领导交谈得知，或按公司原有的规定办。

上茶点的方法，要注意如下几点：

①茶碗够不够，茶碗里是否留有茶锈。

②用日本茶时，则需要根据茶叶的种类调节开水的温度。茶碗要装七分满，必须用茶碟儿，然后用盘子端上。

③茶不要只上给来客，也应给本公司的领导。若平时领导使用专用茶碗，这时也要使用与来客相同的。

④上茶点的方法是，先将茶盘放在侧桌上，然后一个个送给客人。给客人递茶时，先用左手拿着茶碟儿，右手扶着茶碗献上，要注意手指不要碰着碗边，一般是从客人的左侧献上，从右侧上也没关系。实在没办法必须从前面上时，要说："从前面上，失礼了，请原谅！"

⑤来客是两个人以上时，先献给最上首的人，然后按顺序上，接着上给公司内的人，也要先从上位开始。

⑥上茶也要上点心时，先上点心。从客人的方向看，右侧是茶，左侧置放点心。

⑦抹布要注意放好，一旦稍有疏忽，要立即收拾好。

⑧上完茶点后，要行礼退出。

另：需要进入会客室时，一定要敲门。这时敲门是礼节上的，不需要等室内回答然后再进。

(5) 介绍的礼节

秘书由于职务的关系，介绍人和被人介绍的机会都很多。进行介绍时，要注意如下各点：

①不要不负责任地介绍——介绍人时，被介绍的人要面向对方，必须从对方的立场考虑，慎重进行。随便介绍，对方的人说不定会表现出意外的、为难的样子。介绍人时，只说"是高中时代的朋友"，而不说名字或只介绍一方都是失礼的。

②把地位低的人向地位高的人介绍——地位有上下之分时，要把地位低的人先向地位高的人介绍，然后把地位高的人介绍给地位低的人。

③先介绍年轻人——有年龄差别时，一般要先把年轻人向年长的人介绍。可见，有特殊地位的人不受这个限制，一般要看社会地位的重要与否。

④先介绍自己亲近的一方——地位和年龄差不多时，要先介绍与自己较亲近的一方。

⑤介绍男人和女人时，先把男人介绍给女人是现代礼节的要求；可是这种场合遇有社会地位和年龄之差时，这一条就不完全适用。

⑥需要相互介绍家属时，要向前辈和朋友介绍自己的家属。

⑦很多人一起介绍时，要从左或从右起，依次介绍（指没有特别的地位差别时）。

⑧把一个人介绍给多数人时，要先把那个人向大家介绍，然后把各个人向那个人介绍。

介绍人的场合，要明确地问候，说："请多关照！"在社交场合，还要尽可能地加入到大家的谈话中去。

（6）打电话时

电话和接待工作一样，是和外部交往的关口，电话里的应对好与不好，与公司对外的信誉有很大关系，因电话里的一句话，可能决定公司的营业额（经济效益）。挂电话的方法，要使对方感到亲切，反之，被惹怒之事也会有。从打电话的人的用语和应答的声调，能判断出那个公司的服务是周到还是一般。通过追问接电话或挂电话的人，弄清他们是公司或事务所的代表并不过分。挂电话是用较短的时间，把事情办完，而且必须用声音给对方以好感，这更有一定难度。

在电话里说话时，要注意下面几件事：

①以清楚的声调，适当的速度，把言词明快地传达出去。

②不用只有公司内部的人才明白的专门用语或略语。

③要在短时间内确定把事情传达出去，获得对方的理解。问候语要尽可能简短，要集中讲事情的要点。

④就像对方在眼前似的，用恰好的姿势，直接朝着话筒说话。要把自己的态度、表情、情绪、人品都通过声音，像面对面似的，敏感地传给对方。

⑤电话机要放在使用者的左侧。

⑥话筒不要离嘴太近，话筒与嘴的间隔应该是一厘米左右。

⑦要缓慢地、准确地拨号盘。

⑧多次使用的电话号码，要记入电话号码本，并且要使之经常保持在最新状态。

⑨新的交易对象或领导的朋友、熟人等等的电话号码，为了不忘，都要记下。

⑩查询电话号码、申请拍发电报、查问报时、天气预报以及申请挂国际电话等等的专用号码，要使之随时都能看到，最好都全背下。

（7）接电话时

①铃声一响，要立即拿起耳机，作好记录的姿势，报出自己公司的名、科、室。如果是有总机或公司内部电话时，只报科、室和姓名即可。

②左手拿听筒，右手摆成容易记录的样子。

③明确对方是谁，不只是姓名，还要问是哪儿的、是什么人，一定要问清公司名。

④把事情记录下来并立即重述一遍，以求准确。

（8）向领导传达时

①原则是对方要求传达给领导时，立即传达。可是也有对预定的事情边听边传达或按领导的指示直接回答的。

②向领导传达或替领导回话时，不必向对方说同样的话，把事情的要点很好地说出就行。

③请领导接电话时，考虑到领导到放置电话机的地方需要一些时间，需要向发话人打个招呼。

④需要长时间待候时，可以商谈改为由我们这方面另挂。

⑤搞不清打电话来的人与领导是什么关系时，不要说出领导在否。

⑥领导不在时，要自报姓名，"我是秘书×××"。如果受托传话，要把下面这些要点记录下来，最后复述一遍，以检查是否正确。

●挂电话人的公司名、部、科名、姓名。

●什么事情。

●接到电话的日期和时间。

●是否需要回话。

●回答时找什么地方的什么人。

●对方的电话号码。

公司里大多备有传话票。把记录放在领导的办公桌上，领导回来时要立即报告。（见后附"传话票"）

附：电话传话票

⑦领导因开会或会客而不在时，要问清事情的缓急程度，如果是急事，记录上要注明是急事，并与会议室中的领导联系，接受指示。

⑧对自己不太明白的事，不要独断地回答，要尽快找能回答的人来接。

⑨向负责人传达电话内容时，不要把对方的事一再重复，而要灵活地使负责人清楚了解。使负责人从转来的电话里能知道现在干的事的大体情况，以便能准确地干下去。

⑩向负责人转达电话时，为了慎重，转达之前要先告知"×××是内线××××号"，如果有人弄错中断了电话时，对方也

能容易找到有关的人。

⑪来了挂错的电话时，不要立即放下，要报出自己的号码和公司名，如果老错，若是知道那个公司的正确号码就告诉对方。常有这种亲切的感情，对方就会成为公司的朋友之一。

⑫挂完电话时，要等到对方挂上电话之后，再放下耳机。原则是要挂电话的人先放下，如果对方是长辈或主顾时，就是这方面挂的，也要等待对方先放下。

⑬不要忘了最后要说"多谢"之类的客气话。

传 话 票

住 所 公 司 科 股		
从		先生来
部 科 股		
给		先生
○电话	○来访	○传话
事情·处理		
○还要来电话		
请往（ ）号挂电话		
还要来	○没说有什么事	
○有急事	○没有特别的事	
办 理	月 日 午 前后 时 分	经 办 人

（根据〔日〕木下雪江著《女秘书手册》编译，东京·创成社，1983 年版）

（转载《秘书之友》1988 年第 4 期）

怎样搞好值班工作（节录）

崔　达　成

值班是办公室的重要日常工作之一。如果说，办公室（厅）是一个机关或企事业单位的窗口，那么，值班室则是发挥窗口作用的首当其冲的一项工作。

上级机关、基层单位、外省市客人来办公事以及人民群众来访，首先接触的常常是值班人员。他们的一言一行，不仅代表本部门的水平，影响本部门的威信，而且代表和影响着整个单位的形象。

值班室还是本部门、本单位情况通达和信息传递的中心，负责联系上下左右、各个方面，是领导同志日常工作和处理应急事项的得力助手。加强安全保卫，也是离不开值班工作的，特别是工假日和上班以外的时间，值班的作用就显得更加突出了。由此可见，值班工作是各级办公部门必须侧重抓好的一项工作。重要的党政机关和国家物资保管重地，值班工作制度应当更加严密和健全。

值班的形式和主要任务

由于工作需要，一般单位都建立了值班制度。根据单位的工作性质和规模大小，值班的形式大致有三种类型：一种是专职性的值班室，设有专职值班人员，实行 24 小时昼夜值班制度。实行这种值班制度的主要有以下几种单位：一是省、市、自治区以上党政机关；二是地区、县以及直辖市的区等政权机关；三是具有特殊工作性质的部门，如部队、公检法部门、外事、交通部门、高级宾馆饭店等。这些部门的基层单位有的也设有专职值班室。第二种是专职值班与其他干部轮流值班相结合的值班制度。这些单位的值班人数有限，白天由值班人员值班，晚上、周日和节假日由专职值班人员和其他干部配合值班。第三种是轮流值班制度。实行这种形式的是没有专职值班室的单位。一般设在传达室，负责机关、企业下班后和节假日的值班工作。

值班工作的任务，总的说就是负责接待、情况通达、应急处理。但不同形式的值班室，其工作的侧重点也有所不同。专职性值班室的任务比较全面，它的主要任务是：

一、上情下达、下情上达

这是值班室的一项最基本的工作。上情下达包括三个方面的内容：一是把上级机关和单位的指示、通知，及时向本机关领导同志汇报；二是把本机关做出的有关指示、通知，及时传达到下属有关部门和单位；三是对下级单位询问的有关问题，根据实际情况和有关原则规定做出正确解答。下情上达就是把基层部门和单位反映的情况、动态、问题和建议，及时地反映给本机关的领导部门和领导同志。值班室的下情上达是领导掌握情况的途径之一，值班人员应当认真记录，及时把各方面的信息反馈上去。

二、完成领导交办的其他任务

值班室除完成领导交办的通达情况的任务之外，还承担着其他一些任务。以下几项是较为常见的：（1）通知有关人员参加领导同志主持召开的会议。（2）对某一具体问题进行情况调查。（3）掌握本部门、本单位人员去向，并协助沟通人员之间的工作联系。（4）承担领导同志生活服务的部分工作。

三、负责外地和本地客人的接待工作

外地和本地的来访者，一般大都是先到这个单位的值班室，值班人员应主动热情地接待。接待之前应先验看证件或介绍信，了解对方来访目的、日程安排，然后视情况作出妥善处理。在一般的情况下，外地客人来访目的有以下几种：一是上级机关人员了解情况或检查指导工作。对此，值班人员应认真听取对方的意见，并根据不同情况做好安排。二是为参观学习而来的。遇到这种情况，应当特别注意谦虚。值班人员可以把掌握的初步情况，作简要的介绍，并同掌握情况的领导及有关人员取得联系，认真做好组织接待工作。三是办理一些具体事务的。如外调或了解某一情况等，值班人员应用电话通知接待部门，并在来访者介绍信上签署转办意见并盖印章。四是专程来访反映意见的。这类情况多是外地用户来企业反映产品质量问题的，也有的是向企业的上级公司、局等反映问题的。值班人员接待这样的客人，一定要热情、虚心、把握态度。在条件允许的情况下，应尽量满足对方的要求。

本地的来访者除办理公务者外，多数是上访人员，值班人员应热情接待。对他们反映的问题，能解释清楚的，应按政策规定给以答复，一般的则应按问题性质转请有关部门接待。对方要求会见领导人时，如没有必要的，值班人员应起到"挡驾"作用，说明情况，由有关部门接待。如反映的情况比较重大，确实应让领导掌握的，可由值班人员转达或向领导汇报、约定会面时间。

四、负责节假日和下班后的文件处理传递

一般的公文由值班人员签收后再转交有关人员进行处理。对紧急公文，签收后应及时请示有关领导，根据领导意见及时进行文件传递。

五、承担本部门、本单位的一些基础性服务工作

如掌握上级及所属单位电话号码；掌握本单位及所属单位领导同志家庭居住地址、机关电话、家中电话号码；掌握火车到开时刻表等。

值班工作制度

值班工作制度是值班人员所必须共同遵循的工作规范，是保证值班工作顺利进行的必备条件。值班工作一般都有以下几种制度：

一、岗位责任制度

值班人员必须坚守岗位，尽职尽责，不得空岗。有事应提前请假。值班室应当有一个良好的工作环境，无关人员不得随便闲坐、聊天，更不得大声喧哗或打逗。遇有这种情况，值班主任应予制止。

二、认真填写值班日志，撰写值班报告

为了准确地反映值班情况，完成值班任务，不能只凭头脑记忆，应当把领导的指示，下级的请示以及需要交代的或尚未办结的和备忘的工作，用简洁、明确的文字，提纲挈领地写在值班日志上，以便为下一班值班人员提供工作方便，以备日后查考。

三、交接班制度

上班值班人员把值班情况特别是待办的问题，按照值班日志的记载，一项一项地交代给下班的值班人员。

交接班制度十分重要，稍有疏忽就会出现纰漏。如果上班值班员在交班时遗漏了小事情，就会出现工作的不衔接；如果遗漏了重大问题，就会出现大的漏洞，甚至给工作造成不应有的损失。

四、保密制度

值班中常常涉及一些带有机密性的事情和文件，这就要求值班人员必须坚持值班的保密制度。不经允许任何无关人员不得随便在值班室逗留。值班日志和值班报告应妥为保管，除值班人员和主管主任（处长）外，其他无关人员不能随意翻看，该知道的人员应树立保密观念，不该说的机密绝对不说。值班机密绝对不

问。值班日志和值班报告应根据内容，确定保密程度，按规定分别保管。

五、请示报告制度

值班人员在值班中，应本着认真负责的精神，慎重处理问题。除重大问题用《值班报告》的形式向领导请示之外，其他应当请示报告的问题，也必须向领导同志请示报告，不能马虎从事，不能擅自处理重要问题。

值班工作要求

值班工作总的要求是：准确、严谨、及时、热情。

所谓准确，就是可靠，办事不失误。如果忽视了工作的准确性，任何问题都是可能发生的。要提高工作的准确性，值班人员必须有高度的工作责任心。一要做到说话、听话准确。在使用电话中，要把对方的话听准，自己的话说清楚，讲完话以后还要进行核对，即值班人员把自己的话和对方的话，重新复述一遍，确无纰漏后再撂电话。二要做到文字准确，主要体现在值班日志和值班报告上。三要做到情况通达准确。上级的指示不能传达错了，下级的请示也不能反映错了，必须十分准确。

工作的严谨性，要求值班人员要多动脑筋，把事情想得周全一些，防止漏洞的发生。如果工作不严谨，就会出现纰漏，造成工作的被动。

及时是对值班工作的一种特定要求。及时就是反映、处理问题要快，就是从时间上保证工作质量。要做到及时，最好的办法是，接办一件事情后立即着手处理。同时接办几件事情，应根据轻重缓急按顺序处理，但一般应做到当日事当日毕。

值班室承担着接待各地公务人员的任务，进行情况通达要同各部门、各方面发生联系。因此，说话和气，待人热情是十分重要的。能不能做到这一点，不仅关系到一个部门和单位的威信，而且直接影响工作的速度和质量。

　　除上述四点之外，值班工作还有一条带有综合性质的要求，即要有比较系统的基础性建设。值班工作要做到准确、及时、严谨，必须要有一些基础性工作做保证。这些工作主要包括：一是掌握本部门、本单位的基本情况，其中包括一些基本数据、机构设置以及主要工作职责等，以利于为领导工作服务和为接待外地客人介绍情况提供方便。二是掌握中央下发的主要的政策性文件和上级领导机关下发的有关政策性文件。三是掌握上级领导和本单位、下级单位负责人联系的手段和方法。

值班工作人员的素质（略）

（选自天津市企业秘书协会等编《怎样做好办公室工作》）

印章的管理和使用

崔 行 卿

印章的管理和使用是办公室的工作职责之一。

属于办公室管理的印章一般有两种：一种是单位的公章，即自单位成立之日起，由上级机关颁发的机构全称公章；再一种是单位主要领导同志因工作需要刻制的个人签名章或图章。单位的公章，代表这个单位的正式署名，是一种权力的象征，具有法律的性质，公文、证件等一旦盖上单位公章，即表示已受到盖章单位的认可，正式生效。单位领导人的签名章或图章，属于公务专用。如单位财务部门到银行领取职工工资时，除了持有公章外，还得有某领导人的签名章或图章。这类印章代表了单位领导人的身份，同样具有一定的权威性。

办公室管好用好印章，对保证各级行政机关和企事业单位进行正常的公务往来，维护国家和人民的利益，有着十分重要的意义。对此不能马虎大意。

要把好印章的刻制关

各级国家行政机关和企业、事业单位印章的刻制，必须严格执行下列规定：（一）省、自治区、直辖市所属各委、办、厅（局）、行政公署，以及设置的主管专门业务的领导小组或办公室等机构的印章，直径是四点五厘米的圆形，质料为铜质，中央刊五角星，五角星外刊机构名称，自左而右环行，由省、自治区、直辖市人民政府制发。（二）自治州、县、自治县、市、市辖区人民政府的印章，直径是四点五厘米的圆形，质料为铜质，中央刊国徽，国徽外刊机关名称，自左而右环行，由省、自治区、直辖市人民政府制发。（三）乡镇人民政府和市区街道办事处的印章，直径是四点二厘米的圆形，质料为塑料质，中央刊五角星，五角星外刊机关名称，分别由自治州、县、自治县、市、市辖区人民政府制发。（四）各级国家行政机关所属的工作单位以及国营的工厂、矿山、农场、公司、商店、学校、医院等企事业单位的印章，一律是直径四点二厘米的圆形，质料为塑料质，中央刊五角星，五角星外刊单位名称，自左而右环行。或者名称的前段自左而右环行，后段自左而右横行，分别由各级国家行政机关制发。（五）印章所刊名称，应为本机关的法定名称。省、自治区、直辖市所属各委、办、厅（局）、行政公署以及设置的领导小组或办公室等，冠省、自治区、直辖市的名称。自治州、县、自治县、市人民政府的印章，不冠省、自治区、直辖市的名称。市辖区、乡、镇人民政府和市区街道办事处的印章，分别冠市、县、自治县或市区的名称。印章所刊名称字数过多，不易刻印清晰时，可以适当采用通用的简称。（六）印章的印文一律使用宋体字和国务院公布实行的简化字。民族自治地方的自治机关印章，还应将汉文和当地通用的少数民族文字并列。（七）钢印和其它专用章，在名称、样式上应与正式印章有所区别，报上级领导机关批准后刻制。（八）承担刻制机关、企事业单位印章的工厂或刻字社，须取得行政机关的委托书和公安部门的准许、方能刻制。

印章在正式颁发启用前，应备文通知有关单位。为了防止伪造，要作印记，印模除留底外，同时报上级主管机关备案。如机构变动、撤销或更改名称，印章应立即停止使用，并封好后交原颁发单位予以注销。

严格地管理印章

印章的保管工作通常由机要秘书或行政秘书担任，保管者就是使用者。按照保密的有关要求，保管者不得委托他人代盖印章，更不得自己随意带出办公室，或交他人拿走使用。印章存放的地方要装配牢固的锁，有条件的单位，最好放在保险柜内，随用随取随锁。每逢节假日，存放印章的专柜应锁好并加上封条，节假日后一上班就检查，如有疑点，立即向保卫部门报告。

印章的保管者要从日常小事做起，一丝不苟，防微杜渐，努力养成一种严细的工作作风和良好的职业习惯，免得稍一疏忽酿成大错。要牢记全心全意为人民服务的宗旨，发扬优良传统，坚持党性原则，增强抵制资本主义腐朽思想侵蚀的能力；绝不能为自己的亲朋好友搞不正当的活动开证明、盖公章；更不能利欲熏心，接受贿赂，出卖公章，否则，将受到党纪国法的惩处。

正确地使用印章

俗话说，没有规矩，不成方圆。正确地使用印章必须有完善的制度作保证。原则上，盖机关、单位的印章，应由机关、单位负责人审核签名；盖部门的印章，应由部门负责人审核签名。但有时遇到一些不涉及机关、单位重大事宜而需要盖章的情况，可由管理印章的人员自行掌握。如给本单位的同志开具到邮局领取邮件、汇款的身份证明或出差住宿介绍信等等。各级办公室都应备用印登记册，主要登记用印时间，用印的部门或个人，用印的事由，用印的数量，用印批准人，用印经手人，监印人等。登记册要妥善保存，以便日后核查。各级党政机关印制文件用的套印印模与印章具有同样的法定效力，也要按程序使用。

党政机关、企事业单位行文一般地都要盖章，但有些用带有固定版头的纸印制的，而且数量比较多，就可以不盖章。

公文的用印必须清楚、端正。印要盖在署名的中间，不可压住正文；几个单位联合发的文件，印迹不得互相重叠，更不能把印盖出纸边，使之残缺不全。"握法要标准、印泥（油）要适度，用力要均匀，落印要平稳"。这是从大量的实践中总结出来的盖印要领，值得借鉴。

（选自天津市企业秘书协会等编《怎样做好办公室工作》）

秘 书 与 电 话

王 忠 春

秘书离不开电话，电话是秘书的亲密伙伴。正确使用电话，有助于迅速地收集、传递信息，有助于提高工作效率，也有助于使你的机关或企业在人们心中留下良好的印象。反之，不但可能影响秘书同上下左右间的关系，还可能贻误工作。因此，正确使用电话，应当成为秘书人员的一个基本功。下面，结合个人体会，谈谈秘书人员如何正确使用电话。

一、秘书如何接电话

在办公室，秘书每天会接到来自不同地方的各种内容的电话。秘书人员应养成铃声一响，马上就接电话的习惯，同时，应以一种轻松、高低适中的语调和热情、耐心、负责的态度受理来话，这不仅显示出秘书人员应有的修养，也使人感受到你所在机关或企业的良好风气。

遇到上级机关来电通知某些事项，或隶属单位请示、联系某些事项时，应认真作好记录，并及时处理。例如，上级机关来电通知开会，应记清时间、地点、内容、出席范围等；记完后，应主动向对方复述一遍，并问清来话者姓名；通话完毕后，应记上来电时间。对隶属单位请示的事，一定要记清事由，对方说完后，不要说句"知道了"就一挂了事，而要热情地向对方说一下准备如何处理的话语，如"我们马上请示领导"，或"约在×天内给你们答复"等。通话后，应尽快向有关领导请示汇报，并及时回复对方。

遇到直接找单位党政领导的电话时，应区别情况，妥善处理。有时，一些群众因申诉、反映情况等事，直接打电话给党政领导，总机往往把这类电话转到秘书部门。遇到这类情况，如属申诉的，秘书人员应耐心地告诉他上访的办法。有时，来话者抑制不住自己的感情，往往在电话中，对着秘书人员滔滔不绝地讲起来，这是群众对秘书人员的信任，秘书人员不能置之不理。在欲止不住的情况下，应马上找负责信访工作的同志听电话。如他们不在，则应耐心地听取，然后，在适当的时候，婉言打断他的话语，并耐心对他说："你的情况我知道了，不过，如果正确解决，还要希望你亲自到信访部门来一趟，具体反映一下。"如群众来电纯属反映情况，那就要向对方解释："领导工作很忙，你同我讲也一样，我保证转达给领导。"如对方应允，就要认真听、仔细记，事后，及时向领导转告。有时，来电者执意点名要某某领导听电话，并说出原委，秘书认为言之有理，应马上请示领导，如领导认可，那就让他们直接通话。

遇到基层或群众打来的告急电话，应迅速果断地进行处理。例如，有时来电报告某单位发生重大事故，有时反映群众中发生激烈的矛盾冲突，也有时来电报告某人去向不明，某人扬言要行凶或自杀。这类电话，也可能首先打到秘书部门。接听这类电话时，秘书人员要冷静、细心，一定要在尽可能短的时间内，了解清发生了什么事，发生在什么单位、或什么人身上，其严重程度等。如确实情况紧急，自己能决定的，应马上提出几条防范措施或解决意见，如不能决定的，通话完毕后，应放下手中一切工作，迅速向领导或有关部门汇报，并协助他们果断地进行处理。

二、秘书如何打电话

电话是目前的主要通讯工具之一，为了提高工作效率，秘书人员应充分利用电话这个得力助手。例如，能在电话中说清的事，不一定要用公文形式请示或汇报；能用电话通知的事，就不一定用文字通知的形式；为了提高效率，节省行政费用，有的会议，还可利用电话会议的形式召开。当然，秘书人员也不能事事依赖电话。秘书人员打电话时，同样要抱着一种热情、谦和及负责的态度。

1.如何给领导打电话。从尊重领导的观点出发，一般领导同志和秘书人员在同一幢楼内办公，尽量不要用电话联系的方式，而应直接到领导那里请示或汇报某项工作。如果手头工作忙，实在跑不开，才需要打电话联系。有时，某负责同志交办，与基层某首长通话，秘书人员应认真办理。在与领导通话时，既不要趾高气扬，也不要过分拘谨，应保持一种既尊重领导而又落落大方的态度。

2.如何给上级机关打电话。一般向上级机关打电话时，多是请示或汇报某些事情。接通电话后，应首先"自报家门"，然后，开门见山地说出是要请示，或是汇报什么事情。通话时，不要想到那说到那，以致零乱不堪，使对方摸不着头脑。最好事先拟一个提纲，或是打一个腹稿，以做到抓住中心、有条有理，简明扼要。如请示或汇报的内容，带有保密性质，最好打直线电话，尽量避免在分机上讲。

3.如何给下级机关打电话，给下级机关打电话时，态度要谦和，不要盛气凌人，不能摆出一副机关架子，尤其是在转达领导同志意见时，更要注意这点。电话中通知事情时，要仔细、认真，事先要拟好通知稿。通知稿要简明、扼要、口语化，一些同音字、冷僻字，在通话中要加以复述并解释。通知完毕后，千万不要忘了记下受话人的姓名，以便事后查证。如果通知的单位较多，应通知一个，作一个记号，以免漏打或重复。有时通知的事情很急，接通对方电话后，只听见铃声响，没听见有人来接，此时，不要马上挂断，让铃声多响一会，或许受话人就在邻近房间。如铃声响过多遍，确实无人接听，那么应转打给该单位其它部门，请他们帮助转告。在这种情况下，更要问清受话人的姓名。

三、秘书人员使用电话应注意的其它事项

1.无论给谁打电话，或接谁的电话，都要有礼貌，要态度谦和，而不要盛气凌人。

2．通话时，要有保密观念，不该在电话中讲的，绝对不讲。

3．熟记常用的电话号码，能熟练、迅速地查找电话号簿上的电话号码；此外，最好备一小本子，随手记下一些新建单位的号码或你认为有必要记的号码，一般情况下，不要麻烦查号台。

4．尽量避免在上午 8 时至 10 时打电话，因为此时正是通话的高峰时间。

随着我国现代通讯事业的发展，普通电话的装机量在逐年增加，各种性能先进的新型电话也在不断研制和应用。目前在我国，自拨长途电话业务正在扩大，无线遥控传呼电话业务已经开办，可视电话已少量应用，光纤通信电话正在加紧研制；在发达国家，电脑电话业已问世。这些现代化的电话设备，不久的将来，也会逐步地出现在我们的办公室内，秘书与电话的关系将会更加密切。因此，秘书人员要不断地注意学习和掌握新的通讯手段，更好地为自己的工作服务。

（原载《秘书》1985 年第 6 期）